普通高等教育“十四五”规划教材

市场营销学

余丽琼　邓益强　尹启华　曾海亮　主编

中国石化出版社

内 容 提 要

本书主要分为导论、市场分析、市场营销战略、市场营销策略、市场营销创新发展五个篇章，具体包括市场营销概述、市场营销管理、市场营销环境分析、消费者市场分析、组织市场分析、市场调研与预测、市场营销战略、目标市场营销战略、产品与服务策略、品牌策略、定价策略、分销渠道策略、促销策略、营销计划、组织、控制与诊断和市场营销的新发展共十五章内容。着重介绍市场及市场营销的基础知识、基本规律，研究生产性企业尤其是能源企业的市场营销活动及其规律性。

本书可作为全国各高等院校中市场营销、电子商务、工商管理以及其他经济与管理类专业的本科教材，同时也可以作为各类企业市场营销、销售管理等人员自修、培训的参考书。

图书在版编目(CIP)数据

市场营销学／余丽琼等主编．—北京：中国石化出版社，2022.1

ISBN 978-7-5114-6559-7

Ⅰ．①市… Ⅱ．①余… Ⅲ．①市场营销学 Ⅳ．①F713.50

中国版本图书馆 CIP 数据核字(2022)第 016698 号

中国石化出版社出版发行

地址：北京市东城区安定门外大街 58 号

邮编：100011　电话：(010)57512500

发行部电话：(010)57512575

http://www.sinopec-press.com

E-mail：press@sinopec.com

北京科信印刷有限公司印刷

全国各地新华书店经销

*

787×1092 毫米 16 开本 19.5 印张 483 千字

2022 年 1 月第 1 版　2022 年 1 月第 1 次印刷

定价：56.00 元

《市场营销学》
编　委　会

主　编　余丽琼　邓益强　尹启华　曾海亮

副主编　邓　然　黄世政　刘　根　王国彦　许居思

前言
PREFACE

市场营销学是一门建立在经济学、社会学和现代管理理论基础之上，研究市场营销活动及其规律性的综合性应用科学。这门学科的发展与世界经济的发展同步，其思想内容既有对全球优秀企业市场营销的理论概括和实践描述，又有对未来市场营销发展趋势的展望。改革开放以来，社会各界对营销问题的关注日益增强，市场营销的研究备受重视，市场营销学的发展与传播速度大大加快。市场营销学作为高等学校工商管理专业的核心课程，对普及市场营销知识，加强市场营销管理具有十分重要的意义。

随着世界经济格局的不断变化，市场竞争的力度和广度也在不断增长，市场营销学的理念、策略及方法在中国得到广泛传播、发展和应用，在营销理念指导下，不仅能够显著提升市场效率，还能够在强大、灵活的市场运作下实现社会福利的稳步增加，以促进人们更好的生活。但作为相对年轻的学科，市场营销学仍处于不断发展和变化中。如何将该学科知识体系，按照一定逻辑结构有机整合并呈现给学生和读者，至今尚未形成一个统一的定论，因此对于以培养应用型、高素质综合人才为目标的高等院校来说，急需一本既能介绍市场营销学科领域主要理论知识，又能结合企业实际案例对这些相关理论进行应用性阐述的教材。本书就是在满足此需求的基础上编写的。

本书的编写坚持以应用型、高素质综合人才培养目标为导向，以提高教学质量、促进市场营销学课程建设为指导思想，本着因材施教、理论联系实际、突出石化特色的原则，以内容的模块化设计为载体，着重介绍市场及市场营销的基础知识、基本规律，研究生产性企业尤其是能源企业的市场营销活动及其规律性。全书分为导论、市场分析、市场营销战略、市场营销策略、市场营销创新发展五个篇章，具体包括市场营销概述，市场营销管理，市场营销环境分析，消费者市场分析，组织市场分析，市场调研与预测，市场营销战略，目标市场营销战略，产品与服务策略，品牌策略，定价策略，分销渠道策略，促销策略，营销计划、组织、控制与诊断和市场营销创新发展等十五章内容。

本书在指导思想、结构体系、内容设计、教学方法等方面均吸收和借鉴了国内外最新研究成果和企业创新实践，具有如下显著特色：

（1）指导思想定位准确。在继承国内同类优秀市场营销教材框架逻辑的基础上，突出课程思政和应用型、高素质综合人才培养这一教学目标和任务。

（2）结构体系新颖独特。全书按教学内容细分为五大模块，以尽可能简练、清晰的逻辑呈现在学生面前，易于同学们快速而系统地建立起对本课程体系的全面认知；为方便初学者学习、理解和掌握课程内容，在各章中详细阐明了本章的"知识目标""能力目标""素养目标"，同时设置了"关键术语""导入案例"等栏目，中间穿插对应知识点的小案例并进行了案例分析，另附有课后练习与案例分析等内容。

（3）教材内容兼顾知识性与趣味性。为了强化同学们对课程框架体系的认知，加深对市场营销学相关概念、策略与方法的了解，在本书的编写过程中，在做到理论框架清晰、内容简明扼要、案例特色鲜明的基础上，还力争做到教材内容兼顾知识性、趣味性和新颖性。

（4）教学方法灵活多样。本书在借鉴国外较为流行的教学理念的基础上，尝试教学方法的改革和创新，以学生探究式合作学习为主体，以教师课堂的分类教学为主导，侧重理论与实践的有机结合，加入大量特色鲜明的企业真实案例，以案例为导向，有效激发学生学习的主动性和积极性。

本书由广东石油化工学院余丽琼、邓益强、尹启华、曾海亮担任主编，广东石油化工学院邓然、黄世政、刘根、王国彦和顺德职业技术学院许居思担任副主编。在编写本书的过程中，还得到了家人和有关领导、老师的全力支持与帮助；广东石油化工学院的文亚青教授百忙之中审阅全书，给初稿的修改提供了很多有价值的意见和具体指导。本书是高等院校应用型本科教育系列规划教材，从筹划到出版一直得到了中国石化出版社领导和编辑的大力支持，在此一并表示衷心的感谢。

市场营销学是一门实践性很强的学科，具有涉及知识面广泛、发展速度快、理论和实践不断更新发展等特点，所以本书的编写参阅了大量国内外专著，借鉴了众多国内外专家、学者的最新研究成果，在此对以上所述的专家、学者表示真挚感谢！如有遗漏未列出的文献，敬请原作者谅解。

由于时间和知识水平有限，书中难免有不妥及疏漏之处，恳请广大读者批评指正，以便再版时修订。

编者

目录

CONTENTS

第一篇　导论

第二篇　市场分析

第三篇　市场营销战略

第四篇　市场营销策略

第五篇　市场营销创新发展

第一篇

导论

第一章 市场营销概述

知识目标

了解市场营销学的产生与发展；掌握市场、市场营销的核心概念及内涵；掌握市场营销学的重要意义。

能力目标

理解市场与市场营销的深刻内涵及其实践意义；能分析和研究特定市场的构成要素及其需求规模、特征等。

素养目标

树立正确的价值观念和市场营销思想。

关键术语

市场、市场营销、市场营销者、需要、欲望、需求、交换。

导入案例

流水声音卖高价

费涅克是一名美国商人。在一次休假旅游中，小瀑布的水声激发了他的灵感。他带上立体声录音机，专门到一些人烟稀少的地方游逛，录下了瀑布、小溪流水的声音和各种鸟鸣声，然后回到城里复制出录音带高价出售。想不到他的生意十分兴隆，前来买“水声”的顾客络绎不绝。

费涅克了解许多城市居民饱受各种噪声干扰之苦，却又无法摆脱。这种奇妙的商品，能把人带入大自然的美妙境界，使那些久居闹市的人暂时忘却生活的烦恼，也可以使许多失眠者在水声的陪伴下安然进入梦乡。

营销启示：留心处处皆商机。在我们抱怨生意难做之时，却有无数的商机从我们身边溜走。发掘新的商机，比跟在别人后面亦步亦趋更具发展前景，因为谁是新商机的发现者，谁就是市场的独占者，没有竞争，任君驰骋。不过，要强调的一点就是，只有在需求存在时，营销创新才能构成新的商机，否则一文不值。

第一节 市场与市场营销

一、市场的概念

（一）市场的多重含义

市场是一个有着多重含义的概念，主要包括以下几方面：

1. 市场是商品交换的场所

这是一种狭义的市场概念，这种认识将市场看做是一个区域，即在特定的空间、固定的时间中，人们进行着商品的交换活动。“日中为市，聚天下之民，取天下之货，交易而退，各得其所”。在这里，买卖双方一手交钱，一手交货，钱货两清，各得其所。如农贸市场、超级市场等。

2. 市场是指某种或某类商品需求的总和

商品的需求是通过买主体现的，因而也可以说，市场是某一产品所有现实买主和潜在买主所组成的群体。哪里有需求，哪里就有市场。对于企业来讲，商品定价以后，如果有人愿意以此价格购买，就意味着产品有市场。愿意购买又有货币支付能力的人越多，企业的市场就越大。企业明确自己的市场有多大，由哪些消费者构成，是企业营销战略和各项具体决策的出发点，对正确组织营销活动具有重要意义。在市场经济条件下，所谓企业要面向市场，就是指企业要面向消费需求，亦即面向自己的顾客。

3. 市场是买主、卖主力量的结合，是供求双方力量相互作用的总和

如“买方市场”“卖方市场”的提法。“买方市场”说明整个市场对买方有利，在交易过程中消费者处于主动地位，由顾客支配着销售关系。判断市场供求力的相对强度和变化趋势，对于企业进行营销决策是十分重要的。

4. 市场是指一定时间、一定地点条件下商品交换关系的总和

这是广义的市场概念，任何一个商品生产者、经营者的买卖活动必然会与其他商品生产者、经营者的买卖活动发生联系。市场是商品生产者、中间商、消费者交换关系的总和。任何一个企业都只能在整体市场上开展营销活动，企业的运转时时刻刻都与市场保持着输入输出的交换关系。正因为如此，市场才成为任何一个企业赖以生存与发展的空间和环境。通常所说的“市场机制”“市场调节”，就是这种意义上的市场。

在现代市场经济条件下，每个人的劳动趋向专业化，人们通过劳动获得报酬，并用报酬去购买所需所欲之物。每一个国家的经济和整个世界经济都是由各种市场组成的复杂体系，而这些市场之间则由交换过程来连接。

市场营销学要研究作为销售者的企业的市场营销活动，即企业如何通过整体市场营销活动，适应并满足顾客需求，以实现经营目标。因此，在这里，市场是指某种产品的现实购买者与潜在购买者需求的总和。从市场营销者的角度来看，同行供给者即其他销售者，都是竞争对手，而不是市场，卖主(销售者)构成行业，买主(购买者)则构成市场。

综上所述，人们可以从不同角度界定市场。我们认为：市场是商品经济中生产者与消费者之间为实现产品或服务价值，满足需求的交换关系、交换条件和交换过程。

首先，市场是建立在社会分工和商品生产即商品经济基础上的交换关系。这种交换关系

由一系列交易活动构成，并由交换规律所决定。其次，现实市场的存在要有若干基本条件。这些条件包括：

(1) 存在消费者一方，他们有某种需要或欲望，并拥有可供交换的资源。买方是形成市场决定性的因素。

(2) 存在生产者一方，他们能够提供满足消费者需求的产品或服务。生产者和中间商形成行业，是市场开发者。

(3) 有促成交换双方达成交易的各种条件，如法律保障，交易双方可接受的价格、时间、空间、信息和服务方式等。

最后，市场的发展本质上是一个由消费者决定，而由生产者推动的动态过程。

(二) 市场的三个要素

上述分析显示，市场包含三个要素，即有某种需要的人，为满足这种需要的购买能力和购买欲望。用公式表示就是：

市场=人口+购买力+购买欲望

构成市场的这三个要素是相互制约、缺一不可的，只有三者结合起来才能形成现实的市场，才能决定市场的规模和容量。例如，一个国家或地区人口众多，但收入很低，购买力有限，则不能构成容量很大的市场；又如，购买力虽然很大，但人口很少，也不能形成很大的市场。只有人口多，购买力又高，才能形成一个庞大而具有潜力的市场。但是，如果提供的产品得不到购买者文化和个性的认同，也不能引起人们的购买欲望，对于销售者来说，仍然不能成为现实的市场。所以，营销市场是上述三个要素的统一。

二、市场营销的含义及相关概念

(一) 市场营销的含义

根据著名营销学家菲利普·科特勒教授的定义：市场营销是通过创造和交换产品及价值，从而使个人或群体满足欲望和需要的社会过程和管理过程。根据这一定义，市场营销包含下列几种含义：

(1) 市场营销的目标是"满足需求和欲望"。

(2)"交换"是市场营销的核心，交换过程是一个主动、积极寻找机会，满足双方需求和欲望的社会过程和管理过程。

(3) 交换过程能否顺利进行，取决于营销者创造的产品和价值满足顾客需求的程度和交换过程管理的水平。

(二) 市场营销的相关核心概念

1. 需要、欲望和需求

需要、欲望和需求是市场营销学研究最基本的概念，也是市场营销活动的起点。这三个概念既密切相关又有明显的区别。

1) 需要

需要是指没有得到某些基本满足的感受状态，是人类与生俱来的，如人们为了生存对食品、衣服、住房、安全、归属、受人尊重等的需要。这些需要存在于人类自身生理和社会之中，市场营销者可用不同方式去满足它。

2）欲望

欲望是指想得到上述基本需要的具体满足品的愿望，是个人受不同文化及社会环境影响表现出来的对基本需要的特定追求。如为满足“解渴”生理需要，人们可能选择(追求)喝开水、茶、汽水、果汁、绿豆汤或者蒸馏水。市场营销者无法创造需要，但可以影响欲望，开发及销售特定的产品和服务来满足欲望。

3）需求

需求是指人们有能力购买并愿意购买某个具体产品的欲望。需求实际上也就是对某特定产品及服务的市场需求。市场营销者总是通过各种营销手段来影响需求，并根据对需求的预测结果决定是否进入某一产品(服务)市场。

2. 产品

产品是能够满足人的需要和欲望的任何东西。产品的价值不在于拥有它，而在于它给我们带来的对欲望的满足。人们购买小汽车不是为了观赏，而是为了得到它所提供的交通服务。产品实际上只是获得服务的载体。这种载体可以是物，也可以是“服务”，如人员、地点、活动、组织和观念。当我们心情烦闷时，为满足轻松解脱的需要，可以去音乐会，听歌手演唱(人员)；可以到风景区旅游(地点)；可以参加希望工程(活动)；可以加入消费者假日俱乐部(组织)；也可以参加研讨会，接受一种不同的价值观(观念)。市场营销者必须清醒地认识到：其创造的产品不管形态如何，如果不能满足人们的需要和欲望，就必然会失败。

3. 效用、费用和满足

效用是消费者对产品满足其需要的整体能力的评价。消费者通常根据这种对产品价值的主观评价和需支付的费用来做出购买决定。如某人为解决其每天上班的交通需要，他会对可能满足这种需要的产品选择组合(如自行车、摩托车、汽车、出租车等)和他的需要组合(如速度、安全、方便、舒适和节约等)进行综合评价，以决定哪一种产品能提供最大的总满足。假如他主要对速度和舒适度感兴趣，也许会考虑购买汽车，但是汽车购买与使用的费用要比自行车高许多，若购买汽车，他必须放弃用其有限收入可购置的许多其他产品(服务)。因此，他将全面衡量产品的费用和效用，选择购买能使每一笔花费带来最大效用的产品。

4. 交换、交易和关系

交换是指从他人处取得所需之物，而以其某种东西作为回报的行为。人们满足需求或取得欲望之物，可以通过各种方式，如自产自用、强取豪夺、乞讨和交换等方式。其中，只有交换方式才存在市场营销。交换的发生，必须具备五个条件：

(1) 至少有交换双方。

(2) 每一方都有对方需要的有价值的东西。

(3) 每一方都有沟通和运送货品的能力。

(4) 每一方都可以自由地接受或拒绝。

(5) 每一方都认为与对方交易是合适或称心的。

交易是交换的基本组成单位，是交换双方之间的价值交换，交换是一种过程，在这个过程中，如果双方达成一项协议，我们就称之为发生了交易。交易通常有两种方式：一是货币交易，如甲支付800元给商店而得到一台微波炉；二是非货币交易，包括以物易物、以服务易服务的交易等。一项交易通常要涉及几个方面：至少两件有价值的物品；双方同意的交易条件、时间、地点；有法律制度来维护和迫使交易双方遵守承诺。

关系是指企业与顾客及其利益相关者之间建立、维持并加强富有特定价值的牢固关系的过程。一些学者将建立在交易基础上的营销称之为交易营销。关系营销是市场营销者与顾客、分销商、经销商、供应商等建立、保持并加强合作关系，通过互利交换及共同履行诺言，使各方实现各自目的的营销方式。与顾客建立长期合作关系是关系营销的核心内容。与各方保持良好的关系要靠长期承诺和提供优质产品、良好服务和公平价格，以及加强经济、技术和社会各方面联系来实现。关系营销可以节约交易的时间和成本，使市场营销宗旨从追求每一笔交易利润最大化转向追求各方利益关系的最大化。

5. 市场营销与市场营销者

在交换双方中，如果一方比另一方更主动、更积极地寻求交换，我们就将前者称之为市场营销者，后者称为潜在顾客。换句话说，所谓市场营销者，是指希望从别人那里取得资源并愿意以某种有价值的东西作为交换的人，市场营销者可以是卖方，也可以是买方，当买卖双方都表现积极时，我们就把双方都称为市场营销者，并将这种情况称为相互市场营销。

第二节 市场营销学的形成与发展

一、市场营销学在美国的形成与发展

市场营销学的理论于20世纪初期开始形成于美国。因此，研究市场营销学，先必须了解市场营销学发展的历史背景，了解其在美国的发展。多数的研究者认为市场营销理论在美国的发展，大致经历了萌芽时期、职能研究时期、形成和巩固时期、市场营销管理导向时期、协同和发展时期、分化和扩展时期六个阶段。

(一) 萌芽时期(1900~1920年)

这一时期是美国资本主义迅速发展时期。最初在美国几所大学开设的有关市场营销的课程，多称为“分销学”而不是“市场营销学”，例如，1902年密执安大学开设的课程名称为“美国分销管理行业”。在美国早期的教学研究活动中，还没有人使用“市场营销”这一术语，而用得最广泛的是“贸易”“商业”“分销”等。1900~1910年，观念发生了变化，尽管“分销学”的研究是分别在美国几个不同的地方进行的，并且学者们相互之间联系很少，但他们几乎同时都感觉到需要有一个新名称来称呼他们所讲授的课程，于是便出现了“市场营销”这个名词。这一时期的市场营销理论大多是以生产观念为导向的，其依据仍然是以供给为中心的传统经济学。但是，这些研究在经济学家所持的生产观念和市场营销学家所持的消费观念之间架起了一座桥梁。所以，市场营销的研究者称这一时期为市场营销理论的萌芽时期。

(二) 市场营销学规范时期(1920~1950年)

美国消费经济结构在第一次世界大战以后的十几年间发生了明显的变化。美国消费经济结构的变化，再度引起学术界和企业界研究市场营销理论的热潮。这一时期的特点为市场营销职能研究。美国全国市场营销教师协会定义委员会在1934年提出，市场营销职能包括商品化、购买、销售、标准化和分级、风险管理、集中、融资、运输以及储存等。上述职能又可归纳为三类：交换职能——销售(创造需求)和收集(购买)；物流职能——运输和储存；辅助职能——融资、风险承担、市场信息沟通和标准化等。这一时期的市场营销研究主要集

中在职能研究上，但对于销售这一职能的解释却是耐人寻味的。克拉克和韦尔德认为销售就是寻找买主；亚历山大则提出，销售应该更富有主动性，来说服现有顾客和潜在顾客购买。不论什么样的解释，都反映了这一时代的经济现状和市场现状。1942 年，克拉克又提出，销售是创造需求。从销售定义的演变中，我们可以窥见市场营销观念的雏形。到了 1950 年，市场营销已经成为一个欣欣向荣、有影响的学术领域。

（三）市场营销迅速发展时期(1950~1980 年)

在此期间，美国国内生产和生活方式发生了巨大变化，市场营销理论研究也开始迈向一个新的里程。这一时期的代表人物有奥德逊、霍华德和麦卡锡，他们对市场营销思想的形成与发展做出了卓越的贡献。

奥德逊在其《市场营销活动和经理行动》一书中提出了“职能主义”。他指出，职能主义是发展市场营销理论最有效的途径，每一机构在市场营销活动中都有其独特职能，其存在的关键就在于能比其他机构更有效地提供某种服务。市场营销的效能就在于促进双方的买卖。

霍华德的《市场营销管理：分析和决策》一书主张从市场营销管理的角度论述市场营销的理论和应用。该书有四个主要特点：管理决策导向，运用分析方法，强调经营经验，引进了行为科学理论。霍华德指出，市场营销管理的实质是企业“对于动态环境的创造性适应”。

麦卡锡在其《基础市场营销》一书中描述了研究市场营销的三种方法：商品研究法、机构研究法和职能研究法。此外，他还将美国市场营销协会定义委员会 1960 年给市场营销所下的定义进行了修正，进而提出自己的定义：“市场营销就是指将商品和服务从生产者转移到消费者或用户所进行的企业活动，以满足顾客需要和实现企业的各种目标。”麦卡锡提出了以消费者为中心，全面考虑企业内外部条件，以促使企业各项目标实现的市场营销管理体制。

（四）市场营销学重构时期(1980 年至今)

这一时期，市场营销领域又出现了大量丰富的新概念，从而使市场营销这门学科出现了变形和分化的趋势，其应用范围也开始扩展。1981 年，瑞典经济学院的克里斯琴·格罗路斯发表了论述“内部市场营销”的论文，科特勒也提出要在企业内部创造一种市场营销文化，即使企业市场营销化的观点。1983 年，西奥多·莱维特对“全球市场营销”问题进行了研究，提出过于强调对各个当地市场的适应性，将导致生产、分销和广告方面规模经济的损失，从而使成本增加。因此，他呼吁多国公司向全世界提供一种统一的产品，并采用统一的沟通手段。1985 年，巴巴拉·本德·杰克逊提出了“关系市场营销”“协商推销”等新观点。1986 年，科特勒提出了“大市场营销”这一概念，提出了企业如何打进被保护市场的问题等。进入 21 世纪以来，随着经济环境、政治环境的变化以及科学研究、实践活动的深入，市场营销的研究领域有所拓展，也形成了新的研究方向(领域)。如网络营销、绿色营销、服务营销、文化营销、口碑营销、大数据营销、直销、权利营销、营销决策支持系统、市场营销专家系统等新问题开始引起学术界和企业界的关注，并且在理论上得到发展。

二、市场营销学在中国的传播与发展

20 世纪 30~40 年代，市场营销学曾在中国有一轮传播。现存最早的教材是丁馨伯编译的《市场学》，由复旦大学于 1933 年出版。当时一些大学的商学院开设了《市场学》课程，教师主要是欧美留学归来的学者。由于受长期战乱及半封建半殖民主义经济发展水平的限制，其研究和应用有很大的局限性。新中国成立后，在很长一段时间内，由于西方的封锁和我国实行高度集中的越来越僵化的计划经济体制，商品经济受到否定和抵制，市场营销学的研究在中国大陆基本中断。

1978~1985 年，是市场营销学再次引进中国并初步传播时期。期间，北京、上海和广州等地的学者对国外市场营销学的研究、应用和人才培养做了大量工作。1980 年，国家经济贸易委员会与美国政府合作举办了以厂长、经理为培训对象的大连培训中心，聘请美国著名的营销专家讲课，对营销理论方法的实际运用起了推动作用。

1985~1992 年，是市场营销在中国进一步传播与应用时期。为了适应国内深化改革、经济快速成长和市场竞争加剧的环境，企业界营销管理意识开始形成。市场营销的运用从外贸企业、商业企业、乡镇企业逐步扩展到国有企业；从消费品市场扩展到产业用品市场。能源、原材料、交通、通信企业也开始接受市场营销概念。

到 1999 年，国内大学已普遍开设了市场营销课程，教育部也将市场营销学列为工商管理类专业的核心课程之一。1991 年 3 月，中国市场学会在北京成立。该学会成员包括高等院校、科研机构的学者，国家经济管理部门官员和企业经理人员。中国高等院校市场学研究会、中国市场学会也开展了一系列活动，促进学术界和企业界、理论与实践的结合，为企业提供营销管理咨询服务和培训服务，建立对外交流渠道，做了大量有成效的工作。1992 年以后，是市场营销理论研究结合中国实际提高、创新时期。邓小平南方谈话，奠定了建立社会主义市场经济体制的改革基调。改革全方位展开，国内经济结构的变化、外资企业的大量进入，买方市场特征逐步明显，中国市场竞争进一步加剧。在这种形势下，强化营销和营销创新成为企业的重要课题。

第三节 市场营销学的意义及研究方法

一、市场营销学的意义

(一) 迎接新时期的营销挑战

知识经济时代的来临使我们正在面对极其严峻挑战。现代科技的飞速发展，从根本上改变着人们的生活方式和社会生产方式，带来比以往更为复杂和变化快速的社会经济环境，以及更为剧烈的全球竞争。无论在国家(地区)综合国力的发展层面，还是在微观企业经营与发展层面，挑战都是崭新的、全面的。

经济全球化、高技术特别是信息科技产业的崛起，金融危机和全球企业并购之风的兴起，预示着未来的营销从观念、规划到方式都将发生深刻变化。一些学者将这些变化方向归纳为“学习”型营销：善于学习、创新和运用新知识的组织者将是最大的赢家。

新的环境要求经营者洞察消费者的知识及其学习过程，并在买主的学习过程中发挥作用。因此，经营者不仅要向顾客学习，自身(组织内部)要学习，而且要对顾客“半教半学”。这种新的营销观念认为，营销活动的规则随购买者的不断学习而演变，这种演变在一定程度上取决于营销者教给购买者的内容。

新世纪初，菲利普·科特勒曾预言，市场销售领域将出现十大新趋势：

(1) 电子商务的发展，使批发和零售之间出现了实质性非居间化。

（2）零售店交易量减少，它们更多是在推销“体验”而不是产品。

（3）建立客户信息库，根据某客户的特别需要提供“定制商品”，成为公司时尚。

（4）商家在通过富于想象力的方法来超过消费者期望方面做了出色的工作。

（5）公司重视并对个别客户、产品和销售渠道进行利润核算。

（6）许多公司进一步树立忠实于客户的远见。

（7）公司的活动和需要，更多依赖外部资源和合作。

（8）现场销售人员拥有更多的特许权限。

（9）大量的电视广告、报刊杂志广告消失，“互联网”广告兴起。

（10）公司不可能长久地保持其竞争优势，除非具有尽快地学习和跟上形势变化的能力。

因此，学习、研究市场营销学，是知识经济时代的要求，是迎接新世纪挑战、适应环境变化的必需。

（二）促进经济增长

宏观经济的稳定、健康和持续发展，已经成为各国（地区）关心的话题。经济成长决定于多种要素。其中，市场营销占据重要地位。

第二次世界大战后许多国家的经济成长经验表明，市场营销观念的转变和贯彻是经济成长的重要原因。彼得·德鲁克在分析西方国家的营销问题时指出：将营销作为企业的中心职能，“这种观念上的改变是欧洲在1950年以后快速复原的主要原因之一”“20世纪50年代以后，日本经济上的成功，主要归功于其接受营销为企业首要职能的观念”。而自1990年以来，美国经济革命主要是营销革命，这种营销革命对经济的影响不亚于20世纪任何技术上的革命。

回顾我国改革开放四十多年来的经济成长过程，也不难看到市场营销对经济发展的重要作用。可以预言，随着我国社会主义市场经济体制的构建和完善，这种作用还将进一步加强。

市场营销在促进经济总量增长方面发挥着重要作用，在社会主义市场经济条件下，经济总量的增长取决于能满足人民日常增长的物质文化需要的社会有效供给，亦即能为市场接受的价值生产的总增长。市场营销以满足消费者需求为中心，强调不断开拓新的市场，为生产者、经营者提供不断向新的价值生产领域拓展和产品价值实现的手段，有效地促进经济成长。

市场营销通过营销战略与策略的创新，指导新产品开发经营，降低市场风险，促进新科技成果转化为生产力，充分发挥科技作为第一生产力在经济成长中的作用。

市场营销的发展，在扩大内需和进军国际市场，以及吸引外资，解决经济成长中的供求矛盾和资金、技术等方面，开拓了更大的市场空间。

市场营销为第三产业的发展开辟道路。专业性市场营销调研、咨询机构的发展，企业营销机构的充实，市场营销支持系统的发展，提供了大量的就业机会，并直接、间接地创造价值，促进第三产业的成长和发展。

市场营销强调经营与环境的系统协调，倡导保护环境，绿色营销，对经济的可持续发展起着重要作用。在上述方面，市场营销已经做出自己的贡献。面对新的情况和问题，进一步研究市场营销学，以进一步促进我国经济的健康成长，仍是十分必要的。

【小案例】

淘金还是卖水

19 世纪中叶，美国加州传来发现金矿的消息。许多人认为这是一个千载难逢的发财机会，于是纷纷奔赴加州。17 岁的小农夫亚默尔也加入了庞大的淘金队伍，他同大家一样，历尽了千辛万苦，赶到加州。

淘金梦是美丽的，做这种梦的人自然也很多，越来越多的人蜂拥而至，使得加州一时间遍地都是淘金者，金子越来越难淘。不但金子难淘，而且生活也越来越艰苦。由于当地气候干燥，水源奇缺，许多不幸的淘金者不但没有圆了致富梦，反而丧身此处。亚默尔经过一段时间的努力，他和大多数人一样没有发现黄金，反而被饥渴折磨得半死。一天，望着水袋中一点点舍不得喝的水，听着周围人对缺水的抱怨，亚默尔突发奇想：淘金的希望太渺茫了，还不如卖水呢。

于是亚默尔毅然放弃挖金矿的努力，将手中挖金矿的工具变成挖水渠的工具，从远方将河水引入水池，经过细沙过滤，成为清凉可口的饮用水。然后将水装进桶里，挑到山谷一壶一壶地卖给找金矿的人。

当时有人嘲笑亚默尔，说他胸无大志："千辛万苦地赶到加州来，不挖金子发大财，却干起这种蝇头小利的小买卖，这种生意哪儿不能干，何必跑到这里来?"亚默尔不为所动，继续卖他的水。哪里有这样的好买卖，哪里有这样好的市场，把几乎无成本的水卖出去？结果，大多数淘金者都空手而归，而亚默尔却在很短的时间靠卖水赚到 6000 美元，在当时，这可是一笔非常可观的财富了。

营销启示：唯物辩证法认为，事物的发展是内因和外因共同起作用的结果。内因是事物变化发展的根据，外因是事物变化发展的条件，外因通过内因而起作用。面对同样的市场(外因)，嘲笑者们熟视无睹，亚默尔却抓住机遇，充分发挥意识的能动性，及时转行，结果获得了成功。

(三) 促进企业发展

企业是现代经济的细胞。企业的效益和成长，是国民经济发展的基础。市场营销学对经济成长的贡献，主要表现在其解决企业成长与发展中的基本问题上。

价值交换(实现)是企业生存和发展的基础。企业作为社会分工单位，必须按社会的某种需要创造价值(产品或服务)，并通过交换过程实现其价值。市场营销学以满足需要为宗旨，引导企业树立正确的营销观念，面向市场组织生产过程和流通过程，不断从根本上解决企业成长中的关键问题。

市场营销学为企业成长提供了战略管理原则，将企业成长视为与变化的环境保持长期适应关系的过程。企业为此必须不断了解变化的环境，预测其趋势，不断创新其产品及营销策略，避免营销短视风险，不断在更高层次上满足需要来实现自身成长。

市场营销学为企业成长提供了一整套竞争策略，指引企业创造竞争优势。在战略与策略层面，市场营销学均十分重视研究企业以满足需求为中心，形成自己的经营特色，以保证处于不败之地。

市场营销学为企业成长提供了系统的策略方案。企业可以通过市场营销战略、营销组合策略的决策和系统实施，来达到其成长目标。市场营销学也为企业成长提供了组织管理和营销计划执行与控制的方法。

二、市场营销学的研究方法

（一）传统研究法

1. 产品研究法

产品研究法即对产品(商品)，如农产品、机电产品、纺织品等，分门别类的研究方法。其优点是具体实用，缺点是产品有许多共同的方面造成重复。这一方法的研究结果形成各大类产品的市场营销学，如农产品市场营销学。

2. 机构研究法

机构研究法即对分销系统的各个环节(机构)，如生产者、代理商、批发商、零售商等，进行研究的方法。侧重分析研究流通过程的环节或层次的市场营销问题。其研究结果形成批发学、零售学等。

3. 职能研究法

职能研究法即研究市场营销的各类职能以及在执行这些职能中所遇到的问题及解决方法。如将营销职能划分为交换职能、供给职能和便利职能三大类，并将之细分为购、销、运、存、金融、信息等内容，分别和综合进行研究。这一方法在西方学术界颇为流行。

（二）历史研究法

历史研究法是根据发展变化过程来分析阐述市场营销问题的研究方法。如分析市场营销的含义及其变化，工商企业 100 多年来营销管理哲学(观念)的演变过程，零售机构的生命周期现象等，从中找出其发展变化的原因和规律性。市场营销学者一般都重视研究对象的历史演变过程，但也不把它作为唯一的研究方法。

（三）管理研究法

管理研究法是第二次世界大战后西方营销学者和企业界采用较多的一种研究方法，其从管理决策角度研究市场营销问题。该研究法的研究框架是将企业营销决策分为目标市场和营销组合两大部分，研究企业如何根据其“不可控变数”即市场环境因素的要求，结合自身资源条件(企业可控因素)，进行合理的目标市场决策和市场营销组合决策。管理研究法广泛采用了现代决策论的相关理论，将市场营销决策与管理问题具体化、科学化，对营销学科的发展和企业营销管理水平的提高起了重要作用。

（四）系统研究法

系统研究法是一种将现代系统理论与方法运用于市场营销学研究的方法。在管理导向的营销研究中，这一方法常常与其他研究方法结合起来使用。企业市场营销管理系统是一个复杂系统，包含了许多相互影响、相互作用的因素，如企业(供应商)、渠道伙伴(中间商)、目标顾客(买主)、竞争者、社会公众、宏观环境力量等。一个真正面向市场的企业，必须对整个系统进行协调和“整合”，使企业“外部系统”和企业“内部系统”步调一致、密切配合，达到系统优化，产生“增效作用”，提高经济效益。市场营销学的研究方法正在不断创新和发展，这也是这门学科的生命力所在之一。

相关链接

菲利普·科特勒(1931 年—)是现代营销集大成者，被誉为“现代营销学之父”，具有芝加哥大学经济学硕士和麻省理工学院的经济学博士、哈佛大学博士后、及苏黎世大学等其他 8 所大学的荣誉博士学位。任美国西北大学凯洛格管理学院终身教授，美国管理科学联合市场营销学会主席，美国市场营销协会理事，同时也是美国和其他国家许多大公司在营销战略和计划、营销组织、整合营销上的顾问。出版有《营销管理》等 20 本著作。科特勒博士一直致力于营销战略与规划、营销组织、国际市场营销及社会营销的研究，他的最新研究领域包括：高科技市场营销，城市、地区及国家的竞争优势研究等。他创造的一些概念，如“反向营销”和“社会营销”等，被人们广泛应用和实践。

【课后练习】

一、简答题

1. 现实市场的形成需要具备哪些条件?
2. 如何理解“市场营销就是使推销成为不必要”?
3. 为什么说企业的基本职能就是营销和创新?
4. 试述市场营销学的形成与发展过程。
5. 简述市场营销的主要研究方法。
6. 通过本章学习，你是否认为市场营销对我国经济发展及企业成长具有重要意义?试结合实际谈谈你的认识。

二、案例分析

金融危机下的营销创新

2008 年，全球金融危机爆发，让人们饱受灾难之苦，但灾难永远挡不住全世界人民苦中作乐的精神:

(1) 加拿大一家酿酒厂特意在啤酒中加入了一种特殊的苦味，以反映世道的艰难；在美国加州圣地亚哥的“莎拉摔盘小屋”(Sarah’s Smash Shack)，顾客花费只需 10 美元就可以享受 15 分钟痛摔餐具、发泄郁闷的快乐。保险经纪人 Adam DeWitt 申请房屋按揭遭拒后，他干脆带上妻子来到圣地亚哥一“摔”为快。“这是两年来我们花得最值的 50 美元。”Dewitt 说。

(2) 哈萨克斯坦一家银行为收入超过 30 万美元的富豪客户准备了镶有钻石的信用卡；东京一家珠宝行则忙于出售一套价值 100 万美元的 13 件套黄金餐具，其目标顾客群是中国的新贵阶层。

(3) 金融危机的爆发让德国人重燃对马克思的关注，马克思对资本主义的深度剖析著作《资本论》荣升为畅销书之一。

(4) 伦敦一家店铺改编一战时的经典招兵海报：原海报图为一名目光如炬的将军指着行人，上面的字样写着“国家需要你”，而这家店铺将文字改为“购物，该死的，快去购物”，反映了假日消费的清淡!

(5) 在英国，板球运动员和狗也都难逃金融危机魔掌，无线运营商沃达丰(Vodafone Group PLC)宣布将停止赞助英格兰板球队，作为其削减总额高达10亿英镑运营成本的一部分。英国最知名的动物收容所巴特西猫狗之家(Battersea Dogs and Cats Home)则表示，该机构已经要被收留的猫狗给挤爆了，部分原因是来自金融危机的影响。

(6) 美国最受欢迎的电视节目《美国偶像》(American Idol)明年将不会再出现"偶像回赠"的慈善环节，这个环节在2007~2008年筹集到1.2亿美元善款，多数是来自该节目的3000万名电视观众。

(7)《纽约时报》邀请6位作家写出在金融阴霾下无论如何不能放弃的小小放纵，他们的选择分别是：柴可夫斯基《胡桃夹子》芭蕾舞剧的门票、一瓶上好的苏格兰威士忌、送出一张高品质的手写贺卡的乐趣、新鲜的牡蛎、去海边休假一天，以及在附近的麦当劳店喝两杯可乐当作新的一天的开始。

(8) 借酒消愁或使酿酒业因祸得福。在美国整个酿酒业已掀起了一阵怀旧风，诸如"边车(Sidecar)""古典(Old Fashioned)"及"曼哈顿(Manhattan)"等经典鸡尾酒重新流行，令人回忆起战前的禁酒时期及大萧条时代。27岁的画家Rebecca Mulligan一改惯例，用"海明威(Hemingway)"鸡尾酒取代了常喝的美禄葡萄酒(merlot)。"海明威"主要由香槟和苦艾制成。"我喝酒的口味更加大胆，需要借酒浇愁，忘记金融危机的愁云惨雾"。美国富俊公司(FO.N：行情)消费者需求研究团队负责人Julian Cohen表示，这些经典鸡尾酒往往以波本和干邑等烈酒调制而成，体现了当前消费者口味的转向。所以，俄罗斯伏特加的销量受金融风暴影响骤减，莫斯科国家酒协称伏特加积压量比往日高出6倍。

(9) 在新加坡，二手名表交易商们表示，顾客们现在眼光也低多了，那些曾经愿意花约一万新币(6800美元)购买劳力士或百达翡丽(Patek Philippes)奢侈名表的人们，开始将视线转到5000新币(3390美元)以下的产品。

(10) 在东京，很多人都会选购"达摩吉祥娃娃"，但不是选择传统的红色，而是选择黑色，他们希望以此来保佑公司账本不要出现赤字。

思考题：

上述哪个案例给你留下深刻印象，为什么？

第二章 市场营销管理

知识目标

掌握市场营销哲学演变过程及各种营销哲学的内容和特点；掌握需求类型和相应的营销管理任务；了解市场营销管理的含义及一般过程。

能力目标

能够根据实际识别企业所实行的营销哲学、所面临的需求状况及应完成的营销管理任务；理解市场营销管理的一般过程及其在实际中的应用。

素养目标

树立正确的社会主义核心价值观和社会责任意识。

关键术语

市场营销管理哲学、市场营销管理任务。

导入案例

苹果的营销哲学

在《史蒂夫·乔布斯传》中，有一个段落描述了"苹果营销哲学"，是苹果公司 1977 年正式成立时制订的，在今天仍然适用。乔布斯雇用了迈克·马库拉，从事营销和金融方面的工作。乔布斯希望他能帮助刚刚起步的苹果公司准备一份商业计划书。

马库拉将自己的原则写在了一张纸上，标题为"苹果营销哲学"，其中强调了三点。第一点是共鸣(Empathy)，就是紧密结合顾客的感受，"我们要比其他任何公司都更好地理解用户的需求。"第二点是专注(Focus)，"为了做好我们决定要做的事情，我们必须排除所有不重要的机会。"第三点，也是同样重要的一点原则，名字令人困惑——灌输(Impute)。它强调人们会根据一家公司或一个产品传达的信号来形成对它的判断。"人们确实会以貌取物，"他写道，"我们也许有最好的产品、最高的质量、最实用的软件等等；但如果我们用一种潦草马虎的方式来展示，那么顾客就会认为我们的产品同样潦草马虎；而如果我们以创新、专业的方式展示产品，那么优质的形象也就被灌输到顾客的脑中了。"

因此，这三个原则也许可以概括为：(1)比别人更好地了解和服务客户；(2)忘记其他一切；(3)确保自己所做的每件小事有效。时时处处都遵循这三个原则，这是非常简单、明确、有针对性的远见，也许正因为如此，苹果公司在 30 年后的今天依然遵循着这些原则。

乔布斯比其他任何企业领导者都更了解消费者的需求和渴望，他一直十分关注，有时甚至过度关注营销策略、产品形象乃至包装的细节。

营销启示：苹果公司的营销哲学体现的是市场营销观念，即以顾客的需要和欲望为导向。乔布斯的成功倾向于顾客导向，即基于对人性的了解，把握人的欲望和需求的细节，从而一路把人性营销做到了极致。

第一节　市场营销管理哲学

一、市场营销管理哲学的概念

市场营销管理哲学是指企业对其营销活动及管理的基本指导思想。它是一种观念、一种态度或一种企业思维方式。任何企业的营销管理都是在特定的指导思想或观念指导下进行的。确立正确的营销管理哲学，对企业经营成败具有决定性意义。市场营销管理哲学的核心是正确处理企业、顾客和社会三者之间的利益关系。在许多情况下，这些利益是相互矛盾的，也是相辅相成的。企业必须在全面分析市场环境的基础上，正确处理三者的关系，确定自己的原则和基本取向，并用于指导营销实践，才能有效地实现企业目标，保证企业的成功。

随着生产和交换日益向纵深发展，社会、经济与市场环境的变迁和企业经营经验的积累发生了深刻变化。这种变化的基本轨迹是由企业利益导向，转变为顾客利益导向，再发展到社会利益导向。

二、市场营销管理哲学的演变

一些学者将企业市场营销管理哲学(观念)的演变划分为生产观念、产品观念、推销(销售)观念、市场营销观念和社会营销观念等五个阶段。前三个阶段的观念一般称之为旧观念，是以企业为中心的观念；后两个阶段的观念是新观念，可分别称之为顾客(市场)导向观念和社会营销导向观念。李维特(Theodore Levitt)曾以推销观念与市场营销观念为代表，比较了新旧观念的差别，如图 2-1 所示。

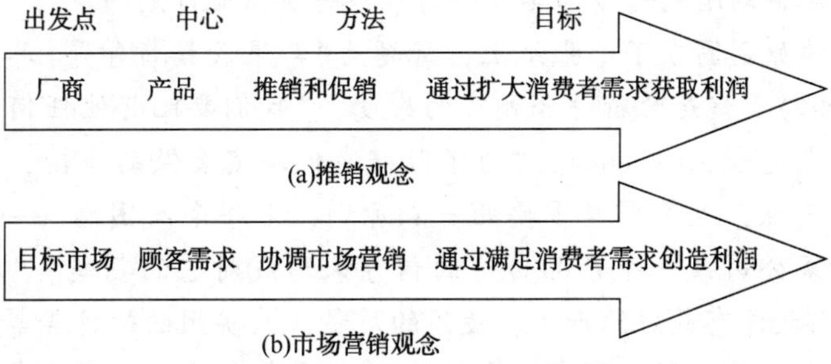

图 2-1　推销观念和市场营销观念的对比

(一) 以企业为中心的观念

以企业为中心的市场营销管理观念，是以企业利益为根本取向和最高目标来处理营销问题的观念。它包括生产观念、产品观念、推销观念。

1. 生产观念

生产观念(The Production Concept)是一种最古老的营销管理观念。生产观念认为，消费者总是喜爱可以随处买到和价格低廉的产品，企业应当集中精力提高生产效率和扩大分销范围，增加产量，降低成本。

以生产观念指导营销管理活动的企业，称为生产导向企业，其典型表现是我们生产什么，就卖什么。生产观念在西方盛行于19世纪末20世纪初，当时资本主义国家处于工业化初期，市场需求旺盛，企业只要提高产量、降低成本，便可获得丰厚利润。因此，企业的中心问题是扩大生产物美价廉的产品，而不必过多关注市场需求差异。在这种情况下，生产观念为众多企业接受。

除了物资短缺、产品供不应求的情况之外，还有一种情况也会导致企业奉行生产观念。这就是某种具有良好市场前景的产品，生产成本很高，必须通过提高生产率、降低成本来扩大市场。例如，福特汽车公司1914年开始生产的T型汽车，就是在福特的“生产导向”经营哲学(使T型汽车生产效率趋于完善，降低成本，使更多人买得起)的指导下创出奇迹的。到1921年，福特T型车在美国汽车市场上的占有率达到56%。

生产观念是一种重生产、轻市场的观念。在物资紧缺的年代也许能“创造辉煌”，但随着生产的发展、供求形势的变化，这种观念必然使企业陷入困境。例如，福特汽车公司在其T型车长足发展，并宣称“不管顾客需要什么颜色的汽车，我只有一种黑色的”之后不久便陷入困境，几乎破产。

2. 产品观念

产品观念(The Product Concept)认为消费者喜欢高质量、多功能和具有某些特色的产品。因此，企业管理的中心是致力于生产优质产品，并不断精益求精。

持产品观念的公司假设购买者欣赏精心制作的产品，相信他们能鉴别产品的质量和功能，并愿意出较高价格购买质量上乘的产品。这些公司的经理人员常迷恋自己的产品，而不太关注市场是否欢迎。他们在设计产品时只依赖工程技术人员而极少让消费者介入。

产品观念和生产观念几乎在同一时期流行。与生产观念一样，也是典型的“以产定销”观念。由于过分重视产品而忽视顾客需求，这两种观念将最终导致“营销近视症”。如铁路行业以为顾客需要火车而非运输，忽略了航空、公共汽车、卡车以及管道运输的日益增长的竞争。计算尺制造商以为工程人员需要计算尺而非计算能力，忽视了袖珍计算器的挑战。只致力于大量生产或精工制造、改进产品，而忽视市场需要的最终结果是其产品被市场冷落，经营者陷入困境甚至破产。

【小案例】

杜邦公司的失误

杜邦公司在1972年发明了一种具有钢的硬度，而重量只是钢的1/5的新型纤维。杜邦公司的经理们设想了大量的用途和一个10亿美元的大市场。然而这一刻的到来比杜邦公司所预料的要长得多。

营销启示：再大的企业也得遵循市场规律和顾客需求。

3. 推销观念

推销观念(The Selling Concept)又称销售观念，推销观念认为消费者通常有一种购买惰性或抗衡心理，若任其自然，消费者就不会大量购买本企业的产品，因而企业管理的中心是积极推销和大力促销。执行推销观念的企业，称为推销导向企业，其表现往往是我们卖什么，就让人们买什么。

推销观念盛行于20世纪30~40年代。这一时期，由于科技进步，科学管理和大规模生产的推广，商品产量迅速增加，社会生产已经由商品不足进入商品过剩，卖主之间的市场竞争日益激烈。特别是1929年爆发的资本主义世界空前严重的经济危机，前后历时5年，堆积如山的货物卖不出去，许多工商企业纷纷倒闭，市场极度萧条。这种现实使许多企业家认识到，企业不能只集中力量发展生产，即使有物美价廉的产品，也必须保证这些产品能被人购买，企业才能生存和发展。

在推销观念指导下，企业相信产品是“卖出去的”，而不是“被买去的”。他们致力于产品的推广和广告活动，以求说服，甚至强制消费者购买。他们收罗了大批推销专家，做大量广告宣传，夸大产品的“好处”，对消费者进行无孔不入的促销信息“轰炸”，迫使人们不得不购买。

与前两种观念一样，推销观念也是建立在以企业为中心，“以产定销”，而不是满足消费者真正需要的基础上的。

（二）以消费者为中心的观念

以消费者为中心的观念，又称市场营销观念(Marketing Concept)。这种观念认为，企业的一切计划与策略应以消费者为中心，正确确定目标市场的需要与欲望，比竞争者更有效地满足目标市场的需求。

市场营销观念形成于20世纪50年代。第二次世界大战后，随着第三次科学技术革命的兴起，西方各国企业更加重视研究和开发，产品技术不断创新，新产品竞相上市。大量军工企业转向民间生产，使社会产品供应量迅速增加，许多产品供过于求，市场竞争进一步激化。同时，西方各国政府相继推行高福利、高工资、高消费政策，社会经济环境出现快速变化。消费者有较多的可支配收入和闲暇时间，对生活质量的要求提高，消费需要变得更加多样化，购买选择更为精明，要求也更为苛刻。这种形势，要求企业改变以往单纯以卖主为中心的思维方式，转向认真研究消费需求，正确选择为之服务的目标市场，并以满足目标顾客的需要及其变动，不断调整自己的营销策略。也就是说，要从以企业为中心转变到以消费者(顾客)为中心。

执行市场营销观念的企业，称为市场营销导向企业。其座右铭是：“顾客需要什么，我们就生产供应什么。”市场营销观念改变了旧观念(生产观念、产品观念和推销观念)的逻辑。它要求企业营销管理贯彻“顾客至上”的原则，将管理重心放在善于发现和了解目标顾客的需要上，并千方百计去满足它，使顾客满意，从而实现企业目标。因此，企业在决定其生产、经营时，必须进行市场调研，根据市场需求及企业本身的条件，选择目标市场，组织生产经营。其产品设计、生产、定价、分销和促销活动，都要以消费者需求为出发点。产品销售出去之后，还要了解消费者的意见，以改进自己的营销工作，最大限度地提高顾客满意程度。总之，市场营销观念根据“消费者主权论”，相信决定生产什么产品的主权不在于生产者，也不在于政府，而在于消费者，因而将过去“一切从企业出发”的旧观念，转变为“一切从消费者出发”的新观念，即企业的一切活动都围绕满足消费者需要来进行。

市场营销观念有四个主要支柱：目标市场、整体营销、顾客满意和盈利率。与推销观念从厂商出发，以现有产品为中心，通过大量推销和促销来获取利润不同，市场营销观念是从选定的市场出发，通过整体营销活动，实现顾客满意，从而提高盈利率。树立并全面贯彻市场营销观念，建立真正面向市场的企业，是企业在现代市场条件下成功经营的关键。

【小案例】

"秘密武器"为何不能长盛不衰

库尔斯公司是美国一家啤酒酿造公司，地处科罗拉多的山沟里。1960 年，阿道夫·库尔斯这个 44 岁的啤酒王国的老板外出遇难后，公司由其儿子比尔和乔兄弟俩经营。库尔斯公司生产的啤酒是用纯净的落基山泉水酿制，公司只生产一种品质啤酒，且只有一家酿造厂生产这种啤酒，啤酒只在西部 11 个州销售，其中多数的州是美国人烟稀少的地区。它没有设立分厂，22 年没有扩大过规模，同时，每一桶酒都要销往 900 英里以外的地方。啤酒质量很好，除了一些名演员像保罗·纽曼和伊斯特伍等外，从福特总统到亨利·基辛格，无不对库尔斯啤酒称道叫好。每年大约有 30 万库尔斯的崇拜者来啤酒厂游玩，人们一直称库尔斯有"秘密武器"。

到 1970 年由比尔和乔经营的一个小规模地区性啤酒厂却异常繁荣，1969 年比 1968 年产量增长 19%，在全美国啤酒行业中名列第四。在西部 11 个州市，库尔斯市场占有率达 30%，在加利福尼亚州，到 1973 年为止，他占有了 41%的市场份额，比啤酒行业产量最大的安休斯-布希的 18%还多。这与来自那些知名或不知名的人士对库尔斯产品的狂热追求与爱好和与来自环境清洁的形象及味道清淡适口的啤酒形象是分不开的。到 70 年代中叶，啤酒的消费趋势发生了很大变化，啤酒行业最热门的产品是凉爽型啤酒或低热量啤酒和高级名牌啤酒，这种啤酒的销售量几乎占到啤酒总销量的 10%，而其中全美国发展最快的米勒公司啤酒占到 30%，并且这个比例还在上升，其他有发展的啤酒是高级名牌啤酒，安休斯-布希的米歇洛布牌啤酒竞争力很强。每年只以 3%的速度增长，但几乎所有的增长均来自两种产品：凉爽或低热量啤酒和高级名牌啤酒，而这些库尔斯一种也不生产，只是一味地依赖于它的那一种啤酒，因循守旧。此外，研究表明，每十个饮用凉爽啤酒的新消费者中有四个是从库尔斯那里来的。西部市场也不再只属于库尔斯了，那里满是实力雄厚，根基牢靠的竞争对手，比尔不得不承认："酿造我们能酿造的最好啤酒已经不够了。"1978 年利润下降到 5.48 亿美元，比利润最高的 1976 年减少将近 29%，就是退到 1975 年，利润也比这个数字高。

营销启示：对一个变化不定的和更有扩张性的市场，库尔斯一味采取长期观望的态度，而无所领悟，保守主义政策根深蒂固，错误地认为一种啤酒及一种形象的魅力会长盛不衰，从而否认于任何大胆进取的市场营销努力的必要性，最终使库尔斯这个历史悠久、令人肃然起敬的啤酒商不回头地走到这样一个历史时刻。

三、以社会长远利益为中心的观念

从 20 世纪 70 年代起，随着全球环境破坏、资源短缺、人口爆炸、通货膨胀和忽视社会服务等问题日益严重，要求企业顾及消费者整体与长远利益即社会利益的呼声越来越高。西方市场营销学界提出了一系列新的观念，如人类观念(Human Concept)、理智消费观念(Intelligent Consumption Concept）、生态准则观念（Ecological Imperative Concept）。其共同点是认为企业生产经营不仅要考虑消费者需要，而且要考虑消费者和整个社会的长远利益。这类观念可统称为社会营销观念（Social Marketing Conceot）。社会营销观念认为，企业的任务在于确定目标市场的需要、欲望和利益，比竞争者更有效地使顾客满意，同时维护与增进消费者和社会福利。社会营销观念是对市场营销观念的补充与修正。

市场营销观念虽也强调消费者的利益，不过它认为谋求消费者的利益必须符合企业的利润目标，当两者发生冲突时，保障企业的利润要放在第一位。因为利润才是资本主义企业生产的根本目的。社会市场营销观念的基本观点是：以实现消费者满意以及消费者和社会公众的长期福利，作为企业的根本目的与责任。理想的市场营销决策应同时考虑到：消费者的需求与愿望、消费者和社会的长远利益、企业的营销效益。

在市场营销观念的指导下，决策程序一般是先决定利润目标，然后寻求可行的方法来达到利润目标。社会市场营销观念则要求，决策程序应先考虑消费者与社会的利益，寻求有效地满足与增进消费者利益的方法，然后再考虑利润目标，看看预期的投资报酬率是否值得投资。这种决策程序的改变，并未否定利益目标及其价值，只是置消费者利益于利润目标之上。

【小案例】

德国大众环保产品投资创新纪录

2013 年，德国大众汽车集团研发支出上升 15%，创纪录地达到 102 亿欧元，研发投资的绝大部分用于“绿色”技术。集团强调，在 2018 年前不仅要成为世界领先的汽车制造企业，也要成为环保领域的领先者。

在成为环保领先的汽车企业道路上，大众汽车将始终如一地推进可持续发展，生产方面也取得了显著的进展。集团力争在 2018 年前实现能耗、水消耗量以及二氧化碳排放量降低 25%的目标。同时，不满足于仅仅在环境友好型工厂内生产环保车型，大众汽车集团还从根本上影响交通出行方式，包括从电动汽车的研发、生产、销售以及投入使用，再到车辆回收，在各品牌、各地区都坚持可量化的环保战略。

营销启示：任何一家企业都不可能脱离社会、环境而单独存在，企业的发展对于环境有着巨大影响，企业的命运也掌握在环境手中。处理好经济增长与环境保护的关系才能实现“双赢”。

第二节　市场营销管理任务

企业市场营销管理的任务会随着目标市场的不同需求状况而有所不同。企业通常都会对目标市场设定一个预期交易水平，即“预期的需求水平”。然而，期望往往与现实不一致：实际需求水平可能低于或高于期望。营销者必须善于应付各种不同的需求状况，调整相应的营销管理任务。下面是八种典型的不同需求状况及其相应的营销管理任务。

1. 负需求

负需求指绝大多数人不喜欢，甚至花费一定代价也要回避某种产品（如高胆固醇食品等）的需求状况。对于负需求市场，营销管理的任务是改变市场营销管理哲学及其贯彻市场营销，即分析市场为什么不喜欢这种产品，通过重新设计产品，降低价格和更积极促销的营销方案，改变市场的信念和态度，将负需求转变为正需求。

2. 无需求

无需求是指目标市场对产品毫无兴趣或漠不关心的需求状况，如对某些陌生的新产品，与消费者传统观念、习惯相抵触的产品，被认为无价值的废旧物资等。面对无需求市场，营销管理的任务是设法把产品的好处和人的自然需要、兴趣联系起来。

3. 潜伏需求

潜伏需求是指现有产品或劳务尚不能满足的、隐而不现的需求状况，如人们对无害香烟、节能汽车和癌症特效药品的需求等。在潜伏需求情况下，营销管理的任务就是致力于市场营销研究和新产品开发，有效地满足这些需求。

4. 下降需求

下降需求是指市场对一个或几个产品的需求呈下降趋势的情况。营销管理者要分析需求衰退的原因，决定能否通过开辟新的目标市场、改变产品特色，或采用更有效的促销手段来重新刺激需求，扭转其下降趋势。

5. 不规则需求

不规则需求是指市场对某些产品或服务的需求在不同季节、不同日期，甚至一天的不同时间呈现出很大波动的状况。如对旅游宾馆、公园、公共汽车、博物馆等服务需求，就是不规则需求。市场营销管理的任务就是通过灵活定价、大力促销及其他刺激手段来改变需求的时间模式，努力使供、需在时间上协调一致。

6. 充分需求

充分需求是指某种产品或服务的需求水平和时间与预期相一致的需求状况。这时营销管理的任务是密切关注消费者偏好的变化和竞争状况，经常测量顾客满意程度，不断提高产品质量，设法保持现有的需求水平。

7. 过量需求

过量需求是指某产品或服务的市场需求超过企业所能供给或愿意供给水平的需求状况。在过量需求的情况下，营销管理的任务是实施"低营销"，即通过提高价格，合理分销产品，减少服务和促销等手段，暂时或永久地降低市场需求水平。

8. 有害需求

有害需求是指市场对某些有害物品或服务，如烟、酒、毒品、色情电影和书刊等的需求。对此类需求，营销管理的任务是"反市场营销"，宣传其危害性，劝说消费者放弃这种爱好和需求。对烟酒等商品，大幅度提高价格，以减少购买机会；而对毒品、黄色书刊，则应杜绝生产经营，采取适当措施来消灭需求。

第三节 市场营销管理的一般过程

一、市场营销管理的含义

市场营销管理是指企业为实现其目标，创造、建立并保持与目标市场之间的互利交换关系而进行的分析、计划、执行与控制过程。市场营销管理的基本任务，就是为达到企业目标，通过营销调研、计划、执行与控制，来管理目标市场的需求水平、时机和构成。换言之，营销管理的实质是需求管理。在营销计划与执行中，管理者必须对目标市场、市场定位、产品开发、定价、分销渠道、信息沟通与促销，做出系统决策，以保证营销管理任务的实现。

二、市场营销管理的一般过程

市场营销管理是一项职能战略管理活动，必须服从于经营战略。营销部门首先要分析、解读经营战略的要求和约束，作为营销决策和管理的依据。例如，经营战略通过成本领先扩大市场，营销管理就必须和生产管理、财务管理、人力资源管理与研发管理等一道规划和落实相应的职能战略。

市场营销管理的过程，也就是企业为实现企业任务和目标而发现、分析、选择和利用市场机会的管理过程。具体地说，市场营销管理过程包括如下步骤。

（一）确定目标市场和市场定位

明确经营战略及其目标后，营销部门启动战略营销计划过程。菲利浦·科特勒指出，这是一个“4P”过程，包括研究（Probing）、划分（Partitioning；即细分，Segmentation）、优先（Prioritizing；即目标选定，Targeting）和定位（Positioning）内容。只有在搞好营销战略计划过程的基础上，战术性营销组合（Marketing Mix）的制定才能顺利进行。

1. 发现和评估机会

企业首先通过市场调查、分析，掌握人们的需要、欲望和变化趋势，根据自身优势及核心竞争力，权衡利弊，扬长避短，思考、决定生产、经营的方向。这一步的目的是做到“知己知彼”，发现和评估营销机会，预测、防范可能的威胁。

2. 市场细分

对企业环境中显现出来的需求按照一定的细分标准进行分类，对各个细分市场的价值进行客观、科学的评估。因为机会带来的市场成功性有差异，而且企业自身条件有限制，所以并不是任何机会都可以利用。现实中人们的需要、欲望总是不尽相同的，市场也必然是一个千差万别的顾客集合体。

3. 目标市场选择

目标市场选择，即明确企业服务和需要占领的市场。市场细分为企业决定目标市场对象提供了多种选择。选择目标市场能够使企业集中优势资源，有的放矢地主攻那些市场机会大，成功概率高又符合企业自身优势的领域。

4. 市场定位

市场定位，即为企业、产品或品牌树立一定的特色，以显示与竞争对手的差别，从而在消费者心目中占据一定的位置，形成企业的竞争优势。

（二）发展营销组合

营销组合是指公司在目标市场上用来追逐其营销目标的一系列营销工具的综合运用。营销组合是市场营销中的一个最基本概念，指企业根据顾客的需求和企业的营销目标来确定可控营销因素的最佳组合。

1960 年，麦卡锡（E. Jerome McCarthy）提出了著名的“4P”分类，在文字表述上将构成营销组合的要素概括为产品、地点、促销和价格。此后学术界又不断有人提出一些“P”，例如人（People，多用于服务营销），包装（Packaging，多用于消费品的包装），报酬（Payoffs，多用于世界上某些地方的业务活动）。科特勒也曾在他的“大营销”（Mega Marketing，也有译为“超营销”）理论中，提出加入“政治”（Politics）和“公共关系”（Public Relations）等两个“P”。随着市场环境和企业实践的不断发展，学术界从不同的角度开创出了多种营销组合的要素组成，但目前广为接受和应用的，依然是以“4P”为基础的提法。

企业运用的各种营销手段、工具或因素并不是孤立实施的，而是相互依存、相互影响和相互制约，形成一个有机的整体，相互配合，共同完成企业整体的营销目标。

（三）制定计划和实施、控制营销活动

对目标市场、定位和营销组合的思考，最后要形成营销计划，作为营销行动的依据。“营销计划”是一个系统，一般可分为品牌营销计划，即关于单个品牌的营销计划；产品类别营销计划，即关于一类产品、产品线的营销计划，它应当将已经完成、认可的品牌计划也纳入其中；新产品计划，在现有产品线上增加新产品项目、进行开发和推广活动的营销计划；细分市场计划，面向特定细分市场、顾客群的营销计划；区域市场计划，面向不同国家、地区、城市等的营销计划；客户计划，即针对特定的主要顾客的营销计划。这些不同层面的营销计划，相互之间需要协调、整合。

从时间跨度看，营销计划可分为长期的战略性计划和年度计划。战略性计划要考虑哪些因素会成为今后驱动市场的力量、可能发生的不同情境、企业希望在未来市场占有的地位及应采取的措施。它是一个基本框架，由年度计划使之具体化。必要时，企业需要每年对战略性计划进行审计和修订。

相关链接

一位勤劳的农民，从自己的菜园中收获了一个大得不得了的南瓜，他又惊又喜，把这个南瓜献给了国王。

国王很高兴，赐给农民一匹骏马。

一个财主动了歪脑筋：献个大南瓜，就能得到一匹骏马，如果献一匹骏马，国王会赐给我多少金银珠宝抑或是美女呢？

于是，财主向国王进献了一匹价值连城的骏马。国王同样很高兴，吩咐侍者：“把那个珍贵的大南瓜赐给这个献骏马的人吧。”

【课后练习】

一、简答题

1. 为什么说市场营销不等于推销？
2. 简述新旧两类营销观念的区别。

二、案例分析

星巴克咖啡香飘内地

在2004年3月西雅图年会上，星巴克的总裁舒而茨提出了2004年度企业规模继续保持30%以上的增长速度的目标。对此消息，上海统一星巴克副总经理谢冠宏的反应是：“在上海，我们的扩张目标是 30%~50%。”

在中国大陆，星巴克咖啡连锁店主要由三家代理商负责：美大、统一和美心。这三家代理商是这样划分的，美大代理北京和天津业务，统一占据上海和江浙地区，美心负责南中国区，包括澳门。

星巴克的选店模式多倚重于当地星巴克公司。选店的流程分为两个阶段。

首先，当地的星巴克公司根据各地区的特色选择店铺；这些选择主要是来自三个方面，公司自己的搜寻，中介介绍，另外还有各大房产公司在建商务楼的同时，也会考虑主动引进星巴克来营造环境。“在上海，这三种选择方式的比例大概是 1∶1∶2。”谢冠宏说。

第二阶段是总部的审核。一般来讲，星巴克的中国公司将店面资料送至亚太区总部，由他们来协助评估。星巴克全球会提供一些标准化的数据和表格，来作为衡量店面的主要标准。而这些标准化的数据往往是从各地的选店数据建立的数据库中分析而来的。

在星巴克，有独立的扩展部负责选点事宜，包括店面的选择、调查、设计和仪器装备等一系列工作。以上海统一星巴克为例，这一部门的人数包括部门经理在 10 人以上。

在谢冠宏看来，商圈的成熟和稳定是选址的重要条件，而选址的眼光和预测能力更为重要。比如，星巴克的新天地店和滨江店并不是成熟的商圈，一开始都是冷冷清清，然而新天地独特的娱乐方式和滨江店面对黄浦江，具有赏浦西风景的地理优势，使得这两家店面后来都风生水起，成为上海公司主要的利润点。

谈到星巴克经营理念的核心，谢冠宏将其归结为“当地人是否需要星巴克”。在 20 世纪 80 年代，正是星巴克开始扩张的时期，舒而茨将店开进了芝加哥，却遭大败，营业额非常低。舒而茨忍痛退出了芝加哥。再过 5 年，星巴克重新进入芝加哥却获得了成功。星巴克由此获得的经验是，时机决定了盈利的可能。5 年前的惨败只能证明，当时的芝加哥还没有形成需要星巴克的客户群。

同样的故事，中国也在上演。据了解，如今星巴克的亚太中心，每天有数十个电话要求加入星巴克的代理，这些电话往往来自中国内陆的各大城市。而实际上，星巴克亚太区对于这样的合作请求显得矜持和慎重。他们认为，没有调查结果显示这些城市已经具有相应的消费能力。而同时，巨大的内陆市场又在诱惑着他们的胃口。

“我们的竞争来自顾客对于我们的满意程度。”当记者问道谁是星巴克的竞争对手时，谢冠宏以此作答，“如果顾客不满意的话，那么到处都是竞争者。”

谢冠宏挥了挥手。显然，在中国的咖啡业，星巴克是一副领跑者的心态。

“孤芳自赏并没有什么意思。”谢冠宏说，他更愿意更多的咖啡同行进入，更多人来推广咖啡。商家联盟，产业集中可能会产生更好的效应。如果一味地排斥竞争者，顾客对于咖啡的了解速度也会变慢。这对于领先品牌的影响是巨大的。

谢冠宏说这句话的底气在于统一星巴克在中国台湾的成功开发。星巴克在刚进台湾时，台湾已经有众多的咖啡店品牌，而在数年之后星巴克将咖啡店开到全台湾数目最多，并成为台湾地区的领导品牌。

“我们要赶快扩张，很多很好的店面都被麦当劳和肯德基抢走了。”这是这位刚刚上任半年多的副总经理谢冠宏南京一行后的感慨。虽然，星巴克的目标店面的面积比麦当劳、肯德基小得多，但是从卡位的角度来说，好店面是稀缺资源。唯一让这位副总经理欣慰的是，随着人们对星巴克了解的增加，越来越多的大型商厦在建成以后邀请星巴克前去开店，这些商厦的物业主动将星巴克的竞争对手排除在外。目前这样的店面占到了星巴克已有店面的一半。

30多年来，星巴克对外宣称其整个政策都是：坚持走公司直营店，在全世界都不要加盟店。直营模式一方面保持了连锁店的质量，另一方面也对星巴克的扩张资金提出了要求。

去年，在上海统一星巴克中，星巴克的股份上升到50%，同时台湾统一集团持有50%。对于这种1∶1的持股方式，谢冠宏认为“这种模式最大的好处在于，清楚地展现了一起努力的心态，而非彼此吞并”。在他看来，台湾统一给了星巴克强有力的销售资料分析和物流系统的支持。

“我们目前还是在举债经营。”星巴克的负责人承认，公司的直营模式对于营业有着巨大的压力。“但是，目前的牺牲是为了以后的发展。”星巴克这里强调的以后的发展即品牌经营的多元化。在舒而茨2003年的年报中，通过经营星巴克品牌而获利的商品盈利额占到了全部赢利额的17%，而且这个数字还在增加。这些盈利商品包括在商店里售卖星巴克音乐，出售星巴克罐装咖啡等。

然而，目前这些产业还没有在中国开展，“我们现有的投资是集团的投资加上银行的贷款，获利以后会逐步减少借款的数额。”谢冠宏坦言，由于以三家店养一家新开店的模式，目前他的主要压力就来自于规模的扩张。

星巴克的人称，他们并不会考虑像麦当劳那样，采取地产营销的方式经营店面。在他们看来，舒尔茨是一个关注品牌经营的人，他关注经营人与人之间的关系：People’s business（人的生意），更强调以服务为主要的经营核心。

为此，谢冠宏举了一个很有趣的例子。一般而言，一杯咖啡的产出是一个标准化的过程，但是，往往人们会觉得某一个相熟服务生做出来的咖啡感觉特别好喝。原因在于，这样的服务有一份贴心的感觉。这种区别就是星巴克追求的服务理念。

思考题：星巴克的企业经营与发展战略有什么可取之处？

第二篇

市场分析

第三章 市场营销环境分析

知识目标

了解市场营销环境的概念、特点及分类；掌握微观和宏观市场营销环境的构成要素及其对营销活动的影响；掌握环境分析的方法及营销决策的选取。

能力目标

理解市场营销环境的特点及其分类；能够运用理论结合企业实际分析企业面临的微观、宏观各环境要素，运用环境分析的机会、威胁矩阵分析为企业的营销决策提供依据。

素养目标

具备社会责任意识与良好道德品行。

关键术语

市场营销环境、微观营销环境、宏观营销环境、环境威胁、环境机会。

导入案例

人工智能(AI)驱动第四次工业革命"PC之王"如何定义AI未来

人工智能(AI)不仅在全球掀起了新一轮的技术狂热，更引起了企业家们的关注。微软创始人比尔·盖茨曾表示，人类应该敬畏人工智能的崛起。在深度学习等人工智能领域建树非凡的谷歌公司也认为，下一个时代会由人工智能来主导。

在中国，BAT等互联网巨头也纷纷加码人工智能布局，从建造大型数据中心到开发基于人工智能的汽车、机器人等设备，力争在未来的AI时代占有先机。已经拥有30余年品牌历史的联想，也早就积极做好了全面拥抱人工智能革命的准备。

让世界充满AI——杨元庆称"联想已经赌上身家性命"。

2017年7月20日，联想在上海召开一年一度的科技创新大会(Tech World)，大会全面聚焦人工智能。联想集团董事长兼CEO杨元庆指出，就像蒸汽机之于第一次工业革命，电力之于第二次工业革命，数字化之于第三次工业革命，以人工智能驱动的智能化变革正在引发第四次工业革命，它将深刻地改变我们未来的生活方式、工作方式，乃至改变整个社会。

在联想确立的"三波战略"中，发力"设备+云"，打造新一代基于人工智能，基于特定云服务的新型智能终端，形成下一代智能设备和未来人工智能领域的核心竞争力，已经定为联想未来10年、20年最重要的战略。在Tech World大会现场，杨元庆则进一步明确指出：

“联想的使命，是要成为这一轮‘由AI驱动的智能变革’的推动者和赋能者，并通过‘设备+云’与‘基础设施+云’为用户提供更加智能的服务，推动一个充满爱(AI)的时代到来。”

联想还展示了一系列针对不同用户和使用场景的创新技术和人工智能应用，包括全球首款拥有视觉识别功能的智能音箱Smart Cast+、联想自主研发的混合现实智能眼镜daystAR晨星、联想服务机器人、智能心电衣Smart Vest等。

这些人工智能技术产物的背后，直接反映出联想对于AI不遗余力的投入以及转型的决心。(资料来源：《创新时代》2017年第09期)

营销启示：联想作为常年稳坐全球PC市场霸主位置的世界500强企业，已经敏锐地觉察到AI才是信息产业的未来，也是未来企业竞争的主战场。因此，把握这场工业变革的市场机会，进行企业的智能转型升级，才能最终赢得胜利。

第一节　市场营销环境概述

一、市场营销环境的概念

环境是指事物外接的情况和条件。任何企业都如同生物有机体一样，总是生存于一定的环境之中，企业的营销活动不可能脱离周围环境而孤立地进行，企业的营销行为既要受到自身条件的制约，也要受到外部条件的影响。对于企业的营销活动来说，必须关注并研究企业各种环境，既要了解企业内部资源的优势和劣势，又要把握外界环境的变化。一方面，环境既能给企业形成新的市场机会；另一方面，它又给企业带来某种风险和威胁。市场营销环境对企业的生存和发展具有重要意义。企业必须重视和研究市场营销环境及其变化，以有效制定营销战略，实现组织的目标，这是企业营销活动的基本课题。

市场营销环境是指与企业营销活动有关的所有外部力量和相关因素的集合，它是影响企业生存和发展的各种外部条件。

企业市场营销环境的内容广泛而又复杂。不同的因素对营销活动各个方面的影响和制约也不尽相同，同样的环境因素对不同的企业所产生的影响和制约也不一样。一般来说，市场营销环境主要包括两方面的构成要素：一是宏观环境要素，即指对企业营销活动造成威胁或提供机会的主要社会力量，包括人口、经济、政治、法律、科学技术、社会文化及自然地理等多方面的因素；二是微观环境要素，即指与企业紧密相连，直接影响其营销能力的各种参与者，这些参与者包括企业的供应商、中间商、顾客、竞争者以及社会公众和影响营销管理决策的企业本身的资源和条件。微观环境直接影响和制约企业的市场营销活动，而宏观环境主要以微观营销环境为媒介间接影响和制约企业的市场营销活动。如图3-1所示。宏观环境因素与微观环境因素共同构成多因素、

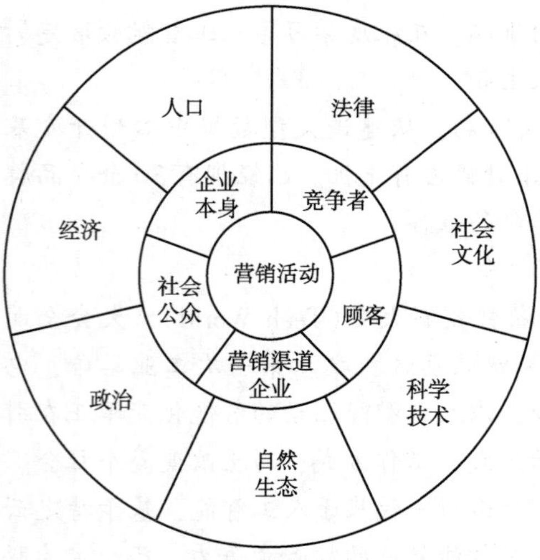

图3-1　企业市场营销环境图

多层次、多变化的企业市场营销环境的综合体。

二、市场营销环境的特点

（一）客观性

客观性是营销环境的首要特征。营销环境的存在不以营销者的意志为转移，有着自身独特的运行规律和发展趋势。人为主观臆断某些环境因素及其发展趋势，往往造成企业盲目决策，导致在市场竞争中的惨败。

（二）动态性

动态性是营销环境的基本特征。任何环境因素都不是静止的、一成不变的，相反，它们始终处于变化甚至是急剧的变化之中。例如，顾客的消费需求偏好和行为特点在变化，公关产业结构在调整等。企业必须密切关注营销环境的变化趋势，营销活动必须适应环境的变化，不断地调整和修正自己的营销策略，以便随时发现市场机会和监视可能受到的威胁。

（三）相关性

市场营销环境是一个系统，在这个系统中，各个影响因素是相互依存、相互作用和相互制约的。这是由于社会经济现象的出现往往不是由某一单一的因素所能决定的，而是受到一系列相关因素影响的结果。营销环境包括影响企业市场营销能力的一切宏观和微观因素，这些因素涉及多方面、多层次，而且彼此相互作用和联系，既蕴含着机会，也潜伏着威胁，共同作用于企业的营销决策。例如，企业开发新产品时，不仅要受到经济因素的影响和制约，更要受到社会文化因素的影响和制约。

（四）差异性

市场营销环境的差异性不仅表现在不同的企业受不同环境的影响，而且同样一种环境因素的变化对不同企业的影响也不相同。如不同的国家、民族、地区之间在人口、经济、社会文化、政治、法律、自然地理等各方面存在着广泛的差异性，这些差异性对企业营销活动的影响显然是不相同的。由于外界环境因素的差异性，因而企业必须采取不同的营销策略才能应对和适应这种情况，所以企业采取的营销策略各有其特点。

（五）统一性

市场营销环境的统一性表现为在同一国家或同一行业中，企业所面对的市场营销环境又有其共性，如同处在一定的政治、经济、文化、科技、行业规划和产业政策等背景下。市场营销环境的统一性，使企业有了一个公平竞争的前提和保证。

（六）不可控制性

相对于企业内部管理机能，例如企业对自身的人、财、物等资源的分配使用来说，营销环境是企业无法控制的外部影响力量。影响市场营销环境的因素是多方面的，也是复杂的，并表现出企业不可控性。如一个国家的政治法律制度、人口增长以及一些社会文化习俗等，企业不可能随意改变。无论是直接营销环境中的消费者需求特点，还是间接环境中的人口数量，都不可能由企业来决定。但企业可以通过对内部环境要素的调整控制，来对外部环境施加一定的影响，最终促使某些环境要素向预期的方向转化。

现代营销学认为，企业经营成败的关键，就在于企业能否适应不断变化着的市场营销环境。“适者生存”既是自然界演化的法则，也是企业营销活动的法则，如果企业不能很好地适应外界环境的变化，则很可能在竞争中失败，从而被市场所淘汰。强调企业对所处环境的反应和适应，并不意味着企业对于环境是无能为力或束手无策的，只能消极地、被动地改变自己以适应环境，而是应从积极主动的角度出发，能动地去适应营销环境。

第二节　微观市场营销环境

一、微观市场营销环境的概念

微观市场营销环境是指直接影响企业营销的小范围因素和力量，主要包括企业的供应商、中间商、顾客、竞争者以及社会公众和影响营销管理决策的企业本身的资源和条件等。

企业营销管理的最终目的是满足目标市场的需要，进而获取利润。在这一过程中，企业要同各种组织和个人打交道，首先需要向供应商购买各种原材料或其他物料，然后经过企业内部各职能部门和车间的协作制造出产品，接着这些产品要经过各级中间商的分销，最终才能到达对产品性能和质量都有一定要求的消费者手中。由于向某一目标市场提供产品或服务的企业不止一个，所以，企业必须在很多竞争者的包围和进攻下开展营销活动。同时，社会公众对某些产品和营销活动的态度也深刻地制约着企业的行为。所有这些个人、群体和组织构成了企业营销的微观环境。

二、微观市场营销环境的类型及其影响

（一）企业本身

在企业微观环境的若干层次中，第一个层次就是企业自身，它处于企业市场营销环境的中心。企业目标的实现要靠企业内部各方面力量的相互配合，如制造、采购、研究与开发、财务、市场营销等的相互配合。企业的市场营销部门和企业业务部门是相互关联的，营销部门的决策要考虑其他部门的业务活动；企业营销部门和其他业务部门又要一起接受企业最高管理层的领导，营销部门必须根据最高管理层制定的企业任务、目标、战略和策略等来做市场营销决策和制订市场营销计划，并经最高管理层审批方可执行。企业内部各个部门、各个管理层次之间的分工是否科学，协作是否和谐，影响到企业营销管理决策和营销方案的实施。

（二）营销渠道企业

1. 供应商

供应商是向企业供应为生产产品和劳务所需要的各种资源的企业和个人。企业要进行生产，首先就要有各种原材料、燃料、辅助材料等的供应作保障。供应商对企业的营销就形成了直接的影响与制约。供应商供货是否及时、质量是否可靠、价格是否稳定，会对企业的营销活动产生很大的影响。因此，企业在寻找供应商时，必须对供应商的情况进行综合评审，选择信誉好、成本低、交货准时的供应商。为了避免对某一供应商的过分依赖，能在供应商之间竞争中处于主动地位，以减少供应商对企业的影响与制约，企业所需同一物品最好向多家供应商采购。当然，为了使企业有稳定的物料供应，企业应该与主要供应商建立长期的供销关系，以便在特殊情况下，如原材料短缺时，供应商仍能优先供应，使企业的原材料、辅助材料、主要零部件的供应有保障。

2. 营销中介

营销中介主要指协助企业促销、销售和分销其产品或服务给最终购买者的机构，包括中间商、实体分配公司、营销服务机构和金融中介机构。企业的产品或服务职能经过营销中介才能到达目标顾客手中。

（1）中间商。中间商是分销渠道成员，它们在企业的营销活动中起着十分重要的作用，它帮助企业寻找顾客并直接与顾客进行交易，从而完成产品从生产者向顾客的转移。除非企业建立自己的销售渠道（自销），否则，中间商的销售效率及任何变动对产品从生产领域流向消费领域都会产生非常巨大的影响。中间商包括批发商和零售商。目前，由于生产能力的过剩和新的商业业态在中国的迅速发展和壮大，寻找合适的中间商并进行良好合作成为比较困难的工作。

（2）实体分配公司。实体分配公司主要职责是在企业把产品从原产地转移到目的地的过程中提供存储和运输帮助。实体分配包括包装、运输、仓储、搬运、库存控制和订单处理等方面。在与这些机构打交道的过程中，必须综合考虑成本、运输方式、速度及安全性等各方面因素，从而选择运输和存储货物的最佳方式。

（3）营销服务机构。营销服务机构是指帮助企业正确地定位和促销产品的机构，包括市场调研机构、广告公司、传媒中介组织和营销咨询公司等。由于这些机构在可信度、服务质量、价格等方面变化很大，企业在选择时必须慎重。

（4）金融中介机构。金融中介机构包括银行、信贷公司、保险公司及其他机构，它们能够为交易提供金融支持或对货物买卖中的风险进行保险。大多数企业和客户都需要借助金融中介机构为交易提供资金。

（三）顾客

顾客是企业产品或服务的购买者，是企业服务的对象，是营销活动的出发点和归宿。顾客的获取和保留是企业利润的来源。因此，顾客是企业最重要的环境因素，企业的一切营销活动都应以满足顾客的需要为中心。顾客市场主要包括消费者市场、生产者市场、中间商市场、政府市场、国际市场等。每种市场都各有特点，销售人员需要对此进行仔细研究。

（四）竞争者

企业要面对各种各样的竞争对手。从顾客做出购买决策的过程分析，企业在市场上面临以下四种类型的竞争者。

1. 愿望竞争者

当消费者想要满足各种愿望时，企业面临的是愿望竞争。这时能提供产品满足消费者不同愿望的竞争者，即是企业的愿望竞争者。如消费者在年终收入有较多增加后，为改善生活，可以外出旅游，可以添置耐用消费品，也可以装修住宅等，出现了许多不同的愿望，但从财力与时间考虑，消费者只能选择力所能及的项目，作为这一时期的愿望目标。

2. 类别竞争者

当消费者确定要满足一种愿望时，他面临着满足这种愿望的各种方法，企业这时面临的是类别竞争，提供这各种方法的企业就是类别竞争者。如消费者需要购买耐用消费品，到底是购买家庭娱乐设备，还是购买新式家具，或是购买家庭健身器材，消费者要再选择其中的一类，以满足这一消费愿望。

3. 产品形式竞争者

产品形式竞争者即能满足消费者某种愿望的同类商品在质量、规格、价格、外观上的竞争者。如消费者决定购买家庭娱乐设备，那他需要决定是购买大屏幕电视机，还是购买高级音响设备，或是购买摄像机。由于这些同种但形式不同的产品对同一需要的具体满足存在差异，同时消费者的偏好和选择也存在不同，所以，这些产品的生产经营者之间便形成了竞争关系，互为产品形式竞争者。

4. 品牌竞争者

品牌竞争者即能满足消费者的某种欲望的同种形式产品的不同品牌的竞争者。如大屏幕电视机有创维、长虹、海信、夏普等品牌，这些品牌的生产者就是品牌竞争者。在竞争性的市场上，除来自本行业的竞争外，还有来自代用品生产者、潜在加入者、原材料供应者和购买者等多种力量的竞争。加强对竞争者的研究，了解对本企业形成威胁的主要竞争对手及其策略，力量对比如何，知己知彼，扬长避短，才能立于不败之地。

【小案例】

可口可乐的竞争对手是谁?

20世纪80年代，百事可乐与可口可乐竞争激烈，且不断蚕食可口可乐的市场。可口可乐的管理者们把焦点全集中在百事可乐身上，一心一意想夺回市场占有率。

但古兹维塔却决定停止与百事可乐的竞争。

他问起美国人一天的平均液态食品消耗量为多少？答案是14盎司。可口可乐在其中占多少？答案是2盎司。古兹维塔说，可口可乐需要在那块市场做大占有率。我们的竞争对象不是百事可乐，而是占市场剩余12盎司的水、茶、咖啡、牛奶及果汁。当大家想要喝一点什么时，应该是去找可口可乐。

为达此目的，可口可乐在每一街头摆上贩卖机，销售量因此节节上升，从此百事可乐再也追赶不上。

营销启示：企业要真正广义地去理解竞争对手，要深刻理解顾客需要，才能在市场竞争中立于不败之地。

（五）社会公众

公众是指对企业营销活动具有实际或潜在影响力的团体和个人。企业的营销活动与公众有着密切的关系。企业的活动必然对公众有影响，如果这种影响有损公众的利益，公众就会反对企业。企业所面临的公众包括以下几种。

1. 融资公众

融资公众是指影响企业融资能力的金融机构，如银行、投资公司、证券经纪公司、保险公司等。企业可以通过发布乐观的年度财务报告，回答关于财务问题的询问，稳健地运用资金，在融资公众中树立信誉。

2. 媒介公众

媒介公众主要是报纸、杂志、广播电台和电视台等大众传播媒体。企业必须与媒体组织建立友善关系，争取更多更好的有利于本企业的新闻、特写以至社论。

3. 政府公众

政府公众是指负责管理企业营销业务的有关政府机构。企业的发展战略与营销计划，必须和政府的发展计划、产业政策、法律法规保持一致，注意咨询有关产品安全卫生、广告真实性等法律问题，倡导同业者遵纪守法，向有关部门反映行业的实情，争取立法有利于产业的发展。

4. 社团公众

社团公众包括保护消费者权益的组织、环保组织及其他群众团体等。企业营销活动关系社会各方面的切身利益，必须密切注意来自社团公众的批评和意见。

5. 社区公众

社区公众指企业所在地邻近的居民和社区组织。企业必须重视保持与当地公众的良好关系，积极支持社区的重大活动，为社区的发展贡献力量，争取社区公众理解和支持企业的营销活动。

6. 一般公众

一般公众是指上述各种关系公众之外的社会公众。一般公众虽未有组织地对企业采取行动，但企业形象会影响他们的惠顾。

7. 内部公众

内部公众指企业的员工，包括高层管理人员和一般职员。企业的营销计划，需要全体职员的充分理解、支持和具体执行。应经常向员工通报有关情况，介绍企业发展计划，发动员工出谋献策，关心职工福利，奖励有功人员，增强内部凝聚力。员工的责任感和满意度，必然影响外部公众，从而有利于塑造良好的企业形象。

第三节 宏观市场营销环境

一、宏观市场营销环境的概念

宏观市场营销环境是指对企业营销活动造成环境威胁或提供市场机会的主要社会力量，是企业的外部环境。它主要包括人口、经济、自然、政治法律、科技、社会文化六大因素。一般来说，宏观环境是不可控因素，企业及其微观环境都在宏观环境的控制下，这些宏观环境及其发展趋势可能给企业提供机会，也有可能带来威胁。但企业可通过对环境的监测，来调整市场营销策略，增强企业对营销环境的能动适应，显然有助于提高营销管理的成效。

二、宏观市场营销环境的类型及其影响

（一）人口环境

人口是构成市场的第一位因素。市场营销学认为，市场是由那些有购买欲望同时又具有购买力的人构成的。这样的人口越多，市场的规模也越大。同时，人口的年龄结构、地理分布、婚姻状况、风俗习惯、文化教育等，又会使其在需求结构、消费习惯、消费方式等方面具有显著的差异和特征，对市场需求格局产生深刻的影响，并直接影响企业的市场营销活动和企业的经营管理。企业必须重视对人口环境的研究，密切注视人口特性及其发展动向，不失时机抓住市场机会，当出现威胁时，应及时、果断调整营销策略以适应人口环境的变化。

1. 人口总量

人口总量是决定市场规模和潜力的一个基本要素。2020 年，我国第七次人口普查结果

显示总人口达 14.1 亿，并仍保持持续增长的态势。众多的人口及人口的进一步增长，给企业带来了市场机会，也带来了威胁。一方面，如果收入水平不变，人口越多，则对食物、衣着、日用品的需要量越多，那么相关市场需求也就越大。因此，按人口数目可大略推算出市场规模。我国人口众多，无疑是一个巨大的市场，因为人口增加，其消费需求也会迅速增加，促进了市场规模的扩大。另一方面，人口的迅速增长，也会给企业营销带来不利的影响。随着人口增长，可能导致人均收入下降，能源供需矛盾将进一步扩大，会引起食品短缺、重要矿产资源枯竭、环境污染以及生活质量恶化等一系列问题，从而限制了经济发展。

2. 人口结构

人口结构主要包括人口的年龄结构、性别结构、家庭结构、社会结构以及民族结构。

(1) 年龄结构。不同年龄的消费者对商品的需求不一样，可以划分为儿童、青少年、青年、中年人和老年人等年龄段。人口的年龄结构不相同，消费结构也不同。中国将逐渐出现人口老龄化现象，反映到市场上，将使老年人的需求呈现高峰。在人口年轻的国家(地区)里，人们对学校用品、儿童用品、娱乐用品需求量大；而在人口老龄化国家里，对医疗服务、医药保健用品、保险需求量将增大。

(2) 性别结构。人口性别不同，市场需求也有明显的特性，反映到市场上就会出现男性用品市场和女性用品市场。例如，我国市场上，女士通常购买自己的用品、杂货、衣服，男士购买大件物品等。

(3) 家庭结构。家庭是市场需求的基本单位。不同的家庭结构类型会有不同的购买行为，从而影响企业的市场营销行为。目前，世界上家庭规模普遍呈现由扩大型向核心型转化的趋势。欧美国家的家庭规模基本上户均 3 人左右，亚非拉等发展中国家户均 5 人左右。我国家庭人口数量和户人口数量以 3 人为主，家庭平均规模 3 人左右。家庭结构核心型，必然引出家庭数量的剧增，这对住房、家具、家用电器等需求会有助长作用。

(4) 社会结构。我国人口绝大部分在农村，农村人口占总人口的 75%左右。因此农村是个广阔的市场，有着巨大的潜力。这一社会结构的客观因素决定了我国企业在国内市场营销中，应该以农民为主要营销对象，市场开拓的重点也应放在农村。尤其是一些中小企业，更应注意开发价廉物美的商品以满足广大农民的需要。

(5) 民族结构。世界各国的民族结构有单一的，也有多元的。像日本，几乎所有人都是属于一个民族，即大和民族。而在我国，除了占人口大多数的汉族以外，还有 55 个少数民族，他们在饮食、服饰、居住、婚丧、节日等物质和文化生活各方面各有特点，例如，回族居民不食猪肉，信仰佛教的居民不食荤菜，傣族居民要过泼水节，藏族居民要欢度藏历新年等。这些不同的消费需求与风俗习惯影响了消费者需求的构成和购买行为。因此，企业营销者要注意民族市场的营销，重视开发适合各民族特性、受其欢迎的商品。

3. 人口的地理分布及区间流动

地理分布指人口在不同地区的密集程度。由于受到自然条件以及经济发展程度等多方面因素的影响，人口分布不可能是均匀的。人口的这种地理分布表现在市场上，就是人口的集中程度不同，则市场大小不同；消费习惯不同，则市场需求特征不同。在我国，人口主要集中在东南沿海一带，而且城市人口比较集中，农村人口相对分散。随着经济的发展，出现了地区间人口的大量流动，主要体现在农村人口向城市地区流动，内地人口向沿海经济开发地区流动。另外，经商、观光旅游、学习等使人口流动加速。对于人口流入较多的地方而言，一方面由于劳动力增多，就业问题突出，从而加剧行业竞争；另一方面，人口增多也使当地基本需求量增加，消费结构也发生一定的变化，继而给当地企业带来较多的市场份额和营销机会。企业营销者应及时注意人口流动的规律性，适时采取相应的对策。

（二）经济环境

经济因素是影响企业营销活动的主要环境因素。经济环境指企业营销活动所面临的外部社会条件，其运行状况及发展趋势会直接或间接地对企业营销活动产生影响，其中收入因素和消费结构影响较为直接。

1. 经济发展水平

企业的市场营销活动受到一个国家或地区的整个经济发展水平的制约。经济发展阶段不同、居民的收入不同，顾客对产品的需求也不一样，从而会在一定程度上影响企业的营销。例如，以消费者市场来说，经济发展水平比较高的地区，在市场营销方面，强调产品款式、性能及特色，品质竞争多于价格竞争；而在经济发展水平低的地区，则较侧重于产品的功能及实用性，价格因素比产品品质更为重要。在生产者市场方面，经济发展水平高的地区着重投资较大而能节省劳动力的先进、精密、自动化程度高、性能好的生产设备。因此，对于不同经济发展水平的地区，企业应采取不同的市场营销策略。

2. 地区与行业发展状况

我国地区经济发展很不平衡，逐步形成了东部、中部、西部三大地带和东高西低的发展格局。同时在各个地区的不同省市，还呈现出多极化发展趋势。这种地区经济发展的不平衡，对企业的投资方向、目标市场以及营销战略的制定等都会带来巨大影响。我国行业与部门的发展也有差异。今后一段时间，我国将重点发展农业、原料和能源等基础产业。这些行业的发展必将带动商业、交通、通信、金融等行业和部门的相应发展，也给市场营销带来一系列影响。因此，企业一方面要处理好与有关部门的关系，加强联系；另一方面，则要根据与本企业联系紧密的行业或部门的发展状况，制定切实可行的营销措施。

3. 城市化程度

城市化程度是指城市人口占全国总人口的百分数，它是一个国家或地区经济活动的重要特征之一。城市化是影响营销的环境因素之一，因为城乡居民之间存在的差别必然导致不同的消费行为。目前，我国大多数农村居民消费的自给自足程度仍然较高，而城市居民则主要通过货币交换来满足需求。此外，城市居民一般受教育程度较高，思想较开放，容易接受新生事物，而农村相对闭塞，农民的消费观念较为保守，故而一些新产品、新技术往往首先被城市所接受。企业在开展营销活动时，要充分注意这些消费行为方面的城乡差别，相应地调整营销策略。

4. 消费者收入

消费者的购买力来自消费者的收入，但消费者并不是把全部收入都用来购买商品或劳务，购买力只是收入的一部分。因此，在研究消费收入时，要注意以下几点。

（1）人均国内生产总值（GDP）。一般是指价值形态的人均 GDP。它是一个国家或地区所有常住单位在一定时期内（如一年内）按人口平均所生产的全部货物和服务的价值超过同期投入的全部非固定资产货物和服务价值的差额。国家的 GDP 总额反映了全国市场的总容量、总规模。人均 GDP 则从总体上影响和决定了消费结构与消费水平。

（2）人均国民收入。这是用国民收入总量除以总人口数的比值。这个指标大体反映了一个国家人民生活水平的高低，也在一定程度上决定商品需求的构成。一般来说，人均收入增长，对消费品的需求和购买力就大，反之就小。

(3) 个人可支配收入。这是在个人收入中扣除税款和非税性负担后所得的余额，它是个人收入中可以用于消费支出或储蓄的部分，构成实际的购买力。

(4) 个人可任意支配收入。这是在个人可支配收入中减去用于维持个人与家庭生存不可缺少的费用(如房租、水电、食物、燃料、衣服物品等项开支)后剩余的部分。这部分收入是消费需求变化中最活跃的因素，也是企业开展营销活动时所要考虑的主要对象。因为这部分收入主要用于满足人们基本生活需要之外的开支，一般用于购买高档耐用消费品、旅游、储蓄、保险等，它是影响非生活必需品和劳务销售的主要因素。

(5) 家庭收入。像冰箱、洗衣机等很多产品是以家庭为基本消费单位的，家庭收入的高低会影响很多产品的市场需求。一般来讲，家庭收入高，对消费品需求大，购买力也大；反之，需求小，购买力也小。需要注意的是，企业营销人员在分析消费者收入时，还要区分“货币收入”和“实际收入”。实际收入和货币收入并不完全一致，实际收入是扣除物价等变动因素后实际购买力的反映，只有“实际收入”才影响“实际购买力”。

5. 消费支出和消费结构

随着消费者收入的变化，消费者支出模式会发生相应变化，继而使一个国家或地区的消费结构也发生变化。西方一些经济学家常用恩格尔系数来反映这种变化。1857 年德国统计学家恩斯特·恩格尔(Ernst Engel)根据他对美国、法国、比利时许多家庭的收支预算的调查研究，发现了关于家庭收入变化与各方面支出变化之间比例关系的规律性，得出了恩格尔定律(Engel's Law)。恩格尔定律表明，在一定的条件下，当家庭个人收入增加时，收入中用于食物开支部分的增长速度要小于用于教育、医疗、享受等方面开支的增长速度。人们把食物费占总支出的比例，称为恩格尔系数。食物开支占总消费量的比重越大，恩格尔系数越高，生活水平越低；反之，食物开支所占比重越小，恩格尔系数越小，生活水平越高。

这种消费支出模式不仅与消费者收入有关，还受到下面两个因素的影响：

(1) 家庭生命周期的阶段影响。据调查，没有孩子的年轻人家庭，往往把更多的收入用于购买冰箱、电视机、家具、陈设品等耐用消费品上，而有孩子的家庭，则在孩子的娱乐、教育等方面支出较多，用于购买家庭消费品的支出减少。当孩子长大独立生活后，家庭收支预算又会发生变化，用于保健、旅游、储蓄部分就会增加。

(2) 家庭所在地点的影响。住在农村与住在城市的消费者相比，前者用于食品、交通方面的支出较少，而后者用于衣食、交通、娱乐方面的支出较多。优化的消费结构是优化的产业结构和产品结构的客观依据，也是企业开展营销活动的基本立足点。企业要重视这些变化，尤其应掌握拟进入的目标市场中支出模式和消费结构的情况，输送适销对路的产品和劳务，以满足消费者不断变化的需求。

6. 消费者储蓄和信贷情况

消费者的购买力还要受储蓄和信贷的直接影响。当收入一定时，储蓄越多，现实消费量就越小，但潜在消费量越大；反之，储蓄越少，现实消费量就越大，但潜在消费量越小。企业营销人员应当全面了解消费者的储蓄情况，尤其是要了解消费者储蓄目的的差异。储蓄目的不同，往往影响到潜在需求量、消费模式、消费内容、消费发展方向。这就要求企业营销人员在调查、了解储蓄动机与目的的基础上，制定不同的营销策略，为消费者提供有效的产品和劳务。比如1979年，日本电视机厂商发现，尽管中国人可任意支配的收入不多，但中国人有储蓄习惯，且人口众多。于是，他们决定开发中国黑白电视机市场，不久便获得成功。当时，西欧某国电视机厂商虽然也来中国调查，却认为中国人均收入过低，市场潜力不大，结果贻误了时机。

消费者信贷对购买力的影响也很大。所谓消费者信贷，就是消费者凭信用先取得商品使用权，然后按期归还贷款，以购买商品。这实际上就是消费者提前支取未来的收入，提前消费。消费者信贷主要有短期赊销、分期付款、信用卡信贷等。信贷消费允许人们购买超过自己现实购买力的商品，从而创造了更多的就业机会、收入以及更多的需求；同时，消费者信贷还是一种经济杠杆，它可以调节积累与消费、供给与需求的矛盾。当市场供大于求时，可以发放消费信贷，刺激需求；当市场供不应求时，必须收缩信贷，适当抑制、减少需求。消费信贷把资金投向需要发展的产业，刺激这些产业的生产，带动相关产业和产品的发展。

（三）政治法律环境

政治与法律是影响企业营销的重要的宏观环境因素。政治因素调节企业营销活动的方向，法律则为企业规定商贸活动行为准则。政治与法律相互联系，共同对企业的市场营销活动发挥影响和作用。

1. 国家的政治经济体制和政策

每一个国家无论对在自己境内从事营销活动的企业或个人，还是国外的公司，都会采取一定的支持、鼓励、许可或限制的措施。而这些国家对内或对外的经济政策都有可能会随着国内、国外的政治环境和经济形势的变化而改变，这就是企业营销政治环境。

2. 与企业营销活动相关的经济立法

企业只有懂得本国和有关国家的法律和法规，才能做好国内和国际市场营销管理工作，否则就会受到法律制裁。国家与企业相关的立法主要有三种：一是保护公司，防止不正当竞争行为的出现；二是保护消费者利益不受不公平商业行为的侵害；三是保护社会公众的长远利益不受损害。我国的经济立法尤其是涉外经济立法还不完备，为了健全和加强法制，适应经济体制改革和对外开放的需要，我国陆续制定和颁布了一系列经济法律和法规。例如《中华人民共和国消费者权益保护法》《中华人民共和国产品质量法》《中华人民共和国食品卫生法》《中华人民共和国商标法》《中华人民共和国公司法》《中华人民共和国反不正当竞争法》《中华人民共和国广告法》《中华人民共和国环保法》《中华人民共和国专利法》等。企业生存在社会环境中，行为必须受国家政策和法规的约束。营销人员应密切关注与本企业有关的法律、政策，使企业经营在合法的轨道上运行，同时能运用法律武器保护企业的正当合法权益。

3. 公众利益团体的压力

公众利益团体是一种压力集团，影响企业市场营销决策的公众利益团体主要有保护消费者利益的群众团体以及保护环境的群众利益团体等。这些群众团体协同政府官员，给企业施加压力，使消费者利益和社会利益等得到协调和保护。因此，世界各国都具有消费者联盟。它们监视企业的活动，发动群众同企业的欺骗行为作斗争，给企业施加压力，以保护消费者利益。在我国，经国务院批准，中国消费者协会于1985年1月在北京成立。其任务是：宣传国家的经济（特别是有关消费方面）方针政策；协助政府主管部门研究和制定保护消费者权益的立法；调查消费者对商品和服务的意见与要求；接受消费者对商品和服务的质量、价格、卫生、安全、规格、计量、说明、包装、商标、广告等方面的投诉。中国消费者协会及相继成立的地方协会认真受理广大消费者的投诉，积极开展对商品和服务质量、价格的监督检查，并采取多种形式指导消费，千方百计保护消费者利益，受到广大消费者的好评。目前，消费者运动已经成为一股强大的社会力量，正发挥着日益重要的作用，企业制定营销决策时必须认真考虑这种发展动向。

（四）科学技术环境

科学技术是第一生产力，是社会生产力的新的和最活跃的因素。作为营销环境的一部分，科技环境不仅直接影响企业内部的生产和经营，同时还与其他环境因素互相依赖、相互作用，特别与经济环境、文化环境的关系更紧密，尤其是新技术革命，给企业市场营销既造就了机会，又带来了威胁。正因为如此，西方经济学“创新理论”的代表人物熊彼特认为“技术是一种创造性的毁灭”。企业的机会在于寻找或利用新的技术，满足新的需求，而它面临的威胁则可能有两个方面：一方面，新技术的突然出现，使企业现有产品变得陈旧；另一方面，新技术改革了企业人员原有的价值观。企业要密切注意技术环境的发展变化，了解技术环境的发展变化对企业市场营销的影响，以便及时采取适当的对策。

（五）自然环境

自然环境是指影响企业生产和经营的自然环境、地理气候以及自然资源等因素。随着人类社会的进步和科学技术的发展，世界各国都加速了工业化进程，一方面创造了更加丰富的物质财富，满足了人们日益增长的需求；另一方面也面临着资源短缺、环境污染等问题。对市场营销者来说，应该关注自然环境变化的趋势，并从中分析企业营销的“环境威胁”和“市场机会”，制定相应的市场营销对策。

1. 自然资源日益短缺

自然资源大体可分为三类，第一类为无限资源，比如空气和水等，这类资源总体上讲是取之不尽、用之不竭的，但污染问题严重，亟待解决。第二类为可再生资源，如森林、粮食等，这类资源可以被再次生产出来，但必须防止过度采伐森林和侵占耕地。第三类为不可再生资源，比如石油、煤炭、黄金、锡矿等，这种资源贮藏量有限，随着人类的大量开采，有的矿产已经处于枯竭的边缘。自然资源短缺，使许多企业面临原材料价格大涨、生产成本大幅度上升的威胁，但又迫使企业研究更合理地利用资源的方法，开发新的资源和替代品，这些又为企业提供了新的资源和营销机会。

2. 环境污染日趋严重

工业污染日益成为全球性的严重问题。随着全球工业化和城市化的发展，环境污染程度日益增加，为了控制污染，政府往往要求企业购置昂贵的控制污染设备，这样就可能影响企业的经营效益。目前，我国最大的污染制造者是工厂，如果政府按照规定和合理污染标准严格控制污染，有些工厂就要“关、停、转”，这样就可能影响工业迅速发展。因此，企业要统筹兼顾地解决这种矛盾，力争做到既能减少环境污染，又能保证企业发展，提高经营效益。展望未来，开发绿色产品、争取绿色标志、传播绿色文明将成为企业绿色市场营销活动的主要内容。

3. 政府干预不断加强

自然资源短缺和环境污染加重的问题，使各国政府加强了对环境保护的干预，陆续出台了一系列有关环境保护的政策法规，这将制约一些企业的营销活动。例如，我国政府积极推进碳减排工作，力争2030年前碳达峰，2060年前实现碳中和。一方面这为企业提供了新的营销机会，光伏、风电、氢能等清洁能源产业链将迎来蓬勃发展，另一方面，煤炭、冶炼、石化等传统高耗能行业将面临落后产能淘汰和退出市场的风险。

（六）社会文化环境

长期的习惯形成文化。人类在某种社会环境下生活，必然会形成某种特定的文化，包括一定的态度和看法、价值观念、道德规范以及世代相传的风俗习惯等。文化是影响人们欲望和行为（包括企业的、顾客的欲望和购买行为）的一个很重要的因素，因而也是市场营销必须考虑的因素。例如，我国人民（包括侨居异国的华人）每逢农历新年都要买年货，贴春联，逛庙会，互相拜年，欢度春节；西方人每逢圣诞节就大量购买各种食品、圣诞树、礼品，互送圣诞礼物，欢度圣诞节。人们的这种行为就是受其传统文化的影响。

社会文化作为一种人们适合本民族、本地区、本阶层的是非观念，强烈影响着消费者的购买行为，使生活在同一社会文化范围内的各成员的个性具有相同的方面，它是购买行为的习惯性和相对稳定性的重要特点。企业的市场营销人员应分析、研究和了解社会文化环境，包括教育水平、价值观念、宗教信仰、风俗习惯、伦理道德、消费时尚及亚文化群等，以针对不同的文化环境制定不同的营销策略。

【小案例】

"指南针"地毯

在阿拉伯国家，虔诚的穆斯林教徒每日祈祷，无论居家或是旅行，祈祷者在固定时间都要跪拜于地毯上，且要面向圣城麦加。结果，比利时地毯厂厂商范得维格，巧妙地将扁平的"指南针"嵌入祈祷用的小地毯上，该"指南针"指的不是正南正北，而是始终指向麦加城。这样，伊斯兰教徒们只要有了他的地毯，无论走到哪里，只要把地毯往地上一铺，便可准确找到麦加城所在的方向。这种地毯一上市，立即成了抢手货。

营销启示：不同的宗教信仰，有着不同的宗教禁忌、习俗和文化倾向，这些宗教的信仰者都有各自的生活方式和消费习惯。比利时商人正是在其经营活动中充分考虑了社会文化因素，开发研制了符合消费者文化倾向的产品，才取得了最终的成功。

第四节 环境分析与市场营销

一、分析市场营销环境的目的

大量的营销实践证明，即使在经济衰退时期，企业也可以捕获到一些新的市场机会，还有相当一部分企业通过出色的营销活动，创造出不寻常的业绩。在经济繁荣时期，市场环境也可能给企业带来一些新的威胁，一些企业也难免有倒闭的厄运。也就是说，不断变化的市场环境，既给企业的市场营销提供机会又可能带来威胁，同一环境因素的变化，对某些企业来说是机会，对另一些企业则可能是威胁。企业可以主动地去适应、选择甚至改造环境。

分析市场营销环境的目的主要包括：

（1）通过对市场环境的分析研究，了解和把握市场环境变化发展的趋势。

（2）努力运用企业可以控制的营销手段，及时调整市场营销策略，以适应不可控环境因素的变化，提高市场应变能力。

（3）从市场环境的变化中，发掘新的市场机会，抓住市场机遇，把握时机，更好地发展企业。

（4）及时发现给企业带来的威胁，采取积极措施，避免或减轻环境威胁，减少可能给企业造成的损失。

二、环境威胁与环境机会的分析和评价

环境威胁是指环境中存在对相关企业营销产生不利影响的环境因素的趋势。环境机会是指环境中存在某些环境要素，将促使相关企业营销活动向有利方向发展。市场营销环境是通过对企业构成威胁或提供机会来影响营销活动的。构成某一企业营销环境的诸多因素及其变化，有的可能给该企业带来市场营销机会，有的可能给该企业带来环境威胁。企业必须对市场营销环境提供的机会与带来的威胁进行全面的分析、评价。

企业面对威胁程度不同和市场机会吸引力不同的营销环境，需要通过环境分析来评估环境机会与环境威胁。企业最高管理层可采用“威胁分析矩阵图”和“机会分析矩阵图”来分析、评价营销环境。

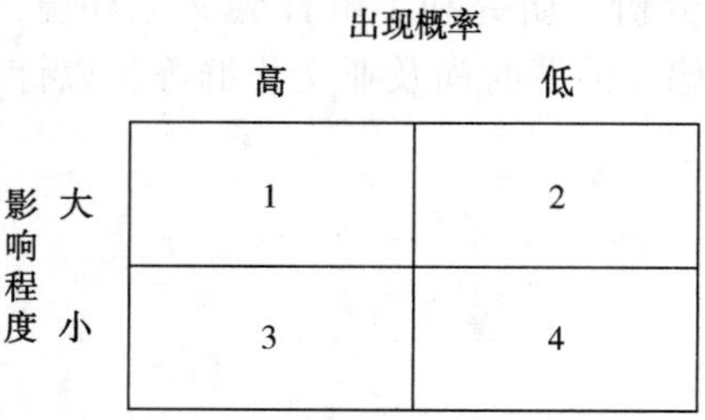

图 3-2　威胁分析矩阵图

（一）环境威胁分析

对环境威胁的分析，一般着眼于两个方面：一是分析威胁的潜在严重性，即影响程度；二是分析威胁出现的可能性，即出现概率。其分析矩阵如图 3-2 所示。

处于 1 位置的威胁出现的概率和影响程度都大，必须特别重视，制定相应对策；对于 4 位置的威胁出现的概率和影响程度均小，企业不必过于担心，但应注意其发展变化；处于 2 位置的威胁出现的概率虽小，但影响程度较大，必须密切注意监视其出现与发展；处于 3 位置的威胁影响程度较小，但出现的概率大，也必须充分重视。

（二）机会分析

机会分析主要考虑其潜在的吸引力（盈利性）和成功的可能性（企业优势）大小。其分析矩阵如图 3-3 所示。

在图 3-3 中，处于 1 位置的机会，潜在的吸引力和成功的可能性都大，有极大可能为企业带来巨额利润，企业应把握战机，全力发展；而处于 3 位置的机会，不仅潜在利益小，成功的概率也小，企业应改善自身条件，注意机会的发展变化，审慎而适时地开展营销活动。

用上述矩阵法分析、评价营销环境，可能出现 4 种不同的结果，综合如图 3-4 所示。

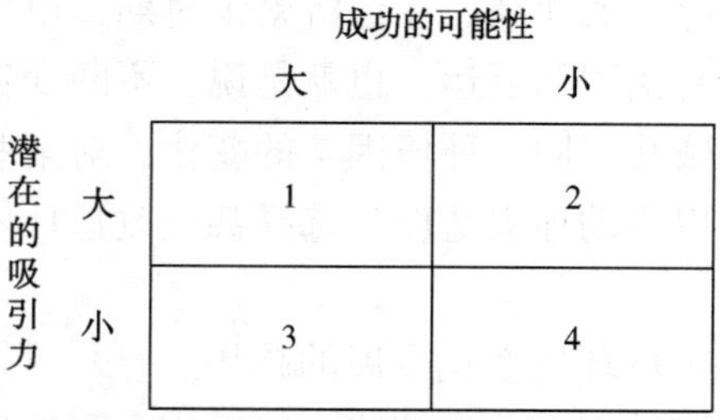

图 3-3　机会分析矩阵图

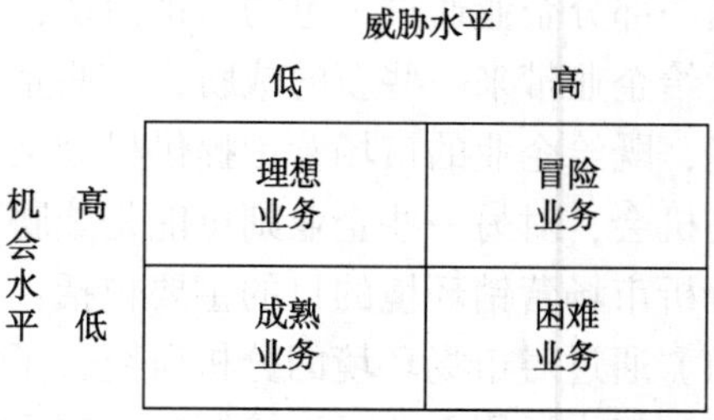

图 3-4　环境分析综合评价图

对市场机会的分析，还必须深入分析机会的性质，以便企业寻找对自身发展最有利的市场机会。

1. 环境市场机会与企业市场机会

市场机会实质上是“未满足的需求”。伴随着需求的变化和产品生命周期的演变，会不断出现新的市场机会。但对不同企业而言，环境机会并非都是最佳机会，只有理想业务和成熟业务才是最适宜的机会。

2. 行业市场机会与边缘市场机会

企业通常都有其特定的经营领域，出现在本企业经营领域内的市场机会，即行业市场机会；出现于不同行业之间的交叉与结合部分的市场机会，则称为边缘市场机会。一般来说，边缘市场机会的业务，进入难度要大于行业市场机会的业务，但行业与行业之间的边缘地带，有时会存在市场空隙，在企业发展中也可用以发挥自身的优势进入。

3. 目前市场机会与未来市场机会

从环境变化的动态性来分析，企业既要注意发现目前环境变化中的市场机会，也要面对未来，预测未来可能出现的大量需求或大多数人的消费倾向，发现和把握未来的市场机会。

三、企业营销决策

在环境分析与评价的基础上，企业对威胁与机会水平不等的各种营销业务，要分别采取不同的对策。

对理想业务，应看到机会难得，甚至转瞬即逝，必须抓住机遇，迅速行动，否则，丧失战机，将后悔莫及。

对冒险业务，面对高利润与高风险，既不宜盲目冒进，也不应迟疑不决，错失良机，应全面分析自身的优势与劣势，扬长避短，创造条件，争取突破性的发展。

对成熟业务，机会与威胁处于较低水平，可作为企业的常规业务，用以维持企业的正常运转，并为开展理想业务和冒险业务准备必要的条件。

对困难业务，要么是努力改变环境，走出困境或减轻威胁，要么是立即转移，摆脱无法扭转的困境。

【课后练习】

一、简答题

1. 简述市场营销环境的构成。

2. 步入21世纪后，人口老龄化问题在大中城市日益突出，请列举出这一变化所带来的市场机会？

3. 什么是微观营销环境？举例说明它对企业营销活动的影响。

4. 什么是宏观营销环境？举例说明它对企业营销活动的影响。

二、案例分析

强生公司如何应对危机：泰乐诺事件

强生公司生产的泰乐诺胶囊是一种止痛药，1981年销售就达到43.5亿美元。1982年9

月末的一天，一位叫亚当·杰努斯的患者服了一粒药后当天死亡；同一天，另一对服了泰乐诺的夫妇，也在两天后死掉了。消息迅速传遍了美国。强生公司在止痛药市场上的份额从35.3%一度下跌到不足7%，公司面临巨大危机。

强生公司迅速做出反应：

第一步，调查并澄清事实。

(1) 公司迅速收集了有关受害者的情况、死因、有毒泰乐诺的批号、该药的零售点、药的生产日期、送往分销网的途径等，为此，公司特别请了100名联邦调查局和州的侦探，追查了2000条线索，研究了57份报告。

(2) 求助媒体，希望他们提供准确及时的消息，以避免恐慌。通过调查，得出报告：有毒的胶囊是有人从药店买了成品后掺入硫化氢又退回商店所致，并不是强生公司生产中出的问题。强生公司把这个消息传达给客户和媒体，仅电报费就花了50万美元。

第二步，评估并遏止事件的影响。“泰乐诺中毒事件”使强生公司损失过亿美元，但最主要是对其商标本身的影响。强生公司事后进行民意调查，发现49%的人回答他们仍会使用这种药，于是，强生公司又把药摆到了货架上。

第三步，使泰乐诺重振雄风。强生公司为实现这一目标，采取了“稳住常客，渗透新顾客群”的策略，具体步骤如下：

(1) 请开发此药的麦克奈尔实验室的药学博士托马斯·盖茨在广告中向使用该药的美国人民致谢；

(2) 鼓励胶囊的使用者去试用泰乐诺药片；

(3) 公司承诺在“中毒事件”发生后扔掉泰乐诺的客户，只要打一个免费电话，就可得到2.5美元的赠券；

(4) 公司设计了一种新型的防破坏的包装，增强人们的信任感。

强生公司通过一系列周密的计划和行动，仅用了8个月就使公司重新赢得了35%的市场份额，并一直维持到1986年，为强生公司赢得了巨额利润。

请分析：

(1) 强生公司面对“泰乐诺中毒事件”所带来的环境威胁，采取了哪种策略以摆脱困境？

(2) 从这起事件中我们能得到什么启发？

第四章 消费者市场分析

知识目标

掌握消费者市场的含义及其特征；了解消费者购买行为的类型；掌握消费者购买决策过程及其影响因素。

能力目标

能够对现实中消费者购买行为实例给出具体的解释，并在现实生活中做出正确的购买行为选择；了解消费者的购买习惯和购物心理，并运用消费者购买决策理论制定相关的营销策略。

素养目标

树立科学的消费观，培养文化自信。

关键术语

消费者市场、消费者购买行为类型、文化、亚文化、知觉、动机、学习、社会阶层、相关群体。

导入案例

从豆浆到维他奶

一碗豆浆、两根炸油条是三餐中的第一餐，是长期以来许多中国人形成的饮食习惯。豆浆，以大豆为原料，是豆腐作坊的副产品，在中国已有两千年的历史。它的形象与可乐、牛奶相比，浑身上下冒着“土气”。以前，喝豆浆的人也多是老百姓。但是现在，豆浆在美国、加拿大、澳大利亚等国的超级市场上都能见到，与可乐、七喜、牛奶等国际饮品并列排放，且价高位重，有形有派。当然，它改了名，叫维他奶。

豆浆改名维他奶，是香港一家有70年历史的豆浆公司为了将街坊饮品变成一种国际饮品，顺应不断变化的价值和现代人的生活形态，不断改善其产品形象而特意选择的。“维他”来自拉丁文 Vita，英文 Vitamin，其意为生命、营养、活力等，而舍“浆”取“奶，则来自英语 soybean milk(豆奶，即豆浆)的概念。70年前，香港人生活不富裕，营养不良，各种疾病很普遍。当时生产维他奶的用意，就是要为营养不良的人们提供一种既便宜又营养的牛奶代用品——一种穷人的牛奶。在以后的20年中，一直到70年代初期，维他奶都是以普通大众的营养饮品这个面貌出现的，是一个“廉价饮品”的形象。可是到了70年代，香港人的生活水平大大提高，营养对一般人来说并不缺乏，人们反而担心营养过多的问题。如果此时还标榜“穷人的牛奶”，那么喝它不就掉价了吗？难怪豆品公司的职员发现，在马路边的汽水摊前，喝汽水显得十分“有派”，特别是喝外国汽水的人喝起来“大模大样”，而喝维他奶的人，就大多站在一旁遮遮掩掩，唯恐人家看到似的，因而，豆品公司的业务陷入低潮。

70年代中期，豆品公司试图把维他奶树立为年轻人消费品的形象，使它能像其他汽水一样，与年轻人多姿多彩的生活息息相关。这时期的广告便摒除了“解渴、营养、充饥”或“令你更高、更强、更健美”等字眼，而以“岂止像汽水那么简单”为代表。1983年，又推出了一个电视广告，背景为现代化城市，一群年轻人拿着维他奶随着明快的音乐跳舞……，可以说，在这时期维他奶是一种“休闲饮品”的形象。然而，到了80年代，香港的年轻人对维他奶怎么喝也喝不出“派”来了，于是，从1988年开始，广告便重点突出它亲切、温情的一面。对于很多香港人来说，维他奶是个人成长过程的一个组成部分，大多数人对维他奶有一种特殊的亲切感和认同感，它是香港本土文化的一个组成部分，是香港饮食文化的代表作，维他奶对香港人如同可口可乐对美国人一样。由此，维他奶又开始树立一个“经典饮品”的形象。在同一时期，维他奶开始进入国际市场。这一时期，太多的脂肪成了美国等国公民的一大问题。在美国，维他奶标榜高档“天然饮品”。所谓天然饮品，就是没有加入人工的成分，如色素和添加剂等，可以使消费者避免吸收太多的脂肪，特别是动物脂肪。标榜天然饮品，当然受美国人的欢迎。于是便出现了这样历史性的趣事：维他奶创始之初，标榜穷人的牛奶，强调它与牛奶相似，并且价格比牛奶要低；今天在美国市场，维他奶强调的是与牛奶不同的地方(维他奶具有牛奶所有的养分，而没有牛奶那么多的动物脂肪)，其价格也比牛奶高。

营销启示：从豆浆变成维他奶，直至国际饮品的过程，揭示出这样一个道理：同一种产品，在不同的时代或社会，应该随着人们的价值观和生活方式的变化而不断调整其市场定位，以不同的产品形象和营销沟通来满足消费者的需求，从而长期占领市场。

市场是企业营销活动的出发点和归宿点。对于消费品的生产经营企业而言，深刻认识消费者市场的特点，准确把握消费者购买行为，才能科学地确定产品的销售对象，有针对性地制定产品、价格、渠道和促销策略，提高市场营销的效率，在充分满足消费者需要的前提下实现企业的发展目标。

第一节　消费者市场的含义及特征

一、消费者市场的含义

消费者市场也称最终产品市场，是指个人或家庭为生活消费而购买、租赁产品或服务的市场。一切企业，无论是否直接为消费者服务，都必须研究消费者市场，因为只有消费者市场才是最终市场；其他市场，如生产者市场、中间商市场等，虽然购买数量很大，但仍然要以最终消费者的需要和偏好为转移。因此，消费者市场是一切市场的基础，是最终起决定作用的市场，很多人把消费者市场理解为市场是不够全面的。

消费者市场是现代市场营销理论研究的主要对象。成功的市场营销者是那些能够有效地提供对消费者有价值的产品，并运用富有吸引力和说服力的方法将产品有效地呈现给消费者的企业和个人。因而，研究影响消费者购买行为的主要因素及其购买决策过程，对于开展有效的市场营销活动至关重要。

二、消费者市场的特征

（一）普遍性与多样性

消费需求的普遍性是指人人都是消费者，而且企业生产的产品最终都是为消费者市场服务的。与企业购买行为相比，消费者市场具有人数众多，购买次数频繁，购买数量少的特征，因此消费者市场是市场的主体，包括商场、超市、专卖店及各类门市店等。可以说，消费者市场随处可见，即消费者市场具有普遍性。

消费需求的多样性是指每一位消费者都有自己的偏好，所以购买行为也不完全一样。这主要是由于消费者的购买行为受到年龄、职业、受教育程度、经济收入、性格及所处的市场环境不同的影响。

（二）层次性与发展性

消费需求的层次性是指消费者对同一类产品，在质量、价格、款式、规格、性能等方面需求的差异性，在消费品市场以多层次性特征表现出来。如牛奶，有盒装的还有袋装的，这两种不同的包装面向不同层次的消费者。这种特征有利于企业细分市场，所提供的产品更有针对性。

消费需求的发展性是指随着时代变迁，科技进步，经济收入的提高，消费者的需求会经历一种由低到高，由粗到精的发展过程。特别是由于科学技术的迅猛发展，新产品层出不穷，产品生命周期日益缩短，人们更换产品速度加快，进一步促进了消费需求的发展性。

（三）互补性和替代性

消费需求的互补性是指消费者为了满足自己个人的某种需求，需要同时购买两种或两种以上的商品。消费者购买的这些产品一般来讲都是互补品，如购买剃须刀就必须买刀。其中互补品中的一种商品价格下跌，会引起另一种商品需求的增加，反之则减少。吉列公司采取的就是低价卖剃须刀，高价卖刀片的市场价格策略。

消费需求的替代性是指商品功能近似，可以互相替代满足消费者的同一种需求。大多数商品都可找到替代品或可以互换使用的商品。因此，消费者在进行购买决策时可能会经常变换商品品牌和品种。有替代关系的商品，当一种商品价格下跌时，对另一种商品的需求就会减少。

（四）可诱导性

消费需求的可诱导性是指消费需求受消费者嗜好、心理预期、经济发展趋势的影响，容易受外界因素的诱导。从消费者市场购买动机和行为看，消费者市场的购买者大都缺乏专门的商品知识和市场知识。他们在购买时往往主要凭借个人的感情和印象，多数为情感购买。他们的购买决定容易受到广告宣传、商品的包装和装潢、推销方式、服务质量的影响。因此，企业在推销商品时，更应注意研究和运用各种策略和促销手段，改进包装和装潢，提高服务质量，以引起消费者的购买欲望。

（五）情感性

消费需求的情感性是指消费者购物带有明显的感情色彩。心理需要层次的提高，对精神需要的程度不断增强。而且，由于技术水平的提高，产品质量、性能等物质指标差异化程度越来越小，情感在购买决策中的权重越来越大。消费者购买商品所看重的不仅仅是商品数量的多少、质量的好坏以及价钱的高低，而是为了一种感情上的满足，一种心理上的认同。当人们走进“肯德基”“麦当劳”的时候，也许会觉得味道并不怎么样，或者价格太贵，不合算，但并不因此而不走进“肯德基”“麦当劳”。

（六）地区性

消费需求的地区性是指同一地区的消费者在生活习惯、收入水平、消费需求等方面具有很大的相似性，因而在消费行为上表现出地区性特点，而不同地区消费者的消费行为则表现出较大的差异性。我国的饮食习惯就表现出南甜北咸、东辣西酸的特点。

（七）季节性

消费需求的季节性主要是指消费者对某种商品的需求由于受气候条件、风俗习惯等的影响有显著的淡、旺季之分。同样，商品的供给也有淡、旺季之分。消费需求的季节性分为三种情况：一是季节性气候变化引起的季节性消费，如夏天买空调，冬天买电暖气；二是季节性生产而引起的季节性消费，如春夏季是蔬菜集中生产的季节，也是蔬菜集中消费的季节；三是风俗习惯和传统节日引起的季节性消费，如中秋节吃月饼、“十一”黄金周是旅游的旺季等。

（八）伸缩性

消费需求受消费者收入、生活方式、商品价格和储蓄利率影响较大，在购买数量和品种选择上表现出较大的需求弹性或伸缩性。收入多则增加购买，收入少则减少购买。商品价格高或储蓄利率高的时候减少消费，商品价格低或储蓄利率低的时候增加消费。

【小案例】

“狗不理”包子“兵败”杭州

杭州“狗不理”包子店是天津狗不理集团在杭州开设的分店，地处商业黄金地段。正宗的狗不理以其鲜明的特色(薄皮、水馅、滋味鲜美、咬一口汁水横流)而享誉神州。但正当杭州南方大酒店创下日销包子万余只的纪录时，杭州的“狗不理”包子店却将楼下三分之一的营业面积租让给服装企业，依然“门前冷落车马稀”。

当“狗不理”一再强调其鲜明的产品特色时，却忽视了消费者是否接受这一“特色”。那么受挫于杭州也是必然了。

首先，“狗不理”，包子馅比较油腻，不符合喜爱清淡食物的杭州市民的口味。

其次，“狗不理”包子不符合杭州人的生活习惯。杭州市民将包子作为便捷快餐对待，往往边走边吃。而“狗不理”包子由于薄皮、水馅、容易流汁，不能拿在手里吃，只能坐下用筷子慢慢享用。

第三，“狗不理”包子馅多半是蒜一类的辛辣刺激物，这与杭州这个南方城市的传统口味也相悖。

营销启示：一个产品价值的高低、能否畅销最终是由顾客决定的。由于消费者市场具有地区性、多样性、替代性和发展性等特点，企业只有深刻认识到这些特点，准确把握消费者行为，找准目标市场，针对性地实施市场营销战略和策略，才能最终成功占领市场。

第二节 消费者购买行为类型

消费者购买行为是指消费者为满足其个人或家庭生活而发生的购买商品的决策过程。消费者购买行为是复杂的，其购买行为的产生是受其内在因素和外在因素的相互促进交互影响的。企业营销通过对消费者购买的研究，来掌握其购买行为的规律，从而制定有效的市场营销策略，实现企业营销目标。

消费者在购买商品时，由于自身心理因素的作用，购买行为表现形式不同，大致可以划分为以下四大类型：

（一）根据消费者购买行为的复杂程度和所购产品的差异程度划分

1. 复杂的购买行为

复杂的购买行为是指消费者完整购买决策过程，要经历大量的信息收集、全面的产品评估、慎重的购买决策和认真的购后评价等各个阶段。该行为多发生在消费者初次购买价格昂贵，且现有各品牌、品种和规格之间具有显著差异的耐用消费品的场合。对于复杂的购买行为，营销者应制定策略帮助购买者掌握产品知识，运用各种途径宣传本品牌的优点，发动门店导购和购买者的亲友影响其最终购买决定，简化购买决策过程。

2. 减少失调感的购买行为

减少失调感的购买行为是指消费者并不广泛收集产品信息，也不精心挑选品牌，购买决策过程迅速而简单，但是在购买以后会认为自己所买产品具有某些缺陷或其他同类产品有更多的优点，进而产生失调感，怀疑原先购买决策的正确性。对于这类购买行为，营销者要提供完善的售后服务，通过各种途径经常提供有利于本企业产品的信息，使顾客相信自己的购买决定是正确的。

3. 寻求多样化的购买行为

寻求多样化的购买行为是指消费者购买产品有很大的随意性，并不深入收集信息和评估比较就决定购买某一品牌，在消费时才加以评估，但是在下次购买时又转换其他品牌。转换的原因是厌倦原口味或想试试新口味，只是寻求产品的多样性而不一定有不满意之处。对于寻求多样性的购买行为，市场领导者和挑战者的营销策略是不同的。市场领导者可以通过占有货架、避免脱销和设置提醒购买的广告来鼓励消费者形成习惯性购买行为。而市场挑战者则以较低的价格、折扣、赠券、免费赠送样品和强调试用新品牌的广告来鼓励消费者改变原有的习惯性购买行为。

4. 习惯性的购买行为

习惯性的购买行为是指消费者并未深入收集信息和评估品牌，只是习惯于购买自己熟悉的品牌，在购买后可能评价也可能不评价产品。习惯性购买行为常发生在价格低廉、经常购买、品牌差异小的产品购买场合。针对这种购买行为，营销人员可以利用价格优惠、销售促进、电视广告、独特包装等方式来鼓励消费者使用、购买和重购其产品。

【小案例】

啤酒与尿不湿的奇妙故事

沃尔玛一家分店的营销经理发现，啤酒与尿不湿的销量在周末总会出现呈比例增长。他们立即对这个现象进行了分析和讨论，并且派出专门的人员在卖场内进行全天候的观察。

最后，谜底终于水落石出，他们发现啤酒和尿不湿多为男人在周末采购，而且购买这两种产品的顾客一般都是年龄在25至35周岁的青年男子，由于孩子尚在哺乳期，多数男人都接到了夫人的“圣旨”，下班后带尿不湿回家，而周末正是美国体育比赛的高峰期，就着一杯啤酒看比赛是多么惬意的事因此产生了这个现象！

这位营销经理从中受到启发，他对超市的物品摆放进行了调整，将卖场内原来相隔很远的妇婴用品区与酒类饮料区的空间距离拉近，减少顾客的行走时间，将啤酒与尿不湿摆放在一起，同时将牛肉干等一些简便的下酒食品也摆放在一起，这样全年下来，营业额增加了几百万美元。

营销启示：根据对目标顾客的购买行为分析，找出商品之间的关系并有针对性地推出相关营销策略，不但可以提升原有顾客的满意度，还可以帮助企业有效提升整体经营绩效。

（二）根据消费者购买目标与选定程度划分

1. 全确定型

全确定型是指消费者在购买商品以前，已经有明确的购买目标，对商品的名称、型号、规格、颜色、式样、商标以至价格的幅度都有明确的要求。这类消费者进入商店以后，一般都是有目的地选择，主动地提出所要购买的商品，并对所要购买的商品提出具体要求，当商品能满足其需要时，则会毫不犹豫地买下商品。

2. 半确定型

半确定型是指消费者在购买商品以前，已有大致的购买目标，但具体要求还不够明确，最后购买需经过选择比较才能完成。如购买空调是原先计划好的，但购买什么牌子、规格、型号、式样等心中无数。这类消费者进入商店以后，一般要经过较长时间的分析、比较才能完成其购买行为。

3. 不确定型

不确定型是指消费者在购买商品以前，没有明确的或既定的购买目标。这类消费者进入商店主要是参观游览、休闲，漫无目标地观看商品或随意了解一些商品的销售情况，有时感到有兴趣或合适的商品偶尔购买，有时则观后离开。

（三）根据消费者购买态度与要求划分

1. 习惯型

习惯型是指消费者由于对某种商品或某家商店的信赖、偏爱而产生的经常、反复的购买行为。由于经常购买和使用，他们对这些商品十分熟悉，体验较深，再次购买时往往无需再花费时间进行比较选择，注意力稳定、集中。

2. 理智型

理智型是指消费者在每次购买前对所购的商品，要进行较为仔细的研究比较。购买感情色彩较少、头脑冷静、行为慎重、主观性较强，不轻易相信广告、宣传、承诺、促销方式以及售货员的介绍，主要看重商品本身的质量和款式。

3. 经济型

经济型是指消费者购买时特别重视价格，对于价格的反应特别灵敏。购买无论是选择高档商品，还是中低档商品，首选是价格，他们对“大甩卖”“清仓”“亏本销售”等低价促销最感兴趣。一般来说，这类消费者与自身的经济状况有关。

4. 冲动型

冲动型是指消费者容易受商品的外观、包装、商标或其他促销努力的刺激而产生购买行为。购买一般都是以直观感觉为主，从个人的兴趣或情绪出发，喜欢新奇、新颖、时尚的产品，购买时不愿做反复的选择比较。

5. 疑虑型

疑虑型是指消费者具有内倾性的心理特征，购买时小心谨慎和疑虑重重。购买一般缓慢、费时多。常常是“三思而后行”，常常会犹豫不决而中断购买，购买后还会疑心是否上当受骗。

6. 情感型

情感型购买多属情感反应，往往以丰富的联想力衡量商品的意义。这类消费者购买时注意力容易转移，兴趣容易变换，对商品的外表、造型、颜色和命名都较重视，以是否符合自己的想象作为购买的主要依据。

7. 不定型

不定型购买多属尝试性购买，消费者的心理尺度尚未稳定，购买时没有固定的偏爱，在上述六种类型之间游离。这种类型的购买者多数是独立生活不久的青年人。

第三节 消费者购买行为的影响因素

消费者行为取决于他们的需要和欲望，而人们的需要和欲望以至消费习惯和行为的形成是一个复杂的、受一系列相关因素影响的连续行为。影响消费者购买行为的因素非常复杂，多种多样，其中主要有经济因素、文化因素、社会因素、个人因素和心理因素。不同的因素对于不同消费者行为的影响程度是不同的，它们有时独立地、有时又相互交织地影响着消费者的购买欲望和购买行为。其中，文化是影响消费者需求和行为的最基本的因素；在社会生产和消费水平比较低的情况下，经济因素是影响消费者购买行为的主要因素；而随着社会生产的发展和消费水平的提高，人们的购买行为就会越来越多地受到社会、个人和心理因素的影响。下面分别阐述这些因素的具体内容及其与消费者的关系。

一、影响消费者行为的经济因素

概括地说，影响消费者购买行为最重要的经济因素包括社会经济发展状况、消费者收入和支出状况等。

(一) 社会经济发展状况

社会经济发展状况直接影响消费者的购买行为。在不同的经济发展阶段，人们的购买行为会有很大的不同。从宏观经济因素来看，当经济处于繁荣期的时候，人们的经济状况良好，有更多的可支配收入，因而消费行为相对更为活跃，消费水平也相对较高，反之亦然。从微观经济因素来看，主要涉及消费者以往的经济状况、现有经济状况、预期经济状况、经济地位等一系列因素，其总体情况如何，直接影响着消费者的消费信心、消费态度，影响着消费者的消费支出、消费方式和消费水平等。

(二) 消费者收入和支出状况

经济因素对消费者行为的影响不仅体现在宏观和微观的经济状况上，而且体现在消费资料的价格水平上，价格往往是影响消费者行为的极为重要和敏感的因素。

1. 收入

收入是决定消费者购买行为的根本因素。由于消费者收入是有差异的，又是不断变化的，它必然会影响消费者的消费数量、质量、结构及消费方式。如果消费者仅有购买欲望，而无一定的收入作为购买能力的保证，购买行为便无法实现。不同收入水平，决定了需求的不同层次和倾向。在个人收入、商品功能一定的条件下，商品的价格是推动消费者购买行为的动力。因此，当价格较高时，无论收入高低，消费者其购买行为都会受到不同程度的抑制；当价格较低，就会不同程度地激发起消费者的购买行为。

2. 支出

经济因素对消费者行为的影响还体现在人们的支出模式上。消费者支出模式主要受消费者收入的影响，随着消费者收入的变化，消费者支出模式和消费结构就会发生相应变化。用于考察消费支出和消费收入之间关系的最著名定律就是恩格尔定律，它指出：随着收入的增加，食物支出在总支出中的比例下降。

现代营销学认为，随着现代经济的发展和人们可随意支配收入的增加和市场商品供应的日益多样化，消费者对商品的要求越来越高，经济因素对消费者购买行为的影响作用将逐步缩小。

二、影响消费者行为的文化因素

文化是影响消费者需求和行为的最基本的因素，它属于意识形态的范畴。文化因素包括文化、亚文化和社会阶层。

（一）文化

文化是人类知识、信仰、艺术、道德、法律、美学、习俗、语言文字以及人作为社会成员所获得的其他能力和习惯的总称。文化是人们在社会实践中形成的，是一种历史现象，具有历史的继承性、阶段性、民族性、地区性、多样性等特征。文化又是动态的，处于不断的发展变化之中。

文化属于宏观环境因素之一，在大多数情况下文化对人们的影响是间接的。一个人在社会中成长，通过家庭、学校等社会组织形成了基本的价值观、感觉能力、对某种事物的偏爱和一系列的行为准则。每个人意识形态的形成都受文化因素的影响，而人的意识形态总是自觉或不自觉地影响着消费者对商品的评价和选择，从而影响着消费者的购买行为。文化背景不同，人们的需求就不同。

【小案例】

“孔府家酒，让人想家”

孔府家酒是中国现代酒文化营销的创始者。早在1994年，当时中国白酒行业最引人注目的就是王姬为孔府家酒拍的广告，巧妙地把《北京人在纽约》的火爆嫁接到广告中来，使人很快记住了“孔府家酒，叫人想家”这句充满中国人伦理亲情意味的广告语，孔府家酒也随之而一举为天下知，年销售额一度达到鲁酒疯狂时期的9.5亿元的巅峰。

营销启示：“家文化”是中国人历来的情感归属，家能让人感受到温暖与亲情。“家文化”可以从小家延伸到大家；可以由国家延伸到地球之家，可以是实体的家，也可以是精神的家。孔府家酒率先嗅到市场的气息，引入了“孔府文化”和“家文化”，使孔府家酒一夜传遍大江南北，成就了鲁酒的短暂辉煌。

（二）亚文化

文化由多种亚文化构成。亚文化亦称“副文化”“小群体文化”，是因社会或自然因素而形成的，在某些方面有别于整体文化的地区性文化或群体文化。社会文化可根据一定的标准划分为若干亚文化群，主要有民族亚文化群、宗教亚文化群、种族和地理亚文化群，处于不同亚文化群的消费者由于受特殊的文化影响，有不同的风俗习惯，因而具有不同的消费需求和购买行为。因为，不同国家或地区有其不同的历史、政治法律制度、占统治地位的意识形态等，因而形成了不同国家或地区民众的不同信念群体、宗教群体和地域群体等。不同的民族在饮食、服饰、建筑、礼仪、道德观念上往往大相径庭；各种宗教无不具有独特的清规戒律，对教徒的生活方式和习俗加以规范，提倡或抑制某种消费行为；不同地域的居民，因居住地的自然地理条件不同，形成不同的生活方式、爱好和风俗习惯等。亚文化具有变易性、渗透性、交汇性。因此，价值、观念、习俗和习惯对消费者行为的影响也具有易变性、渗透性和交汇性。

（三）社会阶层

社会阶层也称社会分层，是指具有相似社会经济地位、价值观念和生活方式的人们组成的群体。同一社会阶层的人往往有着相类似的价值观、生活方式、思维方式和生活目标，并影响着他们的购买行为。而不同社会阶层的人，由于收入水平、教育程度等方面的差异，在购买行为和购买种类上具有明显的差异性，对商品、品牌、宣传媒体等均有不同的偏好。如上层消费者往往追求新颖奇特、唯我独有、不计价格，中下层消费者则较注重经济实惠。同时，不同商品在需求上受社会阶层的影响也是不相同的，如不同社会阶层对服装、家具、娱乐活动等产品和服务的需求差距较大，而对食品等基本消费品需求的差别较小。不同社会阶层对广告媒体的偏爱也不同，如较高社会阶层比较低社会阶层更多地接触报纸、杂志。

【小案例】

中国的中产阶层及其消费特点

根据麦肯锡报告，中国的中产阶层由非体力劳动者，主要是三资企业及小型私营企业的管理层，金融、贸易、传媒、演艺界、高科技、咨询服务等行业的从业人员构成。

中产阶层的消费特点有：

（1）品牌消费。中产阶层中大多数人都十分关注品牌，尤其是知名品牌。商品的符号价值对其具有更重要的象征意义。

（2）文化消费。中产阶层有向上跃升的愿望和对于地位的忧虑，这就促使他们有较强烈的学习和更新知识的动机，通过获取新的技能、文凭等提升竞争优势。因此，工作之余参加各种培训是中产阶层群体，尤其是白领阶层重要的生活内容。互联网、音乐会、画展、博览会等是中产阶层的主要消费方式。

（3）休闲消费与享受型消费。关注健康与生活质量，不仅要生存，还要享受生活。提前享受的信用消费观念已经很普遍。“学会休闲才是真正的生活”，类似的观念已被中产阶层更加广泛地接受。

三、影响消费者行为的社会因素

每个消费者都是社会的一员，他的行为不可避免地要受到社会各方面因素的影响和制约。消费者的购买行为受参照群体、家庭等社会因素的影响。

（一）参照群体

参照群体也称为相关群体，所谓参照群体就是对个人的态度、意见和偏好有重大影响的群体，它既可以是实际存在的，也可以是想象存在的。参照群体可分为直接参照群体和间接参照群体。

直接参照群体也称成员群体，是指某人所属群体或与其有直接关系的群体。直接参照群体又分首要群体和次要群体两种。首要群体也称基本群体、初级群体，指人们经常面对面直接交往的群体，如家庭、亲朋好友、邻居和同事等。首要群体的概念最早是由美国社会学家库利(Cooley)在其《社会组织》一书中提出的，一般都是非正式群体。次要群体是指不经常面对面直接交往的、不常起作用的群体，包括宗教组织、专业协会、工会以及个人所参加的各种社会团体等。

间接参照群体是指某人的非成员群体，即消费者虽不属于这一群体，但这一群体成员的态度、行为对消费者有着很大影响。它可分为向往群体和厌恶群体。向往群体也称渴望群体，是指消费者渴望成为其群体中的一员，模仿其群体成员的消费模式与购买行为，如模仿影星、歌星、球星的购买行为。厌恶群体也称隔离群体，是指消费者厌恶、回避远离的群体。消费者希望在各方面与其保持距离，甚至反其道而行之。

【小案例】

总统喜欢看的书

美国一家出版商有一批滞销的书久久不能脱手，便给总统送去一本，并三番五次地征求总统的意见，忙于政务的总统便随口应了一句：“这本书不错!”出版商如获至宝般地大肆宣传：“现在有总统先生喜欢的书出售!”于是，这些滞销的书很快就被一抢而空了。

不久，这个出版商又有书卖不出去了，他又送给总统一本。总统想奚落他一下，便说：“这本书糟透了!”不料，出版商听后大喜，他打出广告：“现在有总统最讨厌的书出售!”结果，又有不少人出于好奇而争相购买，此书又随之脱销。

出版商第三次将书送给总统时，总统出于前两次的教训，不置可否。原本无奈的窘迫局面又一次被出版商打破，出版商大做广告：“现在有总统难以下结论的书出售!”结果，出版商居然又一次大赚其利。

营销启示：背靠名人的光环效应，可以有效吸引公众的注意力，从而取得营销活动的成功。

（二）家庭

在不同的国家和不同的社会制度下，由于不同的历史传统和伦理道德观念，家庭生命周期各阶段的具体情况有很大差异。家庭中的权威中心、职业情况、收入状况以及相关群体影响力也都有所区别，这些都会直接影响到消费者行为。

1. 家庭影响

家庭成员对消费者的购买行为影响极大。家庭是社会的细胞，对人的影响最深刻而持久，人们的价值观、审美观、偏好和习惯多数都是在家庭的影响下形成的。在购买决策的所有参与者中，购买者的家庭成员对其决策影响最大。人的一生一般要经历两个家庭，一是父母的家庭；二是自己组成的家庭。消费者购买决策受父母家庭影响比较间接，受自己现有家庭影响比较直接。

对购买决策影响的大小，不同类型的家庭是不同的。在一般的家庭中，丈夫、妻子是商品购买的主要决策者。不同的家庭中，夫妻各自在商品购买决策中的影响作用是有很大差别的。研究不同家庭夫妻在决策中的角色与地位，对企业制定相应的营销策略是非常有益的。美国社会学家按家庭权威中心的不同，把家庭分为四类：丈夫决定型、妻子决定型、共同决定型和各自做主型。

丈夫和妻子谁说了算，在很大程度上取决于产品种类或他们处在购买决策过程中的哪一步。购买者家庭成员在不同层次的决策中，影响力也不同。在美国有研究表明，“何时购买汽车”的决策主要受丈夫影响的占68%，受妻子影响的占3%，共同决定的占29%；但“购买什么颜色汽车”的决策则受丈夫影响和受妻子影响的各占25%，共同决定的占50%。因此，汽车公司在设计产品和拟定促销方案时，必须考虑各决策点和参与者可能的影响。在我国对不同的商品，丈夫和妻子的购买决策权往往也不同，通常可分为三类：①丈夫有较大影响力的商品，如汽车、摩托车、自行车、电视机、烟酒等；②妻子有较大影响力的商品，如服饰、床上用品、餐具等：③夫妻共同决定的商品，如住宅、家具、旅游和某些文娱活动等。家庭购买决策权主要掌握在夫妻手中，夫妻决策权的大小取决于购买商品的种类、双方工资收入、生活习惯、家庭内部劳动分工等各种因素。由于我国独生子女家庭较多，子女在家庭购买决策中所起的作用也不容忽视。

2. 家庭生命周期影响

家庭生命周期是指家庭随着其成员年龄逐步增长而经历的各个生活阶段。一个人的年龄不仅影响个人的消费行为，而且还关系到婚姻家庭状况，如是否有子女以及子女的年龄等。西方学者把这些概括起来，提出了“家庭生命周期”的概念，把家庭划分成八个阶段。

(1) 单身期。离开父母独居的青年，他们刚刚开始职业生涯，收入一般较低。但由于没有什么财务负担，因而可任意支配的收入较高。

(2) 年轻夫妇。新婚的年轻夫妻，指结婚不久还没有小孩的年轻夫妇。通常夫妻双方都在工作，因此他们的可支配收入也较高。

(3) “满巢”Ⅰ期。子女在六岁以下，即学龄前儿童。由于照料小孩开销较大，他们的收入开支会比以前紧张。

(4) “满巢”Ⅱ期。子女大于六岁，已入学。这一阶段夫妻双方的工资都有所增长，经济情况开始变好。

(5) “满巢”Ⅲ期。结婚已久，子女已长大。这一阶段家庭的经济条件在进一步改善，同时孩子的教育费用在上升。

(6) “空巢”Ⅰ期。结婚已很久，子女已成人分居，夫妻仍有劳动能力。由于开支缩减，家庭的可支配收入达到最高水平。

(7) “空巢”Ⅱ期。已退休的老年夫妻，子女早已离家分居。这时候夫妻双方凭借退休金维持生活，收入和社会地位都有所降低。

(8) 老年独居期。独居老人在这一阶段的收入水平最低，而且医疗开支增加，经济情况较差。

消费者行为深受家庭生命周期的影响，每一个生命周期阶段都有不同的购买行为形态，销售者可以通过生命周期阶段来界定其目标市场，并针对不同的生命周期阶段制定不同的营销策略。例如，新婚家庭同子女已离家的老年夫妻家庭，肯定有不同的需求和不同的消费行为。营销者只有明确自己的目标市场处于家庭生命周期的什么阶段，并据以发展适销的产品和拟订适当的营销计划，才能取得成功。除自然年龄外，还要注意消费者心理生命周期的阶段，有些人心理年龄同他们的实际年龄很不一致，这就要适应他们心理年龄上的需要。

（三）社会角色和社会地位

一个人可以同时属于多种组织，如家庭、俱乐部或其他组织。人在组织中的位置可以用社会角色和社会地位来定义。不同的消费者扮演着不同的社会角色，每个人的角色意识会影响其消费结构，并反映在消费行为上。

社会角色是与人的社会地位相联系并按规范执行的行为模式。社会角色是人的各种社会属性和社会关系的反映，是社会地位的外在表现。社会生活中任何一个人都要扮演不同的社会角色，如一个人在家庭中是妻子、母亲，在社会上是公司职员等。社会角色的不同在某种程度上影响消费者购买行为。如女儿在母亲节购买康乃馨花送给母亲，恋爱男女在情人节购买玫瑰花和巧克力送给自己的爱人。

社会地位是人们在各种社会关系网中所处的位置，是对决定人们身份和地位的各种要素综合考察的结果。这些要素包括个人的政治倾向、经济状况、家庭背景、文化程度、生活方式、价值取向、审美观及其所担任的角色和所拥有的权利等。人们常选择代表社会地位的产品，消费者的购买行为会随着社会地位的变化而发生显著的变化。

四、影响消费者行为的个人因素

在相同的社会文化环境下的消费者仍有不同的购买行为，其中一个原因就是消费者的购买决策还要受个人因素的影响，特别是消费者的年龄、家庭生命周期、职业、教育、经济状况、个性特征、生活方式以及自我观念等对消费者购买决策的影响更为明显。

（一）年龄与性别

不同的年龄有不同的需求爱好。人们对食品、服装、家具与休闲活动的兴趣与年龄关系很大。购买与家庭生活周期阶段也有非常重要的关系，消费者对产品的需求会随着年龄的增长而变化，在生命周期的不同阶段，相应需要各种不同的商品，如在幼年期，需要婴儿食品、玩具等；而在老年期，则更多需要保健和延年益寿的产品。

不同性别的消费者，由于其心理和生理上的差异，其购买行为也有很大的不同。女性感情丰富细腻、敏感、想象力丰富、耐力强，但抽象、逻辑思维能力、体力等大都不如男性。男性会较多地考虑利害关系，注重家庭的长远生活目标。一般情况下，女性在购买时注重美观、使用方便，男性更注重功能、质量。性别差异随着年龄的增长，家庭生活、社会生活的开展而日益显现。

（二）职业与教育

个人的消费模式受职业与教育的影响是极为明显的。职业与教育实际上是社会阶层因素在个人身上的集中反映，从事一定职业以及受过不同程度教育的人会产生明显的消费行为差异。例如一般工薪收入者的食物支出占收入的比重较大；农民则将很大一部分收入用于盖房子；教师则必须购买较多的书籍、杂志、报纸，追求较多的文化生活；而经理、医生、律师等专业人员则将收入的较大部分用于与职业相关的各种服务。正因为同种职业的人往往有相类似的需求，而不同职业的人的需求差异性较大，企业就要为不同职业的消费者生产经营各种不同的产品。

（三）个性与生活方式

1. 个性

个性有时也称人格，每个人独特的个性将影响其购买行为。一个人的个性是指他所具有的心理倾向和心理特征。心理倾向包括人的需要、兴趣、爱好、价值观、自我意识等，决定个人对现实生活的态度、趋向和选择。心理特征包括个人的能力、气质和性格，决定个人的行为方式。

市场营销学家研究个性是为了预测消费者的行为。每个人在心理倾向和心理特征方面各不相同，这种个性的差别导致购买行为的不同。实践证明，消费者的个性类型和消费者对产品和品牌的选择有很大的相关性。例如，“外向”型的消费者爱表现自己，喜欢参加社交活动，求新心理较强，往往是新产品的首批购买者；而“内向”型的消费者社交活动少，求新心理不强，不愿表现自己，一般喜欢购买大众化的产品。如在选择服装方面，性格外向的人喜欢色彩明亮、款式新颖的服装，性格内向的人喜欢简洁、色彩深沉的服装。性格外向的人活泼多言，容易受推销人员、广告等外界因素影响，性格内向的人沉默寡言，在购物时往往犹豫不决。

2. 生活方式

生活方式是一个内容相当广泛的概念，它包括人们的衣、食、住、行、劳动工作、休息娱乐、社会交往、待人接物等物质生活和精神生活的价值观、道德观、审美观以及与这些方式相关的方面。简而言之，生活方式就是人们如何生活。家庭生活方式部分由家庭成员的个人生活方式所决定，反过来，个人生活方式也受家庭生活方式的影响。生活方式类型不同，人们对商品的价值观、消费重点也有所区别。如“娱乐型”人，生活丰富多彩，紧跟时尚；“生活型”人，购物以满足家庭舒适生活为主。

（四）自我观念

自我观念即自我概念，也称自我形象，是指个人的能力、气质、性格等个性特征的感知、态度和自我评价。它包括三个方面：一是认知，是对自己的品质、能力、外表、社会意义等方面的认识；二是情感，包括自尊、自爱和自卑等；三是评价意识，是指自我评价。自我概念可分为现实的我、理想的我、动力的我和幻想的我。

自我观念作为影响个人行为的深层个性因素存在于消费者的心理活动中，并对其购买行为产生深刻的影响作用。一般认为，消费者会选择那些与其自我概念一致的产品与服务，避免选择与其自我概念相抵触的产品和服务。因此，消费者在选购商品时，不仅仅以质量优劣、价格高低、实用性能强弱为依据，而且把商品品牌特性是否符合自我概念作为重要的选择标准，即判断商品是否有助于“使我成为我想象或期望的人”，以及“我希望他人如何看待我”。如果能够从商品中找到与自我印象或评价一致（相似）之处，消费者就会倾向于购买该商品。

五、影响消费者行为的心理因素

消费者心理是指消费者在满足需要活动中的思想意识。它影响和支配着消费者的购买行为。影响消费者心理活动过程的主要因素有动机、知觉、学习、信念和态度。

（一）动机

心理学认为人的行为是由动机支配的，而动机是由需要引起的。所谓需要，是指客观刺激物通过人体感官作用于人的大脑而引起的某种缺乏状态。当这种状态达到一定程度时，便产生需要，而需要又引起动机，后者又是引起人的行为、支配人的行为的直接原因和动力。其中，有些需要是由生理上的紧张状态而引起的，如饥饿、口渴、某种不舒服等；而有的需要是由心理上的紧张状态引起的，如希望得到他人重视、尊重等。当人们产生的某种需要未能得到满足时，人体内便出现某种紧张状态，形成一种内在动力，促使人采取满足需要的行动，这就是心理学上所说的动机。

1. 动机类型

从商业的角度思考，人们的购买动机可分为生理动机和心理动机两大类。

（1）生理动机。生理动机又称本能动机、原始动机，是指由人们因生理需要而产生的购买动机，包括维持生命动机、保护生命动机、延续和发展生命的动机。生理动机是最根本的，也是最低层次的。一般来说，生理动机具有经常性、习惯性和稳定性的特点。

（2）心理动机。它是指人们由于心理需要而产生的购买动机。心理动机较生理动机更为复杂。当社会经济发展到一定水平时，心理动机通常在消费者行为中占重要地位。根据对人们心理活动的认识，以及对情感、意志等心理活动过程的研究，可将心理动机归纳为以下三类：

① 情感动机。它是指由于个人的情绪和情感心理方面的因素而引起的购买动机，如人们因爱美而购买化妆品，为友谊而购买礼品等。根据情感不同的侧重点，可以将其分为三种消费心理倾向：求新、求美、求荣。

② 理智动机。它是指建立在人的理性认识基础上，经过充分的分析比较后产生的购买动机。理智动机具有客观性、周密性和可控性的特点。在购买过程中表现为注重商品质量、讲求实用、对价格和售后服务更加关心。可以将其分为三种消费心理倾向：求实、求廉、求安全。

③ 惠顾动机。它是指对特定的商品或特定的商店产生特殊的信任和偏好而形成的习惯重复光顾的购买动机。惠顾动机一般是由名牌、老店，以及服务周到、设备完善、品种齐全、地点适中等因素引起的。这种动机具有经常性和习惯性特点，表现为嗜好心理。

2. 动机理论

心理学家已经发展了许多有关人类动机的理论。其中最著名的是奥地利精神分析学家西格蒙德·弗洛伊德（Sigmund Freud）的无意识动机理论、美国心理学家马斯洛（MaSlow）的“需求层次”理论和美国行为科学家弗雷德里克·赫茨伯格（Fredrick Herzberg）的双因素理论。

（1）弗洛伊德的无意识动机理论。所谓意识，是人所特有的反映客观现实的高级形式，是人有目的的自觉反映。这种反映主要表现在认识活动上，即“意识到”的活动上。所谓无意识，一般是指不知不觉的、没有意识到的心理活动，不能用言语来表述。弗洛伊德提出人的心理能量的结构分为无意识、潜意识和意识三部分，并提出了著名的“冰山理论”用以解释三者之间的关系。弗洛伊德认为，形成人的行为的真正因素大多是无意识的。他相信随着人类的成长，许多欲望遭到了压制。然而这些欲望既无法消除，也无法百分之百地被控制，他们会出现在梦里，无意的话语中，意念活动中，或最终反映在心理上。因此，弗洛伊德认为一个人不可能真正了解其受激励的真正动机。

（2）马斯洛的需求层次论。1954年马斯洛在发表的《动机与个性》著作中提出了“需求层次论”。马斯洛将个人需求分为生理需求、安全需求、社会需求、尊重需求和自我实现需求五个层次。其中，生理需求是指人们为了生存所必需的最低限度的需求，它涉及最基本的生活资料的满足，如衣、食、住、行等方面的需求；安全需求指确保人身安全与健康、财产安全和防备失业的需求，如保险、医疗等的需求；社会需求指人们为了获得友谊和受到重视而参加工会、政党等社会团体的需求；尊重需求指人们期望获得承认、具有地位，进而得到他人尊重的需求；自我实现需求指人们欲成就事业、实现理想的需求，这是人类需求的最高层次。马斯洛认为，需求是从低级到高级发展的，人们只有在低一级需求得到相对满足时，才会引起对高一级的需求。例如，人们在未解决温饱之前，不会去购买高档的耐用消费品。马斯洛认为未满足的需求是购买者购买动机与行为的源泉。当一种需求获得满足以后，它就失去了对行为的刺激作用。

（3）赫茨伯格的双因素理论。双因素理论又称激励-保健理论，该理论认为引起人们工作动机的因素主要有两个：一是保健因素，二是激励因素。只有激励因素才能够给人们带来满意感，而保健因素只能消除人们的不满，不会带来满意感。保健因素包括公司政策和管理、技术监督、薪水、工作条件以及人际关系等，这些因素涉及工作的消极因素，与工作的氛围和环境有关。保健因素的满足对职工产生的效果类似于卫生保健对身体健康所起的作用，它不能直接提高健康水平，但有预防疾病的效果。当保健因素恶化到人们认为可以接受的水平以下时，就会产生对工作的不满意。但是，当人们认为这些因素很好时，它只是消除了不满意，并不会导致积极的态度。激励因素包括工作本身、认可、成就和责任等，这些因素能满足个人自我实现需要的因素，以及成长和发展的机会。如果这些因素具备了，就能对人们产生更大的激励。

【小案例】

鞋厂开拓岛国市场

某鞋厂销售经理让两位(甲、乙)推销员去开拓一个岛国市场，其中一位到了岛国以后，看见当地的人们都没穿鞋，他想，看来这里的人们都不需要鞋，于是就回去了，告诉经理岛国没有市场。

另外一位推销员，看到当地的人们没有穿鞋，他想这太好了，这里有很大的市场。之后，他就引导人们要穿鞋，给人们讲穿鞋的好处：穿着鞋不会扎破脚、穿着鞋跑得快、穿着鞋不会得脚病等。当地居民不信，他就和居民进行赛跑，结果推销员赢了，他告诉人们，他之所以跑得快是因为他穿了鞋。他让人们试一试，人们一穿还真如他所说，于是人们就互相转告，争着买他的鞋子。他回去告诉经理，岛国市场很大。

营销启示：同样的市场，同样的顾客，会有不同的结果，为什么？这是因为第二个推销员懂得引导消费者的需求，诱发他们的购买动机。人的需求并不是与生俱来的，大多数都是后天学习得来的。虽然岛上的居民祖辈都不穿鞋，要改变他们的习惯很困难，但是只要你能抓住穿鞋带给他们的好处，让他们亲自尝试，他们感受到确实好的时候，你就成功了。事实上，推销员说服居民的过程，就是他们学习的过程。

（二）知觉

消费者的需要引起购买动机，动机导致行为，而消费者行为又要受到认识过程的影响。所谓知觉，就是个人搜集、选择、组织并解释信息的过程。人们常常根据实践活动的需要和心理倾向主动地收集信息，辨认物体及其属性。每个人都会通过看、听、嗅、触、味这五大知觉功能来接受外界信息。由于不同消费者对同一商品(或商店)的印象可能有很大差别，因而所形成的知觉也有很大差异。例如，甲乙二人同时进入某—商店购买同一种商品，甲的印象很好，乙则认为不好。人们对同一刺激物会产生不同的知觉，原因在于知觉具有选择性。

知觉的选择性是人对同时作用于感觉器官的各种刺激有选择地做出反应的倾向。它使人的注意力倾向少数重要的刺激或刺激的重要方面，从而能更有效地认识外界事物。知觉的选择性包括选择性注意、选择性曲解和选择性记忆。

1. 选择性注意

人们会忘记他们所知道的许多信息，只会记住那些能够支持其态度和信念的信息。选择性注意是人在注意时，从当前环境中的许多刺激对象或活动中选择一种或几种刺激，使自己产生高度的兴奋、感知和清晰的意识。引起选择性注意的原因有两种：一是客观因素，如刺激强度大、新奇、对比鲜明、反复出现、不断变化等。例如，降价50%比降价5%的广告更会引起人们的注意；二是主观因素，如需要、动机、精神状态、知识经验、任务、世界观、价值观等。例如，正准备购买电视机的人就对电视机的广告特别注意，而对冰箱等其他家用电器的广告视而不见。

2. 选择性曲解

人们面对客观事物，不一定都能正确认识、如实反映，往往是按照自己的偏见或先入为主来曲解客观事物，即人们有一种将外界输入的信息与头脑中原有信念系统的信息相结合的倾向。选择性曲解是指人们有选择地将某些信息加以歪曲，使其符合自己的想象。由于选择性曲解的作用，人们容易忽视自己喜爱的品牌的缺点和其他品牌的优点。

3. 选择性记忆

人们对所了解到的东西，不可能统统记住，而是主要记住那些符合自己信念的东西。选择性记忆是指人们由于观点、兴趣、生活经验的不同，对所经历过的事物有选择地识记、保持、再现或再认。例如，只记住自己所喜欢的品牌的优点，每次需要再购买时，就想起了这个品牌而不管其他。

上述三种心理过程告诉我们，市场营销者只有以多次重复的、有吸引力的强刺激，加深消费者的直观印象，才能突破其牢固的知觉壁垒。

（三）学习

学习亦称“后天经验”，是指由于后天经验引起的个人知识、结构和行为的改变，即消费者在购买和使用商品的实践中，逐步获得和积累的经验，并根据经验调整自己购买行为的过程。人类的行为有些是本能的、与生俱来的，但大多数行为(包括消费行为)是从“后天经验”中得来的，即通过学习、实践得来的。

在后天经验理论中，应用比较普遍的是“刺激-反应(S-R)”模式。这种理论认为，人的学习过程，人们对事物的熟悉就是通过驱策力（某种需要）、刺激物（能满足需要的产品或服务）、提示物（一种更具体的刺激物）、反应（需要得到满足的感觉）和强化（加深印象）这一系列过程而形成的。“驱策力”是诱发人们行动的内在刺激力量。例如，某消费者重视身份地位，尊重需要就是一种驱策力。这种驱策力被引向某种刺激物——高档名牌香烟时，驱策力就变为动机。在动机支配下，消费者需要做出购买高档名牌香烟的反应。但购买行为的发生往往取决于周围的“提示物”的刺激，如看了有关电视广告、商品陈列，就会完成购买。如果用得很满意，消费者对这一商品的反应就会加强，以后如果再遇到相同诱因时，就会产生相同的反应，即采取购买行为。如反应被反复强化，久而久之，就成为购买习惯了，这就是消费者的学习过程。

（四）信念和态度

消费者通过购买行为和熟悉过程，形成了一定的信念和态度，从而影响人们的行为，包括消费者行为。这里的信念是指人们对事物的认识，而态度是指一个人对事物喜欢与否的评价、情感上的感受和行动倾向。不同的信念可导致人们不同的态度，不同的倾向，如消费者对名牌商品争相选购，而对不熟悉的新产品则犹豫观望，疑虑重重，很难做出决定。消费者一旦树立起对产品的信念和态度，是很难改变的，具有相对的稳定性。

消费者的态度一般有三个主要来源：一是与商品直接接触；二是受他人直接或间接的影响；三是家庭教育与本人经历。消费者态度包括信念、情感和意向，它们对购买行为都有各自的影响作用。信念强调的是，在实际生活中，消费者不是根据知识，而常常是根据见解和信任作为他们购买的依据；情感是消费者对产品或服务情绪上的反应，它是消费者对品牌的评估，是决定消费者购买行为的因素，如对商品或广告喜欢还是厌恶；意向是指消费者是否有购买某种商品的行为倾向。消费者态度最终落实在购买的意向上。

【小案例】

糖果的“信念”

在各种有关过于肥胖和蛀牙危险的宣传攻势下，人们开始躲避甚至拒绝任何甜食，这对糖果生产厂商是一个致命的打击。

某糖果生产企业委托一家机构帮助解决困境，专家们为其设计制定了一个计划。首先采取的一项措施是，把糖果体积减小一半，突出强调大糖果盒里的小糖块。接着又采取另一种策略：那就是奖励自己。这种策略的理念是，孩子们因“表现好”就可以得到糖果作为奖励。因此，从很小的年龄开始，糖果作为一种奖励象征铭刻在孩子们的心灵中。最后再运用电视广告的宣传，不断把此类信息传递给消费者。他们启用一位身材苗条的芭蕾舞演员，广告中她在翩翩起舞时伸手去拿一块小糖果，并且说：“保持体型优美多么不易，这也是我喜欢这‘小小糖块’的原因。神奇的小糖块使我在后台迅速恢复体力，又不致有‘腹满为患’的感觉。”

营销启示：信念会形成品牌形象，会影响消费者的购买选择，因此，生产者应关注消费者对产品或服务所持有的信念，培养消费者对企业的情感，使消费者的态度朝着企业所预期的方向去发展。

第四节　消费者购买决策过程分析

消费者购买决策是指消费者谨慎地评价某一产品、品牌或服务的属性并进行选择、购买能满足某一特定需要的产品的过程。

广义的消费者购买决策是指消费者为了满足某种需求，在一定的购买动机的支配下，在可供选择的两个或者两个以上的购买方案中，经过分析、评价、选择并且实施最佳的购买方案，以及购后评价的活动过程。它是一个系统的决策活动过程，包括需求的确定、购买动机的形成、购买方案的抉择和实施、购后评价等环节。

对企业来说，如果能够掌握消费者购买决策的影响因素和影响机理，还能够掌握消费者的购买决策过程，那么就可以有的放矢地制定营销策略以影响消费者向着对企业有利的方向进行购买决策。消费者购买决策过程一般由五个阶段构成，如图 4-1 所示。

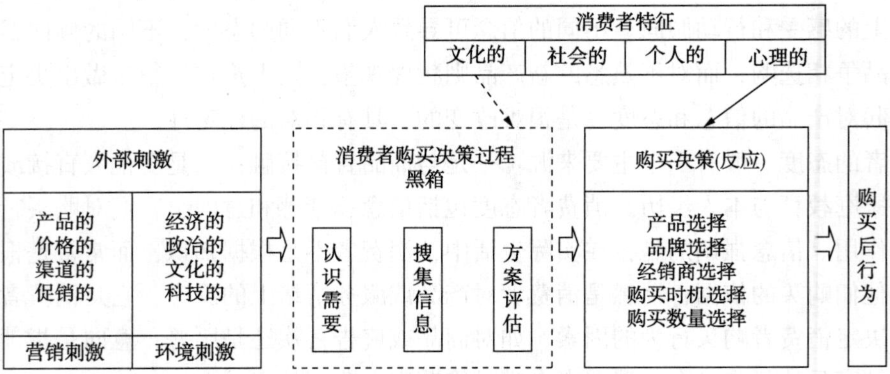

图 4-1　消费者购买决策过程图

这个购买过程模式适用于分析复杂的购买行为。因为复杂的购买行为是最完整、最有代表性的购买类型，其他几种购买类型是越过其中某些阶段后形成的，是复杂购买行为的简化形式。该购买模式表明，消费者的购买过程早在实际购买前就已开始，并延伸到实际购买之后，这就要求营销人员应注意购买过程的各个阶段而不仅仅是注意销售。

(一) 认识需要

认识需要指消费者确认自己的需要是什么。需要是购买活动的起点，升高到一定阈限时就变成一种驱力，驱使人们采取行动去予以满足。需要可由内在刺激或外在刺激唤起。内在刺激是人体内的驱使力，如饥、渴、冷等。人们由从前的经验学会如何应付这种驱使力，并受到激励去寻找能满足这种驱使力的物品，如食品、饮料和服装等。外在刺激是外界的“触发诱因”，食物的香味，衣服的款式等都可以成为触发诱因，形成刺激，导致对某种需要的确认。但是需要被唤起后可能逐步增强，最终驱使人们采取购买行动，也可能逐步减弱以至消失。

营销人员在这个阶段的任务是：

(1) 了解与本企业产品有关的现实的和潜在的需要。在价格和质量等因素既定的条件下，一种产品如果能够满足消费者多种需要或多层次需要，那么它就能吸引更多人来购买。

(2) 了解消费者需要随时间推移以及外界刺激强弱而波动的规律性，设计诱因，增强刺激，唤起需要，最终促使人们采取购买行动。

【小案例】

街道上的菜香

刘先生因繁华路段租金昂贵，只在较偏僻的地方开了一家中餐馆。刚开始生意很清淡，分析原因后，他认为是大街上的行人不知道相距大街道 20 米远的小街道中有家中餐馆，市容管理部门又不允许打太显眼的路牌广告。刘先生决定用小型鼓风机通过管道把炒菜的香气往大街上吹，每天一到中午 11：00 或下午 6：00，大街上弥漫着淡淡的菜香，许多路人寻着香气找来，从此餐馆生意兴隆。

营销启示：充分了解消费者的需求规律，能有效唤起需要，并最终刺激消费者产生购买行为。

（二）搜集信息

（1）了解消费者信息来源。①经验来源：指直接使用产品得到的信息；②个人来源：指家庭成员、朋友、邻居、同事和其他熟人所提供的信息；③公共来源：指社会公众传播的信息，如消费者权益组织、政府部门、新闻媒介、消费者和大众传播的信息等；④商业来源：指营销企业提供的信息，如广告、推销员介绍、商品包装的说明、商品展销会等。

（2）了解不同信息来源对消费者的影响程度。一般来说，消费者由商业来源获得的信息最多，其次为公共来源和个人来源，最后是经验来源。但是从消费者对信息的信任程度看，经验来源和个人来源信任度最高，其次是公共来源，最后是商业来源。研究认为，商业来源的信息在影响消费者购买决定时只起告知作用，而个人来源则起评价作用。

（3）设计信息传播策略。除利用商业来源传播信息外，还要设法利用和刺激公共来源、个人来源和经验来源，也可多种渠道同时使用，以加强信息的影响力或有效性。

（三）方案评估

消费者在获得全面的信息后就会根据这些信息和一定的评价方法对同类产品的不同品牌加以评价并决定选择。一般而言，消费者的评价行为涉及以下四个个方面：

（1）产品属性。它指产品所具有的能够满足消费者需要的特性。产品在消费者心中表现为一系列基本属性的集合。例如，下列产品应具备的属性是：①冰箱：制冷效率高，耗电少，噪音低，经久耐用；②电脑：信息储存量大，运行速度快，图像清晰，软件适用性强；③药品：迅速消除病痛，安全可靠，无副作用，价格低；④酒店：洁净，舒适，用品齐全，服务周到，交通方便，收费合理。

在价格不变的条件下，一个产品属性越多越能吸引顾客购买，但是会增加企业的成本。

（2）品牌信念。它指消费者对某品牌优劣程度的总的看法。

（3）效用要求。它指消费者对该品牌每一属性的效用功能应当达到何种水准的要求。或者说，该品牌每一属性的效用功能必须达到何种水准消费者才会接受。

（4）评价模式。明确了上述三个问题以后，消费者会有意或无意地运用一些评价方法对不同的品牌进行评价和选择。比如，某人打算购买电视机，收集了 A、B、C……I 9 种品牌的资料，他要求价格不超过 3000 元，则 A、C、E 3 种超过此价的品牌被淘汰；他要求画面清晰度要超过 9 分(按主观标准打分)，B、D、P、G 4 种未达到 9 分的品牌被淘汰，还剩下 2 种品牌可供选择。

（四）购买决策

消费者经过产品评估后会形成一种购买意向，但是不一定导致实际购买，从购买意向到实际购买还有一些因素介入其间。

（1）他人态度。比如，某人决定购买A品牌摩托车，但是家人不同意，他的购买意向就会降低。他人态度的影响力取决于三个因素：①他人否定态度的强度。否定态度越强烈，影响力越大。②他人与消费者的关系。关系越密切，影响力越大。③他人的权威性。他人对此类产品的专业水准越高，则影响力越大。

（2）意外因素。消费者购买意向是以一些预期条件为基础形成的，如预期收入、预期价格、预期质量、预期服务等，如果这些预期条件受到一些意外因素的影响而发生变化，购买意向就可能改变。比如，预期的奖金收入没有得到，原定的商品价格突然提高，购买时销售人员态度恶劣等都有可能导致顾客购买意向的改变。

（五）购后行为

购后行为包括以下两个方面：

（1）购后评价。消费者购买商品以后会通过商品的使用过程来检验自己购买决策的正确性，确认满意程度，作为以后类似购买活动的参考。

企业应当采取有效措施减少或消除消费者的购后失调感。比如，有的电脑销售部门在产品售出以后，请顾客留下姓名、地址、电话等，定期与顾客联系，寄贺信，祝贺他们购买了一台理想电脑，通报本企业电脑的质量、服务和获奖情况，提供适用软件，指导顾客正确使用产品，征询改进意见等。还建立良好的沟通渠道处理消费者意见并迅速赔偿消费者所遭受的不公平损失。事实证明，与消费者进行良好的购后沟通可减少退货和取消订货的情况，如果让消费者的不满发展到向有关部门投诉或抵制产品的程度，企业将遭受更大的损失。

（2）购后使用和处置。消费者购买以后如何使用和处置该产品也应引起营销者注意。如果消费者经常使用甚至为产品找到新用途，则对企业有利。如果消费者将产品闲置不用甚至丢弃，则说明产品无用或不能令人满意。如果消费者把产品转卖他人或用于交换其他物品，将会影响企业产品的销售量。

【课后练习】

一、简答题

1. 简述消费者市场的概念与特征。
2. 消费者购买行为类型有哪些？
3. 影响消费者购买行为的因素有哪些？
4. 影响消费者行为的文化因素有哪些？
5. 简述消费者购买决策过程。

二、案例分析

王先生的银婚游前奏

王先生和王太太结婚整整25年了，孩子已经工作了。两个人在过去的25年里，不是忙工作，就是忙孩子，忙忙碌碌的就过来了。今年终于有空闲的时间，两口子商量着庆祝庆祝。怎么庆祝呢？王先生提议出去旅行。

可是，两口子这么多年都没出去旅行了，最近的一次旅行还是孩子刚高考完，为了庆祝孩子高考成绩不错，带孩子去了离天津仅有3个小时行程的北戴河。所以，王先生夫妇对旅行知识的了解实在是有限，对那些名山大川的知识也只停留在电视、杂志上。怎么办呢？那就问呗！这么重要的旅行当然不能马虎了。

首先他们打算向各自单位的同事、朋友征询意见。王先生到单位一说自己要去旅行，而且意义不凡，同事们都围过来七嘴八舌的提建议：

“去桂林吧，桂林山水甲天下，而且你们夫妻俩坐在船上，荡漾在桂林山水间，多浪漫啊！”这是小梅的建议，小梅是个刚毕业的大学生。

“去敦煌吧，那个地方可是我向往已久的，那里体现了中国的5000年文化，还可以漫步在古丝绸之路，唉，不知多来劲呢！”这位啊，可不得了，是单位有名的行者。

“别听他们年轻人的，去苏杭好了，看看苏州园林、逛逛西湖，又不累，又惬意。我看你们就去那儿好了。”这是一个和王先生同龄的刘先生。

“对啊，”此时，一旁的李太太跳起来，“我先生去过的，他说附近还有什么乌镇、铜庐这样的古镇，很有韵味的。”

“我看干脆就双飞海南三亚，多潇洒，在海滩晒晒太阳。”此时，边上的年轻人忍不住了。

……

真是，你一言我一语，可把王先生说蒙了。这七八张嘴说了半小时，把全中国都快说遍了。回到家，一问妻子，才知道妻子也遭遇了同样的轰炸。

怎么办呢？夫妻俩正犯愁呢，女儿小倩回来了，只好把这烦恼道给小倩听。小倩一听乐了，“爸、妈怎么不早问我啊？我帮你们到网上找啊，网络上有很多旅游网站，有很多的介绍，可以帮你们选择。”啊，这下夫妻俩豁然开朗，连忙让小倩上网搜索。小倩上了几个旅游网，还在百度上搜索4月最合适的旅游去处，而且体贴的女儿还不断地和他们讨论这次旅行的天数、经费预算等问题，再考虑到他们的身体状况，将旅行的范围大大缩小了。夫妻俩看着网站上精美的图片，虽然他们还不能完全相信这些信息，但是对自己的旅行终于理出了一点头绪。

这时，电视里正在播报新闻，新闻中的三个字蹦入全家人的耳朵：旅游热。仔细一听，原来新闻主播正在播报这段时间出国旅游的热潮，像“新马泰”、巴厘岛、曼谷等一些东南亚地区的旅游热潮兴起，而且在费用上也不比国内高多少。王先生此时有点动心，心想：活了大半辈子了，妻子跟自己这么多年无怨无悔的，要不这次就好好地玩一次，出去看看。他偷偷地看了妻子一眼，发现妻子也是一脸向往的样子。小倩呢，早看透了父母的心事，早已在网上搜起境外游的一些信息。经过几个小时的网上遨游，全家人终于确定了三个方案：三亚、桂林、“新马泰”。

确定了这三个地方，可最终去哪里呢？还是小倩有经验，建议他们第二天去旅行社咨询一下。夫妻俩为了有充裕的时间做咨询，周末结伴去了离家半小时路程的鼓楼，听说那里有很多家旅行社聚集。下了车，果然看到一条街都是旅行社，可是究竟进哪一家呢，夫妻俩又犯难了。突然王太太想起自己的一位朋友曾经接触过这里的旅行社，连忙打电话咨询。朋友向他们推荐的是街角那家神州旅行社，说价格公道，服务也可以。朋友还叮咛他们不要去那家春秋旅行社，听说那里的报价高，而且经常承诺的事情做不到，比如说好了是三星级宾馆，他们会找二星级糊弄；说好是十菜一汤一桌的餐饮，他们总是偷工减料变成九菜一汤。在朋友的千叮咛万嘱咐下，王先生夫妻俩决定先去看看神州旅行社。

神州旅行社的接待员热情地接待了夫妻俩，根据夫妻俩的旅游时间、天数，为每个目的地又推荐了不同级别的食宿方案，并且热情地推荐了境外游的线路。夫妻俩得到了不少关于目的地的宣传资料和旅行常识资料。

当然，习惯了货比三家的夫妻俩决定再寻找其他旅行社进行比较。于是两人从神州旅行社出来，顺着路往前溜达，不经意间看到一家“金龙旅行社”，王先生总觉得这个名字似曾相识，心想反正也不知道哪家好，就找这家吧，名字熟。于是拉上老伴进了这家旅行社。

就这样跑了一天，王先生夫妻俩走了四家旅行社，拿到了四家旅行社的报价单和宣传资料，美美地回家了，准备和小倩一起商讨最终的方案。

思考题：

1. 你觉得王先生夫妇俩搜集信息的过程可以分为几个阶段？每个阶段的信息来源都是哪里？哪些来源对他们的影响最大？

2. 你觉得有哪些因素影响着夫妻俩搜集信息的行为？有什么方法可以帮助夫妻俩更加快捷地做出选择？

第五章 组织市场分析

知识目标

掌握对生产者市场购买行为的分析；了解中间商市场购买行为的分析；了解非营利组织市场及政府市场的购买特点。

能力目标

了解产业市场、中间商市场及政府、非营利组织市场购买行为的特点；掌握购买者行为模式及其影响因素；明确购买者决策过程各阶段的特点，探讨相应的营销对策。

素养目标

具备服务意识和团队精神。

关键术语

组织市场、生产者市场、中间商市场、非营利组织、政府市场。

导入案例

赛门铁克公司的开发计划

网络安全提供商赛门铁克公司已经从简单地为个人提供软件发展到为企业提供安全问题的解决方案，包括金融服务业、健康医疗和公共事业，甚至包括美国国防部。

为了进入这些新市场，赛门铁克公司在2003年推出一项新的开发计划，13名公司的主管人员加入了这个项目，他们分别和来自银行、通信和制造行业的19个企业的副总裁或首席执行官一起工作。这个计划的目标就是更好地理解公司的用户以及他们的商业关系。迄今为止，这个计划已经使得赛门铁克公司被认为是一个有价值的合作伙伴，并且使得公司的行政人员深刻了解到什么样的产品才能满足客户的需要。

营销启示：以生产者市场为服务目标的企业，必须深入研究这些市场的特点，并分析其购买需求和购买行为，才能取得营销成功。

各种组织不仅向消费者出售产品，提供服务，同时，他们还要买进大量的原材料、制造件、工厂与设备、供应品和业务用的服务，这就形成了组织市场。由于其主体的性质和购买的目的与消费者市场有很大的不同，所以对其购买行为有必要进行特定的分析和研究。

第一节　组织市场概述

组织市场指工商企业为从事生产、销售等业务活动以及政府部门和非营利组织为履行职责而购买产品和服务所构成的市场。组织市场包括产业市场、中间商市场、非营利组织市场和政府市场。

一、产业市场的概念和特点

产业市场又称生产者市场、生产资料市场或工业品市场，是指购买产品或服务用于制造其他产品或服务，然后销售或租赁给他人以获取利润的单位和个人。生产者市场是一个庞大的市场，其购买者分布在各个行业中，包括农业、林业、渔业、牧业、采矿业、制造业、建筑业、运输业、通讯业、银行业、保险业以及其他一些行业。生产者市场的交易内容主要为生产资料和各项生产要素(资金、劳动力、技术、信息、房地产等)，它们构成生产者市场的两个细分市场。产业市场具有以下特征：

1. 购买者较少，购买金额大

在产业市场上，购买者属非最终消费者，其购买生产资料的目的是为了进行再生产，生产出其他产品供中间商转售或直接销售给最终用户。因此，产业市场具有的购买者较少，而单个购买者的购买金额却较大的特点。因此，大宗产品的购买者对供应者来说非常重要，供应者应掌握重点用户的规模、购买量、购买规律及地理分布等。同他们保持直接的紧密的联系，以稳定购销关系。

2. 购买者地理分布相对集中

由于自然资源的分布和生产力布局等因素所决定，某些行业往往密布于一定地理位置上，从而使这些行业的生产资料购买者在地理位置上也相对集中。所以，生产资料供应者在选择目标市场时，应注意其用户主要集中在什么地区，以便把产品打入用户较多的地区。

3. 产业市场的需求属派生需求

产业市场是非最终消费者市场，这种市场的需求是引申出来的需求，即购买者对生产资料的需求是从消费者对消费品的需求中派生出来的。例如，产业市场对木材的需求是从消费者对家具、住房等需求中引申出来的。从这个意义上来说，影响消费者市场的各种因素，同样也制约着生产资料市场的规模和发展。生产者市场派生需求的特点要求，供应者不仅要了解生产者市场的需求水平、竞争态势及用户的特点，也要了解消费者市场的需求态势及自身所服务对象的需求特点。此外，供应者也可以通过对最终消费者进行促销以带动自己产品的销售。

4. 产业市场需求缺乏价格弹性

生产者对生产资料的需求受价格影响较小，属于缺乏价格弹性的需求。这是因为：①生产资料是生产的必备要素，为保证生产过程的连续性，生产者必须按计划购买生产资料，在一般情况下，其需求量受价格波动因素影响较小。②假如生产资料价格在短时期内变动，用户不可能立刻对生产工艺、技术、产品结构进行调整以适应价格变化，这也使得需求缺乏弹性。③由于生产者市场需求是派生的，因此，只要最终消费者需求量不变，则生产该产品所需的生产资料价格即使上涨，也不会导致需求量迅速下降。同理，如果生产资料价格下降，而最终消费者对产品的需求并未上升。购买者对生产资料的需求量也不会增加。

5. 产业市场波动性较大

产业市场需求的派生性使得对消费品需求一定比例的增长，会引起更高比例的对生产资料需求的增长，反之亦然。西方经济学称这种现象为“加速原理”。而消费者市场的需求是经常变化的，从而使生产者市场的需求具有较大的波动性。

6. 产业市场的购买者多属专业人员

产业市场的购买者多为专业人员，采购的生产资料重要性越大，参与决策的人员就越多，通常会由工程技术专家和高层管理人员共同组成采购小组，负责制订采购决策。而负责实际采购人员一般都经过专业培训，对所采购产品的技术细节有充分了解。因此，在生产者市场上更强调人员推销的重要性，而且要求销售人员精通专业知识，具有较高的业务水平。

7. 直接采购、互购和租赁是主要的采购方式

由于生产资料购买数量多，体积较大，对产品的使用又要求有专业技术知识，所以生产资料的流通一般是采用直接渠道，由购买者直接向生产者采购。互购也是一种常见的形式。购买者和供应者之间经常相互提供产品，如造纸厂需要化工原料，而化工厂也需要一些纸制包装物，双方就可以建立稳定的购销关系，并相互提供优惠条件，实行“互惠交易”。租赁是生产者市场上的另一重要交易方式。购买者采用租赁方式取得一定时期内设备的使用权，既可以缓和资金短缺压力，在不追加大量投资的情况下实现设备技术更新，也可以避免设备折旧的风险。而出租者通过出租设备取得收益，提高其利用率，降低其无形损耗，双方各有收益。

二、中间商市场的概念和特点

中间商市场又称转卖者市场，它是由以营利为目的、购进商品再转卖或出租给别人的所有组织和个人组成的市场。中间商有两种基本类型：批发商与零售商。批发商是指购买商品后转卖给其他商人、工业用户及其他机关团体的商业组织，零售商是指购进商品销售给最终消费者的商业组织。

在地理分布上，中间商市场相比生产者市场较为分散，但比消费者市场集中。同时，除少数产品由生产者直接卖给最终消费者外，绝大多数商品都通过中间商卖给最终消费者。中间商市场具有以下特征：

1. 派生需求与原生需求的一致性

中间商市场的需求也是派生的，受最终消费者的影响，需求波动不一。但是，中间商购买是为了直接转卖，中间商的需求更为直接地反映消费者的需求，即消费者需要什么，中间商就购买什么、经营什么。因此，在中间商市场，衍生需求和原生需求是一致的、统一的；而在生产者市场上，购买是为了生产产品或提供服务来满足消费者需求，派生需求和原生需求是分离的、相互区别的。

2. 中间商对购买价格更为重视

中间商购买属批量购买，购买目的是转手买卖，贱买贵卖，以“好卖”作为主要的购买决策标准。虽然中间商关心商品的质量与款式，但他们对购买价格更敏感。中间商市场的需求受价格因素影响极大，购买价格的高低往往直接影响最终消费者的购买量，从而影响中间商的购买量。因此，营销人员应视其购买或销售的业绩给予恰当的回报。

3. 中间商对交货时间特别重视

由于中间商本身是“转手买卖”，这就决定他们对选购时间要求十分苛刻，对市场变化反应更加灵敏。中间商市场的需求应该与原生需求的时间保持某种一致性(不一定完全同步)，以抓住市场机会，满足消费者购买的需要。因此，中间商一旦发出订单，就要求尽快到货，以避免库存积压和失去时效。

4. 中间商需要供应商提供配合和协助

由于中间商往往财力有限而且不只是销售个别厂家的产品，无力对所有产品进行推广，因此常常需要生产厂家协助其做产品推广，帮助其销售。另外，中间商一般自己不制造产品，对产品技术不擅长，通常需要供应商协助其为最终消费者提供技术服务、产品维修服务和退货服务。技术复杂、知识含量大的产品需要供应商提供培训专业推销员的服务。

5. 购买者地区分布的规律性强

中间商在整体市场中的分布状态较生产者分散，但比最终消费者集中。值得注意的是，中间商及其类型的地域分布很有规律，而中间商彼此之间又构成竞争关系。因此，供应商寻找中间商是比较容易的，营销人员应注意中间商经营商品的搭配程度。

三、非营利组织与政府市场的概念和特点

非营利组织市场指为了维持正常运作和履行职能，而购买产品和服务的各类非营利组织所构成的市场，主要由学校、医院、疗养院、社会团体和其他机构组成。

政府市场是指那些为执行政府的主要职能而采购或租用商品的各级政府单位，包括各级政府和下属各部门，保障国家公共安全、社会稳定的军队、公检法等机构为执行政府职能而采购或租用产品所构成的市场。政府市场是一个庞大的市场。政府与非营利组织市场的特点有以下几点。

1. 非营利性

政府和非营利组织的采购行为都不是以营利为目的，而是为了维持正常的运作和履行相应的职能，这是其与产业市场和中间商市场最根本的区别。

2. 限定总额

政府与非营利组织的采购经费总额是既定的，不能随意突破。比如，政府采购经费的来源主要是财政拨款，拨款不增加，采购经费就不可能增加。社会机构的经费主要来源于社会、企业捐赠，以及少量的政府拨款，采购经费非常有限，因此，其采购的要求是产品质量不仅要能够满足最低标准，而且也要价格低廉。

3. 购买过程规范

由于采购决策要受到公众监督，也为了使有限的资金发挥更大的效用，政府与非营利组织采购人员受到较多的控制，因此它们经常要求供应商提供大量的书面材料，程序也较为复杂。

4. 国内采购优先

政府与非营利组织的采购往往倾向于照顾本国的公司。因此，许多跨国企业总是与东道国的供应商联合投标。

第二节 生产者市场及购买行为分析

一、影响生产者购买行为的因素

西方营销学家把影响生产者购买行为的因素划分为四大类：环境因素、组织因素、人际因素和个人因素。

（一）环境因素

环境因素是企业不可控因素。现行的或预期的经济环境因素（市场需求水平、经济前景、利率等）对生产资料购买者的影响很大。如在经济萧条时期，生产者通常会缩减投资，并设法降低存货水平，但在经济形势稳定情况下，若政府采取降低贷款利率政策，企业则会因资金成本的减少而考虑增加生产资料的购买量。同样，技术创新因素、政治法律因素、竞争因素也会对生产资料购买者的购买决策产生重要影响。

（二）组织因素

组织因素是指与购买者自身有关的因素，包括采购组织的经营目标、战略、政策、程序、组织结构和制度等。供应商的营销人员必须尽量了解这些问题：采购组织的经营目标和战略是什么；他们需要采购什么；他们采购的方式和程序是什么；有哪些人参与采购或对采购产生影响；他们评价采购的标准是什么；该组织对采购人员有哪些政策和限制等。

各组织的经营目标和战略的差异会使其对采购产品的款式、功效、质量和价格等因素的重视程度、衡量标准不同，从而导致他们的采购方案呈现差异化。组织采购包括：集中采购或分散采购，是否利用互联网采购等方式，供应商销售的模式应随之改变，销售人员队伍的组成结构也必须与之相对应。例如，采购组织若集中采购，供应商则必然会与人数较少但素质较高的采购人员打交道，这就意味着其可能要采用大客户销售队伍的销售模式。如果采购组织升格其采购部门，这意味着供应商必须相对应地升格其销售人员，以便与买方的采购人员相称。若采购组织建立了有效的采购激励制度，奖励那些工作突出的采购人员，将导致采购人员为争取最佳交易条件而给供应商增加压力。

（三）人际因素

人际因素泛指企业内部的人事关系。一般来说，生产者购买活动具体是由企业的采购中心具体执行的，采购中心的成员通常包括使用者、影响者、采购者、决定者和信息控制者。这些成员的地位不同、权力有异，说服力有区别，他们之间的关系亦有所不同，而且对生产资料的采购决定所起的作用也不同，因而在购买决定上呈现较纷繁复杂的人际关系。供应商的营销人员应尽量地了解购买中心的每个人在购买决策过程中所扮演的角色，以及他们的相互关系，充分地利用这些因素促成与采购组织的合作。

（四）个人因素

尽管生产者市场上的购买行为一般表现为有组织的购买行为，但我们不能忽略购买者的个人特点。实际上，组织购买归根到底要由个人做决定和采取行动。每个参与购买决策的人都有不同的动机、感觉和偏好。这些偏好往往又由参与者的年龄、受教育程度、职务、个性以及对风险的态度等因素决定。生产资料供应者对采购决策者的个人因素应予以充分重视，并同他们建立良好的关系，以利于业务开展。

二、生产者购买决策过程

（一）购买活动类型

生产者购买生产资料需要制订一系列的购买决策，而决策项目数量和复杂程度取决于其购买活动的类型。生产资料的购买活动可分为以下三种类型：

1. 直接重复购买型

直接重复购买是指用户根据常规的生产需要和过去的供销关系进行重复性采购，根据以往的业务关系，选择最令人满意的供应者，并与之按常规操作继续签订供销合同，基本上不需要制订新的决策。对于这种类型的购买活动，与采购企业已经建立业务关系的生产资料供应者应努力维持原有的产品质量和服务质量，为了拉住常客，这些供应者应提出自动续购的办法，定期订货，以便省却采购人员续订合同的时间。而对于一些尚未与采购企业建立业务关系的供应者来说，应设法向采购者提供一些质量更好、价格更廉的产品和更优质的服务，促使采购单位与其建立长期购销关系。在策略上，这些供应者可先设法同采购单位达成小额交易，取得他们的信任后，再逐步扩大交易额。

2. 修正重复购买型

修正重购是指用户出于各种原因，想变更采购品的规格、数量、价格或其他交易条件，或重新选择供应者。修正重复购买活动比直接重复购买要复杂得多，因为采购企业会有更多的人参与购买决策过程。已建立关系的供应者应特别重视，设法使原有用户继续购买本企业产品，而对竞争者而言，这是一次市场机会。

3. 新任务购买型

新任务购买即采购企业第一次购买某种生产资料的活动。所采购生产资料的购买成本越高，其风险性就越大，决策参与者就越多，需要寻找更多的信息作为决策依据。对于这种类型的采购活动，供应者应积极主动，广泛地接触决策参与者，并提供详尽的产品资料以帮助购买者作出采购决策，这是很好的市场机会，也是严峻的挑战。

（二）购买决策的参与者

组织中所有参与购买决策过程的个人和集体称为组织的采购中心，或者是决策单位。一个企业采购中心的规模和参加人员的多少，会因欲购产品种类的不同和企业自身规模的大小及企业组织结构不同而有所区别。如企业欲购买一台复印机和一部普通电话机，前者由于技术性强，价格较高，因而参与决策的人较多，而后者因其技术性和价格都没有什么特殊之处，属普通购买，因此其决策者可能就是采购者，参与决策的人员较少。在一些企业，采购中心的成员只有一人或几人，而另一些企业则由数人或数十人组成，有的企业还设有专管采购的副总裁。企业营销必须了解采购组织购买的具体参与者，尤其谁是主要的决策者，以便采取适当措施，打动有影响力的重要人物。采购中心的成员在购买决策过程中分别扮演着使用者、影响者、决策者、批准者、采购者和信息控制者等不同的角色。应当指出的是，在购买过程中，并非所有的角色都参与，如在一些次要的购买中参加的人会相对少些。

1. 使用者

使用者是指企业内部具体使用欲购买的某种产品或服务的成员。例如，公司要购买实验室用的仪器设备，其使用者是实验室的技术人员；要购买电脑，其使用者是办公室的秘书。使用者往往首先提出购买建议，并协助确定产品的品种、规格和数量。

2. 影响者

影响者是指从企业的内部和外部、直接或间接影响购买决策的人。他们通常协助企业的决策者决定购买产品的品牌、品种、规格和购买条件，提供相关的信息、建议和评价。在众多的影响者中，企业外部的咨询机构和企业内部的技术人员影响最大。

3. 决策者

决策者是指企业中有权决定和最后批准购买方案的人。在标准产品的例行采购中，采购者常常是决策者；而在较复杂的采购中，决策者往往是部门、项目的负责人或公司高层领导。

4. 批准者

批准者是指企业里有权决定购买产品和供应商的人。在简单的采购中，采购者就是决定者。而在复杂的采购中，决定者通常是公司的主管。

5. 采购者

采购者是指企业中具体执行采购决定的人。在较为复杂的采购工作中，采购者还包括企业的高层管理人员。

6. 信息控制者

信息控制者是指控制企业外界信息流向的人，诸如采购代理商、技术人员、秘书等，他们可以阻止供应者的推销人员与使用者和决定者见面。

（三）生产者购买决策过程

生产者购买决策过程一般包括八个阶段。由于购买活动类型不同，其所需要的购买阶段也不相同。下面将着重分析典型的新任务购买型的购买决策过程所经历的八个阶段的主要内容。

1. 认识需要

生产资料采购企业的购买过程起始于企业认识到某种需要的存在，并能通过购买某种产品或服务而得到满足。认识需要由企业的内部刺激或外部刺激引起。内部刺激来自：①企业投资生产新产品，需要新的生产资料；②更新设备需要；③原材料更新等。就外部刺激而言，各生产资料供应者的促销活动，使企业采购人员得到新的生产资料供应信息，从而产生购买的新设想。在此阶段，供应者的营销重点是采取各种有力的促销手段刺激生产资料购买者产生购买欲望，使其认识到需要的存在。

2. 阐明总体要求

当采购企业认识到需要后，就要着手决定所需产品的特征及其数量。产品安全性、耐用性、价格及其他必备属性，并按其重要性进行排列，以确定优先考虑的因素。在这一阶段生产资料供应者应提供详细的产品说明及相关资料，帮助采购人员了解产品特性和价值。

3. 确定产品规格

明确了总体要求后，采购企业就要决定所购生产资料的技术指标，并且对所需产品的规格、型号等做出进一步详细的技术说明，并形成书面材料，作为采购人员采购时的依据。

4. 寻找供应者

在这一阶段，采购企业通过各种途径寻找合适的供应者。如果采购产品复杂、金额较大，或购买活动属新任务购买，则采购人员对供应者会更下功夫寻找，同时也对供应者的生产能力、技术水平、供货保障、资信等方面进行调查。因此，生产资料供应者应力求将本企业列入工商企业通讯录，通过加强广告宣传扩大知名度，并努力建立良好的信誉。

5. 征求供应者建议

在这一阶段，采购企业将邀请符合采购标准的供应者提供有关建议(包括产品使用说明、价目表、质量标准等)。如果采购企业所需要的生产资料是复杂的和价值大的，就往往要求每个潜在供应者提供详细的书面建议。因此，生产资料经营者必须善于研究和提出建议。其建议不仅包括技术方面的，而且要包括市场营销方面的，并努力取得采购企业的信任，以压倒竞争对手。

6. 选择供应者

采购企业的决策参与者应对每个供应者的建议进行评价，在此基础上选择最终的供应者。采购企业对供应者评价的标准有：①交货及时性；②产品质量；③技术和生产能力；④价格；⑤信誉；⑥维修服务能力；⑦财务状况；⑧对顾客态度；⑨产品项目的完整性等。采购企业按上述标准评价供应者，并从中选择最具吸引力的供应者。但是，一般来说，企业不会仅依靠单一的供应者，通常会保持若干条供货渠道以避免单一供货渠道可能带来的不利影响，同时也有利于对不同供应者的供货条件进行比较。对供应者而言，要扩大其供应份额，则需向采购企业提供更为优良的产品或服务及其他优惠条件。

7. 确定订货

选定供应者后，采购企业即发出订单，订单上列明产品的技术规格、订货数量、交货时间、产品保证和其他有关事项。近年来，采购企业趋向于与供应者签订“一揽子合同”，即双方建立起长期协作关系，当采购企业需要某种生产资料时，供应者按事先商定的供货条款随时供货。这种做法有利于降低采购企业库存，因此，“一揽子合同”又被称为“无库存采购合同”，它被用来取代原来的周期性采购订货。这种情况会导致采购企业与供应者之间的购销关系更为密切，对于原供应者来说，要保持供货的稳定性和提供良好的服务；对于竞争者而言，则较难打入市场。

8. 评价合同执行情况

在生产资料购进使用后，采购人员将与使用部门保持联系，了解产品使用情况，并要求使用者作出满意评价，并对供应者的履约情况进行考评。评价的结果将决定其今后对各供应者的态度。

【小案例】

对生产者市场推销失败的原因

推销员李宾销售一种安装在发电设备上的仪表，工作非常努力，不辞劳苦，四处奔波，但是收效甚微。你能从他的推销过程找出原因吗?

李宾得悉某发电厂需要仪表，就找到该厂的采购部人员详细介绍产品，经常请他们共同进餐和娱乐，双方关系相当融洽，采购人员也答应购买，却总是一拖再拖，始终不见付诸行动。

在一次推销中，李宾向发电厂的技术人员介绍说，这是一种新发明的先进仪表。技术人员请他提供详细的技术资料并与现有同类产品做一个对比。可是他所带的资料不全，只是根据记忆大致做了介绍，对现有同类产品和竞争者的情况也不太清楚。

李宾向发电厂的采购部经理介绍现有的各种仪表，采购部经理认为都不太适合发电厂使用，说如果能在性能方面做些小的改进就有可能购买。但是李宾反复强调销售的仪表性能优异，认为对方提出的问题无关紧要，劝说对方立刻购买。

某发电厂是李宾所在公司的长期客户，需购仪表时就直接发邮件通知送货。该电厂原先由别的推销员负责销售业务，后来转由李宾负责。李宾接手后采用许多办法与该公司的采购人员和技术人员建立了密切关系。一次，发电厂的技术人员反映有一台新购的仪表有质量问题，要求给予调换。李宾当时正在忙于同另一个重要的客户洽谈业务，拖了几天才处理这件事情，认为凭着双方的密切关系，发电厂的技术人员不会介意。可是那家发电厂以后购买仪表时，又转向了其他供应商。

李宾去一家小型发电厂推销一种受到较多用户欢迎的优质高价仪表，可是说破了嘴皮，对方依然不为所动。

某发电厂同时购买了李宾公司的仪表和另一品牌的仪表，技术人员、采购人员和使用人员在使用两年以后对两种品牌进行绩效评价，列举事实说明李宾公司的仪表耐用性不如那个竞争性品牌。李宾听后认为事实如此，无话可说，听凭该电厂终止了同本公司的生意关系而转向竞争者购买。

营销启示：李宾缺乏一个合格的推销员应该具备的基本素质和能力，没有充分认知和了解生产者市场的购买决策过程，最终导致了推销的失败。

第三节 中间商市场及购买行为分析

一、影响中间商市场购买行为的因素

中间商作为组织购买者之一，其购买行为也受到环境因素、组织因素、人际因素和个人因素的影响。但是，中间商的营销目标、营销活动内容、购买决策及购买行为又有自己的特点，在制定购买决策、采取购买行为时，受到以下因素的制约。

1. 消费者需求

为顾客购买是中间商的一个显著特点，由此中间商有顾客采购代理人之称。中间商购买什么、购买多少、以什么价格购买，都必须考虑其购买者——消费者个人及家庭的需求和愿望，按照他们的需求和愿望制定采购决策。

2. 存货管理

储存是中间商的基本职能之一，储存什么、储存多少是影响中间商购买行为的重要因素。

3. 供应商策略

中间商购买商品是为了转售给他人，供应商的策略、供货条件、价格折让、运费折让、促销津贴等对其商品转售有直接关系，因而影响中间商的购买决策。

二、中间商购买决策过程

中间商采购产品用于转售，其与生产企业一样，采购后并不用于个人消费，而是最终要满足消费者的需要。因而，中间商的购买决策过程与产业市场的购买决策过程相似，也要经历八个阶段，但在具体环节上存在一些差异。

（一）提出需要

通过市场分析和预测，发现当现有产品需求量将上升，或现有产品滞销，或消费者对新产品的需求欲望加剧而使新产品的需求增加，或现有商品配货组合不尽合理时，就会产生采购欲望。可见，中间商的购买需求直接来自消费市场中的消费需求，是一种直接性的派生需求，因此，对于中间商来说，加强消费市场的需求调查、分析与预测更为重要。

（二）确定需要

确定需要是指确定采购产品组合的广度、深度与相关性(关联度)，即决策配货策略。一般而言，中间商的配货策略有以下四种：

（1）独家配货。指在同类产品中只销售同一品牌或同一厂家的产品。

（2）深度配货。同时经销不同厂商、不同品牌、不同规格型号、花色、款式的同类产品。

（3）广度配货。经销某一行业的多个系列、多品种的产品，比深度配货的产品组合要宽。

（4）综合配货。同时经销多家厂商生产的互不相关的多种类、多规格的产品，如百货商店、超级市场、仓储式商店等都属于综合配货。与广度配货相比，它的产品组合的关联度要弱。

（三）采购需求说明

采购需求说明是指中间商编写采购说明书，详细介绍所要采购产品的品种、规格、质量、价格、数量、进货时间等。中间商对商品的需求属直接引发需求，由消费者市场需求决定，因此，中间商购买商品对时间和数量往往有相当苛刻的要求，采购活动计划性强，总希望既能及时、适时、按量满足市场需求，又能最大限度地减少库存，加速资金周转，提高资金效益。

（四）寻找供应商

采购人员根据采购说明书寻找合适的供应商。由于中间商采购计划性强，因而对供应商的选择比较慎重，品牌、声誉、价格、商品质量、品种规格、供货能力和及时性、合作诚意等是甄选供应商时需考虑的主要因素。

（五）征求供应建议

征求供应建议是指要求合格的供应商提供供应建议书和一些相关的产品图片等，为下一步选择供应商提供参考。

（六）选择供应商

中间商采购来自派生需求，中间商不需要对采购的商品进行加工，从事着转售经营活动，因而，其收益取决于进货价格与销售价格，而销售价格又是影响消费者购买行为的一个重要因素；同时，市场瞬息万变造成的市场风险压力迫使中间商尽可能从供应商那里获得尽量多的优惠购买条件，如价格折扣、促销津贴、广告折让、运费折让等。因此，供应商价格高低和价格折扣程度是中间商选择供应商时考虑的重要方面。此外，由于中间商市场对采购商品的时间和数量有严格要求，因而，选择时还要考虑供应商的供货能力和及时性。当然，供应商的合作意愿和态度、诚信状况、促销支持、售后服务、作用条件等也是中间商选择供应商应考虑的重要因素。

(七) 签订合约

除了新购，中间商也期望与供应商建立长期友好的合作关系，这样，对中间商来说，可以减少采购成本，稳定货源；对供应商来说，产品有了稳定的销路，可以稳定生产，降低市场风险。

(八) 运行检查与评估

记录供应商供应状况，然后进行分析，掌握供应商履行合约的质量、信誉、合作热情与态度等状况，并据此进行评价，为是否继续交易和交易策略提供决策依据。

三、中间商购买决策的参与者

中间商市场的购买者是各类批发零售企业中的采购部门、采购人员。中小批发商和零售商，一般不配备专职采购人员，选择与采购通常由店主(经理)承担，或熟悉业务的员工负责，同时兼做其他工作。大企业大多设置专门的采购部门或采购中心，采购部门或采购中心定期召开会议，检查采购工作。虽然不同类型中间商如百货公司、超级市场、杂货批发商等采购方式不同，同类中间商的采购方式也有差别，但是其中也有许多共性。以连锁超市为例，连锁超市的商品采购模式主要有两种：集中采购(即中央采购)和分散采购。参与购买过程的人员和组织主要有：总部专职采购人员、采购委员会、分店经理等。

(一) 总部专职采购人员

大型超市为了降低成本，大都采取集中采购的方式。集中采购模式是指超市设立专门的采购机构和专职采购人员统一负责超市的商品采购工作，如统一规划同供应商的接洽、议价、商品的导入、商品的淘汰、商品的补货以及 POP 促销等，超市所属各门店只负责商品的陈列以及内部仓库的管理和销售工作，对于商品采购，各分店只有建议权，可以根据自己的实际情况向总部提出有关采购事宜。

(二) 采购委员会

采购委员会是由公司总部的专职采购经理和其他部门经理共同组成，负责审查采购人员提出的新产品采购建议，对各种意见进行平衡和协调以及做出是否购买的决定。

(三) 分店经理

分店经理是连锁店下属的各零售店的负责人，掌握着分店一级的采购权。分店经理一方面接收总部统一配送的商品；另一方面也可以根据分店的经营状况在核定的商品资金定额范围内，直接向供应商采购商品。

【小案例】

怎样成为跨国零售巨头的供应商

对于中国企业来说，如果能成为跨国零售商的供应商，就意味着自己的产品能够通过它们的供货渠道，走出国门，得到在国际舞台上展示的机会。

国内企业如何成为跨国零售企业的供应商呢？家乐福(中国)公司有关人士表示，它们主要是采取一种“政府搭台，企业唱戏”的方式，即通过政府推荐可选择的企业，在家乐福举办的大型订货会上达成交易意向。

家乐福选择供应商又有哪些标准呢？家乐福的有关人士表示，家乐福选择供应商不只看规模，更注重产品质量。如果企业规模小，但是产品具有不可替代性，那么家乐福也会把他们考虑在内。要成为家乐福全球采购供应商，必须具备以下条件：有出口权的直接生产厂商或出口公司；有价格竞争优势；有良好的质量；有大批量生产的能力；有迅速的市场反应能力；有不断学习的精神；能够准时交货。企业通过家乐福公司的审核，即能加入家乐福的全球采购系统，把产品出口到全球30多个国家。

在以上条件中，家乐福尤其看重产品的质量。同时，随着人们对环保的要求越来越高，家乐福在产品品质方面也对供应商有着更详细的要求。一旦通过家乐福的审核，家乐福将对企业在改进产品外包装和设计等方面给予指导和帮助。

第四节　非营利组织与政府市场及购买行为分析

一、非营利组织的购买行为分析

（一）非营利组织市场的类型

1. 公益性组织

公益性组织通常以国家或社会整体利益为目标，服务于全社会。这类非营利组织，有各级政府和有关部门，还有军队、警察等。

2. 互益性组织

互益性组织较重视内部成员利益和共同目的，看重对成员的吸引力。如职业、业余团体、宗教组织，学会和协会、同业公会等。

3. 服务性组织

服务性组织以满足某些公众的特定需要为目标或使命。常见的有学校、医院、新闻机构、图书馆、博物馆及文艺团体、红十字会、福利和慈善机构。

（二）非营利组织的采购方式

1. 公开招标选购

公开招标选购是指通过广告或信函，说明拟购商品及品种、规格、数量等，邀请供应商投标。有意争取业务的企业，在规定期限内填写标书(格式通常由招标人规定)，密封送交。有关部门在规定日期开标，选择报价低且符合要求的供应商成交。

参与公开招标必须注意：产品能否达到招标要求，合约条件对己是否有利；报价高低——既要有利可图，又要保证夺标；能否符合买方的一些特殊需求。

2. 议价合约选购

议价合约选购是指采购单位首先和几个企业接触，然后和其中一个符合条件的单位签订合同。这种选购方式一般用于复杂的工程项目，涉及重大的研究开发费用和风险。

3. 日常性采购

日常性采购是指组织为维持日常运转而进行的采购。金额小，交款和交货方式常为即期交付。类似于生产者市场的“直接重购”；有时像中间商市场的“最佳卖主选择”，或“谋求更好的交易条件”类型。

二、政府的购买行为分析

(一) 政府购买的目的

政府机构购买商品是为了有效地维护国家安全和社会公众利益，维持政府组织正常运转。政府采购的范围极其广泛，按照用途可分为军事装备、通信设备、交通运输工具、办公用品、日用消费品、劳保福利用品和其他劳务需求等。具体的购买目的有：加强国防与军事力量；维持政府的正常运转；稳定市场(政府有调控经济、调节供求、稳定物价的职能，常常支付大量的财政补贴以合理价格购买和储存商品)；对外国的商业性、政治性或人道性的援助等。

(二) 政府市场购买过程的参与者

政府购买的每种商品都需要对如下问题作出进一步的决策，即购买多少、哪里去买、支付多少钱及需要哪些服务等。各个国家、各级政府都设有采购组织，一般分为两大类：一是行政部门的购买组织；二是军事部门的购买组织。

1. 行政部门的购买组织

各级政府机构都设有的采购组织，如国务院各部、委、局；省、直辖市、自治区所属各厅、局；市、县所属的各科、局等。行政部门的采购经费主要由财政部门拨款，具体采购业务由各自的采购办负责。

2. 军事部门的购买组织

军事部门采购的军需品包括军事装备(武器)和一般军需品(生活消费品)。各国军队都有国防部和国防后勤部(局)，国防部主要采购军事装备，国防后勤部(局)主要采购一般军需品。

(三) 影响政府购买行为的主要因素

政府市场与生产者市场和中间商市场一样，也受到环境因素、组织因素、人际因素和个人因素的影响，但是在以下方面有所不同。

1. 社会公众的监督

虽然各国的政治经济制度不同，但是政府采购工作都受到各方面的监督。政府的采购工作受到来自国家权力机关、行政管理部门、社会媒体、公民和民间团体等的监督。

2. 国际国内政治形势的影响

在国家处于战争时期或感到安全受到威胁时，军备开支和军需品需求就大；如果国与国经贸往来增多，援助项目增多，就会扩大政府采购力度；和平时期用于建设和社会福利的支出较大。

3. 国际国内经济形势的影响

在经济繁荣期，政府投资加大，政府购买力增强，促进经济发展；经济疲软时期，政府会缩减支出，政府购买力减少。国家经济形势不同，政府用于调控经济的支出也会随之增减。政府为刺激经济增长，会增加政府投资，从事基础设施建设。

4. 自然因素的影响

各类自然灾害会使政府用于救灾的资金和物资大量增加。

(四) 政府采购的方式

和其他非营利组织一样，政府购买方式主要分为公开招标选购、议价合约选购和日常性采购三种。

公开招标选购是指政府的采购部门通过传播媒体发布广告或发出信函，说明拟采购的产品名称、规格、数量和有关要求，邀请合格的供应商对政府描述的商品项目在规定的期限内投标。一般来说，获得合同的是出价最低的供应商。

议价合约选购是指政府的采购部门同时和一家或几家供应商就某一采购项目的价格和有关交易条件展开谈判，最后与符合要求的供应商签订合同，达成交易。这种采购类型主要发生在复杂项目的交易中，经常涉及巨大的研究开发费用及风险，或发生在缺乏有效竞争的场合。

日常性采购是政府为了维持日常办公和其运作的需要而进行的采购。这类采购金额较少，一般是即期付清，即期交货，多为直接再购。

【小案例】

政府采购方式变革为企业带来什么？

据有关资料测算：全国事业单位一年的采购金额约为7000亿元，政府实际上成为国内最大的单一消费者。为适应市场经济体制的新形势，政府采购方式发生变革。

以前，北京市海淀区下属各单位要购买设备，首先向财政局报预算，经财政局行财科按市场价格核定后给予拨款，再由各使用单位自行购买。但是行财科的职员们时常心里打鼓：采购环节的伸缩性实在太大了，商品价格究竟是多少，我们没底。后来，北京市海淀区出台了《海淀区采购试行办法》，规定区属各行政事业单位由区财政安排专项经费，购置设备单项价值在10万元以上，或全区范围内一次集中配置的批量采购总价值在29万元以上，均需采取公开的竞争性招标、投标采购。海淀区专门成立了政府采购领导小组，区属两家机关购买133台空调的工作成为区政府采购方式改革的第一个试点。当年5月26日召开招投标大会，有6家公司投标。开标后，投标商单独介绍了产品技术、质量、价格等内容，并接受由空调专家、高级会计师和使用单位人员组成的评审委员会的质询。经专家们反复比较论证，科龙空调以较好的性能价格比中标。此次购买的预算资金为177万元，实际支出108万元，节约了69万元，近1/3。采购部门负责人说："想都没想到，效果好得出奇。"

海淀采购办公室正着手进行其他项目的政府采购工作。购买7辆公务车，预算金额208万元。由于车型不一，不成规模，将采用"询价"的方式，也就是货比三家的方式购买。广播局购买两台专用设备则采取广播局主办，采购办参与的招标方式。还将进行教学用具、医疗设备、基本建设非标准设备的采购工作，争取政府采购总额达到1000万元。从长远而言，将采购办从财政局分离出去，使审批部门和采购部门是两部分，更便于监督和制约。

据悉，财政部的有关专家正在积极制定我国统一、规范的政府采购制度。他们认为，政府采购是加强采购支出管理的必由之路，但一定要做到规范、统一，使制度在各地不走样。要建立采购主管机构，明确采购模式，设立仲裁机构。财政部门不直接主管采购，防止由分散采购改为集中采购后出现新的"集中腐败"。

营销启示：我国企业面对政府采购方式的这一变革，一方面要适应招标活动的手续和程序；另一方面，有条件的企业可成立单独针对政府市场的营销部门，主动寻找政府市场和机会，了解政府的需要和项目，获取信息情报，仔细拟定投标方案，显示和提高企业声誉，力争赢得政府市场的采购合同。

【课后练习】

一、简答题

1. 简述产业市场的特点。
2. 简述生产者购买行为的主要类型。
3. 影响生产者购买决策的主要因素有哪些？
4. 简述中间商的购买特点。
5. 简述政府与非营利组织的购买特点。

二、案例分析

奇瑞与捷顺的“中国式离婚”

2005 年 5 月 12 日，对于奇瑞与捷顺来说都是一个痛心而又无奈的日子。当天在没有任何征兆的情况下，芜湖市中级人民法院查封了四川捷顺公司的 400 多辆库存车，随同行动的还有奇瑞公司的员工。讽刺的是，事发之时捷顺公司总经理叶红还正在芜湖与奇瑞商谈进一步合作计划。对于这一次的查封行动显然完全出乎捷顺公司董事长彭和的意料，他连连表示“太突然了，太突然了”。

一、曾经是“模范夫妻”

四川捷顺公司成立于 1999 年，是奇瑞公司在全国的第一家经销商。有人说，捷顺公司其实就是为奇瑞公司而生的，理由有二，一是捷顺的成立时间与奇瑞轿车下线的时间几乎重叠，二是捷顺董事长彭和与奇瑞董事长尹同耀曾经是一汽的同事。这种说法的真实性现在已经无从考证，不过四川捷顺和奇瑞的亲密关系，却是众所皆知的。捷顺扮演着超越奇瑞经销商的角色，它一直都直接或间接地参与到奇瑞的品牌建设和开拓中去，从而成为奇瑞市场开拓的左膀右臂。业界戏称，捷顺与奇瑞就如一对恩爱的“夫妻”，他们共同的努力造就了一个弱势汽车品牌和一个同样处于弱势的经销商的崛起。

在最初的一段时间，奇瑞与捷顺的“婚姻”却是饱经患难。2000 年，捷顺卖出了全国市场上第一辆奇瑞车。然而在当时，奇瑞轿车尚未进入国家汽车产品销售目录，因此捷顺也被指责是在销售“黑车”，这种情况下，捷顺所承担的风险就可想而知了。这也是奇瑞产品上市后所面临的第一次重大危机，在双方的努力下，这一关竟然奇迹般地给挺过去了。

尽管发展的道路仍然充满荆棘，但在随后的岁月里，奇瑞与捷顺的婚姻却真正进入了“蜜月期”。奇瑞一直赋予捷顺在四川的独家经销权，并大力提供相应的营销支持。当然作为回报，捷顺也是下苦功夫经营奇瑞轿车品牌。捷顺不但专营奇瑞轿车，还策划了“零利息按揭购奇瑞”“零花钱养奇瑞”“旗云成都车王争霸赛”以及在奇瑞支持下推出“无理由退车”等一系列活动。更有甚者，为了共同面对市场的价格战，2004 年 9 月捷顺和另一家经销商发表《联合声明》，宣布将奇瑞 QQ0.8 系列的销售利润全部让给消费者，以出厂价直销，从而用实际行动来证明对奇瑞汽车品牌的支持。这让奇瑞人非常感动，认为捷顺与厂家培育了共同的品牌价值观。

双方的共同努力结出了丰硕的果子。2004 年，奇瑞在全国汽车制造商的座次上升到了第 6 位，市场份额由 2003 年年底的 4.6%升至 5.28%，从一个名不见经传的汽车品牌，在短短数年间成长为国产车系中一股不可忽视的力量。而四川捷顺，则通过独家代理奇瑞汽车，也从一个仅由5万元起家的车商，一跃成为车界的一方豪杰。2001~2003年，捷顺连续3年是奇瑞的全国销量冠军，并毫无争议地成为奇瑞在四川地区、甚至是全国市场的功臣。

二、"中国式离婚"

"祸兮福之所倚，福兮祸之所伏。"正如中国先哲老子所预言，这一对"模范夫妻"珠联璧合的合作，其实在2003年就已经发生了微妙的变化。据捷顺公司方面表示，在2003年春季，奇瑞为了鼓励捷顺公司按更高的标准扩张销售网点，承诺两年内不在四川地区发展其他经销商。

然而在2004年，当捷顺公司完成了网点的扩张、大部分流动资金转成了固定资产之后，奇瑞公司却在四川新增2家4S店。捷顺公司认为，这种做法显然违背了奇瑞公司当时对于捷顺公司的承诺，两者的亲密关系出现了裂缝，从而为日后关系的破裂埋下伏笔。

由于战线拉得太长而导致捷顺公司流动资金的紧张，这就如一颗定时炸弹，随时都有爆炸的可能。终于，2004年的车市寒流点燃了捷顺公司的这根导火索。中国轿车业在经过了2003年之前"井喷式"的发展之后，2004年开始了痛苦的调整期。受此大环境的影响，捷顺公司的销售量明显滑坡，销售利润也显著下降。不景气的车市使捷顺公司在2004年年底被拖欠的应收账款累计有2000多万元。最终，捷顺公司欠下了奇瑞公司大约2600万的货款。

奇瑞公司也意识到捷顺公司在经营中的困难。为了帮助捷顺公司渡过难关，奇瑞公司曾经寄希望于一个框架性协议。然而，积重难返，捷顺公司的问题似乎并不是一时半刻就能够解决的。在经过一段时间的努力后，奇瑞公司认为捷顺公司并没有按照双方约定积极全面地履行自己的义务以摆脱其经营困境，从而"给奇瑞带来严重经营风险"，为了保护自己的财产安全，奇瑞公司不得不通过司法途径，以求财产保全。因此，就有本文开头的查封一幕的上演。

"查封事件"背后的恩恩怨怨，我们作为局外者很难去详细探究。然而有一点是很明确的：经过数年的恩爱后，奇瑞公司和捷顺公司这一对曾经患难与共的"模范夫妻"终于闹"离婚"了。

思考题：

运用所学的组织市场行为及环境影响因素、购买决策等方面的知识分析如何形成长期稳定的组织间合作关系？

第六章 市场调研与预测

知识目标

了解市场营销信息系统的内涵；了解市场预测的含义；熟悉市场信息系统的构成；理解市场调研方法；掌握市场调研的类型和内容；掌握市场预测的内容和方法；掌握市场调研和预测的程序。

能力目标

了解营销信息系统的重要性；能组织简单的市场调查；学会撰写调查报告；能进行简单的市场预测。

素养目标

树立讲诚信、不造假的科学态度，客观反映市场规律。

关键术语

市场营销信息系统、市场营销调研、探测性调研、描述性调研、因果性调研、预测性调研、焦点访谈法、德尔菲法、观察法、实验法、时序预测法。

导入案例

美国吉列公司如何“把剃须刀卖给女士”

吉列(Gillette)是国际知名的剃须护理品牌，由“吉列之父”金·吉列(King C. Gillette)创办于1901年。1917年，吉列品牌在美国国内的市场占有率已达80%，奠定了其在剃须刀领域的领导地位。其产品因使男人刮胡子变得方便、舒适、安全而大受欢迎，并逐渐进入国际市场，迅速成长为国际知名品牌。吉列一直是世界剃须刀和刀片领域的领先品牌，在全球市场的占有率高达65%，处于绝对领先的地位。

然而，在吉列公司的成长历程中，把剃须刀卖给没有长胡子的女士，成了公司的经典之作，在1974年，公司提出了面向女士的专用刮毛刀。

这一决策看似荒谬，却是建立在坚实可靠的基础之上的。

吉列公司花费了一年的时间进行了周密的市场调研，发现在美国30岁以上的女性中，有65%的人为保持美好形象，要定期刮除腿毛和腋毛。这些妇女除使用电动剃须刀和脱毛剂之外，主要靠购买各种男用剃须刀来满足此项需要，一年在这方面的花费高达7500万美元。相比之下，美国妇女一年花在眉笔和眼影上的钱仅有6300万美元，花在染发剂上的钱为5500万美元。毫无疑问，这一个极有潜力的市场。

根据分析结果，吉列公司精心设计了新产品。它的刀头部分和男用剃须刀并无两样，采用一次性使用的双层刀片，但是刀架则选用了色彩鲜艳的塑料，并将握柄改为弧形以利于女士使用，握柄上还印压了一朵雏菊图案。这样一来，新产品立即显示了女性的特点。

为了使雏菊刮毛刀迅速占领市场，吉列公司还拟定几种不同的“定位观念”到消费者之中征求意见。这些定位观念包括突出刮毛刀的“双刀刮毛”、突出其创造性的“完全适合女性需求”、强调价格“不到50美分”以及表明产品使用安全性的“不伤玉腿”，等等。

最后，公司根据多数女士的意见，选择了“不伤玉腿”作为推销时突出的重点，刊登广告进行刻意宣传。结果，雏菊刮毛刀一炮打响，迅速畅销全球。

（资料来源：冯瑞，陈春干．市场营销创新实践教程[M]．苏州：苏州大学出版社，2018.）

营销启示：市场营销调研可以帮助企业发现消费者尚未满足的需求，测量市场上现有产品及营销策略满足消费者需求的程度，从而不断开拓新的市场。

第一节　市场营销信息系统

现代市场营销的目的就是通过比竞争对手更好地满足市场需求，提高企业的市场竞争力，最终实现合理的目标利润。因此，企业的一切营销活动都要以市场信息为准绳，随着市场的变化而适时调整自身的营销策略和战略，唯有以此才能提高企业市场营销活动的针对性和准确性，从而达到预期的营销效果。

一、市场营销信息的概念

（一）市场信息的概念及作用

在市场营销活动中，市场信息是企业的重要资源、无形资产，是企业的市场机会。企业能否在瞬息万变的市场竞争中求得生存和发展，很大程度上取决于掌握市场信息变化的情况。因此，企业只有树立信息观念，才能发挥企业优势，不断开拓市场。

1. 市场信息的概念

市场信息是信息的一种类型，它是与市场经济相联系的历史范畴。市场信息是指对市场上各种经济关系和各种经济活动现状，经济活动的变化情况以及与市场营销有关的各种消息、情报、图表、数据资料的总称，它的范围相当广泛。市场信息是反映市场活动的消息、数据，是对市场上各种经济关系和经营活动的客观描述和真实反映。

2. 市场信息的作用

第一，市场信息有利于企业有针对性地制定经营战略与策略，提高市场竞争力。

在信息时代，信息更新速度快，市场变数多。因此，及时、准确、全面、系统的市场信息为企业制定经营战略与策略提供重要参考，提高高层决策的针对性和实效性，保证企业管理决策的与时俱进和新鲜度。

第二，重视市场信息有利于企业提高经济效益。

依据适时的市场信息能够确保企业经营管理活动的针对性和有效性，减少财力、人力、物力的浪费，大大提高企业的管理效率，使企业实现以较少的投资获得较高收益的目标。因此，重视市场信息是企业提高经济效益的有效途径。

第三，市场信息有利于企业及时捕捉市场机会。

市场信息是对市场真实、客观的反映。通过对市场信息的收集、整理、筛选、分析，企业可以清晰地看到已经被开发的显性市场、尚未被开发或尚未被完全开发的潜在市场，而对于企业来讲，潜在市场就属于一个市场机会。因此，市场信息是企业发掘市场机会的源泉，市场机会来源于客观环境的变化和企业主观条件的改变。

第四，市场信息是企业生产经营的先导。

现代市场营销理念表明，企业的一切生产经营活动都要以市场为中心，随市场的变化而不断地做出相应的调整，以保证适销对路。企业的生产经营活动应参照市场基本情况，否则就是舍本逐末，自讨苦吃。因此，企业的生产经营一定要以市场信息为先导，切忌盲目。

（二）市场营销信息的概念

市场营销信息指反映市场营销环境基本现状及其发展变化情况的，具有新内容、新知识的各种数据、指令、消息和情报、资料的统称，也就是指市场营销活动过程产生的信息。与市场信息相比，市场营销信息具体是指与营销相关的信息，如营销环境信息、营销战略信息、营销策略信息等。它主要包括产品信息、价格信息、营销人员信息、利润信息、顾客信息、竞争对手信息、市场行情、广告情况、促销效果、公共关系的社会效应等信息。

市场营销信息是市场信息的下位概念，它是市场信息的一个分支，因此其具有市场信息的一般特征。除此之外，它还具有其独特的个性，如大众性、针对性、广阔性、全天候性，这些是网络时代赋予的独有的特征。

（三）市场营销信息的特征

市场营销信息作为广义市场信息的组成部分，除具有一般市场信息所具有的属性外，还具有自己的特征。

1. 时效性强

当前，商场瞬息万变，信息的有效性具有极强的时间要求。时间就是商机，信息一旦传递不及时，就很难有效地利用。在竞争激烈之际，企业采取对策如果稍微迟缓，就可以尽失先机，甚至遭遇灭顶之灾。可见，加强信息的收集能力，提高信息的加工效率，尽可能压缩收集—使用的周期，对于最大限度地发挥营销信息的时效性是相当重要的。

2. 更新性强

市场营销信息随市场的变化与发展处于不断的运动中，但是，这种周期性运动并非简单的重复，而必定是在新环境下的新过程。虽然新过程与原有的过程有着时间上的延续性，但绝不表明可以全部沿用原有的信息，企业营销部门必须不断地、及时地收集、分析各种新信息，以不断掌握新情况，研究问题，取得营销主动权。

3. 双向性

在商品流通中，商品的实体运动表现为从生产者向消费者的单向流动，而市场营销信息的流动则不然，它带有双向性：一面是信息的传递，另一面是信息的反馈，因此，收集市场营销信息就显得格外重要。

4. 针对性

企业在市场营销过程中要具有针对性，要把握好最佳消费群体的消费动态。盲目的市场营销信息不仅不利于企业营销决策，还会对企业的人力、物力、财力造成极大的浪费。

二、市场营销信息系统的概念及构成

（一）市场营销信息系统的概念

关于市场营销信息系统的概念，学术界尚未形成共识，出现诸多不同的观点，通过综述发现，具有突破性的观点基本上还没有出现，均是在科特勒观点的基础上进行修改和发展。

现代市场营销大师菲利普·科特勒认为，市场营销信息系统（Marketing Information System，MIS）是由人员、设备和程序组成的一个连续的和互为影响的复合结构，用于收集、筛选、分析、评估和分配那些恰当的、适时的、准确的市场信息，为营销决策与计划发挥支持作用。它为企业营销决策者的改进市场营销计划、执行和控制营销工作等决策行为提供参考。

市场营销信息系统处于营销环境和营销管理人员（即市场营销信息的使用者）之间，起到桥梁和纽带的作用。它主要包含以下三个层次的含义：①它由人员、设备、计算机程序复合构成的一个统一体，三要素缺一不可；②该系统提供适当、及时、多方位和准确的市场营销信息；③该系统最终要服务于企业的营销管理人员（即决策者）。

市场营销信息系统能在有限的时间内最大限度地收集各门类市场信息，可以大大提高企业对动态变化市场情况的反应速度和反应能力；该信息系统使得单位信息在最短时间内得到最大面积的传播，有助于企业采取标准、统一的行为；快捷的信息交流和沟通，有助于企业进行长期而又准确的预测，更便于企业对信息的集中管理。

（二）市场营销信息系统的构成

不同的企业，其信息系统的具体构成会有所不同，但基本框架大致相同。市场营销信息系统的结构如图6-1所示。通常情况下，一个企业的市场营销信息系统主要由内部报告系统、营销情报系统、营销分析系统、营销调研系统等四个子系统构成。

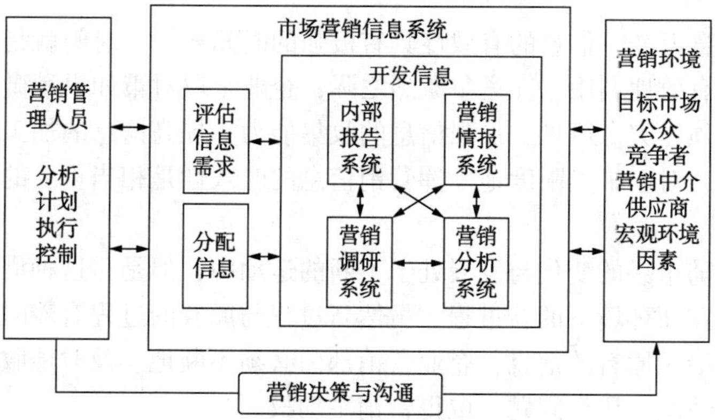

图6-1　市场营销信息系统结构示意图

1. 内部报告系统（Internal Records System）

企业内部报告系统是以企业内部会计系统为主，辅之以销售信息系统，其主要作用是提供有关订货、销售、库存、现金流量、应收款、应付款、促销、质量事故等企业内部信息。它们是从企业内部获得的，从而帮助评价企业的市场表现、发现问题，寻找机会。企业内部报告系统是营销管理人员使用的最基本的信息系统，有些企业把它称为内部会计系统或订货处理系统，主要由两部分构成：一是订单-收款循环系统，这是企业内部报告系统的核心系统；二是，销售报告系统，它属于企业内部报告系统的辅助系统。

2. 营销情报系统(Marketing Intelligence System)

营销情报系统是指企业日常收集有关企业环境发展变化的信息来源及程序。其核心功能是提供有关外部宏观环境和外部微观环境的基本现状和发展趋势的各种信息，主要注重普查数据、各企业统计数据和市场研究三大类消息。该系统收集信息的特征是针对性稍差、全面性较强。通过该系统，企业有关管理人员可以了解外部环境最新发展的信息。

（三）营销调研系统

营销调研系统(Marketing Resarch System)的任务是系统地设计、收集、分析和提出数据资料以及提出跟公司所面临的特定的营销状况相关的调查研究结果。营销调研系统的任务是针对公司面临的具体问题，对有关信息进行系统地收集、分析和评价，对研究结果提出正式报告，供决策部门用于解决这一特定问题。

营销调研系统的运行程序一般是：确定问题和调研目标，指定调研计划，收集信息，分析信息，提供研究报告。主要有企业自行调研和委托调研两种组织形式。

营销调研是企业取得市场资料和信息，正确认识市场现状，预测市场趋势，从而编制营销计划，作出经济决策，进行科学管理，提高经济效益的一种有效手段。

（四）营销分析系统

营销分析系统(Marketing Analysis System)是企业用一些技术分析市场营销数据和问题的营销信息子系统。通常完善的营销分析系统，由资料库、统计库和模型库三部分组成。

1. 资料库

资料库有组织地收集企业内部和外部资料，营销管理人员可随时取得所需资料进行研究分析。内部资料包括销售、订货、存货、推销访问和财务信用资料等；外部资料包括政府资料、行业资料、市场研究资料等。

2. 统计库

统计库一般是指可用于汇总分析特定的资料统计程序。其必要性在于：实施一个规模庞大的营销研究方案，不仅需要大量的原始资料，而且需要统计数据库提供的平均数和标准差的测量，以便进行交叉分析。营销管理人员为测量各个变数之间的关系，需要运用各种多变数分析技术，如回归、相关、判别、变异分析以及时间序列等。统计库分析结果将作为模型的重要投入资料。

3. 模型库

模型库是由高级营销管理人员运用科学方法，针对特定营销决策问题建立的，包括描述性模型和决策性模型的一组数学模型。描述性模型主要用于分析实体分配、品牌转换、排队等营销问题；决策性模型主要用于解决产品设计、厂址选择、产品定价、广告预算、营销组合决策系统等问题。

市场营销调研系统的主要任务是根据企业营销工作面临的主要问题，即对与某项具体的营销决策有关的信息进行系统地搜集、整理、分析、研究和报告，并做出专题调查报告。该系统设置的必要性在于内部报告系统和营销情报系统在其职能范围内都难以提供足够的信息，这就需要组织专门的力量或委托专门市场调研公司进行有针对性的调查。

第二节　市场调研

随着社会的不断发展，买方市场逐渐形成，商品的市场化程度加剧，消费者日趋挑剔，市场环境瞬息万变，企业间的竞争异常激烈。市场信息是企业的重要资源。市场调研是企业发现市场机会、制定和实施营销策略、把握竞争对手动态，以及消费者的需求和偏好的重要手段或工具。掌握准确、全面的市场信息，是企业科学地进行市场预测和经营决策的基础和前提。

一、市场调研的概念

(一) 狭义的市场调研

狭义的市场调研概念建立在狭义的市场含义界定的基础之上。在买方市场条件下，狭义的市场指商品的销售对象，即消费者。基于此，狭义的市场调研注重对消费者进行调查研究，是指运用科学的方法和手段，有目的、有计划地系统收集消费者购买行为和购后评价等相关信息的活动，为企业决策提供支撑，以便更好满足消费者的需求。

总之，狭义的市场调研侧重对流通流域和消费领域的市场信息的调查和研究，这是其局限性所在。

(二) 广义的市场调研

广义的市场调研概念建立在广义的市场含义的界定基础之上。广义的市场指商品交换关系的总和，即所有产权发生转移和交换的关系。广义的市场调研不仅注重对消费者的调查，还包括对市场分析、销售分析、广告研究、营销环境、渠道调查、供应商等多方面的调查和研究。

总之，广义的市场调研将调查和研究的范围从流通流域、消费领域延伸到生产领域，辐射到产前、产中、产后、售前、售中、售后整个领域。

当前，狭义市场调研因其局限性，已远远不能满足企业发展的需要，因此，对企业来讲，更偏向于采用广义市场调研理论来应对现实的企业管理问题。因此，本教材从广义的角度来界定市场调研的概念，认为市场调研(Marketing Research)就是运用科学的方法和手段，有目的、有计划、系统地收集、记录、整理、分析和研究有关市场营销方面的信息，提出解决问题的建议，供营销管理人员了解营销环境，及时捕捉市场机会与发现市场问题，为市场预测和管理决策提供依据的信息管理活动。

为了深刻的掌握市场调研的概念，我们从以下几个方面加深理解：

(1) 市场调研是一种理念。市场调研更是一种思想，企业上至高层决策者，下至基层员工，各职能部门、各单位在日常工作中都要时刻树立市场调研的理念，把市场调研意识贯彻在整个市场营销活动过程的始终。

(2) 市场调研是一种态度。市场调研是企业了解渠道状况、熟悉市场需求、把握消费现状的重要途径。企业要正视市场调研工作，要充分信任市场调研收集的信息的有效性，更要充分认可、肯定市场调研的功效。

(3) 市场调研是一种方法。市场调研活动的有效、有序地开展，必须依赖科学的调查方法。科学的调查方法有利于企业科学、全面地收集所需市场信息，有效地为企业制定经营决策提供参考。

二、市场调研的主体

市场调研主体是指承担着市场调查与研究活动组织和实施任务的个人和组织，其中以企业为主。

从市场调研主体与企业的隶属关系方面，可将市场调研主体分为企业内部市场调研主体和企业外部市场调研主体。

（一）企业内部市场调研主体

企业内部市场调研主体是指为实现市场营销决策所需的相关信息，从事市场信息的收集、加工和提供的企业内部的组织或个人，如市场调研部门、市场分析部门、财务部门等内设机构及从事市场调研工作的一线调研人员。

（二）企业外部市场调研主体

顾名思义，企业外部调研主体是隶属于企业外部的，指企业为达到某种特定的调研目的，以付费的形式聘请的，负责组织和实施市场调研活动的个人和组织。

1. 市场调研公司

我国专业市场调研公司是20世纪90年代才开始出现的，最初是国外公司在中国设立有限的市场咨询机构，如盖洛普、TNS等。目前，中国境内的市场调研公司约1000多个，其中外国在华分支机构占有较大的市场份额，但随着中国企业的国际化发展，中国本土的市场研究公司正面临国际化发展趋势。

市场调研公司不是私人侦探公司，也不是营销策划、战略咨询公司，是指专业从事市场研究、市场调查、营销研究、满意度调查的公司。根据全球市场研究者协会的定义，市场调研公司接受委托方（企业、组织）需求为实现决策所需要的信息目的而进行专业性的研究活动，包括将相应问题所需的信息具体化、设计信息收集的方法、管理并实施数据收集过程、分析研究结果、得出结论并确定其含义等。

2. 广告公司的调研部门

通常情况下，广告公司中普遍存在自己的调研部门，这是经营广告业务所必需的。调研部的主要任务是按照广告活动的要求，对目标市场展开调查，完成广告活动的事前调查和事后调查，协同客户部拟定广告计划，提供各类市场环境和市场潜力的背景材料，为客户和广告公司提供咨询和建设性意见，为广告决策以及广告主的市场决策提供客观依据。

广告公司的调研部门具体的职能主要有两项：一是组织规模不一的市场调查，取得第一手感性材料，同时收集归档各类信息资料；二是对现有材料做出分析结论，拟定广告计划，为客户和广告公司的市场决策提供依据。

3. 咨询公司

咨询公司又称“顾问公司”，是由一批资深的专家、学者和有丰富实践经验的人员组成的，通过帮助企业和企业家解决管理和经营问题，鉴别和抓住新机会，强化学习和实施变革以实现企业目标的一种独立的、专业性咨询服务机构。

这类公司属于商业性公司，它们接收委托者的意向和要求，运用专门的知识和经验，用脑力劳动提供具体服务。

4. 其他相关组织

除上述提到的市场调研机构外，还有一些相关的其他组织也开展市场调研活动，如国家各级统计局、信息中心、咨询中心和大学的研究机构等。这些组织一般都不是商业性的经营机构，通常为政府的决策部门提供各种资料，同时也为企业或投资者提供有偿的市场调查研究或咨询服务。

三、市场调研的客体

市场调研客体指市场调查与研究活动的具体指向和对象，即市场调研内容。依据现代市场营销学理论，市场调研内容主要包括以下几个方面：

1. 环境调查

环境调查包括政治环境、法律环境、文化环境、经济环境、科技环境、自然资源、人口环境等。

2. 市场调查

市场调查包括市场购买力、市场购买意向、市场购买结构和数量、市场不同群体需求的差异、现有市场和潜在市场的数量及地区分布状况等。

3. 消费者行为调查

消费者行为调查包括不同消费者群体的购买时间、购买地点、购买何种产品、购买产品的动机、购买的方式、购买的频率、一次购买数量等。

4. 竞争情况调查

竞争情况调查包括对竞争企业的调查和分析；了解竞争企业的数量及同类企业的产品、价格等方面的情况；竞争对手采取竞争手段和竞争策略等。其目的是做到知己知彼，通过调查帮助企业确定竞争策略。

5. 品牌和形象的调查

品牌和形象的调查包括本企业在公众心目中的形象、企业品牌的知名度、企业品牌的美誉度、企业品牌的价值、企业品牌的联想度、企业品牌策略的调查等。

6. 产品调查

产品调查包括产品性能调查，产品规格、款式、颜色、型号和口味的调查，产品制作原材料的调查，产品的发展潜力，产品包装是否美观、轻便、安全、方便储运，市场上新产品开发和设计的情况，消费者对产品的评价，产品所处的生命周期阶段，产品的组合情况，产品的销售额、销售量、利润率及市场占有率等。

7. 价格调查

价格调查包括了解消费者对价格的认可程度、消费者对价格策略的反应、产品的市场价格、新产品价格、老产品调价策略等。

8. 促销调查

促销调查包括各种促销活动的效果，如广告实施的效果、人员推销的效果、营业推广的效果和对外宣传的市场反应；了解目标市场消费者的生活习惯、购买习惯、消费心理及选购偏好，以便有针对性地开展促销活动；了解各种广告媒体及其特征、费用、效果，以便更合理选择促销媒体。

9. 渠道调查

渠道调查包括本企业现有渠道的结构；了解各渠道中间商的形象、规模、信誉、销售量、分销能力等情况，是否存在渠道冲突，对中间商的促销策略，中间商的库存情况，渠道是否合理，消费者对中间商的满意度情况等。

四、市场调研的类型

从市场调研主体、市场调研范围、市场调研功能、市场调研的资料来源等不同角度，可以将市场调研活动分为不同的类型。本书重点从市场调研功能方面来进行分类介绍。

（一）探测性调研

探测性调研(Exploratory Research)，又称探索性调研，是企业在正式调查开展之前进行的初步的、具有试探性的非正式调查。如果企业对所调研的内容与性质不太明确时，就有必要开展探测性调研。通过进行探测性调查，企业可搜集一些初步资料，来确定调研的方向与范围，因此，探测性调查是一个使调研问题由模糊趋于明朗化的过程，它不需要制定严密的调研计划。

一般情况下，探索性调研常用于大规模的正式调查前，特别有助于把一个大而模糊的问题表达为小而精确的子问题，以使问题更明确，使市场调研活动的针对性更强。探索性调研常采用一些简单易行的调研方法来搜集信息，如二手资料调研、经验调查、小组座谈和选择性案例分析等。

（二）描述性调研

描述性调研(Descriptive Research)是对市场不同方面的基本现状进行的调查研究，注重总体的描述性特征，其资料数据的采集和记录，着重于客观事实的静态描述，侧重于回答"谁""是什么""什么时间""什么地点""为什么""怎么样"等问题。大多数的市场营销调研都属于描述性调研。例如一家商店从描述性调研中了解到该店67%的顾客是年龄在23~44岁之间的女性，并经常带着家人、朋友一起来购物，这种描述性调研提供了一个重要信息，它使商店直接向女性开展促销活动。

描述性调研与探索性调研存在很大的差异，探索性调研比较灵活，而前者问题明确，比较呆板，描述性调研要求对调研中的谁、什么、何时、何地、何种原因和何种方式六要素做出明确的陈述。

（三）因果性调研

因果性调研(Causal Research)指企业为了查明项目不同要素之间的关系，以及查明导致产生一定现象的原因所进行的市场调查活动。该类型调研活动注重关联性调查和原因探究，侧重回答"为什么"的问题。

与描述性调研相比，因果性调研要在基本情况调研的基础上对其进行深层次的原因探析，找出引起某种现象或出现某种状况的根源，并分清主客观原因或重次要原因。

（四）预测性调研

预测性调研(Predictive Research)指企业利用已有的市场经验和科学的预测技术专门为预测未来一定时期内某一环节因素的变动趋势及其对企业市场营销活动的影响而进行的市场调研，侧重于回答"将来会怎么样?"的问题，如市场上消费者对某种产品的需求量变化趋势调研、某产品供给量的变化趋势调研等。预测性调研的所需资料主要根据描述性调研与因果关系调研所提供。

市场预测调研是企业进行市场营销活动的前提和基础。准确的市场预期可以避免企业营销管理活动的盲目性，减少企业的营销风险，降低企业的营销损失。

五、市场调研的功能

市场调研是企业在经营管理过程中必不可少的工具之一，了解市场调研的功能对企业开展市场营销活动具有重要的意义。

（一）探测功能

探测性市场调研主要发挥探测功能。探测功能是指通过对小规模样本的研究分析使企业缩小调研范围，明确调研主题，逐渐使调研问题明朗化。例如，某企业产品销售下降，是因为新产品出现导致需求减少，还是季节变化导致需求的季节性波动，或者是别的什么原因呢？明确引起产品销售减少的原因就属于市场调研的探测功能。

（二）描述功能

描述性市场调研主要发挥描述功能。描述功能是指市场各方面的基本情况、特征进行静态的、真实的陈述。例如，消费者对娃哈哈新产品“启力”的态度如何？企业近三年销售收入的变化趋势如何？消费者对娃哈哈营养快线口味的评价是什么？

（三）诊断功能

因果性市场调研主要发挥诊断功能。诊断功能指分析、解释信息。当企业市场营销活动遇到瓶颈时，市场调研就充当“医生”的作用，为企业诊断各种“疑难杂症”，找到“病因”，对症下药，促进企业的健康、良性发展。例如，企业某条产品线销售收入下降，可以通过市场调研查明销售收入下降的原因，假设调研分析的结论是新包装造成销量下降，则企业可以通过改进产品包装，促销销售收入的增加，这一过程就体现了市场调研的诊断功能。

（四）预测功能

预测性市场调研主要发挥预测功能。预测功能指对市场某方面的走势进行推断、预算和估计。对将来企业产品的需求如果完全不了解或无从估计，企业可能会面临很大的市场风险。例如，生产过剩(生产大过需求)或生产不足(需求大过生产)，无论何种情况，无疑都会给企业带来经济损失。因此，市场调研的预测功能可以使企业获得市场先机，尽可能地降低企业经营风险。例如，通过对居民消费水平的调查，预测未来几年居民的消费水平和消费内容，可以科学地控制企业的生产方向和供给数量。

六、市场调研方法

（一）定性调查法

定性调查是通过与被调查者的交流和沟通，调查者收集被调查者的态度、感觉、动机、反应以及问题发展方向等信息的一种调查方法。

定性调查主要应用于探测性调研。定性调查的样本量一般有限，规模较小，因此不能依据调查结果推断总体的数量特征，仅能对调查数据进行简单的频数分析、相关分析，而且分析的过程中更多要涉及社会学、心理学等方面的理论和方法。

1. 焦点访谈法

焦点访谈法(Focus Group)，又称小组座谈法，是近几年来新发展的用来进行定性研究的重要手段。其具体做法是选取一组(8~12 人)具有代表性的消费者或客户，在一个装有单向镜或录音录像设备的房间里，由一个训练有素的主持人以一种无结构的自然的形式，就某个专题与小组成员展开讨论，从而获得消费者的消费需求、心理和行为等重要特征，为进一步的定量调查奠定基础。

该调研方法的关键点在于主持人。小组漫谈的过程中，一旦话题脱离座谈会的主题，主持人要及时介入，巧妙处理，以便将讨论内容转移到调研主题上。

2. 深度访谈法

深度访谈法(In-depth Interview)，又称“无结构访谈”或“自由访谈”，是一种无结构的、直接的、一对一访问的调查方式。该访谈法无需事先设计好问卷，也没有固定的程序，只需要一个明确的主题。访问过程中，由掌握高级访谈技巧的调查员对调查对象进行深入的访问，用以揭示对某一问题的潜在动机、态度和情感。

深度访谈法的优势是弹性大，灵活性强，有利于充分发挥访谈双方的主动性和创造性。但同时其也存在着耗时长、成本高、难以量化等诸多局限性。

深度访谈法最常应用于探测性调查。目前，其在社会学研究领域中占据着重要的地位，主要用于详细了解复杂行为、敏感话题或对企业高层、专家、政府官员进行访问。

3. 德尔菲法

德尔菲法(也称专家意见法)是由调查者提前拟定调查表，按照既定程序，采用匿名的形式，通过函询或现场深度访问，反复征求专家(不超过20位)意见，经过多次征询和客观分析，逐步使各种不同意见趋于集中。一般要通过3~4轮征询，才能达到目的。该调查方法具有匿名性、多轮反馈、统计性等特征。

4. 投影技法

投影技法旨在通过一种无结构、非直接的询问方式，激励被访者将他们所关心的潜在动机、态度和情感反映给研究员。

投影技法可分以下四类：

(1) 联想技法。联想技法是利用人们的心理联想活动或在事物之间建立某种联系，向被调查者提及某种事物或词语，询问被调查者联想到了什么，以获得被调查者对调研问题的看法、态度、动机和情感。

例如：当听到“手表”时，您想到了什么？(自由联想法)

当听到“电脑”时，您想到了什么品牌？(控制联想法)

当听到“化妆品”时，您想到了什么颜色？(控制联想法)

请就所给的词语按提示说出您的联想。(引导联想法)

【自行车】

联想提示：健身、代步、娱乐、载物、其他。

(2) 完成技法。完成技法是指给出一种不完全的刺激场景，由被调查者来完成，常用的有句子完成法和故事完成法。

例如：如果我有五十万，我会……(完成句法)。

一位女士给女儿买生日礼物，挑选了半个小时后，她终于选定了一款自己喜欢的可爱的抱抱熊。当她走向柜台准备付款时，一位导购人员走过来说：“您好，女士，今天我们有一款促销玩具，价格一样，但材质更好，您要看一看吗？”

要求完成这位消费者的反应故事，并说明理由。

(3) 结构技法。结构技法最常用的是主题幻觉法，即让被访者看一些内容模糊、意义模棱两可的图画，然后要求其根据图画编一段故事并加以解释，通过被访者的解释，了解其性格和态度及潜在需求。

例如：给出四幅卡通图，小女孩、小狗狗、可爱熊猫、电动自行车。请您说出它们是什么及它们之间的关系。

(4) 表现技法。表现技法是指给被访者提供一种文字或形象化的情景，请他们将其他人的态度和情感与该情景联系起来，具体方法有角色扮演法和第三者技法。

例如：让两名顾客分别扮演消费者和店面经理的角色，请他们表演消费者购后退货纠纷的抱怨和经理处理纠纷的感情和态度。

投影技法有助于揭示被调查者内心真实的想法和情感，对一些内隐的、私密的、敏感的问题的调查尤为奏效。但是该方法仍存在一定弊端，成本高，如缺乏专门的、训练有素的调查人员，可能会出现严重的解释偏差，开放式的提问为后期的统计、分析和研究工作带来一定的难度等。

(二) 定量调查法

定量调查法是对一定数量的有代表性的样本，进行封闭式(结构性的)访问，然后对计算机录入、整理和分析，并调撰写报告的方法。它通常包括访问法、观察法和实验法等。

1. 访问法

访问法是指调研人员事先设计好调查问卷，通过各种方式促使被访者回答问卷所提出的问题，并据此收集所需信息的一种方法。它是市场调研最常用、最基本的一种调研方法。

(1) 直接面访。直接面访是指调查者直接询问调查对象，向被调查对象询问有关的问题，获取信息资料的一种调查方法。通常，调查人员根据事先拟好的问卷或调查提纲上问题的顺序，依次进行提问，有时亦可采用自由交谈的方式进行。使用直接面访进行调研，可以与一个人面谈，也可以与几个人集体面谈。它具体包括入户访问和拦截式访问两种。

入户访问指调查员到被调查者的家中或工作单位进行访问，直接与被调查者接触。

拦截式访问是指在某个场所拦截在场的一些人进行面访调查。这种访问法的被调查者的选择具有随机性。

直接面访比较适用于小规模调研。当面访问，访问结束收集信息也随之完成，因此，效率较高。但是，该访问法对调查人员素质要求较高，调查质量易受访问者工作态度、提问技巧和心理情绪等因素的影响；收集的数据代表性差；对调查人员的管理比较困难。

(2) 电话访问。电话访问是指研究人员通过电话向被调查者进行问询，了解所需情况的一种调查方法。由于彼此不直接接触，而是借助电话这一媒介，因而是一种间接的调查方法。

该方法优点是成本低、耗时短、效率高，单位时间能调查较多的人。同时，电话访问也存在某些缺点，如不像访谈法那样可以采用多种方式详细询问和解释问题，使被调查者对问题产生误解；因为访问双方不熟悉，被受访者拒答的概率很高；这种方法对于已普及电话的地区较为适用，而对电话还不够普及的地方就不是很适用。

(3) 邮寄访问。邮寄访问是指将问卷寄给被调查者，由被调查者根据调查问卷的填表要求填好后寄回的一种调查方法。为了鼓励填表者，通常小礼品要随问卷调查表一同寄出。

邮寄访问在我国应用尚少，但在国外是一种普遍运用的方法。采用此法的关键是选择好邮寄调查的对象，一般可利用各种通讯录、名册、电脑储存的客户名单等。

邮寄访问的优势主要有：操作简单，只需一个人便能寄出全部问卷，费用低；可以询问较多问题，一份 A4 大小纸张可容纳 20～30 个问题；受访者作答时间较为宽松；问卷中可毫无顾忌地设计一些敏感的问题；无需对调查人员进行专门的培训和管理。

邮寄访问的局限性表现在：邮寄前必须有一份所有姓名及地址的样本框；问卷的回收率无法预测；无从了解被访者不愿寄回问卷的真实原因；调研人员将失去控制受访者的机会；邮寄问卷不具人性化；无法进行深入探讨；信息反馈时间长，影响资料的时效性。

(4) 留置访问。留置访问是指调查人员与事先联络好的被访问者取得联系，向他们介绍调查的总体目标并把问卷留下给被访问者自行完成的一种自我管理调查的形式。

该访问方法的特点包括以下几个方面：首先，这一方法主要是获得预约受访者的合作，受访者被告之这份调查问卷填写时的注意事项，以便闲暇时完成；其次，问卷可由调查人员在某一约定时间取回，也可由受访者根据指示完成后用预付的邮资寄回；再次，该方法适用于交通不十分便利的地区的市场调查；最后，该方法经济实惠，大大节省调研成本。

(5) 网络访问。网络访问是借助联机网络、计算机通信和数字交互式媒体实现调研人员研究目标市场的一种调查方法。网上访问的内容除了进行网上市场调查外，在广义上还可以包括网上的信息收集、网上商业宣传、网上广告发布与投放、网上购物销售、网上客户支持服务等内容。

网络访问在 20 世纪 90 年代开始热门。伴随着互联网的发展和个人电脑、智能手机的普及，目前，网络访问已成为一种普遍的市场调研方法。网上调查有其鲜明的特色，包括自愿性、定向性、及时性、互动性、经济性、匿名性等。

网络访问的优点有：组织简单、费用低廉；调查结果的客观性高；快速传播与多媒体问卷；便于对采集信息的质量实施系统的检验和控制；没有时空、地域限制；国际互联网的交互性使网上调研的周期大大缩短。当然，除了上述优势外，网络访问还存在一些不足，具体表现在：上网的人不能代表所有人口，样本不足以代表总体的特征；因特网的安全性问题；因特网无限制样本问题等。

2. 观察法

观察法是由调查员直接或通过仪器现场观察调查对象的行为动态并加以记录而获取信息的一种方法。

观察法的优势是在消费者自身未察觉的情况下，调研人员准确洞察消费者的真实行为特征；但是它只能观察到外部现象，无法深层次了解调查对象的一些动机、意向及态度等内在因素。

观察法在收集市场信息的过程中，会产生一定的误差。观察法的误差产生原因主要有以下两个方面(如表 6-1 所示)。

表 6-1 感觉和观察工具表

人员观察(人的感觉器官)		机器观察(辅助手段)	在市场调研中的作用
视觉	眼睛	望远镜、显微镜照相、影视	行为观察(广告牌效果检验)
听觉	耳朵	助听器、录音机噪声测量仪	谈话观察(顾客的言谈)
触觉	手指、手掌	触式测试仪、盲视仪、金相仪	表面检验(纹路、结构、皮肤)
味觉	舌、口腔	化学分析仪、味料专用分析仪	品味
嗅觉	鼻	香料分析仪	食品、香料检验

从观察者的角度来看，包括态度观点原因、知识和经验原因、心理和生理原因。

从被观察者的原因来看，包括被观察现象的发展还不成熟，尚不能表现出市场现象的本质；由于观察活动对被观察者的干扰，被观察者产生心理和行为反应；被观察者有意识地制造假象。

观察误差是无法计算的，但却是可以尽量避免或减少的。通常情况下，减少观察误差，提高观察准确性的方法有：①严格选择和要求观察人员；②培养和训练观察员；③控制观察活动的干扰，对市场现象进行对比观察。

【小案例】

日本如何中标大庆油田石油开采设备

20世纪60年代，中国发现了大庆油田，但当时对外是严格封锁消息的。

1960年，日本石油化工设备公司从我国公开发行的《人民画报》上惊奇地发现：北京市公共汽车上的气包不见了！气包不见了，那不就说明中国人现在开发了很大的油田吗？

那么，油田在哪里？规模有多大？他们公司是否有利可图？日本人对这一信息展开了深入细致的研究。

1964年7月，《中国画报》封面刊登了大庆油田工人艰苦创业的照片，画面上，工人们身穿大棉袄，正冒着鹅毛大雪，奋战在钻井平台上。据此，日本人得出结论一：大庆油田可能在东三省北部的某地。因为中国其他地方很难下这么大的雪。

然后，日本人注意到《人民日报》报道王进喜到了马家窑，豪迈地说："好大的油海啊，我们要把中国石油落后的帽子扔到太平洋里去!"于是，日本人找到了伪满时期的旧地图，得出结论二：马家窑是位于黑龙江省的一个村子。

接下来，日本人根据《人民中国》的介绍，中国工人阶级发扬"一不怕苦，二不怕死"的精神，肩扛人抬将设备运到现场。他们由此推断结论三：石油钻井离马家窑很近。

随后，日本人根据王进喜出席第三届人代会，推断出结论四：大庆出油了。

接着，日本人根据照片中王进喜所握的手柄的架势，推算出油井的直径。

根据当年国务院的政府工作报告，由当时的全国石油产量减去原有产量，日本人推算出大庆油田的石油总产量。并得出结论：中国一定要引进技术和设备。

根据中国当时的气候和环境，日本人思考开发油田需要的技术和综合利用的设备，并快马加鞭地进行设计。

日本人的构想比中国人自己的心思整整提前了4年。当中国以石油的综合利用向外国招标时，美国、英国、德国等方案均未被采纳，而日本石油化工设备公司却顺利中标。

营销启示：科学的市场调研和准确的情报分析是日方获得成功的关键。

3. 实验法

实验法(Experiment)，又称实验调查法，是调查人员有目的、有意识地通过改变或控制一个或几个市场影响因素的实践活动，来观察分析市场现象在这些因素影响下的变动情况，认识市场现象的本质和发展变化规律的市场调查方法。它是因果关系调研中经常使用的一种行之有效的方法。

实验法包括实验者、实验对象、实验环境、实验激发、实验检验等五大基本要素。当前，实验法在市场调查中主要应用于产品价格调查、产品性能调查、市场饱和度调查、产品广告效果调查等方面。

实验法的优点包括：①通过实地实验展开调查收集的资料，客观实用，排除了人们主观估计的偏差；②调查人员可依据调查需要合理设计实验，有效控制实验环境，有意识地使调查对象在相同条件下重复出现，反复进行实验，使调研结果更精准；③调查人员可主动引起市场影响因素的变化，并通过控制其变化来研究该因素对市场产生的影响，而不是被动、消极地等待某种市场现象的发生。

实验法的缺点包括：①实验对象和实验环境的选择，难以具有充分的代表性；②实验调查的结论带有一定的特殊性，其应用范围受到一定限制；③实验中，调查人员很难对实验过程充分有效地控制，因此，准确辨别和检验实验效果与非实验效果有一定难度；④实验调查时对调查者要求较高，时间周期比较长。

七、市场调研的程序

通常所说的市场调研，不应是一个孤立的、单项的行动，而应是一项复杂的、细致的、系统的工作，各环节紧密相连，互相影响，互相促进。因此，为确保市场调研工作有效、规范地实施，保证市场调研结果的有效性，使整个调研工作有节奏、有秩序、高效率地进行，必须加强组织工作，合理安排市场调研的程序。不同类型的调查活动，由于调查目的、调查对象、调查方法、调查内容等方面的差异，调研实施程序有所不同，但总体上，大致包括定义调研问题、设计调研方案、实施调查、整理和分析数据和撰写调查报告五个流程。

（一）定义调研问题

埃里克·马德(Eric Mader)公司独立顾问及高级合伙人吉布森(Gibson)说：一个好的定义能解决一半的问题。在营销调研过程中最重要的步骤是定义调研问题。一个问题的定义决定整个调研活动的方向。营销调研问题总是受许多外部条件、偶发事件等因素的影响。正确的定义问题能使市场调研在解决问题时发挥功效，而一个错误或有误差的定义则会导致整个调研工作走向失败。

调研问题包括管理决策问题和营销研究问题，两个问题虽不相同但有密切联系的层面。管理决策问题是决策者需要做什么的问题，它关心决策者可以采取什么行动，以行动为导向；营销研究问题是为了回答管理决策问题，企业需要什么信息以及如何获得有效信息的问题，它关心回答管理决策问题的信息依据以及获取途径，以信息为导向。

（二）设计调研方案

市场调查是一项复杂的、严肃的、技术性较强的工作，涉及人员多、范围广。为了在调查过程中统一认识、统一内容、统一方法、统一步调，圆满完成调查任务，就必须事先制定出一个科学、严谨、可行的工作计划和行动纲领，以使所有参与调研工作的人员都依次进行，有章可循。

市场调研方案，又称“市场调研策划书”或“市场调研计划书”，是指在正式调查之前，根据市场调查的目的和要求，对调查工作各方面和全过程的通盘考虑和设想，包括了整个调查工作过程中的全部内容。它是整个调研活动的一个框架或蓝图。调查方案是否科学、可行，关系到整个市场调研工作的成败。

一般情况下，市场调研方案包括封面、目录、主体和附录四大部分。这里重点介绍主体部分，主要包含以下内容：

1. 市场调查背景

调查背景是对本次调查工作开展的原因、必要性的大致介绍和总体概述。即简要介绍客户的基本业务情况，并提出本次市场营销调研工作的主题。通过对背景资料的分析，可以更加清楚地了解企业的现状和所要解决的问题。

2. 市场调查目的

调查目的是指特定的调查项目所要解决的问题，即为何要调查，要了解和解决什么问题，调查结果用于何处。明确调查的目的是设计市场调查方案的首要问题，因为只有调查目的明确，才能确定调查的对象、内容和方法，才能保证市场调查具有针对性。

3. 确定调查对象和调查单位

明确了调查目的之后，就要确定调查对象和调查单位，这主要是为了解决向谁调查和由谁来具体提供资料的问题。调查对象就是根据调查目的、任务确定调查的范围以及所要调查的总体，它是由许多某些性质上相同的调查单位所组成的。调查单位就是所要调查的社会经济现象总体中的个体，即调查对象中的一个一个具体样本。

4. 确定市场调查内容

调查内容的确定取决于调查的目的和任务，以及调查对象的特点与数据资料搜集的可能性。前面章节已做介绍，这里不再赘述。

5. 制定调查提纲和调查表

当调查内容确定后，可将调查内容科学地分类、排列，构成调查提纲或调查表，方便调查登记和汇总。通常情况下，定性调研中更多要借助调查提纲，集中几个问题，与多个样本沟通来收集所需信息；而对于定量调研来讲，其更倾向于把调查表作为收集所需市场信息的媒介工具。

调查表拟定后，为便于正确填表、统一规格，还要附填表说明，内容包括调查表中各个项目的解释、填表的指导性说明以及填表时应注意的事项等。填表说明应力求准确、简明扼要、通俗易懂。

6. 确定调查时间和期限

调查时间是指调查资料的所属时间，即应何时搜集调查对象的数据。确定调查时间是为了保证数据的统一性，否则数据无法分类和汇总，导致市场调查失效。调查时期现象(工资、支出、产量、产值、销售额等流量指标)时，应确定数据或指标项目的起止时间；调查时点现象(期末人口、存货、设备、资产、负债等存量指标)时，应明确规定统一的标准时点(期初、期末或其他时点)。

调查期限是指整个调查工作所占用的时间，即一项调查工作从调查策划到调查结束的时间长度。一般来说，应根据调查课题的难易程度、工作量的大小、时效性要求合理确定调查期限，并制定调查进度安排表。

7. 确定调查地点

在调查方案中，还要明确规定调查地点。调查地点与调查单位通常是一致的，但也有不一致的情况，当不一致时，尤其有必要规定调查地点。

8. 确定调查的方法

市场调查方法的确定应考虑调查资料搜集的难易程度、调查对象的特点、数据取得的来源、数据的质量要求等作出选择。若调查课题涉及面大、内容较多，则应选择多种调查方法获取数据和资料。既要获取现成的资料，又要获取原始资料。例如，商场顾客流量和购物调查，通常采用系统抽样调查的组织方式，即按日历顺序等距抽取若干营业日调查顾客流量和购物情况，而搜集资料的方法主要有顾客流量的人工计数或仪器记数、问卷测试、现场观察、顾客访问、焦点座谈等。

9. 市场调查的经费预算

任何一项活动的开展都要以一定的经济支撑，没有活动经费，调研活动则无法实施。在进行预算时，要将可能需要的费用尽可能考虑全面，以免将来出现一些不必要的麻烦而影响调查的进度。例如，预算中没有鉴定费，但是调查结束后需要对成果作出科学鉴定，否则无法发布或报奖。当然，没有必要的费用尽量省略，必要的费用也应认真核算，切不可随意多报乱报。因此，既要全面细致，又要实事求是。

常见的市场调研预算主要有调查方案设计费、抽样设计费、问卷设计费(含测试费)、问卷印刷费、问卷装订费、调查实施费(调查费、培训费、交通费、访问员和督导的劳务费、礼品等)、数据编码和录入费、数据统计分析费、调查报告撰写费和其他办公费用等。

(三) 实施调研

在设计了科学、合理的市场调研方案的基础上，市场调研进入第三个环节，即依据调研方案，开展调研活动，收集企业所需的市场信息资料。它具体包括以下两方面的工作。

(1) 实施调查。根据具体的调查方法、调查对象、调查单位，全方位、大面积的收集第一手信息。

(2) 将采用不同调查方式得到的数据筛选、分类和汇总；也包括将信息表达方式进行一些处理，以适应对数据分析所采用的设施，如录入计算机，以备进一步处理。该步骤也对采集到的数据进行初选过滤，将明显不符合要求的数据除去。例如，剔除一些无效问卷等。

(四) 整理和分析信息

该环节主要包括将数据进行运算、整理、统计处理，得到汇总表、结论书和撰写分析报告需要的表达图表。现在，应该利用计算机系统进行处理，这样便于建立营销数据库和随时查询、调用或补充。常用的数据分析软件包括 SPSS19.0、Excel 等。

(五) 撰写市场调查报告

市场调查报告是市场调查人员以书面形式反映市场调查内容及工作过程，并提供调查结论和建议的报告。它是市场调查研究成果的集中体现，主要包括撰写调查报告、分析报告，给出调查问题的结论。市场调查报告撰写的好坏将直接影响到整个市场调查研究工作的成果质量。

市场调查报告可以从不同角度进行分类，按其所涉及内容含量的多少，可以分为综合性市场调查报告和专题性市场调查报告；按调查对象的不同，可分为市场供求情况的市场调查报告、关于产品情况的市场调查报告、关于消费者情况的市场调查报告、关于销售情况的市场调查报告，以及有关市场竞争情况的市场调查报告；按表述手法的不同，可分为陈述型市场调查报告和分析型市场调查报告。

市场调查报告主要包括封面、目录、执行摘要、主体、附录五部分。

1. 封面

调查报告的封面没有固定的格式可以套用，其设计灵活性较强。但通常情况下，调查报告的封面由标题、委托方、研究机构和日期四部分构成。

2. 目录

制作目录的主要用意是方便检索。通常调查报告的目录里要包含章节目录、表格目录、图形目录等。

3. 执行摘要

它是市场调查报告的开头部分，一般说明市场调查的目的和意义，以高度简练的语言介绍市场调查工作基本概况，包括目的摘要、方法论摘要、重要结果摘要、结论和建议摘要、其他说明。

4. 主体

这是市场调查报告中的主要内容，是表现调查报告主题的重要部分。这一部分的写作直接决定调查报告的质量高低和作用。主体部分要客观、全面地阐述市场调查所获得的材料、数据，用它们来说明有关问题，得出有关结论；对有些问题、现象要做深入分析、评论等。如果调研过程中存在一些不足的地方，主体部分应呈现出研究的局限性，如样本容量局限、抽样的局限性、其他局限等。

5. 附录

附录的内容一般是有关调查的统计图表、有关材料来源、参考文献等。问卷、技术(如统计工具说明)、其他(如调查地图、礼物等)。这部分并非调查报告必备要素，可以省略。

第三节　市场预测

市场预测产生的历史悠久。根据《史记》记载，公元前6世纪到公元前5世纪，范蠡在辅佐勾践灭吴复国以后，即弃官经商，19年之内成为富甲天下的富豪，他的商业成功取决于他懂得市场预测。例如，“论其存余不足，则知贵贱，贵上极则反贱，贱下极则反贵。”这是他根据市场上商品的供求情况来预测商品的价格变化。

一、市场预测的概念

预测是依据客观事物发展变化规律，对特定对象未来发展趋势或状态做出科学地判断和估计，根据过去和现在来推测、预见未来，由已知测算未知。

市场预测是指在市场调研的基础上，运用科学的方法，对影响市场供求变化的诸因素进行调查研究，分析和预见其发展趋势，掌握市场供求变化的规律，为经营决策提供可靠的依据。

通过市场预测，预见市场未来发展趋势，为企业确定生产经营方向、制定企业生产经营的发展计划提供依据。通过市场预测，可探明消费者消费心理变化、购买力增减、具体商品需求趋向等，然后结合企业自身条件，分析优势与差距，寻求可行的解决方案；摸清竞争对手状况，制定相应策略，克“敌”制胜。通过预测，可了解与企业有关的各项市场环境变化，有针对性地制定适当措施和利用环境策略，以确保企业生产经营顺利进行。

二、市场预测的内容

进行市场预测，必须深入分析研究各种因素的发展变化，市场预测包括以下几个主要方面的内容。

（一）市场需求预测

重点从市场潜力、销售前景入手进行预测。公司必须全面调查市场产品销售潜力，从政治、人口、文化、消费习惯、销售渠道特点、品牌基础、竞品分析等方面预测产品的销售前景。

（二）市场购买力预测

重点预测当地现有的经济水平、购买力水平、潜在的购买力水平及消费结构情况。公司应及时了解各项政府政策因素对购买力的影响，增强预测前瞻性和准确性。

（三）新产品开发预测

根据“4C”消费者需要研究并结合公司现状预测新品的开发方向、结构变化，并注重新产品的分析，及时开发市场需要的产品，保证公司建立具有综合竞争力的产品线。

（四）产品资源预测

这是指预测产品供应市场的可能来源及供应量。是否能够保证新产品投入市场后的上游原料供应，是否能够创建收编上游原料供应链，保证竞争优势，同时考虑竞品也有资源需求的竞争因素。

（五）产品价格变动趋势预测

科学预测价格涨落情况，对于公司利润及竞争优势十分重要。没有系统的预测，将会出现不必要的损失。卖场往往都有市场行情预测机构，他们往往知己知彼，预测产品价格未来走势，时机成熟便会与公司签订一定时间段的贸易采购单。公司没有系统预测，稍不注意，便会掉到价格陷阱里，失去巨额利润，乃至赔钱。

（六）产品库存预测

预测产品库存情况，充分了解市场经销商，二批商终端等环节库存，建立淡旺季安全库存，以此为依据建立自有的各时期安全库存。同时，要结合生产能力并考虑竞争因素，对于特殊市场行情要及时调整库存数量。

（七）市场占有率预测

预测产品上市销售中在市场上占有的比重、变化情况和发展趋势。这是某些公司中规定与销售任务同等重要的指标。这决定产品在市场的地位，能体现公司持续发展力、竞争力，对于整体产品线的综合开发也是有着重要作用。

（八）产品生命周期预测

预测产品市场发展水平处在哪个周期，并针对产品处在导入期、成长期、成熟期、衰退期等不同的生命周期，制定不同的应对方法，保证产品充分完成公司的使命，实现各项目标。

（九）营销效果预测

对市场产品各个时期经销的营销效果进行预测，保证公司追求的品牌、利润、销量等各项目标的顺利实现。

三、市场预测的类型

从不同的角度、依据不同的标准，市场预测可分为很多种类型。

（一）依据预测时间分类

按市场预测时间的长短，可将市场预测分为短期市场预测、近期市场预测、中期市场预测和长期市场预测。

短期预测是指根据市场上需求变化的现实情况，以旬、周为时间单位，预计一个季度内的需求量或销售量。

近期预测是指根据历史资料和市场变化，以月为时间单位测算出年度的市场需求量。

中期预测是指 3~5 年的预测，一般是对经济、技术、政治、社会等影响市场长期发展的因素，经过深入调查分析后，所做出的未来市场发展趋势的预测，为编制 3~5 年计划提供科学依据。

长期预测是指 5 年以上的预测，是为制定经济发展的长期规划预测市场发展趋势，为综合平衡、统筹安排长期的产供销比例提供依据。

（二）依据预测的空间范围分类

按市场预测空间范围大小，可将市场预测分为宏观市场预测、中观市场预测和微观市场预测三大类。

宏观市场预测是指把整个行业发展的总体情况作为研究对象，研究企业生产经营过程中相关宏观环境因素，放眼全国或全球，涉及的范围大，牵涉面广。它研究总量指标、相对数指标及平均数指标之间的联系与发展变化趋势。宏观市场预测对企业确定发展方向和制定营销战略具有重要的指导意义。宏观市场预测是微观市场预测的综合与扩大。

中观市场预测是指地区性市场预测，涉及国民经济各行业的市场预测，从空间范围来看，是以省、市、自治区或经济区为总体的市场预测。

微观市场预测是指以一个企业产品的市场需求量、销售量、市场占有率、价格变动趋势、成本与效益指标等作为其主要研究目标，同时又与相关的其他经济指标的预测密不可分。微观市场预测是宏观市场预测的基础和前提。

（三）依据预测商品内容分类

按市场预测商品内容分类，可将市场预测分为单项商品市场预测、分类别商品市场预测和商品总量预测三大类。

单项商品市场预测是指对某种商品生产或需求数量的预测，它的特点在于预测内容具体化，有极强的针对性。

分类别商品市场预测是指按商品类别预测其需求量或生产量。它主要是为了分析研究商品需求的结构，以合理地组织各类商品生产和营销活动。

商品总量预测是指对企业生产总量或消费需求总量或销售收入总量所做的市场预测。它常常表现为一定时间、地点、条件下的购买力总量预测，国内生产总值预测。

（四）依据预测方法分类

按市场预测的方法，可将市场预测分为定性市场预测和定量市场预测。

定性市场预测是依据预测者自己掌握的实际情况，实践经验、专业水平，对经济发展前景的性质、方向的把握和对各种资料的综合分析，来预测市场未来的变化趋势。它的依据是类推原则。

定量市场预测是指使用历史数据或因素变量来预测需求的数学模型，并根据已掌握的比较完备的历史统计数据，运用一定的数学方法进行科学地加工、整理，借以揭示有关变量之间的规律性联系，预测未来发展变化情况。

四、市场预测的方法

(一) 定性预测法

定性预测是指预测者依靠熟悉业务知识、具有丰富经验和综合分析能力的人员与专家，根据已掌握的历史资料和直观材料，运用个人的经验和分析判断能力，对事物的未来发展做出性质和程度上的判断的一种预测方法。

定性预测偏重于对市场行情的发展方向的分析，能发挥专家经验和主观能动性，比较灵活，而且简便易行，可以较快地提出预测结果。但是在进行定性预测时，也要尽可能地搜集数据，运用数学方法，其结果通常是从数量上做出测算。

长期以来，人类已经开发、积累了大量的定性预测方法，这里，我们重点介绍集合意见法、对比类推法、专家会议法和德尔菲法。

1. 集合意见法

集合意见法，又称集体经验判断法，是把企业内部和外部相关人员召集起来，利用集体的经验、智慧，对市场未来的发展变化趋势做出判断预测，并加以综合分析的一种定性预测方法。由于企业内的经营管理人员、业务人员比较熟悉市场需求及其变化动向，他们的判断往往能反映市场的真实趋向。因此它是针对市场开发、市场容量、产品销售量、市场占有率预测等展开短期、近期预测常用的方法。

集合意见预测法的基本步骤如下所示：

(1) 由若干个熟悉预测对象的人员组成一个预测小组，并向小组人员提出预测项目和预测的期限要求，并尽可能地向他们提供有关背景资料。

(2) 小组人员根据预测要求，凭借个人经验和分析判断能力提出各自的预测方案，同时各自说明分析理由。

(3) 预测组织者计算有关人员的预测方案的方案期望值，即各项主观概率与状态值乘积之和。

(4) 将参与预测的有关人员分类，如，业内专家、企业决策层、中层领导、车间主任等若干类，计算各类综合期望值。由于预测参加者对市场了解的程度及经验等因素不同，因此他们预测结果各不相同。

(5) 确定最终预测值。预测组织将各类人员的综合期望值通过加权平均法得出最终预测值。

2. 对比类推法

所谓对比类推法是指利用事物之间具有共性的特点，把已发生事物的表现过程类推到后发生或将要发生的事物上去，从而对后继事物的前景做出预测的一种方法。对比类推法，依据类推目标，可以分为产品类推法、地区类推法、行业类推法和局部总体类推法。

3. 专家会议法

专家会议法，是指根据规定的原则选定一定数量的专家，通过会议的形式，对市场未来需求趋势或企业某个产品的发展前景作出判断，并在专家们分析判断的基础上，综合专家们的意见，进行市场预测的方法。“头脑风暴法”就是专家会议预测法的具体运用。

运用专家会议法进行市场预测，必须确定专家会议的最佳人数、最佳人选和会议进行的时间。专家小组规模以10~15人为宜，会议时间一般进行20~60分钟效果最佳。

专家会议法的程序如下：①邀请专家参加会议。②会议主持人提出预测题目，要求各抒己见，提出各式各样方案，主持人不要谈自己的设想、看法或方案，对专家所提出的各种各样的方案和意见，只肯定不否定。③强调会议上不要批评他人方案，大家畅所欲言，敞开思想，方案多多益善，会议气氛应民主、活跃。④会议结束，主持人再对各种方案进行比较、评价、归类，最后确定预测方案。

专家会议法的优点：与会专家畅所欲言，进行思维上的碰撞，各种观点能互相启发、互相借鉴，有利于集思广益，可能会有意想不到的收获；时间短，费用低，应用灵活方便。当然，专家会议法也存在一些弊端，如受与会人员数量的限制，因此代表性不够；受权威的影响较大，容易意见一边倒；易受表达能力的影响；有些专家碍于情面，不愿意发表与其他人不同的意见；出于自尊心而不愿意修改自己原来不全面的意见。

4. 德尔菲法

德菲尔法是当前著名的一种定性预测方法，也称“专家意见征询法”，是1960年由美国兰德公司（RAND Corporation）的海默等人发明的长期预测方法。

所谓德尔菲法，是指采用背对背的通信函询方式征询专家小组成员的预测意见，经过几轮征询，使专家小组预测意见基本趋于集中，最后作出高准确率的、符合市场未来发展趋势的预测结论。

德尔菲法是为了克服专家会议法缺点而产生的一种新的专家预测方法，是一种改进型的“背靠背”预测方式。

德尔菲法的运用步骤：

（1）确定预测题目，选定专家小组。研究结果表明，讨论会若由10～15位专家组成，得到的结果就很可靠。

（2）制定征询表，提供相关材料。预测组织者要将预测对象的调查项目，按次序排列绘制成征询表，同时连带设计好的填写要求、说明一起发给各位专家，以便各位专家能够按统一要求做出预测值。

（3）以匿名的方式多轮函询。第一轮，各位专家依据预测课题、征询表和相关材料，提出个人初步预测结果；第二轮，预测组织者将第一轮汇总整理的意见、预测组的要求和补充材料，反馈给各位专家，进行第二轮征询意见；第三轮，预测组织者将第二轮汇总整理的意见、补充材料和预测组的要求，反馈给各位专家进行第三轮征询意见。经过几次反馈后，各位专家对预测问题的意见会逐渐集中。

（4）运用数学统计分析法对专家最后一轮预测意见加以处理，做出最终的预测结论。

用德尔菲法征询专家意见一般要求在三轮以上，只有经过多轮的征询，专家们的看法才能更加成熟，全面，并使预测意见趋于集中。

德尔菲法的优点：能充分发挥各位专家的作用，集思广益，准确性高；能把专家意见的分歧点表达出来，取各家之长，避各家之短；不易受到权威人士意见的影响；征询表的填写不受填表者语言表达能力的影响；填表代替讨论，征询方式的改进，可以获得与众不同的意见；自尊心较强的专家，借助信函，很容易接受全面或部分修改自己意见的事实。当然，该方法也存在一些不足，如研究时间不易预估，原因是问卷回收时间的延迟；叙述问题的文字力求明确，但仍难免有歧义发生，或可作不同解释之处；参与成员对问卷不明确的提示易产生误解；在第二阶段以后的问卷内，所包括的问题数目太多。理想的德菲尔法程序应该只包括25个左右的问题。

（二）定量预测法

与定性预测相反，定量预测是运用数学方法，对过去历史资料，尤其是数据进行量化处理和分析，从而得出预测结论，因此又称统计预测。通常，定量预测方法包括以下两类。

1. 时序预测法

它是以一个指标本身的历史数据的变化趋势，去挖掘市场的演变规律，作为市场预测的依据，即把未来发展情况看作是在过去历史基础上的延伸。时间序列分析法在现实中的应用范围非常广泛，如对商品销售量的平均增长率的预测、季节性商品的供求预测、产品的生命周期预测等。时序预测法包括平均平滑法、趋势外推法、季节变动预测法和马尔可夫时序预测法。

2. 因果分析法

它包括一元回归法、多元回归法和投入产出法。回归预测法是因果分析法中很重要的一种，它从一个指标与其他指标的历史和现实变化的相互关系中，探索它们之间的规律性联系，作为预测未来的依据。

关于定量预测方法的操作过程，在以后的市场调查与预测学科中会详细介绍，这里将不再展开论述。

五、市场预测的程序

市场预测活动有一定的程序。它由若干互相关联并相互牵制的预测活动构成，预测中前一环节的工作往往会给后一环节工作造成很大的影响。因此，弄清楚市场预测活动中每一环节间的相互关系，有利于整个预测工作的顺利进行，有利于提高工作效率。

（一）确定预测目标

这是进行市场预测的首要问题。确定市场预测的目的就是明确市场预测所要解决的问题是什么，只有确定了预测的目的，才能进一步落实预测的对象内容，选择适当的预测方法，调查或搜集必要的资料，也才能决定预测的水平和所能达到的目标。

确定市场预测的目的主要是根据商品生产和营销决策的要求，针对不同的需要进行不同的市场预测。

（二）收集分析资料

市场预测所需资料的调查、收集和整理是市场预测一个非常重要的步骤。市场预测能否完成、预测结果准确程度的高低、预测是否符合市场现象的客观实际表现等，在很大程度上由预测者是否占有充分的、可靠的历史和现实的市场资料决定。因此，市场预测必须以充分的历史和现实资料为依据。

1. 历史资料

历史资料是指预测期以前的各种相关的市场资料。这些资料反映市场或影响市场的各种重要因素的历史状况和发展变化规律。

2. 现实资料

现实资料是指进行预测时或预测期内市场及各种影响因素的资料。它一般是预测者根据需要对市场进行调查的结果，也可以是各种调查机构的已有资料。市场预测必须搜集有关现实资料，才能使市场预测的结果既不脱离市场现象的长期发展规律，又能对市场的现实变化做出及时的反应，使市场预测结果更加符合客观实际。

（三）建立经济模型，选定预测方法

进行市场预测时，应根据市场预测的目标和现有的资料，选择恰当的预测方法和预测模型，唯有此才能提高预测结果的科学性。

在市场预测中，只有根据对资料的周密分析。选择适当的方法，才能正确地描述市场现象的客观发展规律，才能发挥各种预测方法的特点和优势，对市场现象的未来表现做出可靠的预测。

在占有数据资料的基础上，根据有关市场理论、预测目标、预测要求及实际情况，寻找适当的预测模型。例如，占有资料的不全面、准确性差或影响因素多且不明确，一般适合采用定性方法；反之，适合采用定量预测法建立预测模型。

（四）分析、评价、确定预测值

在建立了适当的预测模型后，就可以运用这一模型来计算某预测期的预测值。需要注意的是，这一预测值是一个估计值，因此它与实际值之间会出现一定误差，因而我们在计算预测值的同时，还要测定预测值与实际值之间的误差。

预测误差的大小反映了预测的准确度。市场预测在事前与事后都要计算预测误差，并分析产生误差的根源，尽量把预测误差控制在可接受的范围内，同时综合运用定性预测和定量预测，科学得调整预测值。

（五）提出预测结果报告

市场预测的结果最终是要服务于决策的，因此预测工作的最后一个阶段就是提交一份预测报告书，对市场预测工作进行全面总结。预测报告主要包括预测目标、预测内容、实际结果，预测方法、模型、结论的准确性和可靠性分析，预测的经验教训。市场预测者必须根据市场现实情况的变化，适当地对预测值加以修正，使之更加符合市场发展变化的实际情况。

【课后练习】

一、简答题

1. 简述市场信息系统的构成。
2. 简述市场调研的类型。
3. 简述市场调研的方法。
4. 简述市场调研的程序。
5. 简述德尔菲预测的方法。

二、案例分析

日本人重视情报搜集工作

日本的搜集情报活动堪称世界一流。当然，搜集科技情报更是历来以“拿来主义”著称。二战后，日本约有1万多人被派到美国学习新工艺和管理技术，并陆续学成回国。美国人后来经调查研究得出惊人的结论：这些日本人仅仅花费了25亿美元，就几乎把西方的所有技术都搞到手了，而这笔花费仅占美国每年研究经费的十分之一。

中国安徽泾县的宣纸，素有“千年寿纸”“纸中之王”的美誉。然而，这种独步天下的优势被日本人打破。事情是这样开始的：安徽泾县在浙江扶持某镇办起一家造纸厂。某年，造纸厂迎来了三个日本某造纸公司的“技术人员”。在座谈会上，日方提出了有关宣纸生产过程及工艺加工方法等问题，就连蒸原料的盐水浓度这么细的问题都问到了。如今，日本人便骄傲地宣称：世界宣纸，中国第一，日本第二。

据报道，在日本本土，专门设有一幢楼的广播监听室，有8名监听人员24小时监听和收录中国中央及地方电台广播节目，并立即整理，制成卡片、分类存档。在中国境内，日本的商社和金融机构已发展到近千家，遍布中国大中城市，他们或亲自下手，或利用中国雇员，从事经济间谍活动。

思考题：日本人的情报搜集工作给你什么启发？

第三篇

市场营销战略

第七章 市场营销战略

知识目标

了解企业战略规划的概念及一般过程；掌握识别市场竞争者的方法；理解成本领先战略、差异化战略以及集中化战略，并掌握三种战略之间的差异性；熟悉市场领导者、市场挑战者、市场追随者、市场利基者概念，并掌握各自的特点和相应的营销策略。

能力目标

掌握企业战略层次的划分、规划投资组合；明确企业对竞争对手分析的必要性；明确如何确定企业竞争对手的具体竞争战略；掌握企业如何根据自身所处的市场竞争地位，制定自身对应的竞争战略和市场策略。

素养目标

具备结合国家发展的大目标来制定企业营销战略的营销意识。

关键术语

企业战略规划、成本领先战略、差异化战略、集中化战略、市场领导者、市场挑战者、市场追随者、市场利基者。

导入案例

美国西南航空公司低成本经营

美国西南航空公司(简称西南航)是一家在固定成本极高的行业中成功实施低成本竞争策略的优秀公司。它从20世纪70年代在大航空公司夹缝中谋求生机的小航空公司一跃发展成为美国的第四大航空公司，持续30余年保持远高于行业平均水平的利润和远低于行业平均值的成本。更值得敬佩的是，无论在机票价格战或经济衰退的年份，还是在遇到石油危机、海湾战争、“9·11”事件或其他意想不到的灾难之时，都一如既往表现优秀。

不一样的定位成就不一样的业绩。

20世纪70年代，美国的航空业已经比较成熟，利润较高的长途航线基本被瓜分完毕，新进入者很难找到立足的缝隙；短途航线则因单位成本高、利润薄而无人去做。在这种情况下，成立不久的西南航审时度势，选择了把汽车作为竞争对手的短途运输市场，这一别出心裁的想法实现了与现有航空大佬们的差异化竞争，从而开辟了一个新的巨大的市场。“我们的对手是公路交通，我们要与行驶在公路上的福特车、克莱斯勒车、丰田车、尼桑车展开价格战。我们要把高速公路上的客流搬到天上来”，西南航的操刀者赫伯·凯莱赫这样解释道。

为了避免和实力强大的老牌航空公司形成正面冲突，西南航刻意回避大机场，不飞远程，而且采取稳扎稳打的策略，开始时只运营其总部所在地州内的3条航线，选择在各城市的次要机场之间提供廉价的点对点空运服务。

航空公司原有的高额固定成本行业特性和“与汽车竞争”的低价竞争定位无疑促使西南航致力于对成本的控制。面对这一巨大的挑战，西南航取得了非凡的成绩。统计数据表明，西南航每座位英里的运营成本比联合航空公司低32%，比美国航空公司低39%；美国航空业每英里的航运成本平均为15美分，而西南航的航运成本不到10美分；洛杉矶到旧金山航线上的其他航空公司的票价为186美元，西南航的票价却仅为59美元。

运营细节构筑成本控制系统工程。

对于航空公司来说，短途航线意味着更多的成本。因为“飞机只有在天上飞的时候才能挣钱”，与长途飞行相比，短途飞行意味着在地面上花费的时间更多，飞机生产效率和劳动力生产效率无疑会随之降低。这一点类似固定成本原理：在固定成本一样的条件下，小批量生产的单位成本要比大批量生产的高。所以说，选择短途支线运营的西南航必须在运营的各个细节中，围绕低成本这一战略定位，想方设法化解所有比传统航空公司更大的成本压力。

细节之一，关于飞机。西南航只拥有一种机型波音737，公司的客机一律不搞豪华铺张的内装修，机舱内既没有电视也没有耳机。单一机型的做法能最大限度地提高飞机的利用率，因为每个飞行员都可以机动地驾驶所有飞机，此外，这样做简化了管理，降低了培训、维修、保养的成本。同时，西南航将飞机大修、保养等非主业业务外包，保持地勤人员少而精。比如，西南航的飞机降落以后，一般只有4个地勤人员提供飞机检修、加油、物资补给和清洁等工作，人手不够时驾驶员也会帮助地勤工作。

细节之二，关于转场。在坚持只提供中等城市间的点对点航线的同时，西南航尽可能选用起降费、停机费较低廉的非枢纽机场。这样做不仅直接降低某些费用，而且也保证了飞机快速离港和飞机上限量供应等低成本措施的可行性。为了减少飞机在机场的停留时间，增加在空中飞行的时间，也就是挣钱的时间，西南航采用了一系列规定以保证飞机的高离港率：没有托运行李的服务；机舱内没有指定的座位，先到先坐，促使旅客尽快登机；建立自动验票系统，加快验票速度；时间紧张时，驾驶员帮助地勤，乘务员帮助检票；不提供集中的订票服务等。这些特色使得西南航70%的飞机滞留机场的时间只有15分钟，而其他航空公司的客机需要一两个小时。对于短途航运而言，这节约下的一两个小时就意味着多飞了一个来回。

细节之三，关于客户服务。选择低价格服务的顾客一般比较节俭，所以西南航意识到，自己的客户乘坐飞机最重要的需求就是能实惠地从某地快速抵达另一地。于是，公司在保证旅客最主要满意度的基础上，尽一切可能地将服务项目化繁为简，降低服务成本。比如，飞机上不提供正餐服务，只提供花生与饮料。一般航空公司的空姐都是询问“您需要来点儿什么，果汁、茶、咖啡还是矿泉水”，而西南航的空姐则是询问“您渴吗?”只有当乘客回答“渴”时才会提供普通的水。

“为什么乘客到了飞机上就会渴，就要饿呢？西南航要改变乘客在飞机上吃吃喝喝的习惯。”赫布·凯莱赫这样解释道。与之相配套的细节是，西南航把飞机上的饮料和食品放在登机口，让旅客自取，以使西南航能保持 86∶1 的机服比例。而美国其他航空公司则平均为 126∶1 或甚至更高。

了解这么多的细节之后，如果你认为西南航一味强调低价而忽略顾客存在的话，那就大错特错了。事实上，西南航认为消费者更看中企业产品或服务的整体品质或价格与成本之间的匹配性。在顾客满意度上，西南航一直是业内佼佼者。从 1992 年到 1996 年，整整 5 年中，西南航始终同时保持着“航班准点率冠军”“顾客满意率冠军(即投诉率最低)”，以及“行李转送准确率冠军”的称号，这样的成绩在整个民航界中无人敢与之比肩。

营销启示：竞争是市场经济的基本特征，任何一个企业都处于竞争者的重重包围之中，企业必须认真研究竞争者的优势与劣势、竞争者的战略与策略，明确自己在竞争中所处的地位，有的放矢地制定竞争战略，才能在激烈的竞争环境中求得生存和发展。

在动态的市场环境中，企业能否求得生存和发展，很大程度上取决于企业的营销活动能否适应外部环境的变化并作出快速正确的反应。对于一个企业来说，开展营销管理的首要步骤就是制定切实可行的市场营销战略和计划。而市场营销战略规划又受企业战略规划和业务战略规划的制约。

第一节 企业战略规划

一、企业战略的概念与作用

任何企业的生存和发展首先都必须确立其战略。企业战略是统揽全局，决定企业总体发展方向的大政方针，对企业的前途具有长期的影响，甚至一开始就决定着企业经营的成败。

“战略”一词源于军事领域，是同“战术”一词相对而言的。在中国，它起源于兵法，指将帅的智谋，例如我国古代著名军事学家孙武在公元前 363 年撰写的《孙子兵法》中就提到。西方的“战略”一词源于希腊语 strategos，原意是指将帅本身，后来指军事指挥中的活动。在现代社会和经济生活中，“战略”主要用来描述一个组织打算如何实现其目标和使命。

“战略”一词引入企业管理中来也只有几十年的时间。在企业管理中，究竟什么是“企业战略”，至今尚无统一的定义。但无论从广义还是狭义理解“战略”概念，都必须看到企业战略具有如下特性。

1. 长远性

企业战略既是一家企业谋取长远发展要求的反映，又是这家企业对未来较长时期内生存和发展的统筹规划。战略规划要以外部环境和内部条件的当前情况为出发点，并对企业当前的运营有指导、限制作用，但是这一切都是为了更长远发展。可以说，凡是为适应环境、条件变化所确立的长期基本不变的目标和实现目标的方案，都属于战略的范畴。

2. 全局性

它是以企业大局为对象，是根据企业整体发展的需要而制定的。企业战略规定的是企业的整体行动，所追求的是企业的总体效果。虽然它也包括企业的局部活动，但是这是作为总体活动的有机组成部分在战略中出现的。研究表明，高明的领导者和企业家总能在复杂条件下把握全局，进而作出正确助战略部署。

3. 竞争性

企业战略是一种以适应环境和超越对手为主要特征的竞争性的计划。企业战略不仅应该考虑企业自身的生存和发展，更要积极主动地迎接环境的变化、竞争对手的挑战，要以企业家的理想、胆色、气魄和毅力，趋利避害，不断调整、充实、完善既定的企业战略，实现超越对手、超越自我、报效社会、造福员工、创造辉煌业绩的目标。

4. 纲领性

战略所规定的纲领性是企业整体的长远目标、发展方向和重点，应当采取的基本方针、重大措施和基本步骤。这些都是原则性的、概括性的规定，带有行动纲领的意义，必须通过展开、细化和落实等过程，才能变为具体的行动计划。

二、企业战略的层次

企业战略是一个分层次的逻辑结构，它至少可分为三个层次，即企业总体战略、业务战略、职能战略。这三个层次的战略是同从事多元化经营的公司组织机构相对应的。企业战略的层次如图 7-1 所示。

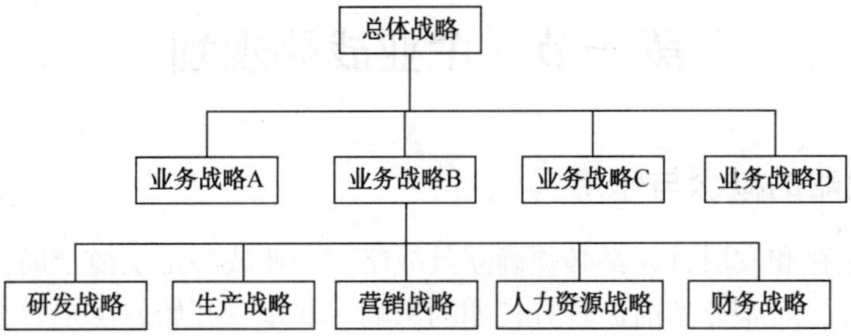

图 7-1 企业战略的层次

（一）总体战略

总体战略又称公司战略，是企业最高层次的战略。在大企业，特别是多元化经营的企业，它需要根据企业使命，选择企业参与竞争的业务领域，合理配置企业资源，使各项经营业务相互支持、相互协调。企业战略的任务主要是解决：“企业的使命及方针是什么？”“企业总体目标是什么？”“企业应该采取什么样的战略？”“应该有什么样的业务组合？”“各种业务地位如何？”通常，企业总体战略是企业高层负责制定、落实的基本战略。

（二）业务战略

业务战略又称事业单位战略或经营战略。业务战略是在企业总体战略的制约下，指导和管理业务单位的计划和行动，为企业的整体目标服务。

（三）职能战略

职能战略又称职能层战略或职能部门战略。职能战略是职能部门为支撑业务战略而制定的本职能部门的战略。它回答的主要问题是：“为支持和配合业务战略，本部门应该采取什么行动？”职能战略可以使职能部门及其管理人员更加清楚地认识本部门在实施总体战略、业务战略过程中的任务、责任和要求，有效地运用有关的研究开发、营销、生产、财务、人力资源等方面的管理职能，保证企业目标的实现。例如，如果海尔公司的家电事业部开发了一种新电器，那么该事业部的市场营销部门就应该制定相应的战略来配合这种新产品投入市场，而销售管理人员应该配合营销战略制定相应的销售战略(见表 7-1)。

表 7-1 企业战略的层次差异表

战略层次	主要决策区域	关键决策者
企业战略	企业使命 战略业务单位定义 战略业务单位目标	企业管理层
业务战略	战略种类 战略实施	业务单位管理层
营销战略	目标市场选择 确定营销组合 整合营销传播	营销管理层
销售战略	目标客户战略 推销战略 销售渠道战略	销售管理层

第二节 企业战略规划的一般过程

企业战略规划的主要内容和过程如图 7-2 所示。首先，在企业整体层次上确定企业的基本任务；其次，根据基本任务的要求明确企业的目标；再次，设计企业的业务组合(或产品组合)，并确定企业资源在各业务单位(或产品)之间的分配比例；最后，在业务单位、产品和市场层次上制定营销战略及其他各项职能战略(如财务、生产、人力资源战略等)，这些职能战略是企业总体战略在各业务单位、产品和市场层次上的具体化表现。

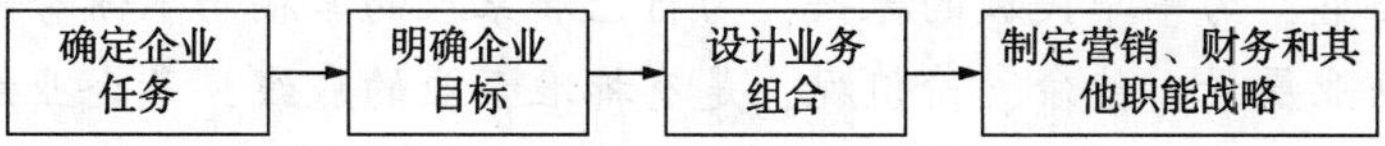

图 7-2 企业战略规划过程

一、确定企业任务

每个企业都承担着一定的社会责任，肩负着一定的社会任务和使命。企业在创立时。一般都规定一定的任务，在企业的成长和发展中，随着外在环境和内在条件的变化，企业任务也要相应调整。当企业规定或调整任务或编写任务说明书时，应回答下列问题：

(1) 我们的企业经营的业务是什么？

(2) 我们的顾客是谁？

(3) 我们的顾客最需要什么？

(4) 我们的企业将来要经营的业务是什么？

(5) 我们的企业未来应向哪个方向发展等。

【小案例】

华为公司的愿景和企业使命

愿景：丰富人们的沟通和生活。

使命：1. 华为的追求是实现客户的梦想。

2. 聚焦客户关注的挑战和压力，提供有竞争力的通信解决方案和服务，持续为客户创造最大价值。

核心价值观：

1. 追求：华为的追求是在电子信息领域实现顾客的梦想，并依靠点点滴滴、锲而不舍的艰苦追求，使我们成为世界级领先企业。

2. 员工：认真负责和管理有效的员工是华为最大的财富。尊重知识、尊重个性、集体奋斗和不迁就有功的员工，是我们事业可持续成长的内在要求。

3. 技术：广泛吸收世界电子信息领域的最新研究成果，虚心向国内外优秀企业学习，在独立自主的基础上，开放合作地发展领先的核心技术体系，用我们卓越的产品自立于世界通信列强之林。

4. 精神：爱祖国、爱人民、爱事业和爱生活是我们凝聚力的源泉。责任意识、创新精神、敬业精神与团结合作精神是我们企业文化的精髓。实事求是是我们的行为准则。

5. 利益：华为主张在顾客、员工与合作者之间结成利益共同体。努力探索按生产要素分配的内部动力机制。我们决不让“雷锋”吃亏，奉献者定当得到合理的回报。

6. 文化：资源是会枯竭的，唯有文化才会生生不息。一切工业产品都是人类智慧创造的。华为没有可以依存的自然资源，唯有在人的头脑中挖掘出“大油田”“大森林”“大煤矿”。精神是可以转化成物质的，物质文明有利于巩固精神文明。我们坚持以精神文明促进物质文明的方针。

7. 社会责任：以产业报国和科教兴国为己任，以公司的发展为所在社区作出贡献。为伟大祖国的繁荣昌盛，为中华民族的振兴，为自己和家人的幸福而不懈努力。

营销启示：企业愿景、使命、价值观，是有标准企业的底线，是企业经营的灵魂，可以极大地提高管理效率、决策效率和员工的执行效率，保证了企业的初心和方向不会偏离。

二、明确企业目标

企业目标是企业未来一定时期内所要达到的一系列目标的总称。企业任务一经确定，就要将这些任务具体转为企业各管理层的目标，形成一套完整的目标体系，使每个管理人员都有自己明确的目标，并担负起实现这些目标的责任。美国营理学权威皮特·德鲁克说：“管理人员应当由所要达到的目标而不是由他的上级来指挥和控制，即进行目标管理。”企业常用的目标有：销售利润率、投资收益率、销售增长率、市场占有率、产品创新和企业形象等。

企业目标应当明确、可靠、重点突出、易于把握、切实可行。

三、设计业务投资组合

这项工作包括：一是分析现有业务组合，以确定对哪些业务或产品追加或减少投入；二是规划企业成长战略，即增加哪些新业务或新产品。

(一) 分析现有业务投资组合

分析现有业务投资组合是企业战略规划的重要内容之一。通过这种分析，企业管理部门可对各项业务进行分类和评估，然后根据其经营效果的好坏决定给予投入的比例，对盈利业务追加投入，对亏损业务维持或减少投入，以使企业有限的资源得到合理配置。

在规划投资组合方面，通常采用波士顿咨询集团法和通用电气公司法。

1. 波士顿咨询集团法(BCG 法)

波士顿咨询集团是美国一家著名的管理咨询公司，该公司建议企业用“相对市场占有率-销售增长率”矩阵对各战略业务单位进行评估分析，如图 7-3 所示。

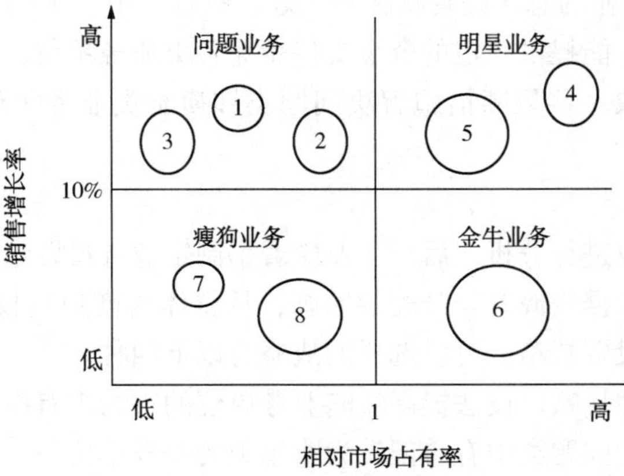

图 7-3 波士顿矩阵：“相对市场占有率-销售增长率”模型

1）业务分类。

通过图 7-3 分析，企业所有的战略业务单位可能会落在四个象限的不同区域中，代表不同的业务类型：

(1) 问题业务。这是指有较高增长率、较低市场占有率的经营单位或业务。大多数经营单位最初都处于这一象限。这类业务通常处于最差的现金流量状态：一方面，所在行业的市场增长率高，企业需要大量的投资支持其生产经营活动；另一方面，其相对市场份额低，能够生成的资金很少。因此，对这类单位是选择大量投资使之转为明星类，还是精简合并以致淘汰出局，管理者应慎重抉择。在图 7-3 中，企业有三个问题单位，如果集中向一两个单位投资，情况或许会有所改观。

(2) 明星业务。是指销售增长率和相对市场占有率都高的战略业务单位，它处于迅速增长的市场，具有很大的市场份额。对于这类业务的经营，企业需要大量的投资，以扶持其快速成长并击退竞争者。明星类业务短期内未必能给企业带来可观的收益，但它们是企业未来的“财源”，当其销售增长率降低时，这类业务就由“现金使用者”变为“现金提供者”，即金牛类。图 7-3 中的企业有两个明星类单位，如果一个没有，则将是危险的信号。

(3) 金牛业务。这是指有较低销售增长率、较高相对市场占有率的业务。这类业务处于成熟的低速增长的市场之中，本身不再需要大量的资源投入，又由于相对市场占有率较高，市场地位有利，盈利率高，能为企业提供大量资金，用以支持企业其他耗费资金较多业务的发展。要是把它的收益全部用于支持其他单位，这个强壮的“金牛”也会日渐消瘦。图 7-3 中的企业只有一个金牛类单位，说明它的财务状况比较脆弱。如果该单位的市场占有率猛然下降，企业就要从其他单位抽回资源以帮助其巩固市场领先地位。

（4）瘦狗业务。它是销售增长率和相对市场占有率都低的战略业务单位。这类业务处于饱和的市场当中，竞争激烈，可获利润很低，不能成为企业大量现金的来源。如果这类经营业务还能自我维持，则应缩小经营范围，加强内部管理；如果这类业务已经彻底失败，企业应及早采取措施，清理业务或退出经营。在图 7-3 中，企业有两个瘦狗类单位，显示企业情况不妙。

在图 7-3 中有 8 个战略业务单位，其中有 3 个问题业务、2 个明星业务、1 个金牛业务、2 个瘦狗业务，说明该企业的总体经营状况不太好。只有一个金牛类业务单位，虽然金牛类的业务单位规模比较大，能提供一定的资金支持企业各类业务单位，但其后续发展是一个很大的问题。该企业应采取一些果断措施解决问题类和瘦狗类业务单位的问题，以免负担过重，影响企业发展。

2）战略分类。

在对各战略业务单位进行分析之后，企业应着手制定业务投资组合计划，决定各单位将来应该扮演的角色，并依据资源有效分配的原则，从整体角度规划投入的适当比例和数量。确定对各个业务单位的投资战略，可供选择的战略有以下四种。

（1）发展战略。这种战略以设法提高战略业务单位的市场占有率为目标，必要时甚至不惜放弃短期收益，适用于问题类中有希望转为明星类的业务单位。

（2）维持战略。这种战略在于维持战略业务单位现有的相对市场占有率，适用于金牛类单位，目的是使其继续为企业提供更多的收益。

（3）收割战略。这种战略在于增加战略业务单位的短期效益，而不管其长期效果，主要适用于金牛类中前景暗淡的单位，也可用于瘦狗类和问题类单位。

（4）放弃战略。这种战略就是变卖和处理某些业务单位，以便把有限的资源用于效益较高的单位，适用于给企业造成很大负担又没有发展前途的瘦狗类和问题类业务单位。

2. 通用电气公司法

BCG 分析法固然是分析公司战略的一种有效方法，但它也有明显的不足之处。一是 BCG 法对业务的分类过于简单，对四大类产品群所采取的战略描述也比较简单化，很难考虑实际中存在的中间状态；二是仅用市场增长率和相对市场占有率来衡量复杂的业务环境，也有偏颇。为此，不少企业在实际应用中对 BCG 法进行了改进，提出了一些新的模型。其中，通用电气公司提出了一套更为复杂的投资组合分析方法。它用“多因素投资组合矩阵”来对企业的战略业务单位加以分类和评价。

这种模型认为，在评价各经营单位时除了要考虑市场占有率和市场增长率以外。还要考虑许多其他因素。把所有的影响因素分为两类：一是行业吸引力；二是业务力量。

1）行业吸引力分析。

在图 7-4 中，纵轴表示行业吸引力，它帮助管理者回答“这个计划是否是个好主意”的问题。行业吸引力取决于下列因素：

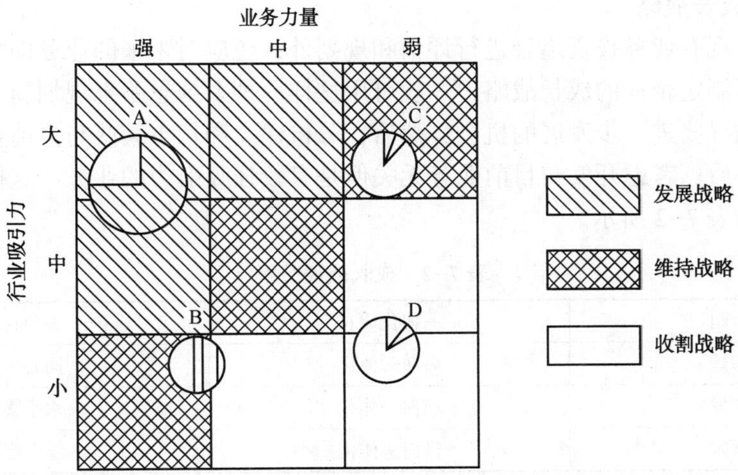

图 7-4 多因素投资组合矩阵

(1) 市场规模。行业的市场规模越大，吸引力越大。

(2) 市场成长率。行业的市场成长率越大，吸引力越大。

(3) 利润率。利润率越高的行业，吸引力越大。

(4) 竞争密集程度。竞争越激烈的行业，吸引力越小。

(5) 周期性。受经济周期影响越小的行业，吸引力越大。

(6) 季节性。受季节性影响越小的行业，吸引力越大。

(7) 规模经济。越是随生产和分销规模扩大，单位产品成本降低的行业吸引力越大；反之，则吸引力小。

(8) 学习曲线。单位产品成本有可能随着经营管理经验的增加而降低的行业，吸引力大；反之，如果该行业管理经验积累已达到极限，单位成本不可能因此下降，则吸引力小。

2）业务量分析。

图 7-4 中，横轴表示企业战略业务单位的业务力量（竞争能力），侧重于评估企业产品或者业务单位的整体市场销售能力。企业战略业务单位的业务力量主要取决于以下因素：

(1) 相对市场占有率。相对市场占有率越大，业务力量越强。

(2) 价格竞争力。价格竞争力越强，业务力量越强。

(3) 产品质量。产品质量与竞争者相比越高，业务力量越强。

(4) 品牌知名度。品牌知名度越高，业务力量越强。

(5) 顾客了解度。对顾客了解程度越深，业务力量越强。

(6) 促销效率。促销效率越高，业务力量越强。

(7) 地理优势。市场位置的地理优势越大，业务力量越强。

每项业务的评定，主要是根据两个变量：行业吸引力和业务力量。这两个变量对评定一项业务具有一定的营销意义。企业如果进入富有吸引力的市场，并具备在这些市场中获胜所需要的各种条件，它就可能成功。如若缺少其中一个条件，就很难得到显著的成效。一个实力雄厚的企业不可能在一个夕阳产业中大展宏图，同样，一个孱弱的企业也不可能在一个朝阳产业中大有作为。

（二）规划成长战略

企业除了对现有业务投资组合进行评估和规划外，还应对未来的业务即新业务的发展方向作出规划，即制定企业的成长战略。一般可用这样一种系统思路来规划新业务：首先，在现有业务范围内寻找进一步发展的机会；然后，分析建立和从事某些与目前业务有关的新业务的可能性；最后，考虑开发与目前业务无关但是有较强吸引力的业务。这样，就形成了三种成长战略，如表 7-2 所示。

表 7-2　成长战略分类

密集型成长	一体化成长	多角化成长
市场渗透	后向一体化	同心多角化
市场开发	前向一体化	水平多角化
产品开发	横向一体化	综合多角化

1. 密集型成长战略

如果企业的现有产品和现有市场还有发展的潜力，可采用密集型成长战略。密集型成长战略主要有以下三种类型：

（1）市场渗透。企业进一步挖掘市场潜力，把现有产品进一步渗透到现有目标市场中，以扩大销售量。企业可通过各种营销方案，如增加广告、扩大销售网络、加强人员推销以及降低价格等，设法使现有顾客增加购买量、争取竞争者顾客的"倒戈"、吸引潜在顾客购买本企业产品，努力提高现有产品在现有市场的销售量。

（2）市场开发。努力使现有产品打入新的市场，以增加销售量。市场开发的途径有两种：一是扩大销售区域，如从地方市场扩展到全国市场，从国内市场扩展到国外市场等；二是进入新的细分市场，满足老市场未满足的需求。

（3）产品开发。企业可在现有市场发展新产品或改良旧产品。如在现有市场上通过改进原产品或增加花色、品种、规格、型号等，来提高市场份额。

密集型成长战略是企业在现有营销领域中可以寻求的机会，它属于第一个层次。

2. 一体化成长战略

如果企业所属行业的吸引力和增长潜力大，并通过与供应商、中间商的联合，可以加强控制，提高效率，提高盈利能力，则可采取一体化成长战略。它的具体形式有以下三种：

（1）后向一体化。这是一种按销、产、供顺序实现一体化经营而获得成长的战略，如生产企业向后控制供应商，使供、产一体化，实现供、产结合。例如，某火力发电企业原先向其能源供应商煤矿企业购进煤炭，现在发现电力市场需求增长很快，煤炭供不应求，价格上涨，为了保证煤炭资源的有效供应，于是决定通过联营或收购股份控制煤矿企业。

（2）前向一体化。这是一种按供、产、销顺序实现一体化经营使企业得到发展的战略，如企业向前控制分销系统（如控制批发商、代理商或零售商等），实现产、销结合。例如，煤电公司自设分销系统等，实现产、销一体化。

（3）横向一体化。这是一种兼并或控制竞争者的同类产品的企业。例如，实力雄厚的煤矿公司收购或控制若干弱小煤矿公司。

在商品经济高度发达的社会里，上述一体化成长战略都是在市场竞争中实现的，是企业在现有市场营销渠道的其他业务中寻找机会，属于第二个层次。

【小案例】

法国电信横向一体化战略

法国电信是横向一体化战略的典范，不断通过兼并和控股等方式开拓和扩大市场。其中最引人注目的是2000年斥资432亿欧元收购了英国第三大移动运营商Orange公司的全部股票，并把自己原来的移动电话业务归并于Orange品牌下，成为仅次于英国Vodafone公司的欧洲第二大移动通信公司。

法国电信收购Orange看重的就是其品牌，它不仅在其拓展全球移动通信业务时使用了Orange这一商标品牌，而且其国内移动运营公司Itineris也继续采用Orange这一品牌，尽管当时Itineris公司在法国国内移动通信市场已经占有48%的份额，远远领先其竞争对手。实践证明法国电信的举措是成功的，Orange目前在世界各个主要市场都占据着很强的竞争位置。

除此之外，法国电信在1999年购买了西班牙互联网接入提供商CTVJet，参股当地的CATV公司MSC（Madrid Sistemde Cable），并占其资本的10%；1999年7月，收购了西班牙电信运营商Catalana；2000年1月，以38亿美元的价格收购Global One；2000年12月，以35亿美元的价格购买美国Equant公司54%的股份。

营销启示：法国电信在实施横向一体化战略中，突出专长、加深核心竞争力，有效提高了企业的运营效率和市场占有率。

3. 多角化成长战略

多角化也称多样化或多元化，是指企业利用经营范围以外的市场机会，新增与现有产品业务有一定联系或毫无联系的产品业务，扩大业务范围，实行跨行业经营。当企业所属行业缺乏有利的营销机会或其他行业的吸引力更大时，可实行多角化成长战略。但多角化并不意味着毫无选择地利用一切可获得的机会，而是要求企业扬长避短，结合自身的资源优势来选择市场机会，以充分发挥资源潜力并使风险分担。多角化成长战略有以下三种类型：

（1）同心多角化。这是企业利用原有的物质技术力量，生产经营市场上需要的其他产品从而寻求新的成长机会，犹如从同一圆心向外扩大业务经营范围。这种多角化经营有利于发扬企业原有的技术设备优势，风险性小，易于成功。

（2）水平多角化。就是企业利用现有市场，增添新的物质技术力量开发新产品，以扩大业务经营范围。例如：儿童饮品生产企业凭借对儿童市场的了解，生产儿童服装、儿童玩具等产品。

（3）综合多角化。就是企业把业务扩展到与原有技术、市场完全无关的行业中去，其办法是通过收购、兼并其他行业或在其他行业投资，把业务扩展到其他行业中去。采用综合多角化成长战略的企业，一般都是实力雄厚的大企业。例如兖州煤业通过收购日照港，把业务拓展到运输业。

四、制定职能战略

为了实现企业的任务和目标，还必须要求企业中的各个职能部门制定具体的职能战略。职能战略描述了在执行企业战略和业务战略的过程中，企业的每一职能部门所应采用的方法和手段。企业所制定的职能战略应包括市场营销战略、财务战略、研究与开发战略、生产战略、人力资源战略等。在制定这些职能战略计划时，首先要明确市场营销在企业战略规划中的地位及所扮演的角色，处理好各种职能之间、各个部门之间的关系，特别是营销部门同其他职能部门的关系，正确解决各职能部门之间的矛盾。

第三节　企业竞争战略

一、竞争环境分析

企业的竞争环境(Environment of Competition)是指企业所在行业及其竞争者的参与、竞争程度。它代表了企业市场成本及进入壁垒的高低。竞争环境是企业生存与发展的外部环境，对企业的发展至关重要。竞争环境的变化不断产生威胁，也不断产生机会。对企业来说，如何检测竞争环境的变化，规避威胁，抓住机会就与企业发展休戚相关。目前，在中国加快融入国际经济的背景下，中国企业的竞争环境出现了急剧的变化，行业结构、竞争格局、消费者需求、技术发展等都发生了急剧的变化，不确定性增强。任何企业都必须时刻关注环境的变化，才能趋利避害。任何对环境变化的迟钝与疏忽都会对企业造成严重的甚至是决定性的打击。

波特五力模型(Michael Porter' s Five Forces Model)又称波特竞争力模型。五力模型是迈克尔·波特(Michael Porter)于20世纪80年代初提出的，对企业竞争环境分析及其战略制定产生全球性的深远影响。波特五力分析属于外部环境分析中的微观环境分析，主要用来分析本行业的企业竞争格局以及本行业与其他行业之间的关系。根据波特的观点，一个行业中的竞争，不止是在原有竞争对手中进行，而是存在着五种基本的竞争力量：潜在的行业新进入者、替代品的竞争、买方讨价还价的能力、供应商讨价还价的能力以及行业内竞争者现在的竞争能力。这五种基本竞争力量的状况及综合强度，决定着行业竞争的激烈程度，从而决定着行业中最终的获利潜力以及资本向本行业的流向程度，这一切最终决定着企业保持高收益的能力。一种可行战略的提出首先应该包括确认并评价这五种力量，不同力量的特性和重要性因行业和公司的不同而变化，如图7-5所示。

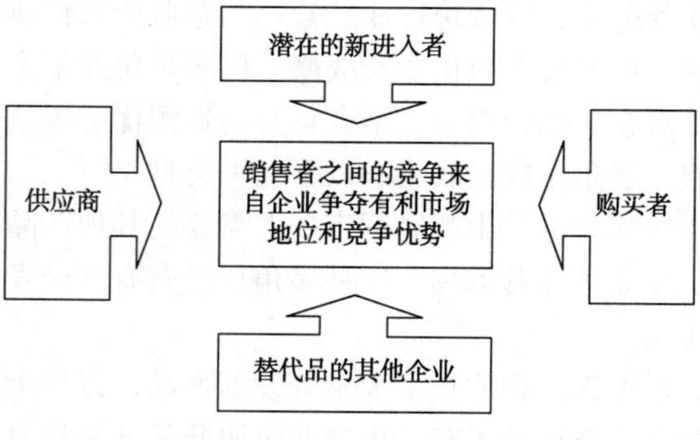

图7-5　迈克尔·波特的五力模型

(一) 供应商的议价能力(Bargaining Power of Suppliers)

供方力量的强弱主要取决于他们所提供给买主的投入要素水平、当供方所提供的投入要素其价值在买主产品总成本中占有较大比例、对买主产品生产过程非常重要或者严重影响买主产品的质量时，供方对于买主的潜在讨价还价力量就大大增强。一般来说，满足如下条件的供方集团会具有比较强大的讨价还价能力：

(1) 供方行业被一些具有比较稳固市场地位而不受市场激烈竞争困扰的企业控制，其产品的买主很多，以致每一单个买主都不可能成为供方的重要客户。

(2) 供方各企业的产品各具有一定特色，以致买主难以转换或转换成本太高，或者很难找到可与供方企业产品相竞争的替代品。

(3) 供方能够方便地实行前向联合或一体化，而买主难以进行后向联合或一体化。

(二) 购买者的议价能力(Bargaining Power of Buyers)

购买者主要通过其压价与要求提供较高的产品或服务质量的能力，来影响行业中现有企业的盈利能力。一般来说，满足如下条件的购买者可能具有较强的讨价还价力量：

(1) 购买者的总数较少，而每个购买者的购买量较大，占了卖方销售量的很大比例。

(2) 卖方行业由大量相对来说规模较小的企业组成。

(3) 购买者所购买的基本上是一种标准化产品，同时向多个卖主购买产品在经济上也完全可行。

(4) 购买者有能力实现后向一体化，而卖主不可能前向一体化。

(三) 新进入者的威胁(Threat of New Entrants)

新进入者在给行业带来新生产能力、新资源的同时，希望在已被现有企业瓜分完毕的市场中赢得一席之地，这就有可能会与现有企业发生原材料与市场份额的竞争，最终导致行业中现有企业盈利水平降低，还有可能危及这些企业的生存。威胁的严重程度取决于两个方面，这就是进入新领域的障碍大小与预期现有企业对于进入者的反应情况。

进入障碍主要包括规模经济、产品差异、资本需要、转换成本、销售渠道开拓、政府行为与政策(如国家综合平衡统一建设的石化企业)、不受规模支配的成本劣势(如商业秘密、产供销关系、学习与经验曲线效应等)、自然资源(如冶金业对矿产的拥有)、地理环境(如造船厂只能建在海滨城市)等方面，这其中有些障碍是很难借助复制或仿造的方式来突破的。预期现有企业对进入者的反应情况，主要是采取报复行动的可能性大小，则取决于有关厂商的财力情况、报复记录、固定资产规模、行业增长速度等。总之，新企业进入一个行业的可能性大小，取决于进入者主观估计进入所能带来的潜在利益、所需花费的代价与所要承担的风险这三者的相对大小情况。

(四) 替代品的威胁(Substitutes)

两个处于同行业或不同行业中的企业，可能会由于所生产的产品是互为替代品，从而在它们之间产生相互竞争行为，这种源自于替代品的竞争会以各种形式影响行业中现有企业的竞争战略。首先，由于存在着能被用户方便接受的替代品现有企业产品售价以及获利潜力的提高受到限制；再次，由于替代品生产者的侵入，使得现有企业必须提高产品质量，或者通过降低成本来降低售价，或者使其产品具有特色，否则其销量与利润增长的目标就有可能受挫；最后，源自替代品生产者的竞争强度，受产品买主转换成本高低的影响。总之，替代品价格越低、质量越好、用户转换成本越低，其所能产生的竞争压力就强。

(五) 同业竞争者的竞争程度(Rivalry)

大部分行业中的企业，相互之间的利益都是紧密联系在一起的，作为企业整体战略一部分的各企业竞争战略，其目标都在于使得自己的企业获得相对于竞争对手较高的优势。现有企业之间的竞争常常表现在价格、广告、产品介绍、售后服务等方面，其竞争强度与许多因素有关。

一般来说，出现下述情况将意味着行业中现有企业之间竞争的加剧，行业进入障碍较低，势均力敌竞争对手较多，竞争参与者范围广泛；市场趋于成熟，产品需求增长缓慢；竞争者企图采用降价等手段促销；竞争者提供几乎相同的产品或服务，用户转换成本很低；退出障碍较高，即退出竞争要比继续参与竞争代价更高。

行业中的每一个企业或多或少都必须应付以上各种力量构成的威胁，除非认为正面交锋有必要而且有益处。例如要求得到很大的市场份额，否则客户可以通过设置进入壁垒，包括差异化和转换成本来保护自己。

二、竞争者分析

为了制定一个有效的营销战略，企业必须研究其竞争者，企业实际和潜在的竞争者范围是广泛的。企业最明显的竞争者是那些试图满足相同的顾客需求，并提供相同产品或服务的同行企业。企业应关注其潜在的竞争者，它们可能会提供新的其他方法来满足同样的需求。竞争者分析主要包含竞争者识别、识别竞争者的战略、确定竞争者的目标、评估竞争者的优势和劣势、评估竞争者的反应模式等工作环节。

（一）竞争者识别

1. 以产品替代程度来识别企业的竞争者

（1）品牌竞争者。当其他企业以相似的价格向相同的顾客提供类似产品与服务时，企业将其视为竞争者。例如，长虹公司的主要竞争者是康佳、创维、TCL等彩电制造商。

（2）行业竞争者。企业把制造同样或同类产品的企业都视作竞争者。例如，长虹公司认为所有彩电制造商都是其竞争者。

（3）形式竞争者。企业广泛地把所有制造并提供相同服务和产品的企业都视作竞争者。

（4）愿望竞争者。企业还可进一步更广泛地把所有争取同一消费者的企业都视作竞争者。

2. 以市场竞争观念来识别企业的竞争者

不从行业角度看企业，而是把竞争者看作满足相同顾客需要或服务于同一顾客群的企业。例如，打字机制造商的竞争对手不仅是其他打字机制造商，还有铅笔制造商、钢笔制造商、计算机制造商，因为它们都满足顾客“写字能力”的需要。市场竞争观念开阔了企业的视野，使其看到还存在着更多的、实际的和潜在的竞争者，以制定出更长远的战略计划。

识别竞争者的最佳方法是把行业和市场分析结合起来。

（二）识别竞争者的战略

企业最直接的竞争者是那些为相同的目标市场推行相同战略的企业。一个战略群体就是在一个特定行业中推行相同战略的一组企业。通过对战略群体的识别可以发现以下情况：第一，各战略群体设置的进入障碍的难度不尽相同；第二，如果企业成功地进入一个战略群体组别，该组别的成员就成了它的主要对手。如果希望取得成功，它在进入时应具有某些战略优势。

竞争不仅仅在战略群体内展开，在群体与群体之间也存在。第一，某些战略群体所吸引的顾客群相互之间可能有所交叉。第二，顾客不能区分不同群体的供应品的差异。第三，各个群体可能都想扩大自己的市场细分范围，特别是在规模和实力相当，以及在各群体之间流动障碍较小的时候。

（三）确定竞争者的目标

在识别了主要竞争者及其战略后，企业必须了解竞争者的目标。即每个竞争者在市场上追求什么？每个竞争者的行为驱动力是什么？一般说来，竞争者都将尽量争取利润最大化，但存在长期利润与短期利润之分。此外，有些企业是以“满足”为市场目标，即它们建立目标利润指标，只要这些目标能够达到，它们便感到满足了。有时候，竞争者追求的不是单一的目标，而是目标组合，只是侧重点不同。企业需了解竞争者对目前的获利可能性、市场份额增长、现金流动、技术领先和服务领先等所赋予的相对权数。了解竞争者的加权目标组合，便可了解竞争者是否对其目前的财务状况感到满意，它对各种类型的竞争性攻击会做出哪种反应等。

（四）评估竞争者的优势和劣势

竞争者能否实施其战略并实现其目标，取决于竞争者的资源和能力。企业需要识别每个竞争者的优势与劣势。

（1）企业应当收集每个竞争者近期业务的关键数据，特别是销售额、市场份额、毛利、投资报酬率、现金流量、新投资及设备能力的利用等情况。每种数据的获得都将有助于它们更好地评估每个竞争者的优势和劣势，并帮助新竞争者决定向谁发起挑战。

（2）企业通过第二手资料、个人经验或传闻来了解有关竞争者的优势和劣势。它们可通过向顾客、供应商和中间商进行营销调研资料来增加对竞争者的了解。

（3）在寻找竞争者的劣势时，企业应设法识别它们为其业务和市场所作的假想有哪些已经不成立。如果企业知道竞争者在按照一个严重错误的设想经营，就可以利用它，并超过它。

（五）评估竞争者的反应模式

单凭竞争者的目标和优势与劣势，不足以说明其可能采取的行动，以及对诸如削价、加强促销或推出新产品等做出反应。每个竞争者都有其经营哲学、企业内部文化和某些起主导作用的信念。一个企业需要深入了解竞争者的思维体系，并预测竞争者可能做出的反应。下面是几种常见的反应类型：

1. 从容型竞争者

某些竞争者对某一特定竞争者的行动没有迅速反应或反应不强烈。企业必须弄清竞争者从容不迫行为的原因，可能是：它们感到其顾客是属于自己的；它们的业务需要收缩；它们对其他竞争者的行动反应迟钝；它们缺乏做出反应所需要的资金。

2. 选择型竞争者

竞争者可能只对某些类型的攻击做出反应，而对其他类型的攻击则无动于衷。了解主要竞争者会在哪些方面做出反应，可为企业提供最为可行的攻击方式。竞争者可能对削价做出反应以表明对方是枉费心机，但可能对广告费用的增加不作任何反应，认为这些并不构成威胁。

3. 凶猛型竞争者

这类企业对向其所拥有的领域发动的任何进攻都会做出迅速而强烈的反应。它意在向其他企业表明最好不要向其发动进攻，因为防卫者将奋战到底，

4. 随机型竞争者

有些竞争者并不表露可预知的反应模式。这一类型的竞争者在任何特定情况下，可能会也可能不会做出反应，而且无论根据其经济、历史还是其他方面的情况，都无法预见其反应。

了解竞争者的基本反应模式，有助于企业选择和确定行动时机。

三、选择竞争战略

（一）一般性竞争战略

一般性竞争战略又叫总体竞争战略、基本竞争战略。根据迈克尔·波特的理论，通常有三种一般性竞争战略有助于企业形成竞争优势，如表 7-3 所示。

表 7-3　一般性竞争战略

项　目		战略优势	
		低成本地位	独特性
战略目标	整个产业范围	成本领先战略	差异化战略
	特定细分市场	成本聚焦战略	差异化聚焦战略

基本竞争战略有三种：成本领先战略、差异化战略、集中战略。企业必须从这三种战略中选择一种，作为其主导战略。要么把成本控制到比竞争者更低的程度；要么在企业产品和服务中形成与众不同的特色，让顾客感觉到你提供了比其他竞争者更多的价值；要么企业致力于服务于某一特定的市场细分、某一特定的产品种类或某一特定的地理范围。

1. 成本领先战略

成本领先战略(Overall Cost Leadership)也称为低成本战略，是指企业通过有效途径降低成本，使企业的全部成本低于竞争对手的成本，甚至是在同行业中最低的成本，从而获取竞争优势的一种战略。

（1）成本领先战略的主要类型。根据企业获取成本优势的方法不同，成本领先战略可概括为如下几种主要类型：①简化产品型成本领先战略；②改进设计型成本领先战略；③材料节约型成本领先战略；④人工费用降低型成本领先战略；⑤生产创新及自动化型成本领先战略。

（2）成本领先战略的外部条件。成本领先战略的适用条件与组织要求：①现有竞争企业之间的价格竞争非常激烈；②企业所处产业的产品基本上是标准化或者同质化的；③实现产品差异化的途径很少；④多数顾客使用产品的方式相同；⑤消费者的转换成本很低，具有较大的降价谈判能力。

（3）成本领先战略的内部条件。企业实施成本领先战略，除具备上述外部条件之外，企业本身还必须具备如下技能和资源：①持续的资本投资和获得资本的途径；②生产加工工艺简约；③高效的劳动监督和管理；④设计容易制造的产品；⑤低成本的分销系统。

（4）成本领先战略的优势。成本领先战略可以给企业带来以下竞争优势：①吸引对价格敏感的顾客，增强企业价格方面的竞争能力；②即使爆发“价格战”，也能在对手毫无利润时保持一定的盈利；③应对成本增长更有余地，能够更灵活地处理供应商的提价行为；④形成进入障碍，使潜在的竞争对手知难而退；⑤树立与替代品的竞争优势。

【小案例】

吉利的低成本战略

在讲究品牌、名声的汽车市场，出身草根的吉利，非常善于利用自己的强项，“不能造出比别人好的车，就造比别人便宜许多的车”。因此，低成本战略被吉利用到极致。在它的造车路径上，其对资源的掌控上或者对生态环境的搭建上，吉利都“花小钱办大事，不花钱也办事”。而这些成本控制的市场结果，就是吉利以一半甚至更低的价格卖“吉利的夏利”“吉利的思域”“吉利的威驰”“吉利的花冠”……

在吉利的生命力中，“低成本”和“模仿借鉴水平”是两个关键要素。

吉利的造车路径与日本、韩国没有多少差别，都是从模仿开始。1997 年，吉利造车的家底只有 20 万辆摩托车的产销规模。而且开始造车时，吉利内部也只有 3 个来自湖南汽车制造厂的“专业”人士。缺少资金和经验的吉利并没有像当年华晨造中华那样去买来产品平台，而是走了一条最低成本的造车路径：利用现有车型分拆并模仿学习，吉利自己称之为“描红”。

吉利认为被迫去采用“描红”手段，其实也有好处，那就是远比“嫁接”更能长自己的本事，而且这种本事与生俱来地带着低成本基因。例如，模仿豪情的夏利，是吉利模仿的第四款车，因此，在这款车的车身上，吉利已经开始加入自己的元素，而在底盘上，吉利也从依赖夏利的配套体系转变成自己更低成本的配套体系。

1998 年，第一辆吉利豪情在浙江省临海市下线，标志着吉利控股董事长李书福的汽车梦变为现实。12 年时间，李书福通过不断的兼并扩张，在中国汽车行业杀出了一条血路，成为中国民营汽车“第一人”。2009 年，吉利汽车完成销量 33 万辆，比 2008 年净增 10 多万辆，同比增长达 48%；销售收入超过 140 亿元人民币。

（资料来源：朱琼·吉利：低成本战略的生命力，IT 经理世界。）

营销启示：在中国多元化的汽车消费市场上，低成本战略就是吉利的生命力。

2. 差异化战略

所谓差异化战略（Differentiation），是指为使企业产品与竞争对手产品有明显的区别，形成与众不同的特点而采取的一种战略。这种战略的核心是取得某种对顾客有价值的独特性。

（1）差异化战略的基本途径。企业要突出自己产品与竞争对手之间的差异性，主要有四种基本途径：

① 产品差异化战略。产品差异化的主要因素有：特征、工作性能、一致性、耐用性、可靠性、易修理性、式样和设计。

② 服务差异化战略。服务的差异化主要包括送货、安装、顾客培训、咨询服务等因素。

③ 人事差异化战略。训练有素的员工应能体现出下面的六个特征：胜任、礼貌、可信、可靠、反应敏捷、善于交流。

④ 形象差异化战略。

（2）差异化战略的外部条件。差异化战略的适用条件与组织要求：①可以有很多途径创造企业与竞争对手产品之间的差异，并且这种差异被顾客认为是有价值的；②顾客对产品的需求和使用要求是多种多样的，即顾客需求是有差异的；③采用类似差异化途径的竞争对手很少，即真正能够保证企业是“差异化”的；④技术变革很快，市场上的竞争主要集中在不断地推出新的特色产品。

（3）差异化战略的内部条件。除上述外部条件之外，企业实施差异化战略还必须具备如下内部条件：①具有很强的研究开发能力，研究人员要有创造性的眼光；②企业具有以其产品质量或技术领先的声望；③企业在这一行业有悠久的历史或吸取其他企业的技能并自成一体；④很强的市场营销能力；⑤研究与开发、产品开发以及市场营销等职能部门之间要具有很强的协调性；⑥企业要具备能吸引高级研究人员、创造性人才和高技能职员的物质设施；⑦各种销售渠道强有力的合作。

(4) 差异化战略的意义。企业实施差异化战略的意义主要在于：①建立起顾客对企业的忠诚。②形成强有力的产业进入障碍。③增强了企业对供应商讨价还价的能力。这主要是由于差异化战略提高了企业的边际收益。④削弱购买商讨价还价的能力。一方面，企业通过差异化战略，使得购买商缺乏与之可比较的产品选择，降低了购买商对价格的敏感度。另一方面，通过产品差异化使购买商具有较高的转换成本，使其依赖于企业。⑤由于差异化战略使企业建立起顾客的忠诚，所以这使得替代品无法在性能上与之竞争。

【小案例】

他她水：差异化战略

2004 年，首届北京王府井饮料节在王府井步行街鸣锣开场，北京汇源集团控股的汇源·北京她加他饮品公司也在此期间隆重亮相，并推出中国首款男女饮料——“他+”“她-”营养素水饮料，以“饮料也要分男女”的全新理念引得路人关注。在饮料行业，口味、成分、年龄、功能等纵向产品细分标准早已被众厂家用滥，从成人饮料到儿童饮料，从功能饮料到情绪饮料，想在这些细分市场中出奇已经不可能，但从没有人把饮料的消费人群做一个二元切割，而在这个极度追求个性和差异化的时代，为了适应男女个性、生活习惯、身体健康的需求，就贴上男女标签。“我们能否‘横’切市场一刀，把我们的饮料也分出男女呢?”周子琰说。

2004 年 3 月，“他+她-营养水”正式推向市场，其独特的创意立刻成为焦点，好评如潮，一周内产品订货量超过 2 亿元，并在 3 个月内创下了 6 亿元的订货量新高。

营销启示：企业实施差异化战略的核心是取得某种对顾客有价值的独特性，他她水的成功就是赢在“男女有别”。

3. 集中化战略

集中化战略(Focus)也称为聚焦战略，是指企业或事业部的经营活动集中于某一特定的购买者集团、产品线的某一部分或某一地域市场上的一种战略。这种战略的核心是瞄准某个特定的用户群体，某种细分的产品线或某个细分市场。具体来说，集中化战略可以分为产品线集中化战略、顾客集中化战略、地区集中化战略、低占有率集中化战略。

(1) 集中化战略的条件。具备下列四种条件，采用集中化战略是适宜的：①具有完全不同的用户群，这些用户或有不同的需求，或以不同的方式使用产品；②在相同的目标细分市场中，其他竞争对手不打算实行重点集中战略；③企业的资源不允许其追求广泛的细分市场；④行业中各细分部门在规模、成长率、获利能力方面存在很大差异，致使某些细分部门比其他部门更有吸引力。

(2) 集中化战略的优点。集中化战略的优点主要表现在：①集中化战略便于集中使用整个企业的力量和资源，更好地服务于某一特定的目标；②将目标集中于特定的部分市场，企业可以更好地调查研究与产品有关的技术、市场、顾客以及竞争对手等各方面的情况，做到“知彼”；③战略目标集中明确，经济效果易于评价，战略管理过程也容易控制，从而带来管理上的简便。

(3) 集中化战略的风险。集中化战略的风险主要有以下几点：①由于企业全部力量和资源都投入了一种产品或服务或一个特定的市场，当顾客偏好发生变化，技术出现创新或有新的替代品出现时，就会发现这部分市场对产品或服务需求下降，企业就会受到很大的冲击；②竞争者打入了企业选定的目标市场，并且采取了优于企业的更集中化的战略；③产品销量可能变小，产品要求不断更新，造成生产费用的增加，使得采取集中化战略的企业成本优势得以削弱。

（二）基于企业地位的竞争战略

按照企业在所属行业中的竞争地位不同，可以把企业分为四类：市场领导者、市场挑战者、市场追随者和市场利基者，不同的竞争地位是制定市场营销战略的基础。

1. 市场领导者的竞争战略

市场领导者是指在相关的产品市场上占有最大市场份额，在价格变化、新产品开发、分销覆盖面和促销强度方面对本行业其他公司起着领导作用的企业，并被同业所公认。例如，我国电脑行业的联想、微波炉行业的格兰仕、房地产行业的万科等。

市场领导者是行业占有最大市场份额的企业，但并不总是竞争力最强的企业。因为市场领导者在一个行业中有最大的投资额，由于投资量大，在市场需要变化时，投资的报酬率会下降，从而削弱其再投资或是维持现有市场地位所需的资金；市场领先者的营销情况往往在竞争中更容易为别人知道和了解，因此它有来自四面八方的攻击使其难以应付。此外，市场领先者如果没有经常性的组织制度革新，往往可能患“大企业病”，即企业的应变能力和管理效率降低。因此，作为市场领先者，需要对自身的弱点经常地进行检讨，并正确地选择竞争战略。

市场领先者要保持自己的市场占有额和在行业中的经营优势，有扩大市场总需求、保持现有市场份额、扩大市场份额等三种战略可供选择。

1）扩大市场总需求

这属于发展战略类型。即采用“愿望竞争”的观念，积极寻找扩大市场总需求的方法。市场领导者占有的市场份额最大，在市场总需求扩大时受益也最多。扩大总需求的途径是开发产品的新用户、寻找产品的新用途和增加顾客使用量。

2）保持现有市场份额

这属于维持性战略。市场领先企业应采取较好的防御措施和有针对性的进攻，来保持自己的市场地位。保持现有市场份额的战略是市场领先者经常要实行的竞争战略。因为在一个市场领先者的周围，总是存在着不少意欲侵入其市场领域的竞争者。市场领先者就需要进行适当防御。市场领先者的防御战略手段主要有六种：

（1）阵地防御。采取阵地防御，是在现有市场四周构筑起相应的“防御工事”。典型的做法是企业向市场提供较多的产品品种和采用较大的分销覆盖面，并尽可能地在同行业中采用低定价策略，这是一种保守的竞争做法。因缺少主动进攻，长期实行，会使企业滋生不思进取的思想和习惯。美国的福特汽车公司和克莱斯勒汽车公司都曾由于采取这种做法而先后从顶峰上跌了下来；海尔集团没有局限于赖以起家的冰箱市场，而是积极从事多元化经营，开发了空调、彩电、洗衣机、电脑、微波炉等一系列产品，成为我国电器行业的著名品牌。

（2）侧翼防御。侧翼防御指市场领导者对在市场上最易受攻击处，设法建立较强的业务经营实力或是显示出更大的进取意向，借以向竞争对手表明：在这一方面或领域内，本企业是有所防备的。比如，20 世纪 80 年代中期，当 IBM 公司在美国连续丢失个人计算机市场和计算机软件市场份额后，对行业或是组织市场用户所使用的小型计算机加强了营销力度，率先采用改良机型，降低产品销售价格的办法，顶住了日本和原西德几家计算机公司在这一细分市场上的进攻。

(3) 以攻为守。这指在竞争对手尚未构成严重威胁或在向本企业采取进攻行动前抢先发起攻击以削弱或挫败竞争对手。这是一种先发制人的防御，公司应正确地判断何时发起进攻效果最佳以免贻误战机。例如，日本精工公司在世界各地市场，分销达 2300 种钟表产品，使竞争对手很难找到其没有涉足的领域。日本本田公司，素以生产摩托车闻名，该公司从 20 世纪 80 年代中期开始进入轿车生产领域。

(4) 反击式防御。市场领导者已经受到竞争对手攻击时，采取主动的、甚至是大规模的进攻，而不是仅仅采取单纯防御做法。例如，日本的松下公司，每当发现竞争对手意欲采取新促销措施或是降价销售时，总是采取增强广告力度或是更大幅度降价的做法，以保持该公司在电视、录像机、洗衣机等主要家电产品的市场领先地位。

(5) 运动防御。运动防御指市场领导者将其业务活动范围扩大到其他领域中，一般是扩大到和现有业务相关的领域中。例如，美国施乐公司为保持其在复印机产品市场的领先地位，从 1994 年开始，积极开发电脑复印技术和相应软件，并重新定义本公司是“文件处理公司”而不再是“文件复制公司”，以防止随着计算机技术对办公商业文件处理领域的渗入而使公司市场地位被削弱。

(6) 收缩防御。收缩防御指企业主动从实力较弱的领域撤出，将力量集中于实力较强的领域。当企业无法坚守所有的市场领域，并只出于力量过于分散而降低资源效益的时候，可采取这种战略。其优点是在关键领域集中优势力量，增强竞争力。例如，可口可乐公司在 20 世纪 80 年代放弃了公司曾经新进入的房地产业和电影娱乐业，以收缩公司力量对付饮料业越来越激烈的竞争。

3) 扩大市场份额

这属于用进攻方法达到防御目的的战略。在市场需求总规模还能有效扩大的情况下，市场领先者也应随市场情况变化调整自己的营销组合，努力在现有市场规模下扩大自己的市场份额。

扩大市场份额战略的主要做法有：

(1) 产品创新。产品创新是市场领先者主要应该采取的能有效保持现有市场地位的竞争策略。20 世纪 80 年代，日本松下公司平均每 6 个月对其录像机产品进行更新，Intel 公司每 6 个月会更新其 CPU 产品。

(2) 质量策略。质量策略也是市场领先企业采用较多的市场竞争策略。即不断向市场提供超出平均质量水平的产品。这种竞争做法，或者是为了直接从高质量产品中得到超过平均投资报酬率的收入；或者是在高质量产品的市场容量过小时，不是依靠其获得主要营销收入，而仅仅是为了维持品牌声誉或保持企业产品的市场号召力，从而能为企业的一般产品保持较大市场销售量。

(3) 多品牌策略。此策略为美国的宝洁公司首创。即在企业销路较大的产品项目中，采用多品牌营销，使品牌转换者在转换品牌时，仍购买本企业的产品。

(4) 大量广告策略。市场领先企业，往往可以在一定的时期，采用高强度、多频度的广告来促使消费者经常保持对自己的品牌印象，增加其对品牌熟悉的程度或产生较强的品牌偏好。

(5) 加大销售促进力度。如采取各种促销手段，不断加强售后服务，提供更多质量保证，建立更多的销售和顾客服务网点等。

2. 市场挑战者的竞争战略

市场挑战者指在行业中占据第二位及以后位次，有能力对市场领导者和其他竞争者采取攻击行动，希望夺取市场领导者地位的公司。市场挑战者往往可以采取两种竞争战略：一是向市场领先者发起进攻，夺取更多的市场份额；二是固守已有的市场地位，使自己成为不容易受到其他竞争者攻击的对象。

市场挑战者如果要向市场领导者或其他竞争对手发起攻击行动，首先，要确定战略目标与竞争对手。大多数市场挑战者的目标是增加自己的市场份额和利润，减少对手的市场份额。战略目标与所要进攻的竞争对手直接相关。市场挑战者在市场上发起进攻，或是攻击市场领导者较弱的细分市场；或是攻击规模相当但经营不佳的公司；或是攻击比自己更小的企业。其次，要选择适当的进攻战略。市场挑战者要在本行业中要寻求进一步的发展，一般要采取进攻战略。因此，进攻战略是市场挑战者主要奉行的竞争战略。市场挑战者的进攻战略主要有以下五种：

(1) 正面进攻。该战略是正面地向对手发起进攻，攻击对手真正实力所在，而不是它的弱点，即便不能一役以毙之，也可极大消耗对手实力。进攻的结果，取决于谁的实力更强或更有持久力，采取的是实力原则。

(2) 侧翼进攻。侧翼进攻采取的是"集中优势兵力攻击对方的弱点"的战略原则。当市场挑战者难以采取正面进攻时，或者是使用正面进攻风险太大时，往往会考虑采用侧翼进攻。侧翼进攻包括两个战略方向——地理市场或细分市场。

(3) 包围进攻。包围进攻是在对方市场领域内，同时在两个或两个以上方面发动进攻的做法，使被攻击者首尾难顾。该战略要求本企业确实具有比竞争对手更大的资源优势。包围战略奉行的是"速决速胜"原则，尽快使攻击奏效，不陷入"持久战"的泥潭中。日本的索尼公司在向原本由美国几大公司控制的世界电视机市场进攻时，采用了此类做法。即提供的产品品种比任何一个美国公司提供的产品品种都齐全，使当时这些老牌大公司节节败退。

(4) 迂回进攻。即尽量避免正面冲突，在对方没有防备的地方或是不可能防备的地方发动进攻；对于市场挑战者来说，有三种可行方法：

第一，多样化，即经营相互无关联的产品；

第二，用现有的产品进入新的地区市场发展多样化；

第三，用以新技术为基础生产的产品来代替用老技术生产的产品。

其中，以新技术生产产品的做法最为容易获得成功。

(5) 游击进攻。游击进攻是采用"骚扰对方""拖垮对方"的战略方法。适宜实力较弱、短期内没有足够财力的企业在向较强实力对手发起攻击时采用。此做法的特点是：进攻不是在固定的地方、固定方向上展开，而是"打一枪换一个地方"。如有选择地降价、开展短期的密集促销、向对方采取相应的法律行动等。游击进攻不是企业取得直接胜利，企业不可能靠"游击方法"彻底地战胜竞争对手。所以，有时市场挑战者往往是在准备发动较大的进攻时，先依靠游击进攻作为全面进攻的战略准备，迷惑对手，干扰对手的战略决心或者是"火力侦察"。

3. 市场追随者的竞争战略

市场追随者指那些在产品、技术、价格、渠道和促销等大多数营销战略上模仿或跟随市场领导者的公司。在很多情况下，追随者可让市场领导者和挑战者承担新产品开发、信息收集和市场开发所需的大量经费，自己坐享其成，减少支出和风险，并避免向市场领导者挑战可能带来的重大损失。许多居第二位及以后位次的公司往往选择追随而不是挑战。当然，追随者也应当制定有利于自身发展而不会引起竞争者报复的战略，其主要竞争战略可分为三种类型：

（1）紧密跟随。在尽可能多的细分市场和营销组合中模仿市场领先者。在这种情况下，市场追随者很像是一个市场挑战者。但是，市场追随者采取避免直接发生冲突的做法，使市场领先者的既有利益不受妨碍或威胁。

（2）距离跟随。在基本方面模仿领导者，但是在包装、广告和价格上又保持一定差异的公司。如果模仿者不对领导者发起挑战，领导者不会介意。在钢铁．肥料、化工等同质产品行业，不同公司的产品相同，服务相近，不易实行差异化战略，价格几乎是吸引购买的唯一手段，价格敏感性高，随时可能爆发价格大战。正因如此，各公司常常模仿市场领导者，采取较为一致的产品、价格，服务和促销战略，市场份额保持高度的稳定性。

（3）选择跟随。指在某些方面紧跟市场领导者，在某些方面又自行其是。他们会有选择地改进领导者的产品、服务扣促销战略，避免与领导者正面交锋，选择其他市场销售产品。这种跟随者通过改进并在别的市场壮大实力后，有可能成长为市场挑战者。

4. 市场利基者战略

市场利基者指专门为规模较小的或大公司不感兴趣的细分市场提供产品和服务的公司。市场利基者拾遗补缺，见缝插针，虽然在整体市场上仅占有很少的份额，但是比其他公司更充分地了解和满足某一细分市场的需求，能够通过提供高附加值而得到高利润和快速增长。规模较小且大公司不感兴趣的细分市场称为利基市场。

理想的利基市场应该具备以下特征：有足够的市场需求量或购买量，从而可以获利；有成长潜力；为大的竞争者所不愿经营或者是忽视了的方面；企业具有此方面的特长，或者可以很好地掌握补缺基点所需要的技术，为顾客提供合格的产品或服务；本公司在顾客中建立了良好的声誉，能够抵御竞争者入侵。

市场利基者发展的关键是实现专业化，主要途径有：

（1）最终使用者的专业化。企业专门为最终使用用户提供服务或配套产品。如一些较小的计算机公司专门提供防病毒软件，成为“防病毒专家”。

（2）纵向专业化。企业专门在营销链的某个环节上提供产品或服务。如专业性的设备搬运公司、清洗公司等。

（3）顾客类型专业化。市场利基者可以集中力量专为某类顾客服务。如在产业用品的市场上，存在许多为大企业所忽视的小客户，市场补缺企业专为这些小客户服务。某些小型装修公司，专门承接家庭用户的住房装修业务，这些是大型装修公司所不愿意经营的。

（4）地理区域专业化。企业将营销范围集中在比较小的地理区域，这些地理区域往往具有交通不便的特点，为大企业所不愿经营的。

（5）产品或产品线专业化。企业专门生产一种产品或是一条产品线，而所涉及的这些产品，是被大企业看作市场需求不够、达不到经济生产批量要求而放弃的。

(6) 定制专业化。当市场领先者或是市场挑战者比较追求规模经济效益时，市场利基者往往可以碰到许多希望接受定制业务的顾客。专门为这类客户提供服务，构成一个很有希望的市场。近年来，我国城市中的许多家庭，在住房装修、家具等产品和服务方面，越来越倾向于定制，就为许多小企业或个体业主提供虽是分散、却是数量极大的营销机会。

(7) 服务专业化。专门为市场提供一项或有限的几项服务。近年来我国城市中出现的许多"搬家服务公司""家教服务中心"，农村中的"农技服务公司""种子服务公司"等，就是小企业采用这类专业化发展的做法和实例。

【课后练习】

一、简答题

1. 总体战略、经营战略与职能战略是什么关系？
2. 如何科学界定企业使命？
3. 怎样规划企业的投资组合战略？
4. 试述市场领导者可采用的竞争战略有哪些？
5. 理想的利基市场具备哪些特征？

二、案例分析

苏宁电器的战略演进

1990年，苏宁集团的前身"苏宁交家电"在南京宁海路开业。创始人张近东并没有选择火爆的家电产品，而独辟蹊径选择了当时看起来依然是奢侈品的空调产品作为主营业务。苏宁高度重视服务理念，凭借"先收款，后付货""淡季订货"等一系列创新活动，赢得了空调生产企业与用户的认可，并得到稳步发展。1993年，经历了南京市八家国有企业卖场从渠道、价格、媒体宣传等方面展开的围剿后，苏宁不但没有被封杀，反而大放异彩，并于当年成为中国最大的空调经销商。

从1990年开始，国内空调市场需求出现了爆发性增长，为满足这一需求，各地纷纷成立空调制造企业，由此形成的产能迅速将这一市场填满，并造成了产能过剩。空调市场的激烈竞争迫使厂家纷纷提出"渠道扁平化"的变革思路。1996年2月，苏宁明确提出"零售终端是新的立足点与价值之所在"，并于同年3月建立了第一家空调零售店——扬州专营店。1993~1998年，苏宁凭借渠道变革所构建的终端优势，连续6年取得中国最大空调经销商的桂冠。

空调是季节性销量差异明显的产品，专营店难以满足顾客一站式购物需求。为解决该缺陷，1999年苏宁在南京新街口自建了当时单店面积最大的综合家电卖场——18层苏宁电器大厦。此后，苏宁将全国所有店面都转变成综合家电卖场，采用一站式打包购买模式满足客户连带消费需求，逐步实现由单一空调销售向综合家电销售的战略转型。2000年，苏宁进入新的里程碑，大规模连锁化扩张正式拉开序幕。此后6年，苏宁创造了平均40天就有一家新实体店开业、2006年"十一"当天52家新店同时开业的业内神话。在快速扩张构建自身连锁零售终端网络的同时，苏宁薄利多销的模式日渐成熟，而物流、服务、人才等系统与店面建设的配套服务也日臻完善，取得了良好的绩效。2004年7月，苏宁在深圳证券交易所上市，并在十个月后成为沪深两市第一高价股。

通过10多年连锁经营的发展，苏宁在市场和供应商关系网络、内部制度流程及物流和信息系统等基础建设方面，构建了综合家电销售连锁经营领域的核心专长。然而，随着国内家电市场饱和度的逐步上升，国内家电销售行业发展所面对的“天花板约束”越来越明显，国内一线市场的综合家电销售服务竞争越来越激烈，同时，消费者需求多元化程度不断提高。此外，电子商务、现代物流业等新业务的发展也带来了新的挑战和机遇。2011年6月，包括国务院发展研究中心市场经济研究所所长任兴洲、华南理工大学工商管理学院教授蓝海林在内的多位专家学者组成苏宁电器战略规划的智囊团，参与了苏宁战略规划的研讨，共同见证苏宁电器《2010~2020年发展战略》的发布，未来十年苏宁的发展目标定位为比肩全球一流企业，成为国际化世界级企业。根据这一战略定位，苏宁在市场开发方面着力构建线下(实体)与线上(电子商务)两个网络，填补全国一、二级市场的空白区域，覆盖中国1785个“人口10万以上，且家电零售1亿元以上”的县级市场，并在2009年完成对日本Laox和香港镭射的收购基础上，逐步进驻东南亚、欧美市场，形成海内外市场实体网络。同时通过投入大量资金、资源，加速网购平台建设，形成线上网络，2020年实现线上3000亿元、线下3500亿元的销售规模目标。而在产品拓展方面，公司将在现有传统3C产品(Computer，电脑产品；Communication，通信产品；Consumer，消费类电子产品)的基础上，针对个人用户、家庭用户、中小企业等各类消费者提供相应的系统集成服务和整体解决方案，并拓展电信充值、保险业务、票务预订、在线图书、娱乐咨询等虚拟产品业务，形成满足消费者多样化、个性化需求的“产品云”。

2011年，“苏宁易购”实际销售额为59亿元，增长速度超过200%，远高于国内其他B2C(Business to Customer，商对客电子商务模式)网购平台的增长速度。至此，苏宁以(3C+百货)×(实体店+网购)为特点的新经营模式初步形成。但如何解决多个区域市场、不同消费群体、多种产品特性及线上与线下所带来的一系列管理问题，是这一战略目标能否实现的关键。此外，竞争的态势不断变化，事实上，沃尔玛早在2004年就将南京的旗舰店开在了苏宁总部的对面，而针对苏宁在电子商务领域的扩张，老对手国美电器2012年宣布“向综合类网购商城延伸”，京东商城也高调宣布参战，尽管苏宁的高管对其战略目标的实现充满信心，但这一目标的实现肯定会面临各种各样的挑战。

(资料来源：蓝海林：企业战略管理。)

思考题：苏宁电器的战略发展对你有何启发？

第八章 目标市场营销战略

知识目标

掌握市场细分的概念和作用、市场细分的原则；目标市场的概念、目标市场的选择模式、目标市场营销战略、目标市场选择的影响因素；市场定位的概念、市场定位的步骤及策略、市场定位的方法。

能力目标

理解市场细分、目标市场选择与市场定位之间的联系；理解并掌握企业开展目标市场营销战略的实践工作步骤及技巧。

素养目标

树立责任意识和营销职业道德。

关键术语

市场细分、目标市场选择、无差异性战略、差异性战略、集中性战略、市场定位、迎头定位、避强定位、特色定位。

导入案例

“油炸”与“非油炸”——方便面定位

从2005年10月正式上市到2006年年初，尽管仅仅才3个多月，五谷道场方便面在业内已经掀起了不小的风波。“拒绝油炸，留住健康”的广告词似乎一下子戳到了各大方便面企业的痛楚，引起了那些生产油炸方便面企业的强烈不满和指责。为了息事宁人，当时，五谷道场的广告词悄然改为“非油炸，更健康”，措辞相对缓和了不少。

经过二十多年的发展，我国方便面已经形成了400亿元的市场规模，预计五年内，市场规模有望达到1000亿元。经过几番大浪淘沙般的市场洗礼，近年来，我国方便面市场的格局已基本趋于稳定。统计显示，康师傅、统一、华龙、白象等几家大企业瓜分了中国方便面行业近70%的市场份额。

长期以来，经过高温油炸的方便面产品在我国市场上一统江山。世界卫生组织(WHO)公布的调查结果曾明确将油炸类食品列为全球十大垃圾食物之一，原因是油炸类食品含有“高热量”“高脂肪”“营养破坏”以及含有“致癌物质”等。油炸方便面由于高温油炸容易导致营养流失，并产生不良物质。由于采用了非油炸的特殊工艺，非油炸方便面的营养成分不会被破坏、油脂含量也远低于油炸，而热量为油炸食品的1/4，更不会产生有害物质，而口感也更接近于清淡的鲜切面，更加自然，是方便面的发展潮流。据统计，2005年日本非油炸方便面的市场销售额增长了一倍，而在韩国，非油炸方便面已经占据了超过50%的市场份额。

河北中旺集团是方便面行业的后起之秀，其增长速度曾一度超过600%，成为行业最引人注目的黑马，五谷道场是其旗下的新品牌。“我们的目标就是先入为主，把五谷道场做成中国非油炸方便面的象征性品牌。就像大家一提起方便面就自然想到康师傅一样，一提到非油炸方便面，就能想到五谷道场。”北京五谷道场食品技术公司的常务副总经理任立在解释他们率先在国内推出非油炸方便面的原因时表示，他们希望通过推出非油炸方便面来提升产品和品牌档次，相对来说，非油炸方便面恰好符合人们关注健康的需要。“目前市场的反应出乎意料的好。”任立说，现在，五谷道场的月销售额已突破千万元大关。“该项目到2006年4月底将达到8条线的生产能力，月产值达到一亿元。”根据计划，五谷道场在北京房山的生产基地一期工程的8条生产线产能将达到12亿元的产能，二期工程的6条生产线也将在下半年投产。国内的非油炸方便面2006年达到20亿元的规模，因此，2006年五谷道场至少取得非油炸方便面60%的市场份额。

据了解，统一、康师傅等行业巨头已经决定跟进，2006年都将推出非油炸方便面产品。可以预料，围绕非油炸方便面市场的角逐才刚刚开始。尽管中旺希望通过其在非油炸方便面方面的领先优势来打破行业现有格局，达到重排行业座次的目的，但五谷道场要想笑到最后，并不是件容易的事。

“事实上，相对于油炸产品，非油炸方便面更健康、更安全已经是共识。”业内人士说。

营销启示：在竞争激烈的市场环境中，设计、创造一个定位战略无疑是企业取得成功的关键所在。

第一节　市场细分

一、市场细分的产生与发展

市场细分和目标市场营销是由美国市场营销学家温德尔·史密斯(WendellR. Smith)于20世纪50年代中期首先提出来的。这一理论适应了市场形势的需要，为企业更有效地开展市场营销活动指明了方向，受到理论界的高度重视，许多企业也纷纷将其运用于营销实践，它使市场营销理论在二战之后趋于成熟。

市场细分化作为一种重要的营销思想，它的产生既是西方企业市场营销实践发展需要的产物，也是对企业营销实践新经验的总结。它的产生和发展经历了一个漫长的过程，这一过程大致可划分为三个阶段。

1. 大量营销阶段

19世纪末至20世纪初期，西方经济处于工业化初级阶段，以制造业为中心的资本主义经济增长极为迅速，整个市场呈现供不应求的现象。由于销路不成问题，所以不必考虑市场需求，销售工作也不受重视，生产管理是企业的中心工作。如何提高生产效率以扩大产量，生产更多的价廉物美的商品，成为企业关心的首要问题。许多企业实行大量市场营销(Mass

Marketing)，大批量生产单一品种、单一花色的产品，对所有的顾客进行销售，试图以低成本、低价格占领市场，获得规模经济效益。例如，20 世纪初期，美国“福特”汽车公司的 T 型车只有黑色的；可口可乐公司也曾经多年只卖一种口味、一种包装的可乐。

2. 产品多样化营销阶段

20 世纪 20 年代以后，随着科学技术的快速发展，西方国家的生产力水平有了大幅度的提高，市场商品供应日益充足，作为卖方的企业之间开始为争夺市场而竞争，买方市场形势逐步形成。1929~1933 年的“经济大危机”的爆发，标志着资本主义世界买方市场完全形成和市场供给严重大于需求的矛盾的最终激化。面对日益激烈的市场竞争，不少企业开始认识到，众多企业生产大体相同的单一产品，不仅不能满足顾客多样化的需要，也不利于企业提高自身的竞争能力。于是，一些企业开始实行产品多样化营销(Product Differentiated Marketing)，通过向市场推出在外观、质量、款式、花色、价格等方面有所差异的两种或两种以上的产品，给顾客提供多种选择机会，以期借此吸引更多的顾客，扩大产品销量。如福特汽车公司面对市场形势的变化不得不改变原来单一的黑色 T 型车的生产销售格局，推出了多种牌号、档次、型号和颜色的汽车。与大量市场营销相比，多样化市场营销无疑实现了营销观念和方式的新发展。但就其实质而言，多样化市场营销并没有面对市场需求的差异性进行深入研究、更未对市场需求进行细分。只是企业依据自身现有技术和生产能力，尽量为市场提供多种产品，其出发点仍然是企业而不是顾客需求。

3. 目标市场营销阶段

20 世纪 50 年代，第三次科学技术革命蓬勃兴起，技术不断创新，新产品竞相上市，社会产品供应量迅速增加。美国等发达资本主义国家已经由个别产品供过于求的买方市场，变为总量产品供过于求的买方市场，并且由于个人收入和消费水平的提高，市场需求变化加快，企业之间竞争加剧。在这种情况下，传统的以企业或产品为中心的观念和营销模式已不能适应市场变化和企业发展的要求。许多企业开始关注消费者需求的变化，逐步将市场需求调研提上企业重要议事日程，以市场为中心的市场营销观念应运而生。许多企业在市场营销观念的指导下，开始进行目标市场营销(Targeting Marketing)，即在市场细分的基础上，结合企业自身条件，选择一个或少数几个子市场作为目标市场，针对目标市场的需求，运用适当的市场营销策略，适应和满足目标顾客的需要。例如，可口可乐公司现在针对各个细分市场的不同需要，有传统的含糖可乐、低热量可乐(适应减肥者需要)、无咖啡因可乐、非可乐型饮料等多种产品，每种产品又有多种不同包装，以适应消费者不同的需要。在市场细分化基础上进行目标市场营销，是市场营销观念的质的飞跃，是市场营销发展的一座里程碑。

市场细分化作为市场营销理论的新发展，人们对它的认识经历了一个逐步深化的过程。通过市场细分，企业能更准确地把握顾客需求的特点，从而提供真正符合顾客需要的产品或劳务，这有利于企业产品的销售市场总规模的扩大，提高企业的市场占有率。但市场营销实践的进一步发展表明，过细的市场划分使企业的产品线越来越多，加大了生产成本和营销费用、企业不仅不能享受规模生产所能带来的效益，反而使企业经济效益有所降低。

二、市场细分的概念和作用

(一) 市场细分的概念

市场细分(Market Segmentation)，又称为市场细分化，是指企业根据消费者需求的差异性，按照一定的标准或细分变量，把整体市场划分为若干个具有类似需求的消费者群体，从而选择和确定企业能有效满足的目标市场(Target Market)的活动过程。市场细分后所形成的每一个具有相似需求的消费者群叫作一个细分市场或子市场。同一细分市场上，消费者的需求具有较大相似性；而不同细分市场上，消费者之间的需求存在着明显差异。

市场细分是一个创新性的营销概念。它为企业选择目标市场提供了方法，为企业有效开展市场营销活动创造了条件，在企业市场营销活动中，市场细分发挥着积极的作用。

(二) 市场细分的理论基础

1. 消费需求的异质性

消费需求的异质性是市场细分的内在依据。由于顾客需求千差万别和不断发展，即顾客需要、欲望和购买行为呈现异质性，使得顾客需要的满足呈现差异性。根据消费者对产品不同属性的偏好程度进行分类，假如某消费者就某一产品的属性，会出现三种不同的偏好模式，即同质型偏好、分散型偏好、集群型偏好(如图 8-1 所示)：

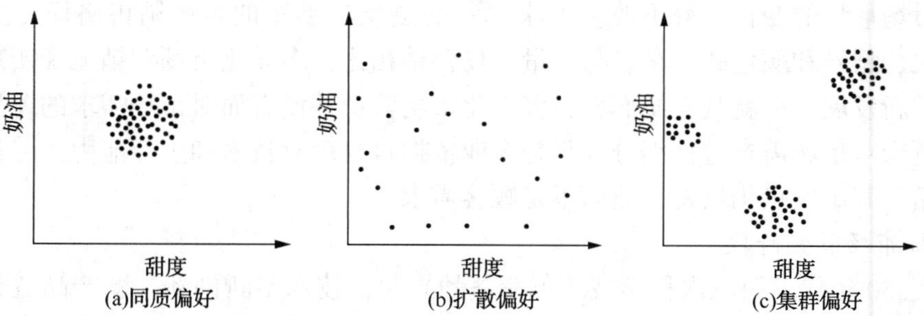

图 8-1　不同的偏好模式

(1) 同质型偏好(Homogeneous Preferences)。图 8-1(a)显示了一个所有消费者有大致相同偏好的市场。该市场表现出“无自然分市场”，至少对这两种属性而言是如此。可以预见，存在的品牌具有相近的属性，产品定位一般都在偏好的中心。在这种情况下，企业可以不进行细分，但是必须同时重视价格和质量两种属性。例如食盐市场，所有的消费者对这一生活必需品的需求基本相同，定期购买量、购买频率也大致相同。在同质市场上，不同的生产者向市场提供的商品和使用的营销策略大致相同，竞争的焦点主要集中在价格上，企业无需采用更多的促销手段。但在现实生活中只有很少一部分商品市场属同质市场，而大部分商品市场，消费者对商品的质量、特性等要求大相径庭。

(2) 分散型偏好(Diffused Preferences)。这是另一个极端，购买者的偏好可能在空间内到处分散，而无任何集中现象。这表示购买者对产品的偏好有所不同。这时进入市场的品牌可以有两种选择：一种是兼顾两种属性，定位在市场的中心，以便迎合最多的购买者，使总体购买者的不满足感减少到最低限度；另一种选择是侧重于某一属性的偏好，即将产品的属性定位于某些角落，以吸引那些对属性位于中心的品牌不满的购买者群。如果市场上有多个品牌，则它们很可能定位于整个空间的各处，各显示其差异，以迎合不同偏好的消费者。

(3) 集群型偏好(Clustered Preferences)。市场上不同偏好的购买者会形成一些集群。譬如，有的购买者偏重于价格，有的购买者偏重于质量，各自形成几个集群，称为“自然分市场”。进入市场的品牌可以有三种选择，它可以将产品定位于中心，以迎合所有的群体(无差异营销)；也可以将产品定位在最大的细分市场(集中营销)；还可以推出好几种品牌，分别定位于不同的细分市场内(差异营销)。

需要注意的是，过去一些同质产品、同质市场，现在正逐渐演变为异质产品、异质市场。营销人员要牢记：只要存在两个以上的顾客，市场需求就会有所不同。

2. 消费需求的相似性

在社会经济生活中，人们的基本消费需求既有相差异的一面，也有相似的一面。受地理人文环境的影响和民族文化传统的熏陶，人们在生活习惯、需求爱好等方面表现为一定的相似性。这种相似性又使划分出来的不同消费需求再次进行聚集，形成相似的消费者群体，每个相似的消费者群体，就构成具有一定个性特点的细分市场，这也是企业进行市场细分的一个基础条件。每个细分市场，其消费需求都是相似的，但不可能达到纯粹的同类，并且也不是一成不变的。随着市场的变化，细分市场相似特性、消费者重视的商品属性也在不断发生变化，需要进行再次细分。

3. 企业资源的限制和有效的市场竞争

企业资源的限制和有效的市场竞争是市场细分的外在条件。现代企业规模再大，都不可能占有人力、物力、财力、信息等一切资源，不可能向市场提供所有的产品，满足市场所有的购买或消费需求。在日益激烈的市场竞争中，为求生存、谋发展，企业应树立市场营销观念，运用市场细分原则，针对消费者的不同需求，开发新产品，更好地拓展市场，积极参与国际竞争，使消费者的需求得到真正的满足。

（三）市场细分的作用

1. 有利于企业发现新的市场机会

市场上永远存在着未被满足的需求。对企业而言，未被满足的需求就是新的市场机会。通过市场细分，企业就可以发现消费者的哪些需求已经得到满足，哪些需求证未被完全满足。哪些需求根本没有满足，相应地可以发现哪些产品竞争激烈、哪些产品竞争较少、哪些产品亟待开发，那些未得到满足或充分满足的市场需求，便是客观存在的市场机会，可能形成新的目标市场。

2. 有利于中小企业的生存和发展

作为市场经营的主体，中小企业为数众多，在满足消费者需求方面发挥着越来越重要的作用。但由于中小企业一般资源能力有限，技术水平较低，在与大企业的竞争中往往处于劣势。如果中小企业的资源平均使用于各个市场，不仅不能实现经营目标，反而会因为力量的分散削弱其市场竞争能力，甚至可能被实力雄厚的大企业挤出市场，面临生存危机。

3. 有利于合理运用企业资源，提高企业的竞争能力

在每一个细分市场上，竞争者的优势与弱点能明显地暴露出来，本企业只要能看准时机，针对竞争对手的弱点，有效地利用本企业的资源能力，推出更适合消费者需要的产品，就能用较少资源把竞争对手的原有顾客和潜在顾客转变为本企业产品的购买者。小企业通过市场细分，可以在市场谋得一席之地，同样，大企业运用市场细分策略则更有利于发挥企业的资源优势，保持稳定的市场份额，甚至可以抢占竞争对手的市场空间。

4. 市场细分有利于企业更好地满足市场需要

企业通过市场细分，可以准确把握不同类型顾客群体的现实需要，借助于有效的市场营销策略予以满足。而且市场细分的过程，也是企业对市场需求动态进行调研的过程。在市场细分的基础上，企业可以更容易针对每一细分市场洞察其需求变动的趋势，根据未来可能出

现的新需求，适时设计、生产、销售新产品，满足市场不断变化的新需要。

三、市场细分的标准

市场细分是以顾客需求作为基础的，市场细分的出发点是消费者对商品和服务的不同需求与欲望。市场细分的标准，对于消费者市场和产业市场，存在着很大的差异。

（一）消费者市场细分的标准

消费者市场细分的标准很多，但主要有4类，即地理因素、人口因素、心理因素和行为因素，如表8-1所示。

表8-1 消费者市场细分的标准

主要变量	次要变量	划分标准
地理因素	行政区域	北京、上海、广州、武汉、成都、西安等
	经济区域	东北、华北、华东、中南、西北、西南等
	城市规模	特大型、大型、中型、小型
	人口密度	城市、市郊、农村
	气候	热带气候、亚热带气候、温带气候、亚温带气候、寒带气候
人口因素	年龄	6岁以下、6~11岁、12~20岁、21~30岁、31~50岁、51~60岁、60岁以上
	性别	男、女
	家庭生命周期	单身阶段、新婚阶段、满巢Ⅰ期、满巢Ⅱ期、满巢Ⅲ期、空巢阶段、孤独阶段
	收入	800元以下、800~1500元、1501~2500元、2501~4000元、4001~6000元、6000元以上
	职业	技术人员、管理人员、律师、商人、学生、职员、医生、教师、农民等
	教育程度	小学以下、小学、初中、高中、大专、大学及以上
	接触媒体	电视、广播、报纸、杂志、互联网
心理因素	社会阶层	国家机关管理者阶层、经理人员阶层、私营企业主阶层、专业技术人员阶层、一般职员阶层、产业工人阶层、个体工商户阶层、农业劳动者阶层
	生活方式	简朴型、时尚型、奢华型等
	个性	自信、自主、支配、顺从、保守、进取等
行为因素	使用率	从未使用、偶尔使用、经常使用
	追求的利益	服务、利益、质量
	品牌忠诚度	无、一般、较强、非常强
	使用者状况	从未使用、以前用过、初次使用、经常使用
	对产品态度	热情、肯定、不感兴趣、否定、敌视
	准备程度	不知道、知道、喜欢、偏爱、有兴趣、准备购买

1. 地理因素

地理因素指按照消费者的地理位置和自然环境来进行市场细分。这是大多数企业进行市场细分的主要标准，因为地理因素相对稳定，也较易于分析。

地理因素包括国家(地区)的地理位置、地形、气候、城镇规模、人口密度等因素。例如，我国南方气候温和湿润，降水量较多，北方气候寒冷干燥，降水量少。一方面，处在不同地理位置的消费者对企业的产品有不同的需要和偏好，他们对企业所采取的市场营销战略和策略有着不同的反应。例如，住在中国海南岛的居民，他们不会购买羽绒服，而东北地区的居民则需要羽绒服度过冬天。因此，地理因素不同，使消费者的衣、食、住、行等有很大的差别。另一方面，城市与农村，沿海与内地，由于经济发展水平不同，人均收入和生活消费水平有很大的差异，必然对消费需求产生影响。

2. 人口因素

人口因素指各种人口统计变量，包括年龄、性别、职业、婚姻、教育程度、收入、家庭规模、家庭生命周期、种族、国籍、宗教等因素。

(1) 年龄。消费者的需要和购买能力随着年龄而变化，不同年龄的消费者呈现出不同的需求特点。如青年人需要学文化、学科学，参加各种体育和文娱活动，老年人则需要营养品与医疗保健品。不同年龄层次的消费者群对于服装颜色的偏好，也呈现出显著的差异，年轻人追求鲜艳醒目，而老年人则更偏好于素雅和稳重的色彩。

(2) 性别。性别是经常用来细分服饰、美发、化妆品、杂志、滋补品等产品市场的。男性和女性由于生理上的差别，对产品和服务的需求表现出很大的差异。资料显示，女性比较关心保健和容颜等方面，男性更关注旅游路线、汽车、娱乐等方面。在购买习惯上，女性比男性更挑剔。因此，许多企业依据性别不同的消费者要求的差异，实施不同的营销战略。

(3) 收入。人们的收入水平直接决定了其支付能力，因为收入不同的消费者表现出不同的需求特点。如高收入的消费者购买高档服装、高档住房、高档轿车和名贵珠宝等，他们出游时会选择往返双飞或单飞单卧和五星级酒店；低收入阶层只购买中低档服装、简单家具及日用品。汽车、游船、旅游、化妆品、服装等行业常常运用收入细分市场。但是，收入变量有时并不能准确地反映市场细分，有些较为昂贵的商品也常常被低收入者购买，因为消费者的欲望和需要还受其他因素的影响，如心理因素的影响。

(4) 职业和教育程度。职业和教育程度是紧密相关的两个因素。职业和受教育程度的不同影响消费者的需求种类。例如，对于自行车的选购，农民出于运送货物而偏好于载重自行车，而学生、教师则喜欢轻型、样式美观的自行车。又如，消费者因受教育程度不同，对审美观点有很大的差异，知识分子对居室装修的格调和日用品的要求，显然不同于工人、农民。

(5) 家庭生命周期。家庭生命周期表示一个家庭的形成、成长及衰落的变化过程，周期的不同阶段是家庭生活的一个时段，实际包括婚姻和孩子两方面的情况。一个家庭，按照年龄、婚姻和子女状况，可以划分为单身、新婚、满巢、空巢、孤独等阶段。在不同的阶段，家庭购买力、家庭人员对商品的兴趣与偏好会有较大差别。

3. 心理因素

心理细分是根据购买者所处的社会阶层、个人生活方式及其个性等方面因素，将购买者划分成不同的消费群体。心理特征和生活方式是新环境下市场细分的一个重要维度。在物质丰裕的社会，需求往往从低层次的功能性需求向高层次的体验性需求发展，消费者除了对商品的核心功能提出更高要求外，对品牌所附带的价值内涵也有所期待。消费者所处的社会阶层、个性和生活方式的差异，会导致其需求的不同。

(1) 社会阶层。社会阶层是指一个社会相对稳定和有序的分类，每类成员有相似的价值观、兴趣和行为，这种群体具有相对同质性和持久性。不同的社会阶层在产品和服务的选择上，存在着较大的差异，如选择服装、家具、汽车和休闲方式等。

（2）生活方式。生活方式是指一个人怎样生活。人们追求的生活方式各不相同，如有的追求新潮时髦，有的追求简朴恬静，有的追求刺激冒险，有的则追求稳定安逸。生活方式的不同，他们的消费心态也不相同。

（3）个性。个性是指一个人比较稳定的心理倾向与心理特征。它会导致一个人对其所处环境做出相对一致和持续不断的反应。个性常常会通过自信、自主、支配、顺从、保守、自卫、适应、进取等性格特征表现出来。

4. 行为因素

行为细分是根据购买者对产品的了解程度、态度、使用情况或反应，将其划分成不同的群体的过程。行为细分能更直接反映消费者的需求差异，因而成为市场细分的重要因素，包括购买时机、追求的利益、使用者状况、使用率、品牌忠诚度、购买者准备阶段和态度等。

（1）购买时机。按照消费者购买和使用产品的不同时机，可将其划分成不同的群体。比如春节、中秋节期间，消费者对礼品的需求会大量增加，生产礼品的企业会趁机增加产品供应和促销手段。又如，宝洁公司在夏季推出的含薄荷配方的绿色飘柔洗发露，突出清凉特征，以促进消费者在夏季购买。

（2）追求利益。按照购买者追求的利益不同，将他们划分成不同的消费群体。对一种产品，有些人追求其经济性，有些人则希望通过产品的使用来显示其身份和地位。比如，在手表的购买者中，追求时尚和动感的青少年们喜欢各种新款的玩具表，而购买西铁城（Citizen）和精工机械表的消费者则属于追求价值的传统消费者，而购买劳力士名表的人则多是品位和社会地位的追求者。

（3）使用者状况。按照顾客是否使用和使用状况的不同，可将某一产品市场细分为未使用者、曾经使用者、潜在使用者、首次使用者和经常使用者。规模较大、市场占有率较高的公司，往往注重将潜在使用者转变为实际使用者，而较小的公司则注重于保持现有使用者，并设法吸引市场领先者的现有客户。当然，随着市场经济日益成熟和规范，越来越多的公司认识到吸引新客户和保持老客户之间成本的巨大差异，越来越注重顾客的保持。

（4）使用数量。按消费者使用某一产品的数量大小，可以将市场细分为大量使用者、中度使用者和少量使用者子市场，这种细分方法又叫使用率细分。大量使用者的人数可能并不很多，但他们的消费量却在全部消费量中占很大的比重。美国一家公司发现，在啤酒市场上，50%的顾客消费掉了美国啤酒销售总量的87%，而另外一半的顾客仅消耗了总量的13%，所以，啤酒公司宁愿吸引重度饮用啤酒者，而放弃轻度饮用者，从而把重度饮用啤酒者作为目标市场。

（5）品牌忠诚程度。品牌忠诚是在特定的产品领域里，消费者在一定时期内认定一个品牌购买消费的坚定程度。根据对品牌的忠诚程度不同，可以把购买者分为坚定忠诚者、中度忠诚者、转移型忠诚者和多变化者四种。那么，如何衡量消费者的品牌忠诚度呢？首先，是看消费者重复购买的次数。在一定时期内，顾客对某一品牌产品重复购买次数越多，说明他对这一品牌的忠诚度越高。其次，是衡量消费者购买挑选时间的长短，对产品品牌忠诚程度不同的顾客，在购买同一产品的挑选时间上是不同的，一般说来，顾客的挑选时间越短，说明他对这一品牌的忠诚度越高。最后，考察消费者对价格的敏感程度，品牌忠诚度较高的消费者、对价格的敏感度较低，反之，则敏感度高。

(6) 购买的准备阶段。把购买者的准备阶段作为市场细分标准，主要是出于两个方面的考虑：第一、人们对于信息的获取是不同步的。例如，对于一种新产品或某一产品的新用途，有些人可能已经知道，而有些则不知道。第二，相同的信息对不同人做出购买决策的影响是不同的。两个人同时看到了某一产品的广告，甲可能已经准备购买，而乙则可能还心有疑虑。

根据购买者准备阶段进行市场细分，使企业可以针对处于不同购买阶段的消费者采取不同的市场营销组合。例如，对处于对产品尚未认知阶段的消费者，企业应推出载有简单信息、形式易于接受的广告；而对处于已知晓阶段的消费者、则重点宣传购买本企业产品的好处，从而使他们趋向欲求阶段。

(7) 态度。根据不同的消费者对同一产品的不同态度，把市场细分为热情者、肯定者、不感兴趣者、否定者和敌对者等5种群体。企业应该针对不同态度的消费者群体，采取不同的营销措施。

【小案例】

市场细分之性别细分

男女之间的生理差异是永远存在的，这也是人得以繁衍的基础。性别的差异导致心理反应的不同。女性的感性较强，有很明显的心理特点。

第一，容易受到情境的影响。走入非常浪漫情调的商场，她们的心情受到感染，愿意产生购买行为。

第二，特别欣赏别人的对她的赞赏。一位女士，在售货员的称赞下，也许会买下她并不想买的东西。同样，赞赏性广告词也会使她们产生购买欲望，“今年二十，明年十八”的广告宣传正好满足了她们的受美及受到赞赏的心理要求。

第三，对产品的包装特别注重。式样和色彩能左右她们的行为，因此，女性对时装的要求是变化要快，许多人买了许多并不穿的衣服，来年的新潮又会使她们又加入购买的行列。化妆品也一样。

男性在消费方面比女性较为理智一些，对自身的气质、地位特别在意，但也有较强的需求：

第一、商品的阳刚之气。每一个男人都希望自己成为真正的男子汉，这是社会及女性对他们的要求。“万宝路”的西部牛仔形象成为几代人所追求的偶像，也使“万宝路”备受青睐。运动员的广告也开始异军突起。

第二、商品的贵族性。男性一般都比较注重自己的身份，这种地位有时需要通过某种可见的东西反映出来，让别人能够发现并对他们尊重。所以男人特别注重品牌形象。尤其是服饰方面，像皮尔·卡丹、马克西姆以及瑞士名表等高档商品，正所谓：“男人穿名牌，女人穿时髦”。

第三、注重质量。男人处事一般冷静、理智，对商品的内在质量特别重视，求稳也是他们的一种心态。追求名牌的另一原因也是因为产品质量的保证。

比如男人和女人对新车的看法有很大的不同。女人总是迫不及待地想坐上去，男人急于把车子擦亮，恨不得立即就负起保养和保护的责任。女性比较注重外观、颜色，男人却注重汽车的质量(速度、耗油、舒适等)。因此，一家广告公司用“你从未有过像这样造型美观，而又保证安全的轿车"去迎合他们的口味，取得了很好的效果。

购买房子时，男女也存在较大的差异。男人将家当作母亲的象征，他在忙了一整天之后，休息的避风港。他心目中的房子必须舒适，充满安慰，正如孩提时代，母亲所给予的安慰一样。女人则把家当成自己的化身，作为她个人人格的延伸。在一个新的房子里，她可以重新塑造自己，同时也拥有更多的自由来表现自己，让自己与家一起成长。一家广告公司针对男人和女人制定了不同的策略。对于男人的广告画面：一幢小屋，窗户里伸出一双女性的手臂，似乎欢迎疲倦归来的孩儿，重回自己的怀抱。对于女人的广告画面：一个美女平躺在地板上，突出她与房子浑然一体。

营销启示：市场细分是建立在市场需求差异的基础之上的，因此形成需求差异的各种因素均可作为市场细分的标准。

（二）产业市场细分的标准

许多用来细分消费者市场的标准，同样可以用来细分组织市场。如根据地理因素、追求利益和使用率等加以细分。但由于产业市场和消费者市场特点不同，还可以依据一些新因素细分市场。

1. 地理位置

一些客户对产品的需求，往往也集中在某一地理区域内。对产业市场来说，劳动力富裕、各种资源获取方便的地区，往往是产业生产者集中的地区。例如，许多生产计算机硬件和软件的厂商都集中于美国加利福尼亚的硅谷；近 20 万人受雇于费城的 500 余家生物和制药企业。这些相对集中的产业群的出现，使得营销者意识到某一地区对于某种产品的需求呈现出同质性和相似性，购买者更倾向于向当地的供应商购买，这样，产业生产者就会向某一区域相对集中。

2. 购买者类型

购买者类型不同是生产资料市场细分的最通用的标准。不同用户购买同一产品的使用目的和需要特点是不同的。因此，企业应当对不同类型用户制定不同的营销组合策略。例如，电子计算机市场可分为军事、工业、商品、金融、服务和个人电子市场，不同子市场对规格型号、质量性能、价格水平以及交货的时间和方式等方面的要求是不同的。

3. 用户规模

用户规模是决定客户采购规模的一个非常重要的因素，在组织市场中，有的客户购买量很大，有些客户购买量很小。以钢材市场为例，建筑公司、汽车公司、造船公司对钢材需求量较大，而一些小型的机械加工厂购买量则较小。企业对大客户可直接联系，直接供货，在价格相信用方面予以优惠，而对于部分小客户可用中间商组织供货。

4. 产品用途

许多产品都有不同的用途，特别是原材料，如钢铁、木材和汽油等，购买这些产品用于何处在很大程度上决定了他们的购买数量、购买标准以及如何选择卖主。例如，铝制品制造商可根据铝制品的最终用途不同，将用户细分为汽车用铝、住房用铝、软饮料容器用铝等。

5. 采购特征

产业市场也可以根据采购中心的特征进行细分，包括采购组织职能、决策权力机构、采购政策、购买标准等方面。

6. 购买决策者的个性特征

购买决策者的个性特征主要包括购买者的人口统计学特征、决策类型、对待风险的态度、自信程度、工作责任心等。这些因素必然影响他们的购买行为，因此也可以作为市场细分的标准。

博内玛（Bouorna）和夏皮罗（Shapiro）提出了产业市场分类的细分变量（如表 8-2 所示）。

表 8-2 产业市场细分变量

主要细分变量	次要细分变量
地理人口	行业、公司规模、地理位置
经营状况	技术、使用者/非使用者情况、顾客能力
采购方式	采购组织职能、权力机构、采购政策、购买标准、与客户的关系
产品用途	应急、常规、特殊用途、订货量
个性特征	双方相似性、对待风险的态度、合作态度、偏好

四、市场细分的原则

市场细分的标准很多，企业可以根据单一标准进行市场细分，也可使用多种标准进行市场细分。适用的细分标准越多，相应的细分市场就越多，反之亦然。在营销实践中，并非所有的细分市场都有意义，如何寻找合适的细分标准，对市场进行有效的细分是非常重要的。

一般说来，在进行市场细分时，所选择的细分市场必须具备一定的条件。

1. 可衡量性

细分的市场必须是可以衡量的，即其市场特征是可以用数据进行测算的，不仅包括市场的范围，市场容量的大小也应该能够判断。要达到可衡量性的要求，不仅要求对细分标准的选择要合理，同时也要求市场细分方法要科学。

2. 可实现性

细分的市场应该是企业通过营销努力可以有效地到达并为之服务的市场。一方面，有关产品的信息可以通过一定的媒体顺利传递给该市场的消费者；另一方面，企业在一定时期内可能将产品通过一定的分销渠道运送到市场。否则，该细分市场就不具备可实现性。

3. 可营利性

企业所选定的细分市场要有足够的需求量且有一定的发展潜力，能够使企业赢得长期稳的利润。如果细分市场规模过小，市场容量有限，而相对应的营销成本又很高，获利就太少甚至亏损，显然，这样的市场细分是没有价值的。

第二节 目标市场的选择

一、目标市场的概念

所谓目标市场，就是指企业为了实现营销战略目标而根据自身条件要进入的细分市场，也就是企业准备投其所好，准备为之服务的顾客群。

目标市场与市场细分既有联系，又有区别。市场细分是按一定的标准划分不同消费群体的过程；而目标市场则是根据自身条件选择一个或一个以上细分市场作为企业营销对象的过程。市场细分是目标市场选择的前提和基础，选择目标市场则是市场细分的目的和归属。因此，细分市场的评估就很重要。

经过市场机会识别的过程后，发现了可能的市场机会。很显然，并不是所有可能的市场机会都是适合企业自己的机会，还必须有一个对机会进行判断的阶段，即检验市场机会是否与企业相匹配，是否能转变为企业机会。

二、目标市场选择模式

目标市场是企业打算进入的市场，或打算满足的具有某一需求的顾客群体。企业在选择目标市场时有五种可供参考的市场覆盖模式(如图 8-2 所示)。

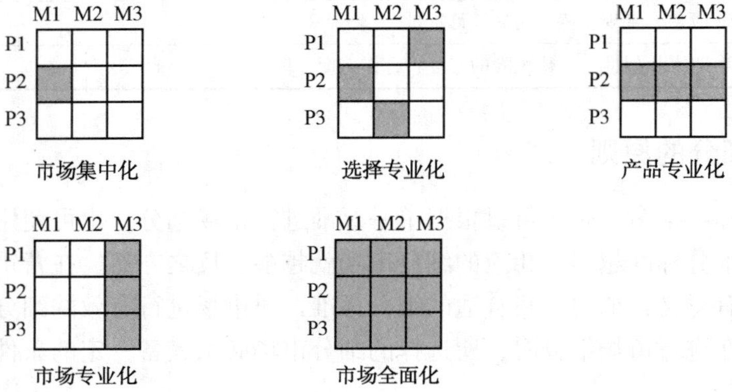

图 8-2　目标市场选择模式图

(一) 市场集中化

这是最简单的一种目标市场模式，即企业只选取一个细分市场，只生产一类产品，供应某一单一的顾客群，进行集中营销。但是，集中市场营销的风险比一般情况风险更大，许多公司宁愿在若干个细分市场分散营销。

(二) 选择专业化

这是指企业选取若干个具有良好的盈利潜力和结构吸引力，且符合企业的目标和资源的细分市场作为目标市场，其中每个细分市场与其他细分市场之间联系较少。其优点是可以有效地分散经营风险。

(三) 产品专业化

这是指企业集中生产一种产品，并向各类顾客销售这种产品。产品专业化模式的优点是企业专注某一种或一类产品的生产，有利于形成和发展生产和技术上的优势，在该领域树立形象。其缺点是当该领域被一种全新的技术与产品所代替时，产品销售量有大幅度下降的危险。

(四) 市场专业化

这是指企业专门经营满足某一顾客群体需要的各种产品。市场专业化经营的产品类型众多，能有效地分散经营风险。但由于集中于某一类顾客，当这类顾客的需求下降时，企业也会遇到收益下降的风险。

（五）市场全面化

企业生产多种产品去满足各种顾客群体的需要。实力雄厚的大型企业选用这种模式，才能收到良好的效果。

三、目标市场营销策略

（一）无差异性策略

所谓无差异性目标市场营销策略，就是企业在市场细分后，把一种产品的整体市场看作一个大的目标市场，只考虑消费者在需求方面的共同点，而不管他们之间是否存在差别，企业只推出一种产品去满足市场上所有消费者需求的营销策略（如图 8-3 所示）。一般来说，这种策略主要适用于市场有广泛需求的、企业能大量生产并大量销售的产品。采用这种策略的企业一般是实力雄厚的大企业。

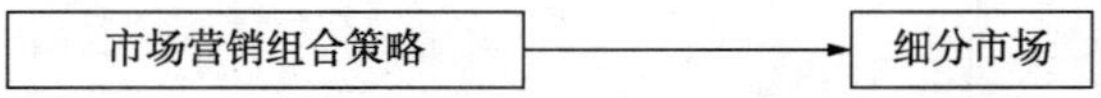

图 8-3 无差异性策略图

无差异性目标市场营销策略有成本低，可以获得规模效益等优点，但是存在产品和服务缺乏针对性的缺点。

（二）差异性策略

所谓差异性目标市场营销策略，是指企业决定同时为几个子市场服务，设计不同的营销组合以适应各个子市场需要的营销战略（如图 8-4 所示）。

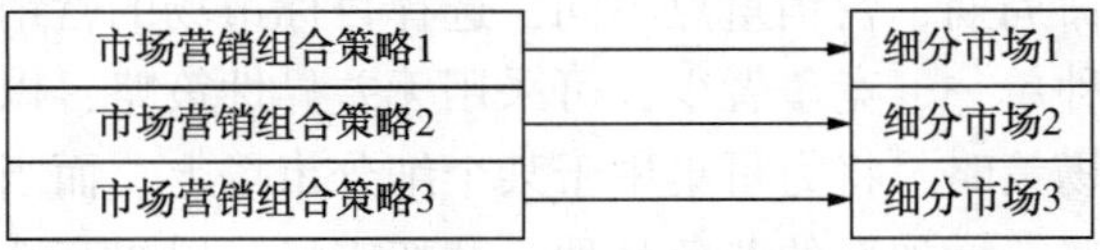

图 8-4 差异性策略图

差异性市场营销策略的优点是：关注各细分市场间需求的差异性，能满足各细分市场不同顾客群的不同需求，增强了竞争能力；企业的经营不依赖某单一细分市场，具有较大的灵活性，从而降低了经营风险。其缺点是：由于要满足不同顾客群的不同需求，企业资源将被分散用于各个细分市场，这样就会使企业的生产成本和各种营销费用增加，有可能降低经济效益。因此，差异市场营销策略往往比无差异市场营销赢得更大的总销售额，但也会增加成本。关键是比较效益的增加与成本哪一个增加得更快。

（三）集中性策略

所谓集中性目标市场营销策略，指企业集中所有力量，以一个或少数几个性质相似的子市场作为目标市场，试图在较小的子市场上占有较大的市场份额。采用这种策略的原理是，与其在一个较大的市场上占有较小的市场份额，还不如在一个较小的细分市场上占有一个较大的市场份额（如图 8-5 所示）。

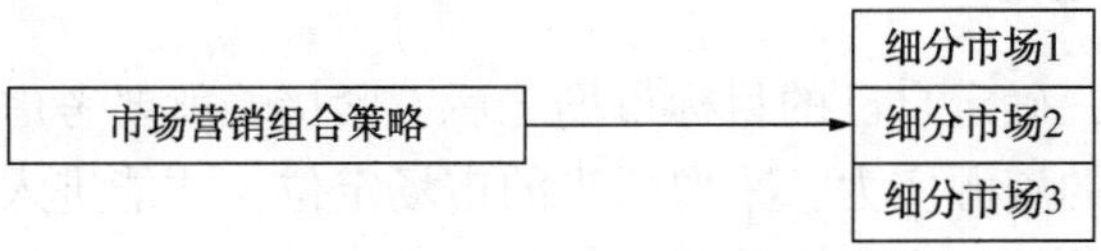

图 8-5 集中性策略图

集中性市场营销策略主要是通过营销专业化取得竞争优势，适用于那些资源力量有限的小企业。采用集中性市场营销策略有其优点，它是众多中小企业由小到大、由弱到强发展的必然和有效的途径。其缺陷是风险较大，由于目标较狭窄，一旦目标市场发生变化，企业就容易陷入困境。因此，采用此策略的企业应密切关注市场动向，研究和预测市场发展趋势，并根据自身条件，注意抓住有利时机，适时调整，力争进入更多的细分市场，使企业有较大的发展空间。

四、影响目标市场选择的因素

（一）企业资源

如果企业资源丰富，实力雄厚，如在生产、销售、资源、研发、管理等方面均有很强的优势，可以考虑实行差异性市场营销策略；如若资源有限，则应适合采用集中性市场营销策略或无差异营销策略。

（二）市场特点

企业所面临的若为同质市场，即顾客的需求、爱好等大体相同时，企业可选择无差异性市场营销策略；反之，则可选择差异性营销策略。

（三）产品的特点

对于差别很小的同质产品，可选择无差异性市场营销；而对于差别较大的产品，则应选择差异性市场营销策略。

（四）产品的生命周期

产品处于不同的生命周期，营销重点不同，选择目标市场的营销策略也不同。产品处于投入期与成长期时，品种单一、竞争者少，可采用无差异性策略，以启发与巩固消费者偏好为主，或选择集中性市场策略，将力量集中于某个细分市场上。而当产品进入成熟期后，则适宜选用差异性市场战略，增加新的花色品种，开拓市场，以提高企业的竞争能力，延长产品的生命周期。

（五）市场供求情况

当产品供不应求时，可采取无差异性市场营销战策略；反之，则采用差异性或集中性市场策略。

（六）竞争者情况

如果企业面临的是采用无差异性营销的强有力的竞争者，那么本企业就可选择差异性营销；如对手已实行差异性营销，那么本企业就应对市场做进一步的细分，实行更为有效的差异营销或集中营销。如果竞争对手力量较弱，也可采用无差异性市场营销战略。

第三节　市场定位

一、市场定位的概念

企业进行市场细分，确定自己的目标市场之后，紧接着就要考虑目标市场各个方位的竞争情况，结合企业本身的资源实力，采取适当的市场定位，才能进入市场，才能实施目标市场营销策略和运用市场营销因素组合策略。

所谓市场定位就是企业根据目标市场上同类产品竞争状况，针对顾客对这类产品某些特征或属性的重视程度，为本企业产品塑造强有力的、与众不同的鲜明个性，并将其形象生动地传递给顾客，求得顾客认同。这里所说的企业整体形象包括产品、经济实力、信誉、对社会的奉献等多方面的形象。例如“优质产品”形象、“优质服务”形象、“廉价”形象、“经济实力雄厚”形象、“守信用”形象、“热心公益事业“形象等。市场定位的实质是使本企业与其他企业严格区分开来，使顾客明显感觉和认识这种差别，从而在顾客心目中占有与众不同的有价值的位置。

市场定位要靠企业自己的努力，但最终还要顾客认可。市场定位是通过为自己的产品创立鲜明的个性，从而塑造出独特的市场形象来实现的。一项产品是多个因素的综合反映，包括性能、构造、成分、包装、形状、质量等，市场定位就是要强化或放大某些产品因素，从而形成与众不同的独特形象。市场定位不仅强调产品差异，而且要通过产品差异建立独特的市场形象，赢得顾客的认同。

二、市场定位的步骤

市场定位的关键是企业要设法在自己的产品上找出比竞争者更具有竞争优势的特性。竞争优势一般有两种基本类型：一是价格竞争优势，即在同样的条件下比竞争者定出更低的价格。这就要求企业采取一切努力，力求降低单位成本；二是偏好竞争优势，即能提供确定的特色来满足顾客的特定偏好，这就要求企业采取一切努力在产品特色上下功夫。因此，企业市场定位的全过程可以通过以下三大步骤来完成，即确认本企业潜在的竞争优势、准确地选择相对竞争优势和明确显示其独特的竞争优势。

（一）确认本企业的竞争优势

这一步骤的中心任务是要回答以下三大问题：一是竞争对手的产品定位如何？二是目标市场上足够数量的顾客欲望满足程度如何，以及确实还需要什么？三是针对竞争者的市场定位和潜在顾客真正需要的利益要求企业应该和能够做什么？要回答这三个问题，企业市场营销人员必须通过一切调研手段，系统地设计、搜索、分析并报告有关上述问题的资料和研究结果。通过回答上述三个问题，企业就可从中把握和确定自己的潜在竞争优势在何处。

（二）选择相对的竞争优势

相对竞争优势表明企业能够胜过竞争者的能力。这种能力既可以是现有的，也可以是潜在的。准确地选择相对竞争优势就是一个企业各方面实力与竞争者的实力相比较的过程。比较的指标应是一个完整的体系，只有这样，才能准确地选择相对竞争优势。通常的方法是分析、比较企业与竞争者在下列 7 个方面究竟哪些是强项，哪些是弱项：

(1) 经营管理方面——主要比较分析领导能力、决策水平、计划能力、组织能力以及个人应变的经验等指标。

(2) 技术开发方面——主要分析技术资源(如专利、技术诀窍等)、技术手段、技术人员能力和资金来源是否充足等指标。

(3) 采购方面——主要分析采购方法、存储及运输系统、供应商合作及采购人员能力等指标。

(4) 生产方面——主要分析生产能力、技术装备、生产过程控制及职工素质等指标。

(5) 市场营销方面——主要分析销售能力、分销网络、市场研究、服务与销售战略、广告，资金来源等是否充足以及市场营销人员的能力等指标。

(6) 财务方面——主要考察长期资金和短期资金的来源及资金成本、支付能力、现金流量，以及财务制度与人员素质等指标。

(7) 产品方面——主要考察可利用的特色、价格、质量、支付条件、包装、服务、市场占有率、信誉等指标。通过对上述指标体系的分析与比较，选出最适合本企业的优势项目。

（三）显示独特的竞争优势

这一步骤的主要任务是企业要通过一系列的宣传促销活动，将其独特的竞争优势准确地传播给潜在顾客，并在顾客心目中留下深刻印象。因此，企业首先应使目标顾客知道、熟悉、认同、喜欢和偏爱本企业的市场定位，在顾客心目中建立与该定位相一致的形象。其次，企业通过一切努力强化目标顾客形象，保持与稳定目标顾客的态度与感情。最后，企业应注意目标顾客对其市场定位理解出现的偏差或由于企业市场定位宣传的失误而造成的目标顾客模糊、混乱和误会，及时纠正与市场定位不一致的形象。

要避免造成三种误解：一是档次过低，不能显示出自己的特色；二是档次过高，不符合企业实际情况，使公众误认为企业只经营高档高价产品，而实际上也经营中档产品；三是混淆不清，在顾客心中没有统一的认识，如对同一种产品或同一服务项目，有人认为是高档的，有人认为是低档的。以上误解是由于定位宣传失当所致，会给企业造成不利的影响。

三、市场定位策略

市场定位策略的核心问题是本企业(企业产品)与其他竞争对手的关系问题。

（一）迎头定位

这是一种“明知山有虎，偏向虎山行”的市场定位策略。它意味着要与目前市场上占据支配地位的、最强的竞争对手“对着干”，显示了企业知难而上，志在必得的自信心。这是一种危险的战术。

采取这样的策略的企业必须具备以下条件：能比竞争对手生产出更好的产品；该市场容量足够大；比竞争对手有更多的资源和实力。

（二）避强定位

这是一种避开较强竞争对手的市场定位策略。避强定位不像迎头定位那样锋芒毕露、咄咄逼人，而显得较为平和、宽容，既避开了强有力的竞争对手，又给人们留下温和的印象。采用这种定位策略，能够使企业很快地在市场上站稳脚跟，并以能在消费者心目中快速地树立企业形象。避强定位法，是一种市场风险低，成功率较高的定位策略。

（三）重新定位

重新定位就是根据市场的情况对企业原有的市场定位进行调整后再定位。现实中，这种定位方式有两种情形：第一类，经过一段时间的市场实践，发现原有的市场定位不准，产品打不开销路，市场反应差，必须对原市场定位进行调整；第二类，企业产品在市场推出后，获得了意想不到的成功，有更多的消费者对产品提出更高要求。这说明企业对市场分析不够透彻，对市场潜力估计不足，原有的市场定位也必须进行调整。

（四）特色定位

指企业通过分析市场中现有产品的定位状况，发掘新的具有鲜明特色的产品，并在市场上找到自己合适的位置，来为企业的产品定位。企业根据市场需求情况与本身条件，尽量突出其产品的特色，本身就是差异性营销策略。实施这种策略，对企业条件要求很高。利用特色产品来占领市场最有利的位置是高明的竞争者。这种策略成功率很高。如 2 元店、8 元店、10 元店等，突出平民化、大众化，东西实用、价格便宜的特点，这也是一种成功的定位。

四、市场定位的方法

各个企业经营的产品不同，面对的顾客不同，所处的竞争环境也不同，因而市场定位所依据的方法也不同。总的来讲，市场定位的方法有以下六种：

(一) 根据产品特点定位

构成产品内在特色的许多因素都可以作为市场定位所依据的原则，比如所含成分、材料、质量、价格等。“七喜”汽水的定位是“非可乐”，强调它是不含咖啡因的饮料、与可乐类饮料不同。“艾罗宁”止痛药的定位是“非阿司匹林的止痛药”，显示药物成分与以往的止痛药有本质的差异。

(二) 根据产品用途定位

为名产品找到一种新的用途，是为该产品创造定位的好方法。比如怕上火就喝王老吉。“脑白金”本是一种保健药品，可是企业将它定位为礼品，取得了较好的销售效果。

(三) 根据顾客利益定位

产品提供给顾客的利益是顾客最能切实体现到的。在汽车市场，世界上各大汽车巨头的定位各有特色，英国的劳斯莱斯豪华气派、德国的大众具有货币的价值、日本的丰田侧重经济可靠物美价廉、瑞典的沃尔沃则是结实耐用等。

(四) 根据使用者定位

企业常常试图将其产品指引给某一类特定的使用者，以便根据这些顾客的看法塑造恰当的形象。例如：市场上各种品牌的香水是针对各个不同的分市场的，有些香水定位于雅致的、富有的、时髦的女性；有些则定位于热情奔放的年轻女性等。

(五) 根据文化定位

将某种文化注入产品之中，形成文化上的品牌差异。例如，万宝路引入的“男性文化”表现出粗犷的男子汉形象。

(六) 根据感情定位

运用产品直接或间接地冲击消费者的感情体验而进行定位，如“孝敬父母”的黄金酒；“真诚到永远”的海尔；“我的心中只有你”的娃哈哈。

【课后练习】

一、简答题

1. 简述企业目标市场营销策略的三种模式。
2. 简述企业开展市场定位的步骤。

二、案例分析

"万宝路"的市场定位

20世纪20年代被称为美国"迷惘的时代"。经过第一次世界大战的冲击，许多青年都自认为受到了战争的创伤，并且认为只有拼命享乐才能将这种创伤冲淡。他们或在爵士乐的包围中尖声大叫，或沉浸在香烟的烟雾缭绕当中。无论男女，他(她)们嘴上都会异常悠闲雅致地衔着一支香烟。女性们愈加注意起自己的红唇，她们精心地化妆，与一个男人又一个男人"伤心欲绝"地谈恋爱；她们挑剔衣饰颜色，感慨红颜易老，时光匆匆。女性是爱美的天使，社会的宠儿，她们抱怨白色的香烟嘴常沾染了她们的唇膏。于是"万宝路"出世了。

"万宝路"这个名字也是针对当时的社会风气而定的。"MARLBORO"其实是"Man Always Remember Lovely Because Of Romantic Only"的缩写，意为"男人们总是忘不了女人的爱"。其广告口号是"像五月的天气一样温和"。用意在于争当女性烟民的"红颜知己"。

为了表示对女烟民的关怀，莫里斯公司把"MARLBORO"香烟的烟嘴染成红色，以期广大爱靓女士为这种无微不至的关怀所感动，从而打开销路。然而几个星期过去，几个月过去，几年过去了，莫里斯心中期待的销售热潮始终没有出现。热烈的期待不得不面对现实中尴尬的冷场。

"万宝路"从1924年问世，直至20世纪50年代，始终默默无闻。它的温柔气质的广告形象视乎也未给广大淑女们留下多少利益的考虑，因为它缺乏以长远的经营、销售目标为引导的，带有主动性的广告意识。莫里斯的广告口号"像五月的天气一样温和"显得过于文雅，而且是对女性身上原有的脂粉气的附和，致使广大男性烟民对其望而却步。这样的一种广告定位虽然突出了自己的品牌个性，也提出了对某一类消费者(这里是女性)特殊的偏爱，但却为其未来的发展设置了障碍，导致它的消费者范围难以扩大。女性对烟的嗜好远不及对服装的热情，而且一旦她们变成贤妻良母，她们并不鼓励自己的女儿抽烟！香烟是一种特殊商品，它必须形成坚固的消费群，重复消费的次数越多，消费群给制造商带来的销售收入就越大。而女性往往由于其爱美之心，担心过度抽烟会使牙变黄，面色受到影响，在抽烟时较男性烟民要节制得多。"万宝路"的命运在上述原因的作用下，也趋黯淡。

在20世纪30年代，"万宝路"同其他消费品一起，度过由于经济危机带来的"大萧条岁月"。这时它的名字鲜为人知。第二次世界大战爆发以后，烟民数量上升，而且随着香烟过滤嘴的出现，可以承诺消费者，过滤嘴可以使有害的尼古丁进入不了身体，烟民们可以放心大胆地抽自己喜欢的香烟。菲利普·莫里斯公司也忙着给"万宝路"配上过滤嘴，希望以此获得转机。然而令人失望的是，烟民对"万宝路"的反应始终很冷淡。

抱着心存不甘的心情，菲利普·莫里斯公司开始考虑重塑形象。公司派专人请利奥-伯内特广告公司为"万宝路"广告策划，以期打出"万宝路"的名气销路。"让我们忘掉那个脂粉香艳的女子香烟，重新创造个富有男子汉气概的举世闻名的'万宝路'香烟！"利奥-伯内特广告公司的创始人对一筹莫展的求援者说。一个崭新大胆的改造"万宝路"香烟形象的计划产生了。产品品质不变，包装采用当时首创的平开式盒盖技术，并将名称的标准字(MARLBORO)尖角化，使之更富有男性的刚强，并以红色作为外盒主要色彩。

广告的重大变化是："万宝路"的广告不再以女性为主要对象，而是用硬铮铮的"男子汉"。在广告中强调"万宝路"的男子气概，以吸引所有爱好追求这种气概的顾客。菲利普公司开始将马车夫、潜水员、农夫签做具有男子汉气概的广告男主角。但这个理想中的男子汉最后还是集中到美国牛仔这个形象上：一个目光深沉、皮肤粗糙、浑身散发着粗犷、豪气的英雄男子汉，在广告中袖管高高卷起，露出手臂，手指总是夹着一支冉冉冒烟的“万宝路”香烟。这种洗尽女人脂粉味的广告于1954年问世，它给“万宝路”带来巨大的财富。仅1954~1955年间，“万宝路”销售量提高了3倍，一跃成为全美第十大香烟品牌，1968年其市场占有率上升到全美同行第二名。

现在，“万宝路”每年在世界上销售香烟3000亿支，用5000架波音707飞机才能装完。世界上每抽掉4支烟，其中就有一支是“万宝路”。是什么使名不见经传的“万宝路”变得如此令人青睐了呢？美国金融权威杂志《富比世》专栏作家布洛尼克1987年与助手们调查了1546个“万宝路”爱好者。调查表明：许多被调查者明白无误地说他喜欢这个牌子是因为它的味道好，烟味浓烈，使他们感到身心非常愉快。可是布洛尼克却怀疑真正地使人着迷的不是“万宝路”与其他香烟之间微乎其微的味道上的差异，而是“万宝路”广告给香烟所带来的感觉上的优越感。布洛尼克做了个试验，他向每个自称热爱“万宝路”味道品质的“万宝路”瘾君子以半价提供“万宝路”香烟，这些香烟虽然外表看不出牌号，但厂方可以证明这些香烟确为真货，并保证质量同商店出售的“万宝路”香烟一样，结果只有21%的人愿意购买。布洛尼克解释这种现象说：“烟民们真正需要的是‘万宝路’包装带给他们的满足感，简装的‘万宝路’口味质量同正规包装的‘万宝路’一样，但不能给烟民带来这种满足感”。调查中，布洛尼克还注意到这些“万宝路”爱好者每天要将所抽的“万宝路”烟拿出口袋20~25次。“万宝路”的包装广告所赋予“万宝路”的形象已经像服装、首饰等各种装饰物一样成为人际交往的一个相关标志。而“万宝路”的真正口味在很大程度上是依附于这种产品所创造的美国牛仔形象之上的一种附加因素。这正是人们购买“万宝路”的真正动机。从“万宝路”两种风格的广告戏剧性的效果转变中，我们可以看到广告的魔力。正是广告塑造产品形象，增添了产品的价值。采用“集中”的策略，定位目标市场，使“万宝路”成长为当今世界第一品牌。

思考题：

1. 万宝路原来的市场定位存在什么问题？

2. 万宝路的重新定位为何能够成功？

第四篇

市场营销策略

第九章 产品与服务策略

知识目标

理解产品整体概念及层次；掌握产品生命周期各阶段的特点及相应的营销策略；了解包装的含义及策略；了解服务及服务营销的基本特征及内涵；掌握服务流程管理、人员管理及有形展示管理的基本思想及要求。

能力目标

理解产品组合策略；掌握新产品开发的程序；弄清服务营销在企业管理中的重要意义，学会运用本章所学知识提升服务组织效能。

素养目标

具备创新思维、服务意识和良好的职业素养。

关键术语

产品整体概念、产品组合、产品生命周期、新产品、品牌、包装、服务、服务营销。

导入案例

小米的产品理念

北京小米科技有限公司成立于2010年4月，公司成立之初以生产高端智能手机、智能家居生态链、互联网电视为核心和宗旨。当代的青少年成长于互联网高速发展时期，他们对小米产品的概念大多并不陌生：为发烧而生，也就是痴迷于某件事物的含义。小米公司开创了新的运营模式，即运用互联网模式开发手机操作系统，同时吸引发烧友参与改进的运营模式。小米的LOGO是一个“MI”形，一方面是中文“米”字的汉语拼音，另一方面则是“Mobile Internet”的缩写，集中体现了小米公司是一家移动互联网公司的本质和内涵。

小米公司的愿景是“让每一个人都能感受到科技的乐趣”。基于此，小米公司一直致力于用极客精神(原创和创新精神)进行产品设计，以互联网为媒介节省掉所有中间环节，使得全国各地各个环节都能够享受到优质科技产品。在小米公司内部，每一个员工都是平等的，每一位同事都可以摆脱森严等级的束缚，崇尚创新和快速的互联网文化使得公司内部从一开始就避免受到冗长会议和流程的束缚，每一个员工都能够最大限度地发挥自己的创意。

营销启示：小米公司通过创新的产品理念成功赢得了消费者的喜爱和青睐。

产品策略是企业市场营销组合的支柱，直接影响并决定着其他市场营销策略的应用，对企业市场经营的成败关系重大。在现代市场经济条件下，每个企业都应该致力于产品质量的提高和产品结构的优化，并根据产品生命周期的变化，灵活调整市场营销方案，以更好地满足市场需要，提高产品竞争力，取得更好的经济效益。

第一节　产品整体概念

一、产品及其整体概念

（一）产品的概念

人们通常认为，产品是一种具有特定物质形状和用途的物体，比如鞋、汽车、手表等。这种传统的产品概念仅强调产品的物质属性，强调产品是有形的物品。在企业的市场营销中则对产品的理解更为深入，不仅包括物质产品，也包括非物质产品，认为所谓产品，是指能够提供给市场以满足需要和欲望的任何东西，包括实物(如计算机、汽车)、服务(如按摩、理发)、人员(如姚明、乔丹)、地点(如北京、香港)、组织(如汇源集团)和观念(如可持续发展)等。营销学中的产品概念通常称为产品整体概念。

（二）产品的整体概念

产品整体概念把产品理解为由五个层次有机组合的系统，如图 9-1 所示。

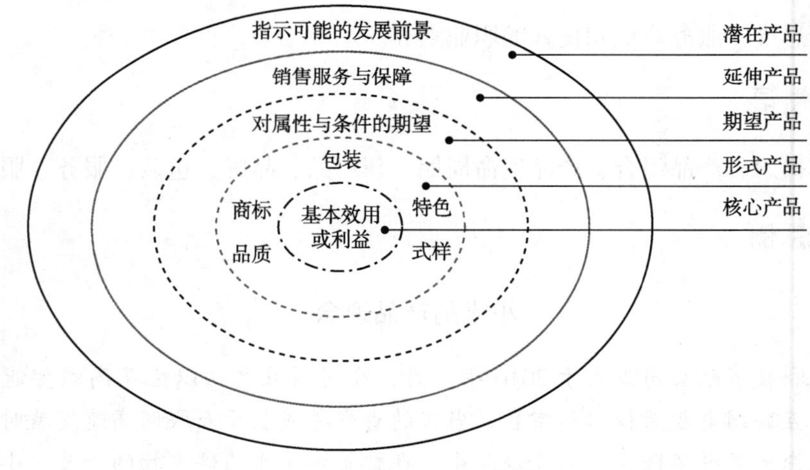

图 9-1　产品整体概念的五个层次

1. 核心产品

核心产品即实质产品，是指产品能给购买者带来的基本利益和效用，即产品的使用价值，是构成产品最本质的核心部分。例如，买电冰箱是为了获取其制冷功能，使食物保鲜；买羽绒服是为了获取其保暖的功能；而购买牙膏就是要获得牙膏“洁齿、防龋”的效用等。对于核心产品，所有的购买者对它的要求是一致的，体现了用户对同一需求的共性。在产品整体概念中也是最基本、最主要的部分。

2. 形式产品

形式产品是指消费者需要的产品实体的具体外观，是核心产品的表现形式，是向市场提供的实体和劳务可以为顾客识别的面貌特征，它包括品质、特征、式样、品牌、包装五个特征。如购买冰箱除了关注制冷效果以外，人们还要考虑品质、造型、颜色、品牌等因素。

3. 期望产品

期望产品是指购买者购买产品时期望得到的东西。期望产品实际上是一系列属性和条件。例如，顾客对酒店服务产品的期望包括干净整洁的房间、毛巾、卧具、电话、衣橱、电视等；消费者对冰箱产品的期望包括送货上门、质量上乘、安装与维修保证。普遍公众的期望产品得不到满足时，会影响消费者对产品的满意程度、购后评价及重复购买率。

4. 延伸产品

延伸产品是指消费者购买产品时所能得到的附加服务和附加利益的总和，包括提供信贷、免费送货、产品安装调试、售后服务等。比如，购买计算机产品，不仅仅获得计算机本身，即主机、终端、存储设备、打印设备等硬件，而且得到使用说明书、软件系统、送货服务、安装调试、程序设计服务、维修服务以及保证等。因为消费者实施购买的目的是为了满足某种需要，因而他们希望得到与满足这一需要有关的一切。

当然，延伸产品的设计也不是越多越好，而是要坚持以顾客的需求为中心。第一，延伸产品所增加的成本应是顾客愿意承担也承担得起的；第二，延伸产品给予顾客的利益将很快转变为顾客的期望利益，企业应根据顾客期望利益的需要不断改进延伸产品；第三，在重视延伸产品的同时还应考虑顾客差异性需求，生产一些确保核心产品、减少延伸产品的廉价产品，以满足低收入消费者或实惠型消费者的需要。

5. 潜在产品

潜在产品是指包括现有产品的所有延伸和演进部分在内，最终可能发展成为未来产品的潜在状况的产品。潜在产品指现有产品的可发展前景或可带来的额外利益，如彩色电视机发展成为电脑终端机、软件的升级产品等。

【小案例】

“体验”产品营销

美国佛罗里达州罗德岛上有一个“监狱酒吧”，戒备森严，一般人休想进入。狱中的“囚徒”都是百万富翁，他们厌倦了花花世界中的豪华生活，特地来铁窗体验岁月，来这里的“囚徒”要登记“入狱”日期，定好假释时间，领一件黑白的囚衣方可“入狱”，囚徒的房间费用比一般旅馆高，普通床位每天 125 美元，高级房间高达 300 美元。自开办以来，生意兴隆，收入可观。靠的就是“新”“奇”及独特的“感受”。

营销启示：好产品都是能满足顾客潜在需要的。

产品整体概念的五个层次十分清楚地表明产品的内涵和外延都是以消费者的需要为基础，由消费者的需要来决定的，充分体现了以消费者为中心的现代市场营销观念。产品整体概念是市场营销理论的重大发展，强调企业在实现实质产品的同时，也要重视形式产品、期望产品、延伸产品和潜在产品的研究与开发，强化产品在竞争中的动态作用，以全方位地满足消费者需要。

产品整体概念对企业市场营销有着重要的指导意义。企业要以现代市场营销观念为指导，根据消费者的不同需要，提供满足消费者不同要求的产品，尤其在市场竞争中，相同功能产品在核心产品一致的情况下，企业的形式产品、期望产品、附加产品和潜在产品要充分考虑最终消费者、购买者、中间商等产品营销中不同环节、不同方面的不同需要，以他们使各自的利益诉求能得到相应的满足，从而促进产品顺利地从生产者传递到消费者，实现企业预期的经营目标。

二、产品分类

按营销活动的需要，对产品进行分类。分类的目的是将产品的不同特征或特点区分开来，为每一类产品制定合适的营销战略或策略。对产品进行分类，可使用不同的分类标准进行。

（一）按产品的耐用性和有形性划分

按产品是否耐用和有形可将产品划分为三类：耐用品、非耐用品和服务。

1. 耐用品

凡是在一定时期内，能充分多次使用，而且使用期长的产品，就是耐用品，如空调、汽车等。耐用品使用时间长，重复购买率低，单位产品的毛利率高，因此这类产品通常需要提供更多的附加服务和更多的介绍性(高度介入)广告，且需要经销商提供质量保证等较多的担保条件来刺激消费者购买。

2. 非耐用品

凡是在一定的时期内只能一次或有限几次使用的产品，为非耐用品，比如牙膏、纸巾、洗发水等。非耐用品的使用时间较短，用途较少，消费速度快，重复购买率高，因此经销商可以定低产品毛利率、广布销售网点、多做提醒性(低度介入)广告，以培养消费者的品牌偏好。

3. 服务

服务属于非物质实体产品，是为出售而提供的活动或利益，如修理、理发等。这类产品的主要特点是无形性、不可分割性、可变性和易逝性，所以经营服务需要注重服务的质量、供给者的可靠性以及信誉等。

（二）按购买目的划分

按购买目的划分，产品可分为消费品和产业用品。

1. 消费品

凡是因家庭和个人的消费需要而进行购买和使用的产品或服务，都是消费品。消费品是最终产品，它是社会生产的目的所在。根据消费者的购买习惯通常可以将消费品分为便利品、选购品、特殊品以及非渴求品四类。

(1) 便利品。它是指顾客经常要购买和基本不做购买计划，想到了就要购买的产品。在购买中，顾客也不会为之做购买努力，比如，消费者要购买一块肥皂，就没必要去“货比三家”。便利品具体又可分为日用品、冲动品和应急品三类。日用品是指与日常生活有关的、经常要购买的产品；冲动品是指消费者没有计划和寻找，在听到、看到或突然想到就购买的产品；应急品则是指消费者在有紧急需要时，才要购买的商品，如当身体不适时购买的药品等。

(2) 选购品。它是指顾客在购买过程中，要对产品的适用性、质量、特色、样式和价格进行有针对性比较、挑选后才购买的产品。耐用品一般属于此类。选购品又可进一步分为两种：一种是同质品，指消费者认为在有关的产品属性，如质量、外观方面没有什么差别的产品；另一类是异质品，即消费者认为在有关的产品属性方面具有差别，因此，要按照自己所好进行挑选的产品，比如服装等。

(3) 特殊品。它是指那些特征独特、品牌知名度高、消费者通常愿意付出更多努力或代价去取得的产品。这类产品之所以是一种特用型产品，是因为消费者愿意去寻找，而与寻找的范围无关。营销人员希望消费者把他们的产品看作是特用型产品并向其再三推荐，但要建立这种关系并不容易，这就意味着要使消费者在任何情况下都感到满意。

(4) 非渴求品。它是指消费者没有听说或听说了也不想购买的产品，如墓地、人寿保险等。非渴求品的性质决定了广告、推销工作非常重要，营销人员需要付出更多地努力去吸引潜在消费者从而扩大产品销售。

2. 产业用品

凡是为了生产和销售其他的产品或服务而购买的产品和服务，就是产业用品。通常可以根据如何进入生产过程和相对成本将产业用品分为三类：材料和部件、资本项目和供应品与服务。

(1) 材料和部件。这是指完全要转化为制造商所生产的成品的产品，它们可分成原材料以及半制成品和部件。原材料包括农产品(如小麦、稻谷、蔬菜等)和天然产品(如木材、原油等)；半制成品和部件包括构成材料(如铁、水泥等)与构成部件(如车胎、铸件等)。

(2) 资本项目。这是指部分进入成品中的商品，包括安装设备和附属设备。安装设备包括建筑物(如厂房)与固定设备(如计算机、电梯)；附属设备包括轻型制造设备、工具(如手用工具)以及办公设备(如打字机、办公桌)。

(3) 供应品与服务。这是指不构成最终产品的一类产品，如打印纸、铅笔等。供应品相当于工业领域内的方便品，可以分为操作用品(如润滑油)和维修用品(如油漆、钉子)两类。服务则包括维修服务和行业建设服务，这些服务通常以签订合同的形式提供。

第二节 产品组合

一、产品组合相关概念

(一) 产品项目、产品线以及产品组合

1. 产品项目

产品项目是指产品线中不同品种、规格、质量和价格的特定产品，即企业在其产品目录上列出的每一个产品就是产品项目。

2. 产品线

产品线是指密切相关的满足同类需求的一组产品。所谓密切相关是指它们功能相似，或者卖给同类顾客，或者使用相同的销售渠道，或者价格在同一范围内；比如，不同型号的电视机等；互补的产品项目，如电脑的硬件、软件等；卖给同类顾客的产品项目，如小学生的文具等。

3. 产品组合

产品组合是指一个企业生产经营的全部产品的有机构成和量的比例关系。它是一个企业提供给市场的全部产品线和产品项目的组合或结构，即企业的业务经营范围。比如，某企业生产经营家电、百货、鞋帽、文教用品等，它们共同构成了这家企业的产品组合；其中“家电”“鞋帽”“文教用品”等大类就是产品线；每一大类中包含的具体产品为产品项目。

(二) 产品组合的宽度、长度、深度和关联度

1. 产品组合的宽度

产品组合的宽度，是指产品组合中所拥有的产品线的数目。比如，某家电企业生产的产品有冰箱、空调、洗衣机、电视机、微波炉五大类，那么，该企业的产品组合宽度为5。企业所经营的产品线越多，说明该企业的产品组合的宽度越广。它反映了一个企业市场服务面的宽窄程度和承担投资风险的分散能力。

2. 产品组合的长度

产品组合的长度是指产品组合中产品项目的总数。以产品项目总数除以产品线数目即可得到产品线的平均长度。

3. 产品组合的深度

产品组合的深度，是指产品线中的每一种产品所包含的不同花色、规格、尺码、型号、配方和功能等数目的多少。通过计算每一个品牌的不同花色、规格、质量的产品的总数目，除以品牌总数，即为企业产品组合的平均深度。产品组合的深度越大，企业产品的规格、品种就越多；反之，深度越浅，则产品就越少。

4. 产品组合的关联度

产品组合的关联度(或一致性)，是指每条产品线之间在最终用途、生产条件、销售渠道以及其他方面相互关联的程度。其关联程度越密切，越能说明企业各产品线之间具有一致性，反之，则缺乏一致性。

【小案例】

宝洁的产品组合

如表9-1所示，宝洁公司拥有清洁剂、牙膏、条状肥皂、纸尿布、纸巾5条产品线(实际上，该公司还有许多另外的产品线，如护发产品、保健产品、饮料、食品等)，表明宝洁公司的产品组合宽度为5。公司共有27种不同类型、不同型号的具体产品，表明产品组合的长度是27，产品项目总数除以产品线数目即得到宝洁公司产品组合的平均长度为5.4。产品组合的深度是指产品线中每一个产品有多少种品牌。比如，宝洁公司的牙膏产品线下有格里、佳洁士和登魁3个系列的产品，而在佳洁士系列下，又有3种配方和4种规格共计12种不同类型的产品，表明宝洁公司佳洁士牙膏的深度是12。产品组合的关联度是各产品线在最终用途、生产条件、分销渠道和其他方面相关联的程度。宝洁公司所生产的产品都是日用消费品，而且都是通过相同的销售渠道进入市场，就产品的最终使用和分销渠道而言，这家公司产品组合的关联度较大；但是，宝洁公司的产品对消费者来说有各自不同的功能，就这一点来说，其产品组合的关联度较小。

表 9-1 宝洁公司的产品组合宽度和产品线的长度(包括导入市场的日期)

项目	产品组合的宽度				
	清洁剂	牙膏	条状肥皂	纸尿布	纸巾
产品线长度	象牙雪 1930	格里 1952	象牙 1879	帮宝适 1961	查敏 1928
	洁拂 1933	佳洁士 1955	柯克斯 1885	露肤 1976	普夫 1960
	汰渍 1946	登魁 1980	拉瓦 1893		旗帜 1982
	快乐 1950		佳美 1926		绝顶 1992
	奥克多 1952		爵士 1952		
	达士 1954		舒肤佳 1963		
	波尔德 1965		海岸 1974		
	吉恩 1966		玉兰油 1993		
	碧浪 1967				
	黎明 1972				

(引自：菲利普·科特勒．营销管理．第 10 版．北京：中国人民大学出版社，2001：479)

二、产品组合策略

产品组合策略是指企业根据市场状况、自身资源情况和竞争态势对产品组合的宽度、长度、深度和关联度进行不同的组合，以便更好地满足消费者需要，为企业获得更大的利益空间和持久的竞争优势。

产品线是决定产品组合宽度、长度和关联性的基本因素，动态的最优产品组合正是通过及时调整产品线来实现的，因此，对产品线的调整是产品组合策略的基础和主要组成内容。

(一) 扩大产品组合策略

扩大产品组合策略是指拓宽产品组合的宽度和增加产品组合的深度。也就是说，企业可以通过增加产品系列或项目，扩大经营范围，生产经营更多的产品以满足市场的需要。对于生产型的企业而言，扩大产品组合策略主要有以下三种方式。

1. 平行式扩展

平行式扩展指生产企业在设备和技术允许的条件下，充分发挥生产潜能，向专业化和综合性方向扩展，增加产品系列，扩大经营范围。

2. 系列式扩展

系列式扩展是指企业产品向多规格、多型号、多款式方向发展。这种扩展方式通过增加产品项目，使产品组合在产品项目层次上向纵深扩展，企业向更多的细分市场提供产品，满足更广泛的市场需求。

3. 综合利用式扩展

综合利用式扩展指企业生产与原有产品系列不相关的产品，通常与综合利用原材料、处理废物、防治环境污染结合进行。这种扩展方式的目的主要是为了获得综合的经济效益。

扩大产品组合策略的优点：可以充分利用企业现有的人力、物力和财力资源，避免企业资源的浪费，提高企业的经营效果；减少企业受市场需求变动的影响，分散市场风险，降低损失；更好地满足不同偏好消费者的各种需求，提高产品市场占有率，并提高企业的市场声誉。

扩大产品组合策略的缺点：要求企业拥有多条产品线，具有多种销售渠道，促销方式要多样化，这势必会增加企业的生产成本和销售费用。

（二）缩减产品组合策略

缩减产品组合策略是指降低产品组合的宽度或深度，这种策略一般是在市场不景气或原料、能源供应紧张时采用。企业可采用的缩减产品组合策略有以下两种选择。

1. 削减产品系列

削减产品系列是指根据市场的变化，集中企业的优势资源，减少产品的类别，只生产和经营少数几个产品系列。

2. 减少产品项目

减少产品项目是指减少产品系列中不同品种、规格和花色产品的生产，淘汰亏损或低利润的产品，尽量生产利润高的产品。

缩减产品组合策略的优点：集中技术资源改进保留的产品线，便于降低成本，提高竞争力；有利于市场经营的专业化，提高生产效率，降低成本，使企业向纵深方向发展，寻求合适的目标市场；减少资金占用率，加速资金周转。

缩减产品组合策略的缺点：风险较大，一旦目标消费者的消费需求发生转移或者市场上出现强有力的竞争者，企业很可能遭受严重的损失，甚至破产。

（三）产品线延伸策略

产品线延伸是指企业把产品线延长而超出原有范围。促使产品线延长的因素有很多，包括：企业资源过剩，推销人员和分销商希望以更为全面的产品线去满足顾客的需求，企业希望开拓新市场而谋求更高的销售量和利润等。产品线延伸策略有三种形式：

1. 向上延伸

向上延伸是指企业的产品线原来只定位于低档产品，由于希望发展各档产品齐全的完全产品线，或者是受到高档产品较高的利润率和销售增长的吸引，在原有产品线中增加中、高档产品项目。采用这一策略的原因主要是高档产品有较高的销售增长率和毛利率，企业在技术设备和营销能力方面已经具备进入高档市场的条件，需要对产品线进行重新定位等。这一策略的最大风险在于低档产品在消费者心目中地位的改变比较困难，因而需要通过大量的营销努力，经过一段时间才能奏效。

2. 向下延伸

向下延伸是指企业原来定位于高档市场的产品线向下延伸，在高档产品线中增加中、低档次产品项目。企业向下延伸的理由可能有四种：企业在高档产品市场上受到强大攻击，因而以拓展低档产品市场来反戈一击；企业发现高档产品市场增长缓慢而不得不去开拓低档产品市场；企业最初进入高档产品市场是为了树立优质形象，目标达成后，向下延伸可以扩大产品市场范围；企业为填补市场空缺而增加低档产品品种，以防竞争者乘虚而入。

企业采取向下延伸的策略也会有一些风险，比如，企业新增的低档产品品种可能会损害到高档产品品种的销售，危及企业的质量形象，所以企业最好对新增低档产品用新的品牌以保护原有的名牌产品；可能会刺激原来生产低档产品的企业转入高档产品市场而加剧竞争；经销商可能因低档产品获利微薄及有损原有形象而不愿意或没有能力经营低档产品，从而企业不得不另建分销网，增加许多销售费用。

【小案例】

通用 CT 产品线向下扩展

通用电气公司医疗系统部是 CT 扫描仪的市场领导者，这些昂贵的诊断仪器主要在医院中使用。通用公司了解到一家日本公司打算进军其市场。他们猜测日本公司的产品更小，电子化程度更高，而且更便宜。因此，通用电气公司最好的防御策略是在日本公司进入市场前就引进一种相似的机器。公司有些经理认为这种低价的产品会损害大型 CT 扫描仪的高额利润。但公司的一位经理提出的一个观点打消了这种担心："与其与外面的日本人竞争，不如我们内部先竞争一下为好。"

营销启示：企业产品线的延伸无非是为了更好地满足客户需求，提高市场占有率，增加利润以及提高企业竞争能力等。

3. 双向延伸

双向延伸是指企业原来定位于中档市场的产品线，掌握了一定的市场优势后，决定向产品线的上下两个方向延伸，一方面增加高档产品，另一方面增加低档产品，力争全方位占领市场。采取这一产品策略的主要问题是，随着产品项目的增加，企业面临的市场风险加大，经营的难度增加。因此，采用这一策略的企业应具有较高的经营管理水平。

（四）产品线现代化决策

产品线现代化是指企业随着科学技术和市场需求的变化而对产品线实施的现代化技术改造，主要包括"渐进型"和"突变型"两种模式。"渐进型"的产品进化策略是指企业利用已有的产品技术优势与市场网络，在原有产品基础上进一步提升产品技术含量，将市场用户不断地转移到较高一级的改进产品上，从而进一步强化其产品网络，形成一个产品价值链。通过对这个产品用户网络基础与价值链的经营，企业能够扩张与发展其垄断优势，继续获取未来的利润，这种策略成功的关键在于要对现有产品的性能、技术进行持续快速的升级。"突变型"的产品进化模式是指企业在促进现有产品升级换代的同时，应密切注意科技发展上的重大突破，及时促进产品品质的变化，开拓出更高技术含量的新产品替代已经成熟的旧的高科技产品，在下一波的技术发展中继续占据有利地位。

第三节　产品生命周期

一、产品寿命周期概念

产品生命周期理论是由美国哈佛大学教授雷蒙德·弗农 1966 年在其《产品周期中的国际投资与国际贸易》一文中首次提出的。所谓产品生命周期，是指产品从投入市场开始，直到被市场所淘汰，最终退出市场所经历的时间过程。按照产品销售量在不同时期的变化情况，产品的市场生命周期要经历四个阶段，即导入期、成长期、成熟期和衰退期，如图 9-2 所示。它是产品更新换代的一种经济现象。企业的产品市场生命周期对企业来说意味着：产品有一个有限的生命；由于市场和技术条件的变化，任何一个产品不可能永远在市场中存在，而这个由诞生到消亡的过程则有长有短、有急有缓；产品销售经过不同的阶段，每一阶段都对销售者提出了不同的挑战，在产品生命周期的不同阶段，产品利润有高有低，产品需要不同的营销、财务、制造和人力资源战略的支持。

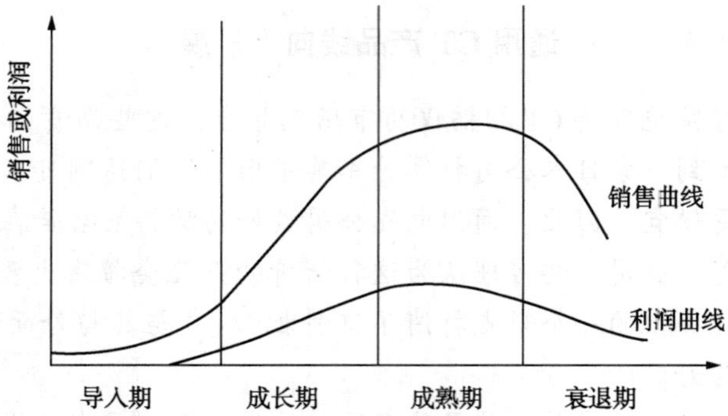

图 9-2　产品生命周期曲线图

二、产品生命周期各阶段特点及营销策略

由产品生命周期理论可以看出，任何一种产品都不会经久不衰，永远获利，在产品生命周期的不同阶段，产品的销售量、利润等都有不同的特征，企业也应根据企业产品所处的生命周期阶段的不同，采取不同的营销策略，以实现产品在整个生命周期中利润最大化。

（一）导入期的市场特点及营销策略

1. 导入期的市场特点

导入期是产品首次投入市场的最初销售阶段，该阶段的主要特点有。

（1）导入期企业的投入较大。一方面在导入期顾客对产品的了解少，除少数追求新奇的顾客外，几乎无人实际购买该产品。企业生产量小，形成不了规模效应，生产成本高。另一方面企业为了扩大销路，不得不投入大量的促销费用，对产品进行宣传，使潜在的消费者了解新的和他们不知道的产品，引导他们试用新产品且吸引分销商经销自己的产品。因此企业通常不能获利，反而可能亏损。

（2）导入期的风险较大。一方面由于生产上的技术问题可能还未全部掌握，产品质量和性能还不能确定；另一方面市场的不确定性因素较多。这都导致产品在导入期风险较大，可能失败。

（3）导入期竞争对手少，一些重大创新产品甚至没有竞争对手。

2. 导入期的营销策略

在产品的导入期，一般由定价、促销、地点等因素组合成各种不同的市场营销策略，特别要处理好价格与促销的关系，根据不同产品的特点，选择“价格-促销组合矩阵”的不同策略，促使新产品顺利进入市场。“价格-促销组合矩阵”提出四种不同的营销策略，见表 9-2。

表 9-2　导入期价格-促销策略表

项　目		促　销	
		高	低
价格	高	快速撇脂	快速渗透
	低	缓慢撇脂	缓慢渗透

（1）快速撇脂策略。即以高价格和高促销水平推出新产品。实行高价格是为了在每一单位销售额中获取最大的利润。高促销费用是为了引起目标市场的注意，快速打开销路，加快占领市场。成功地实施这一策略，可以赚取较多的利润，尽快收回新产品开发的投资。

实施该策略的市场条件如下：市场上有较大的需求潜力；目标顾客具有求新心理，急于购买新产品，并愿意为此付出高价；企业面临潜在竞争者的威胁，需要及早建立品牌偏好。

（2）缓慢撇脂策略。即以高价格低促销费用将新产品推入市场。高价格与低促销水平结合可以及早收回投资，减少销售成本，给企业带来更多利润。实施该策略的市场条件如下：市场规模相对较小，竞争威胁不大；市场上大多数用户对该产品没有过多疑虑；适当的高价能为市场所接受。

（3）快速渗透策略。即以低价格和高促销费用推出新产品。目的在于先发制人，以最快的速度打入市场，该策略可以给企业带来最快的市场渗透率和最高的市场占有率。实施这一策略的条件如下：产品市场容量很大；潜在消费者对产品不了解，且对价格十分敏感；潜在竞争比较激烈；产品的单位制造成本可随生产规模和销售量的扩大迅速下降。

（4）缓慢渗透策略。即企业以低价格和低促销费用推出新产品。低价是为了刺激市场迅速地接受新产品，低促销费用则可以减少营销成本。实施这一策略的条件：目标市场容量大；潜在顾客易于或已经了解此项新产品，且对价格十分敏感；存在潜在竞争者。

导入期的四种策略对企业来说并不是只能选择其中一种。企业可以从产品整个生命周期过程中的总体战略去考虑，灵活地交替使用。

（二）成长期的市场特点及营销策略

1. 成长期的市场特点

（1）消费者对新产品已熟悉，销售量增长很快。产品通过试销效果良好，购买者逐渐接受该产品，产品在市场上站住脚并且打开了销路，销售量几乎呈直线上升。

（2）大批竞争者加入，市场竞争加剧。

（3）规模效应逐渐显现，产品的单位成本下降，企业利润迅速增加。在这种情况下企业应尽可能维持销售的增长速度，把保持产品品质优良作为营销的主要目标。

2. 成长期的营销策略

该时期企业营销策略的重点应放在创立名牌、提高品牌偏爱度上。具体可采取以下营销策略：

（1）根据用户需求和其他市场信息，不断提高产品质量，增加产品型号和产品的新用途。

（2）选择适当的时机调整价格，以争取更多顾客。

（3）重新评价渠道、选择决策，巩固原有渠道，增加新的销售渠道，开拓新的市场。

（4）加强促销环节，树立强有力的产品形象。促销策略的重心应从建立产品知名度转移到树立产品形象，主要目标是建立品牌偏好，争取新的顾客。

（三）成熟期的市场特点及营销策略

1. 成熟期的市场特点

这个阶段是产品进入大批量生产并稳定地进入市场销售，产品需求趋向饱和的阶段。成熟期通常又可以划分为三个时期：

（1）成长成熟期。这一时期各销售渠道基本呈现饱和状态，增长率缓慢上升，有少数后续的购买者继续进入市场。

（2）稳定成熟期。由于市场饱和，消费平稳，产品销售稳定，销售增长率一般只与购买者人数呈比例，如无新购买者则增长率停滞或下降。

（3）衰退成熟期。销售水平开始下降，原有消费者的兴趣已经开始转向其他产品或替代品。全行业出现产品过剩，竞争加剧，一些缺乏竞争能力的企业逐渐被取代，新加入的竞争者较少。竞争者之间各有自己特定的目标消费者，市场份额变动不大，突破比较困难。

2. 成熟期的营销策略

在这一阶段企业的主要营销目标是争取稳定的市场份额，延长产品市场寿命，主要策略如下：

（1）市场改进策略（也称市场多元化策略）。即开发新市场、寻求新用户。具体可以通过三种方式实现：一是开发产品的新用途，寻求新的细分市场，把产品引入尚未使用过这种产品的市场；二是刺激现有用户购买，提高使用频率，增加重复购买率；三是产品重新定位，寻找新的潜在用户。

（2）产品改进策略。即改进产品的品质或服务后再投放市场，整体产品概念的任何一层次的调整都可视为产品改进，具体包括：改进产品质量，增加产品功能，增加产品特点，扩大产品的方便性、安全性等，改进产品的式样、包装、外观等。

（3）营销组合改进策略。即通过改变定价、销售渠道及促销方式来延长产品成熟期。例如，在提高产品质量、改变产品性能、增加产品规格品种的同时，通过特价、购买折扣、补贴运费、延期付款等方法来降价让利；扩展分销渠道，调整广告策略、变换广告时间和频率、增加人员推销、强化公共关系等多管齐下，进行市场渗透，扩大企业及产品的影响，争取更多的顾客。

【小案例】

“西瓜变方”的启示

多少年来，人们只知道西瓜是圆的。而今，日本有人生产出了方形西瓜，实乃破天荒也。

西瓜是如何由圆变方的呢？不说不知道，一说就明了。在西瓜生长前期套上事先做好的一定规格的方形模具，西瓜在后期生长中就按照人们意愿，长成方形了。

传统的西瓜惹人喜爱，但是日本人认为圆西瓜占据存放空间、好滚动、易损坏，不利于长途运输和贮藏，不能获得最佳经济效益。西瓜由圆变方独特新奇，销路大增，获利可观。

营销启示：产品创新永无止境！

（四）衰退期的市场特点及营销策略

1. 衰退期的市场特点

（1）销售量和利润开始下降。由于科技的发展以及消费习惯的改变等原因，产品的销售量和利润持续下降，产品在市场上已经老化，不能适应市场需求，或者市场上已经有其他性能更好、价格更低的新产品，消费者的兴趣开始转移。

（2）企业开始退出市场。由于整个行业的生产能力过剩，导致竞争加剧，整个行业利润减少，竞争者开始陆续退出。

2. 衰退期的营销策略

(1) 维持策略。维持策略即保持原有的细分市场和营销组合策略，待到适当时机停止该产品的经营，退出市场。

(2) 集中策略。集中策略即把资源集中使用在最有利的细分市场、最有效的销售渠道和最易销售的品种、款式上。简而言之，缩短战线，以最有利的市场赢得尽可能多的利润，同时也有利于缩短产品退出市场的时间。

(3) 收缩策略。收缩策略即大幅度降低销售费用，如广告费用削减为零、大幅度精简推销人员等，虽然销售量有可能迅速下降，但是可以增加眼前利润。

(4) 放弃策略。放弃策略即对于衰退比较迅速的产品，应当机立断，放弃经营，可以采取立即放弃的方式，如把产品完全转移出让或立即停止生产；也可以采取逐步放弃的方式，使其所占用的资源逐步转向其他产品。

(5) 转移策略。转移策略即在妥善处理老产品的同时，把企业生产经营的精力转移到新产品市场上去，力争在新产品市场上获取更大的成功。

第四节　新产品开发

一、新产品的概念及类别

(一) 新产品的概念

从市场营销角度看，新产品是一个相对广泛的概念，既指绝对的新产品，又指相对的新产品；既可以对市场而言，又可以对企业而言。也就是说，只要是产品整体概念中任何一个要素的创新、变革或改造，都可以被理解为新产品。

新产品是相较老产品而言的，目前尚无世界公认的确切定义。一般是指企业初次试制成功的产品，或是在结构性能，制造工艺、形体材质等某一方面或几个方面比老产品有显著改进的产品。我国规定“在结构、材质、工艺等某一个方面或几个方面较老产品有明显改变，或采用新技术原理、新设计构思，从而显著提高产品的性能或扩大了使用功能”的产品为新产品。

(二) 新产品的类型

按照产品新颖的程度划分新产品，可分为全新型新产品、换代型新产品、改进型新产品、仿制型新产品四大类。

1. 全新型新产品

全新型新产品是指企业应用新原理、新技术、新结构、新材料制造出来的，以前从来没有，能够满足消费者新的需求的产品。比如电灯、电话、汽车、飞机、电视机、计算机、抗生素、激光唱片等的成功研制并投入使用，就属于全新型新产品。这类新产品往往伴随着科学技术的重大突破而诞生，在新产品中只占10%左右。

2. 换代型新产品

换代型新产品是指在原有产品的基础上，部分采用新技术、新材料、新元件等，使结构性能有显著提高的产品。比如电子计算机问世后，已经过多次换代，当前电脑是经电子管、晶体管、集成电路、大规模集成电路、人工智能的第五代电脑新产品。

3. 改进型新产品

改进型新产品指对现有产品在质量、结构、式样、材料等方面做出改进的产品。它主要包括提高质量、增加用途、更新式样、采用易取材料或更便宜等。改进型新产品有利于提高原有产品的质量或产品多样化，满足消费者对产品更高的要求，或者满足不同消费者的不同需求。比如普通牙膏改为药物牙膏、普通卷烟改为过滤嘴卷烟以及新款式的服装等。

4. 仿制型新产品

仿制型新产品是指市场上已经存在，而本国、本地区或本企业初次仿制并投入市场的产品。这种产品对较大范围的市场来说已不是新产品，但对企业来说，是用新工艺、新设备生产出来的与原有产品不同的产品，仍然可作为企业的新产品。目前，我国企业中不少新产品都属于仿制型新产品。

此外，从营销角度出发，那些试制成功后只放在陈列室供参观或供展览会展览的产品，不能纳入新产品之列。新产品必须是正式生产并投入市场的产品，因为只有接受消费者的选择，产品才能真正为企业、社会创造效益。

【小案例】

不是所有牛奶都叫特仑苏

在食品消费市场上，牛奶始终被看作是一种大众消费品，是被认定为“不可能做出花样来”的商品，然而蒙牛推出的特仑苏牛奶，打破了这种保守的思维定式，剑指高端定位，在众人的质疑声中获得了市场的认可。2005年年底推出的蒙牛差异化品牌特仑苏牛奶，经历短短1年的时间，在上海一个市场的销售量就达到日均1万箱，而在其市场运作强势的北方地区，这个数字更高。2006年3月底，特仑苏OMP奶高调上市，以增加品种的方式进一步巩固和细分市场。2007年，国内各大乳品品牌纷纷推出高端液态奶产品，而特仑苏依然保持强劲的增长势头，并以开拓者的身份引领着高端液态奶市场。

营销启示：蒙牛运用产品创新策略推出全新品牌“特仑苏”，走出了一条坚实的通过自主创新实现产业升级的成长之路。

二、新产品开发程序

一个完整的新产品开发过程要经历构思产生、构思筛选、概念发展与测试、营销规划、财务分析、产品实体开发、试销和上市推广八个阶段。

（一）构思产生

新产品开发的构思通常可从企业内部和企业外部去寻找灵感。企业内部的研究开发人员、市场营销人员、高层管理人员及其他部门人员，往往都能针对产品的优缺点提出一些虽然不系统但却真实宝贵的改进建议或创新构思。企业外部的顾客、用户、分销商、竞争对手、营销与广告合作伙伴、咨询公司、市场调研公司等，对产品的评价、甚至是抱怨攻击，都是改进产品、开发新产品的构思基点。

（二）构思筛选

采用适当的评价系统及科学的评价方法对各种构思进行分析比较，将最有市场前景的构思设想筛选出来。筛选应遵循以下标准：

（1）市场条件。市场条件包括产品的潜在市场成长率、竞争程度以及前景、企业能否获得较高收益等。

（2）企业自身条件。企业自身条件主要是指企业的人力、财力、物力资源与企业的技术条件及管理水平是否适合生产这种新产品。

（3）销售条件。销售条件主要体现在企业现有的销售结构是否适合销售这种新产品。

（4）利润收益条件。产品是否符合企业的营销目标，其获利水平以及对企业原有产品销售的影响。这一阶段的任务是剔除那些明显不适合的新产品构思。

在构思筛选阶段，应力求避免两种偏差：一种是漏选了良好的新产品构思，对其潜在价值估计不足，失去发展机会；另一种是采纳了错误的新产品构思，仓促投产，造成失败。

（三）概念发展与测试

新产品构思筛选后，需进一步发展，形成具体、明确的新产品概念。新产品概念是指已经成型的新产品构思，即用文字、图像、模型等对产品构思予以清晰阐述，使之在消费者心目中形成一种潜在的产品形象。一个新产品构思能转化为若干个新产品概念。

每一个新产品概念都要进行相关测试，以选择出最佳的新产品概念。选择的依据是未来市场的潜在容量、销售成长率、投资收益率、生产能力以及对企业设备、资源的充分利用等。测试的方式可采取问卷调查的形式将新产品概念提交目标市场有代表性的消费者群进行测试、评估。

（四）营销规划

对于经测试确认可被市场接受的新产品概念，进一步深入研究其市场定位和消费者行为特征、目标市场规模与企业的市场占有率，对新产品上市初期的销售额和利润目标、价格策略、分销策略、广告策略和营销预算进行规划，并简要规划中长期市场目标及其营销策略。

（五）财务分析

财务分析是从经济效益角度分析新产品概念是否满足企业开发新产品的财务目标，主要是估计销售量、成本和利润。预测新产品销售量可参照市场上类似产品的销售发展历史，并考虑各种竞争因素，同时分析新产品的市场地位、市场占有率等。

（六）产品实体开发

产品实体开发是企业通过财务分析后将新产品概念交送技术研发部门试制成产品模型或样品，同时进行包装的研制和品牌的设计。这是新产品开发的重要步骤，只有通过产品试制，才能使产品概念实体化，才能证明这种新产品概念在技术、商业上的可行性。需要强调的是，新产品的实体必须具有新产品概念规定的所有特征。

（七）新产品试销

产品开发完成后，相应地就要制定新产品上市推广的营销计划。选择广告、分销、竞争和用户等营销环境因素尽可能与新产品的目标市场接近的小范围市场进行新产品试销，为新产品全面上市提供策略验证和决策依据，也为新产品的改进和整体营销策略的完善提供启示。

（八）新产品上市

在新产品试销取得上市依据和成功信心之后，就可以正式批量生产、全面推向市场，但必须预先做好下列相关决策：

（1）上市时机。这与新产品和市场的特性相关，要根据新产品是否属于替代品、新产品的市场需求是否有很强的季节性、新产品是否需要进一步改进等情况予以区别对待。

（2）上市区域。上市的投放区域一般是先在主要地区的市场推出，以便占有区域性市场，取得立足点后再扩大至其他地区。

（3）目标市场。目标市场是指能够率先购买或早期购买的消费者群。确定目标市场的目的是要利用这一部分消费者来带动一般消费者，以最快的速度、最少的费用，扩大新产品的市场占有率。

（4）营销组合。营销组合是指使用各种不同的营销方式和策略，尽最大可能推销新产品。

按上述程序开发新产品，要求企业各部门依次在不同阶段，单独开展其职能范围内的工作，这有助于控制新产品开发的风险，提高成功率。

第五节　包装策略

一、包装的含义与作用

（一）包装的含义

包装是指为某一品牌商品设计并制作容器或包扎物的一系列活动。包装具有两方面的含义：其一，包装是指为产品设计、制作包扎物的活动过程；其二，包装即指商品的容器或包扎物。一般来说，商品包装应该包括商标或品牌、形状、颜色、图案、材料和产品标签等要素。

一般而言，包装由三个方面构成：

（1）首要包装。产品直接的包装，即产品的直接容器，如牙膏的软管、酒类的瓶子、香烟的小纸盒。

（2）次要包装。保护首要包装的包装物，即用来保护内包装和促进销售的包装物，如牙膏的纸盒，上面印有产品的商标、使用说明、生产厂家、生产日期、图案和色彩等。

（3）运输包装。为了便于储运、识别某些产品的外包装，也称装运包装，用于储存、搬运和辨认商品。

（二）产品包装的作用

（1）保护商品。包装最基本的功能就是保护商品。有效的产品包装可以起到防潮、防热、防冷、防挥发、防污染、防变形、保鲜等一系列保护产品的作用。因此，在产品包装时，要注意对产品包装材料的选择以及包装的技术控制。

（2）便于储运。产品的物质形态有气态、液态、固态、胶态等，它们的理化性质也各异，可能是有毒的，有腐蚀性的或易挥发、易燃、易爆等，外形上可能有棱角、刃口等危及人身安全的形状，进行合理的包装，可便于商品的运输，从而节省流通时间及降低运输费用。经过合理包装的产品，便于储存和点验，有利于仓库作业，合理堆砌，保护商品品质，同时便于计数，有利于管理。

（3）促进销售。商品给顾客的第一印象，不是来自产品的内在质量而是其外观包装。产品包装美观大方、漂亮得体，能吸引顾客，并激发顾客的购买欲望。产品采用包装后，首先进入消费者视觉的往往不是产品本身，而是包装。能否引起消费者的兴趣并激发购买动机，在一定程度上取决于产品包装的好坏，因而包装成了“无声推销员”。产品经过包装，尤其加上装潢后，商品更加美化，一个好的包装还可以增加产品的价值，引起或刺激消费者的兴趣，从而促进产品的销售。

（4）增加盈利。由于装潢精美、使用方便的包装能满足消费者的某种心理需求，消费者乐于按较高的价格购买，而且，包装材料和包装过程本身也包含一部分利润。

【小案例】

包装容器之王——易拉罐

20世纪30年代，易拉罐在美国成功研发并生产。这种由马口铁材料制成的三片罐——由罐身、顶盖和底罐三片马口铁材料组成，当时主要用于啤酒的包装。目前我们常用的由铝制材料制作而成的二片罐——只有罐身片材和罐盖片的深冲拉罐诞生于20世纪60年代初。

易拉罐技术的发展，使其被广泛运用于各类商品包装当中，如啤酒、饮料、罐头等。据悉，全世界每年大约生产的铝制易拉罐已经超过2000亿个。目前，易拉罐已经成为市场上应用范围最广、消费者接触使用最多、最频繁的包装容器，是名副其实的包装容器之王。

营销启示：商品包装作为商品设计的延续，已经成为商品营销的一个根底元素。富有创意的经典包装，已经成为企业提升品牌价值最简单、最有效的方法。

二、包装策略

常见的包装策略如下：

1. 相似包装策略

相似包装策略即企业生产的各种产品，在包装上采用相似的图案、颜色，体现共同的特征。其优点在于能节约设计和印刷成本，树立企业形象，有利于新产品的推销。但有时也会因为个别产品质量下降而影响到其他产品的销售。

2. 差异包装策略

差异包装策略即企业的各种产品都有自己独特的包装，在设计上采用不同的风格、色调和材料。这种策略能够避免由于某一商品推销失败而影响其他商品的声誉，但也相应地会增加包装设计费用和新产品促销费用。

3. 相关包装策略

相关包装策略即将多种相关的产品配套放在同一包装物内出售，可以方便顾客购买和使用，有利于新产品的销售

4. 复用或双重用途包装策略

复用或双重用途包装策略即包装内产品用过之后，包装本身还可作其他用途使用。这种策略的目的是通过给消费者额外利益而扩大产品销售。而且，这种策略可使带有商品商标的包装物在再次使用过程中起到延伸宣传的作用。

5. 分等级包装策略

分等级包装策略即企业对自己生产经营的不同质量等级的产品分别设计和使用不同的包装，以适应不同的购买力水平。

6. 附赠品包装策略

附赠品包装策略是指在包装上或包装内附赠奖券或实物等附赠品，以吸引消费者购买的策略。

7. 改变包装策略

改变包装策略即改变原有的包装，用新包装适应市场需求的变化，实现包装的创新，给消费者以新鲜感。当某种产品销路不畅或使用一种包装时，企业可以改变包装设计、包装材料，使用新的包装。

【小案例】

审美习惯决定包装成败

牙膏是我们生活中不可或缺的日用品，因此市场竞争十分激烈。国际牙膏巨头美国高露洁公司在进入我国牙膏市场以前，曾做过大量的市场调查。高露洁公司发现，我国牙膏市场竞争激烈，但同质化竞争严重。无论是牙膏的包装还是广告诉求都非常平淡。针对这些特点，高露洁采用了创新性的复合管塑料内包装，并用中国消费者都非常喜欢的红色作为外包装的主题色彩。结果大获成功，在短短的几年时间内，迅速占领了我国1/3的牙膏市场份额。

营销启示：一个有创意的好包装往往意味着占领更多的市场份额。

第六节　服务与服务营销

1960年，美国市场营销协会(AMA)最先给服务下定义："用于出售或者是同产品连在一起进行出售的活动、利益或满足感"。从1981年开始，营销学者开始将服务市场营销的研究重点转移到服务的特征对消费者购买行为的影响方面，探讨了服务的分类问题。尽管有不同的分类研究，但营销学者一般认为，针对不同类型的服务，营销人员需要采用不同的营销战略和战术。

一、服务

(一) 服务的定义

当代市场营销学泰斗菲利普·科特勒(Philip Kotler)给服务下的定义是："一方提供给另一方的不可感知且不导致任何所有权转移的活动或利益，它在本质上是无形的，它的生产可能与实际产品有关，也可能无关。"美国市场营销协会将其定义为"主要为不可感知，却使欲望得到满足的活动，而这种活动并不需要与其他的产品或服务的出售联系在一起。生产服务时可能会或不会利用实物，而且即使需要借助某些实物协助生产服务，这些实物将不涉及所有权转移的问题"。

在综合各种不同定义和分析服务的真正本质的基础上，我们认为，服务就是指具有无形特征却可以给人带来某种利益或满足感的可供有偿转让的一种或一系列活动。

(二) 服务的特征

1. 无形性

服务的特质及组成服务的元素在许多情况下是无形无质的，让人无法触摸或凭视觉感受其存在。顾客消费服务后所获得的利益很难被察觉，或是要经过一段时间后，消费服务的顾客才能感觉出利益的存在。

服务的无形性决定了消费者在购买之前，无法以对待实物商品的办法判断服务的优劣，而只能以收集信息的办法，参考多方意见及自身的历史体验来判断。对企业而言，服务的无形性要求企业通过服务人员、服务过程及服务的有形展示，并综合运用服务设施、服务环境、服务方式和服务手段来体现管理“证据”。

2. 生产与消费的同时性

有形的产品从生产、流通到最终消费的过程，往往要经过一系列的中间环节，生产与消费过程具有一定的时间间隔。而服务则与之不同，它具有不可分割性，即服务的生产过程与消费过程同时进行。也就是说，服务人员提供服务给顾客的时刻，也正是顾客消费服务的时刻，二者在时间上不可分割。由于服务本身不是一个具体的物品，而是一系列的活动或过程，所以在服务的过程中消费者和生产者必须直接发生联系，因此生产的过程就是消费的过程。

3. 多变性

服务的构成成分及其质量水平经常变化，难以统一认定。服务的主体和对象都是人，人是服务的中心，而人又具有个性，涉及服务的提供方和接受服务的顾客。服务品质的差异性既由服务人员素质的差异决定，也受顾客期望与感受水平的影响。不同素质的服务人员会产生不同的服务质量效果；同一服务人员为不同个性的顾客服务，也会产生不同的服务质量效果；即使是同一服务人员为同一顾客提供服务，由于顾客在不同时间里的情绪不一样，其感知的服务效果也会不同。

4. 不可储存性

服务的不可储存性是指服务产品既不能在时间上储存下来以备未来使用，也不能在空间上转移其服务。如果不能及时消费，就会造成服务的损失，如车船、电影、剧院的空位现象，其损失表现为机会的丧失和折旧的发生。

服务的不可储存性是供给与需求矛盾的主要来源，而服务营销人员必须设法对供给与需求加以平衡。因此，控制和调节需求成为服务营销人员的营销重点。价格促销可以拉动需求，常常被电影院、高尔夫球场、滑雪场、酒店和饭店等服务机构所采用。同时，也可以采取预定或预约服务来控制需求，一旦服务人员根据预约情况能大体预测需求时，也就能根据需求情况来合理安排服务的产出(如时间、空间、服务人员的数量等)。

(三) 服务的分类

由于服务具有无形性的特点，因此，要想有效的分类就显得非常困难。尽管如此，不少学者仍做出不同的分类方案。

1. 按服务过程，可分为售前服务、售中服务和售后服务

(1) 售前服务是指在营销商品前为顾客提供的各种服务。其重点是吸引顾客注意，诱发顾客的兴趣。

(2) 售中服务是指为顾客购买产品和运输方面提供的便利条件。其重点是在产需之间创造出一种相互信任的融洽气氛，促进买卖成交。

(3) 售后服务是在顾客购买产品后，根据顾客需要继续提供的各种服务活动。目的是顾客达到最佳的满意程度，并争取更多的新顾客。

2. 按服务性质，分为技术性服务、非技术性服务

(1) 技术性服务提供的是与产品技术和效用技术相关的服务。

(2) 非技术性服务提供的是与产品效用无直接关系的服务活动。

3. 按与商品买卖过程的联系程度，可分为基本服务、连带服务和附属服务

（1）基本服务即主要服务，是在出售过程中必须向顾客提供的服务。

（2）连带服务即伴随服务，是随同购买商品连带向购买者提供的服务。

（3）附属服务即补充服务，是指与购买活动没有直接联系的服务。

4. 按服务作用，分为可靠性服务、指导性服务、及时性服务和善后服务

（1）可靠性服务指在使用有效期内，使产品质量有可靠保证的服务。

（2）指导性服务指引导顾客熟悉产品，了解性能、用途和使用方法的服务。

（3）及时性服务指对时间价值显得十分重要的产品，提供及时的服务。

（4）善后服务指产品出现质量问题时，向顾客提供及时修理或退换的服务。

5. 按服务对象，分为中间商服务与消费者服务

（1）中间商服务主要是指为经销商服务，其中包括批发商和零售商服务。

（2）消费者服务指为购买消费品和工业品的消费者提供各种服务。

除此之外，还可以根据为顾客提供服务的时间分为长期服务、定期服务、巡回服务和临时服务；根据服务的复杂程度和重要性可分为综合性服务、单项服务、"一条龙"服务、成套服务以及承包或重点服务；还可以根据服务的内容，分为业务技术服务和满足顾客心理的服务。

二、服务营销

（一）服务市场营销组合

服务营销是企业在充分认识消费者需求的前提下，为充分满足消费者需要在营销过程中所采取的一系列活动。1981 年，布姆斯（Booms）和比特纳（Bitner）在传统的"4Ps"营销组合的基础上，将服务营销组合扩充为 7 个要素：产品（Product）、价格（Price）、渠道（Place）、促销（Promotion）、参与者（Participants）、有形展示（Physical evidence）和服务过程（Process of Service），简称"7Ps"。

1. 产品

服务产品所必须考虑的要素是提供服务的范围、服务质量、服务水平、品牌以及售后服务等。服务产品的这些要素组合的差异相当大，例如，一家供应数样小菜的小餐厅和一家供应各色大餐的五星级大饭店的服务产品要素组合就存在着明显差异。

2. 定价

价格方面要考虑的因素包括：价格水平、折扣、折让和佣金、付款方式和信用。在区别一种服务和另一种服务时，价格是一种识别方式，顾客可从服务的价格感受到其价值的高低。价格和质量之间的相互关系，也是服务定价的重要考虑因素。

3. 渠道

提供服务者的所在地以及地缘的可达性在服务营销上都是重要因素。地缘的可达性不仅是指实物上的，还包括传导和接触的其他方式，所以分销渠道的形式以及其涵盖的地区都与服务的可达性有密切关联。

4. 促销

促销包括广告、人员推销、销售促进或其他宣传方式等各种市场沟通方式，以及一些间接的沟通方式，如公关等。

5. 参与者

在服务企业担任生产或操作性角色的人，在顾客看来其实就是服务产品的一部分，其贡献也和其他销售人员相同。大多数服务企业的特点是操作人员可能担任服务表现和服务销售的双重工作。企业工作人员的任务极为重要，所以，市场营销的管理者还必须重视雇佣人员的筛选、训练、激励和控制。此外，对某些服务业务而言，顾客和顾客之间的关系也应引起重视。因为一位顾客对一项服务产品质量的认知，很可能是受到其他顾客的影响。

6. 有形展示

有形展示会影响消费者和客户对一家服务企业的评价。有形展示包括的要素有：实体环境(装潢、颜色、陈设、声音)，提供服务时所需要的装备实物(如汽车租赁公司所需要的汽车)，以及其他的实体性线索，如航空公司所使用的标志或干洗店将洗好衣物加上的“包装”。

【小案例】

迪士尼乐园的有形展示

“只要你来到这里，无论里面的任何一个角落，你都能找到一个属于你内心的童话世界。”提起迪士尼人们便会想到家庭娱乐，想到“米老鼠”。人们进入迪士尼就如同进入梦幻世界，在这里可以看到我们这个星球的过去和未来，从中享受到假日的娱乐。而从前的娱乐只是少数人的“特权”，大众难以进入。靠着“在娱乐之中学习知识”的诀窍，迪士尼成了名留青史的企业巨头，开创并主宰了一个全新的卡通世界。迪士尼的与众不同之处，在于它生产的是精神产品、无形产品、文化产品和娱乐产品，目的是为孩子和家长提供娱乐、创造人间的欢乐童话。

迪士尼从生产有形产品推进到生产无形产品的卓识远见是领先于时代的，正是这种远见使其能在竞争激烈、复杂险恶的环境中始终比别人先走一步。在动画片由无声到有声，黑白到彩色，短片到长片的关键转折过程中，它总能够走在时代的前列，始终引领动画片的发展方向，不断开拓新的领域，从而走向更大的成功。

迪士尼在“产品”上不断求变。经营者不但创作卡通，而且还朝着全方位的家庭娱乐组合发展，包括电视、主题公园以及都市规划。通过主题公园的形式，迪士尼致力于提供高品质、高标准和高质量的娱乐服务。同时，公司还提供餐饮，销售旅游纪念品，经营度假宾馆、交通运输和其他服务支持行业。迪士尼品牌、米老鼠、唐老鸭、古非等动画人物，均拥有极大的影响力和商誉，并包含着巨大的经济利益。然而，整个迪士尼经营业务的核心仍是“迪士尼乐园”本身。而该乐园的生命力，在于能否使游客欢乐。

营销启示：给游客以欢乐，并由游客和员工共同营造“迪士尼乐园”的欢乐氛围，成为“迪士尼乐园”服务产品畅销不衰的法宝。

7. 服务过程

服务过程(即服务的递送过程)在服务企业中很重要。表情愉悦、专注和关切的工作人员，可以减轻顾客排队等待服务的不耐烦的感觉，或者平息顾客在技术上出问题时的怨言或不满。整个体系的运作政策和程序方法的采用、服务供应中的机械化程度、员工裁断权的适用范围、顾客参与服务操作过程的程度、咨询与服务的流动等，都是市场营销管理者需特别注意的事情。

（二）服务市场营销的内涵

现实经济生活中的服务可以区分为两大类：一种是服务产品，产品为顾客创造和提供的核心利益主要来自无形的服务；另一种是功能服务，产品的核心利益主要来自形成的成分。贝瑞和普拉苏拉昌(1991)认为，在产品的核心利益来源中，如果有形的成分比无形的成分要多，那么这个产品就可以看作是一种“商品”(指有形产品)；如果无形的成分比有形的成分要多，那么这个产品就可以看作是一种“服务”。

与服务的这种区分相一致，服务市场营销的研究形成了两大领域，即服务产品的营销和顾客服务市场营销。服务产品营销的本质是研究如何促进作为产品的服务的交换；顾客服务市场营销的本质则是研究如何利用服务作为一种营销工具促进有形产品的交换。但是，无论是服务产品营销，还是顾客服务市场营销，服务市场营销的核心理念都是顾客满意和顾客忠诚，通过取得顾客的满意和忠诚来促进相互有利的交换，最终实现营销绩效的改进和企业的长期成长。

（三）服务市场营销的特征

由于服务的特征，服务市场营销具有一系列不同于产品营销的特征：

1. 有形展示提供“管理证据”

由于服务是无形的，顾客很难感知和判断其质量和效果，他们将更多地根据服务设施和环境等有形线索来进行判断。因此，有形展示可以提供“管理证据”，成为了服务市场营销的一个重要工具。另外，由于服务不具有实体特征，因而不能运输，从而使得服务的分销具有不同于有形产品的特点。有形产品可以在一地或多地生产，然后运送到中间商或最终用户所在地进行销售。大多数服务却不能这样做。

2. 质量管理扩展至服务过程与顾客

顾客直接参与服务的生产过程及其在这一过程中同服务人员的沟通和互动行为向传统的营销理论和产品质量管理理论提出了挑战。由于顾客参与服务过程，这样会迫使企业的管理人员去有效引导顾客，达成生产和消费过程的和谐并行。同时，要保证实际提供的服务达到顾客预期的质量水平，服务人员就必须与顾客进行充分的沟通，并根据不同顾客的需求差异保持足够的应变能力。因此，服务产品的质量管理应当扩展至对服务过程及顾客的管理。

【小案例】

微笑是属于顾客的阳光

希尔顿饭店被誉为当今世界的“饭店之王”，这座辉煌大厦的一块奠基石是“微笑服务”，这是希尔顿的母亲在他成功之路上授予他的秘诀，这秘诀是如此的平常，却又是那样的深奥。希尔顿在其位于得克萨斯州的第一家旅馆经营中稍有成效的时候，他母亲对他取得的成绩却不屑一顾。希尔顿的母亲指出要使经营真正得到发展，必须掌握一种秘诀，这种秘诀简单、易行，不花本钱却又行之有效。希尔顿冥思苦想终得其解：这秘诀不是别的，就是微笑。他发现只有微笑才能同时满足以上几个条件，且能发挥强大的功能。此后，“微笑服务”就成了希尔顿饭店经营的一大特色。几十年来，希尔顿向饭店工作人员问得最多的一句话就是“你今天对客人微笑了吗？”。完善的服务设施、舒适的服务环境、齐全的服务项目，能令顾客“宾至如归”；热情的服务态度、周到的服务项目、精湛的服务艺术更能使顾客“流连忘返”，并因此对企业留下深刻的印象。所以，希尔顿饭店的微笑魅力就不可低估了。希尔顿说过，“微笑是属于顾客的阳光”，受阳光沐浴的顾客当然不会忘记温暖着他们的太阳。

营销启示：希尔顿的成功秘诀说明了一个道理，那就是服务质量是服务企业的生命线。这是因为服务直接与顾客打交道，顾客从它们那儿得到的不只是有形的商品，更主要的是无形的服务。

3. 供求平衡要求更为准确

与有形产品相比，服务的不可贮存性产生了对服务的供求进行更为准确地平衡的需要。因此，虽然服务企业都不愿有供给能力过剩或不足情况的发生，但与制造业相比，供给与需求间的“同步营销”对确保服务企业经济地使用其生产能力重要得多。此外，服务不能贮存或运输的特性也给大规模地生产和销售服务带来了限制，所以服务企业要获得规模经济的效益就必须比制造企业付出更多的努力。

4.“形象混淆”导致推广更加复杂

差异性易使顾客对企业及其提供的服务产生“形象混淆”。因为，对于同一个企业，透过两家不同的分支机构所提供的服务，可能出现一个分支机构的服务水平明显优于另一个的情形。前者的顾客确实会认为该企业的服务质量很好，而另一分支机构的顾客则可能认为整个企业的服务都质量低劣。这种“企业形象”和“服务产品形象”的混淆将对服务产品的推广产生严重的负面影响，使得推广工作更加复杂。

【课后练习】

一、简答题

1. 如何理解产品的整体概念？

2. 简述成熟期的市场特点及营销策略。

3. 什么是产品线和产品组合？企业进行产品线的调整可采取哪些策略？

4. 试述产品生命周期理论对企业开展营销活动的启示？

5. 分析你所选择的服务组织的有形展示及服务场景存在的问题，在此基础上提出你的调整或改进建议。

二、案例分析

海尔服务营销创造“神话”

海尔集团(以下简称海尔)“真诚到永远”的服务口号，被广大消费者广为传颂。的确，海尔做到了，海尔人用汗水书写着服务传奇。

海尔1994年的“无搬动”服务，1995年的“三免”服务，1996年的“先设计后安装”服务，1997年的“五个一”服务，1998年的“星级服务一条龙”，其核心内容是从产品的设计、制造到购买，从上门设计到上门安装，从产品使用到回访服务，不断满足用户新的要求，并通过具体措施使开发、制造、售前、售中、售后、回访6个环节的服务制度化、规范化。1999年，海尔专业服务网络通过ISO 9000国际质量体系认证，2000年星级服务进驻社区，2001年海尔空调的无尘安装，2003年海尔推出了全程管家365。自1994~2003年，海尔的服务已经历了10次突破，每次突破和创新都走在了同行业的前列。

海尔凭借出色的服务，不仅成为中国家电行业的领头羊，还跻身世界家电企业10强，在世界最受尊敬的企业排名中，并且海尔已经连续多年位居中国企业第一位。

海尔是中国家电企业中最早重视向终端消费者提供个性化服务的公司。海尔认为服务也是产品，只有通过服务产品的持续性的创新和造势，才能提升海尔形象，才能维持消费者的忠诚度，从而拉开与竞争对手的差距。

由于海尔在提供星级服务方面达到了国际先进水平，1996年海尔集团获得了美国优质服务科学协会颁发的五星钻石奖。在2000年全国消费服务信誉度调查结果中，海尔空调又以绝对领先的得票数获得消费者满意度第一的结果，奠定了海尔坚持打“价值战”不打“价格战”的基础。

思考题：

1. 为什么海尔如此重视服务？

2. 简述海尔是怎样一步步升级服务的，有什么特点？

第十章 品牌策略

知识目标

理解品牌的内涵，认识品牌对企业营销活动的作用；理解品牌策略及品牌管理的作用及内容。

能力目标

理解商标与品牌的区别，能进行品牌决策及品牌管理。

素养目标

树立正确的品牌价值观和以全社会利益为中心的社会责任意识。

关键术语

品牌、商标、品牌策略、品牌管理。

导入案例

“中粮”的品牌困惑

中国粮油食品进出口(集团)有限公司1952年成立于北京，是中国政府直接管理的44家国有重要骨干企业之一，是一家集贸易、实业、金融、信息、服务和科研于一体的大型企业集团，横跨农产品、食品、酒店、地产等众多领域，拥有“长城”(葡萄酒)、“福临门”(食用油)、“金帝”(巧克力)、“梅林”(罐头)、“COFCO”(啤酒麦芽)、“中粮”(面粉)、“美特”(印制罐)、“华鹏”(瓶盖)、“凯莱”(物业、酒店)、“鹏利”(地产)等众多知名品牌。

自1994年以来，中粮集团就一直名列美国《财富》杂志全球企业500强。然而，虽然中粮已经取得了卓著成就，但是知道中粮的人并不多。有关部门曾对此在成都做过调查：在普通居民中，知道中粮的人不超过1%，在企业家中，知道中粮的人不超过10%。中粮的低知名度与它的“金帝”“长城”“福临门”等产品品牌的高知名度形成了鲜明的对比。中粮董事长周明臣2002年8月19日在中央电视台“对话”节目中说，企业品牌知名度低于产品品牌知名度是个失误。

(1) 何为中粮的品牌名称？“中粮”是“中国粮油食品进出口(集团)有限公司”的简称。在全称里，“中粮”不是它的品牌名称，“粮油食品”也不是它的品牌名称，“进出口”更不是它的品牌名称。有人认为，“中国粮油食品进出口(集团)有限公司”是中粮的品牌名称。但事实上，如果将其作为品牌名称，与企业目前的实际不相吻合。目前的中粮，贸易已退居第二位，实业已跃居第一位，还叫进出口公司，显然名不符实。而且，“中国粮油食品进出口(集团)有限公司”总让人与外贸联系在一起，与计划经济联系在一起，与国有企业联系在一起。用外贸的品牌来经营消费者市场，似乎缺乏支持力。

在北京举行的长城葡萄酒品牌整合会上，“中粮”领导人已明确提出，此次品牌整合的重点是突出“中粮”。“中粮”酒业公司总经理说：“在新的包装上，所有长城葡萄酒均标明由‘中粮’出产，三家酒厂只作为产地出现。我们要重点突出‘中粮’这个品牌。过去‘长城’没有体现出‘中粮’的品牌，别人不知道‘长城’是‘中粮’的，以后我们要让大家意识到‘长城’有‘中粮’这样一个强大的背景。”

(2)“中粮”的品牌有商标吗？中粮已经确定要在其经营中突出“中粮”这个品牌，要以“中粮”这一品牌为中心来开展企业的经营活动。但事实上这其中有很大的风险因素。因为“中粮”算不上是一个真正的品牌，如果非要把它当作一个品牌，它也是一个没有法律保障的品牌，因为“中粮”无法注册为商标。“中粮”一词中含有“粮”字，暗示了产业性质，不符合商标法的要求，因此无法注册为商标。同时中粮也没有自己的图形商标，虽然一个企业可以没有图形商标，但对于一个已经没有文字商标的企业，如果再没有图形商标，就彻底失去了商标法的保护。

(3)何为“中粮”品牌的核心价值？在《对话》节目中，主持人问“中粮”董事长：“您希望‘中粮’作为一个企业的整体形象给人一个什么样的印象?”董事长回答说：“我希望他想起这个商品的时候，他就想起‘中粮’；想起‘中粮’，他能想起‘中粮’旗下有这么多的商品。”由此可看出，“中粮”还不清楚自己品牌的核心价值，以及应该树立什么样的核心价值。同时，“中粮”的品牌目标还停留在品牌名称与品牌产品联系的阶段，还没有完成品牌形式的统一。一个连品牌形式都还未完全统一的品牌，当然就谈不上子品牌之间的价值整合了。“中粮”这个母品牌的核心价值不清楚，又怎么与“福临门”“长城”“金帝”“凯莱”整合？既然不能实现母品牌与子品牌的价值整合，就更谈不上子品牌之间的价值整合了。而“中粮”的各品牌正因为没有价值上的有机整合，所以才会出现“长城”三兄弟的内耗，才会出现“福临门”与“金龙鱼”之间的冲突，结果“中粮”不得不为此付出代价，牺牲“金龙鱼”，保全“福临门”。可见，在“中粮”的发展道路上，品牌的困惑、品牌策略的不成熟已使其面临很多令人担忧的障碍。

(资料来源：李蔚，马敏．中粮的品牌困惑．企业管理，2003，7)

营销启示：1. 要树立一个品牌首先要有一个好的品牌名称，这是品牌建设的基础。2. 没有商标保护的品牌是没有保障的品牌。3. 品牌的核心价值，不仅要分解到每一个子品牌，还要贯穿于品牌建设的各项活动。

第一节　品牌概述

一、品牌

如今，越来越多的企业意识到品牌的重要性，品牌意识已经深入几乎所有企业和消费者人心，那么究竟什么是品牌呢？

(一) 品牌的概念

品牌又称牌子或者厂牌，是用以识别销售者的产品或服务，并使之与竞争对手的产品或服务区别开来的商业名称及其标志，通常由文字、标记、符号、图案和颜色等要素或这些要素的组合构成。品牌是一个复合概念，包括品牌名称和品牌标志两部分。品牌名称是指品牌中可以用语言称呼的部分，如可口可乐、微软等都是美国著名的品牌名称；三星、现代是韩国著名的品牌名称；美的、格力、海尔等则是我国家电行业的著名品牌名称。品牌标志是指品牌中可以识别的但又不能用语言称呼的部分，通常由符号、字体、图案、色彩等构成，如花花公子的兔小姐、米高梅的狮子等。

品牌，就其实质而言，代表着销售者对交付给消费者的产品特征、利益和服务的一贯性承诺。不仅如此，品牌还是一个更为复杂的符号，蕴含着丰富的市场信息。为了深刻揭示品牌的含义，从以下六个方面进行分析。

1. 属性

品牌代表着特定的商品属性，这是品牌最基本的含义。例如，奔驰牌汽车意味着工艺精湛、制造优良、昂贵、耐用、声誉高、行使速度快等。这些属性是商品经营者广为宣传的重要内容，它反映了品牌所代表的产品或企业的品质内涵。

2. 利益

顾客购买商品实质是购买某种利益，这就需要属性转化为功能性或情感性利益。就“奔驰汽车”而言，“工艺精湛、制造优良”的属性可转化为“安全”这种功能性和情感性利益；“昂贵”的属性可转化为情感性利益：“这车令人羡慕，让我感觉到自己很重要并受人尊重”；“耐用”属性可转化为功能性利益：“多年内我不需要买新车”。

3. 价值

品牌体现了生产者的某些价值感。例如，“奔驰汽车”代表着“高绩效、安全、声望”等。品牌的价值感客观要求企业营销者必须分辨出对这些价值感兴趣的购买者群体。

4. 文化

品牌还依附和象征着特定的文化。它可使消费者产生与其文化背景相关的各种联想，从而决定其取舍。从“奔驰汽车”给人们带来的利益等方面来看，奔驰品牌蕴含着“有组织、高效率和高品质”的德国文化。

5. 个性

好的品牌应具有鲜明的个性特征，使消费者感到独一无二，新颖突出，这样才能使品牌产生有效的识别功能。“奔驰汽车”会使人想到一位严谨的老板、一只勇猛的雄狮或一座庄严质朴的宫殿。

6. 角色感

品牌还体现了购买或使用这种产品的消费者类型，一般我们认为驾驶奔驰汽车的人是有成就的企业家或高级经理。

当消费者可以识别出品牌的上述六方面内涵时，则可以称其为深度品牌，否则只是一个肤浅的品牌。品牌最持久的含义是其价值、文化、个性，它们构成了品牌的实质。

（二）品牌的作用

品牌的作用可以从多个视角进行分析，以下主要就品牌对营销者和对消费者的不同作用分别加以阐述。

1. 品牌对营销者的重要作用

对营销者而言，品牌的有益作用主要表现在以下四个方面。

（1）品牌有助于广告宣传和树立企业形象。品牌凭借其简洁、明快、易读的特征而成为消费者记忆产品质量、特征的标志，也是因为如此，品牌成为了营销者广告宣传的重要基础。借助品牌，消费者记住了品牌和商品，也记住了企业（如果企业名称与品牌名称相同，更容易被消费者记忆）；借助品牌，即使产品更新换代，消费者也会因为对品牌信任产生购买欲望；在信任品牌的同时，企业的形象得以确立并随着品牌忠诚度的提高而提高。

（2）品牌有助于产品组合的扩充。为了适应市场竞争，企业常常需要生产多种产品。值得注意的是，这种产品组合是一个动态过程。依据市场变化，开发新产品、淘汰老产品是企业产品策略的重要组成部分，而品牌是支持其新的产品组合的无形力量。由于品牌的存在，尤其当消费者对某一品牌产生偏爱，该品牌标定下的产品组合的扩大也就容易被消费者所接受。

（3）品牌有助于扩大市场占有率。品牌容易被消费者所认识、记忆。品牌的建立可以吸引消费者重复购买，也可以防止假冒伪劣产品的侵害，从而扩大市场占有率。

（4）品牌有助于监督、提高企业产品的质量。品牌对品牌所有者的市场行为起到约束作用，品牌是公众监督产品质量的重要手段。

此外，品牌还有利于企业实施市场细分战略，不同的品牌对应不同的目标市场，针对性强，有利于进占、拓展各细分市场。

2. 品牌给消费者带来的益处

（1）品牌有助于消费者辨认、识别及选购所需商品。随着科技的发展，商品的科技含量日益提高，信息及技术传播速度加快，增加了制造商的模仿能力。同质产品间的差别越来越小，在这种情况下，企业可以通过品牌差异来区分产品，体现自己产品的品质、个性及为消费者传达的价值，帮助消费者借助品牌辨别、选择所需商品或服务。

（2）品牌有利于维护消费者利益有了品牌，企业以品牌作为促销基础，消费者认牌购物。企业为了维护自身的品牌形象和良好社会声誉，都十分注重给予消费者的利益承诺，并注重同一品牌商品的质量水平同一化。借助品牌，消费者可以在商家维护品牌形象的同时降低购买风险，并获得稳定的购买利益。

（3）品牌有利于促进产品改良，满足消费者的消费需求。由于品牌实质上代表着商家对交付给消费者的产品特征、利益和服务的承诺，所以企业为了更好地满足消费者的消费需求，适应市场竞争，必然会不断更新产品，以变更、增加承诺。这是企业的选择，也是消费者的期望。

品牌的作用还表现在有利于维护市场运行秩序，有利于市场监控，有利于发展市场经济，促进社会经济发展。

（三）品牌的命名与设计

1. 品牌命名

任何品牌都需要一个名称。品牌名称本身就是一句最简短、最直接的广告语。国内知名命名专家宋派民认为：商业品牌视觉感知固然极为重要，然而品牌命名才是创立品牌的第一步。孔子曰："名不正则言不顺，言不顺则事不成"，亦即名正言顺！

一个好的名字，是一个企业、一种产品拥有的一笔永久性的精神财富。一个好名字能时时唤起人们美好的联想，使其拥有者得到鞭策和鼓励。

企业进行品牌名称设计应遵循以下原则：

(1) 合法，品牌的护航者。合法是指能够在法律上得到保护，这是品牌命名的首要前提，再好的名字，如果不能被注册，得不到法律保护，就不是真正属于自己的品牌。

(2) 独特个性，印象鲜明，经久难忘。成功的品牌形象必须要具备独特鲜明的品牌个性，品牌个性能增强企业的核心竞争力，能提升品牌价值。

(3) 简洁，易读易记。为品牌取名，也要遵循简洁的原则。简洁的品牌名称便于记忆、响亮、朗朗上口。

(4) 有寓意，与产品功能和属性有联系。有一些品牌，人们可以从它的名字中一眼就看出它是什么类型的产品，如“五粮液”“百度”“飘柔”等。“强生”是儿童护肤品的品牌名称，“强生”二字表示儿童使用“强生”护肤品可以茁壮成长；饮品“果珍”，则直截了当地表示了“水果中的宝贵精华”的含义，从而在消费者心目中确定了“有益于健康”的主题。

(5) 尊重文化与跨越地理限制。由于世界各国、各地区消费者，其历史文化、风俗习惯、价值观念、审美情趣等存在一定差异，使得他们对同一品牌的看法也会有所不同。因此在进行品牌命名时要特别注意即将使用的品牌名称在不同国家语言中的含义，以免造成不必要的损失。

【小案例】

由“联想”改名看品牌名称

1984 年 11 月 1 日，20 万元，11 人开启了“联想”的梦想，当时“联想”的名称为“中国科学院技术研究所新技术发展公司”。1985 年，随着第一款具有联想功能的汉卡产品“联想式汉卡”推出，“联想”品牌由此诞生。1988 年香港联想开业，采用英文名称 legend(英文含义为传奇)，“联想”第一次成为公司名称。

2003 年 4 月，联想公司在北京正式对外宣布启用集团新标识“lenovo 联想”，以“lenovo”代替原有英文标识“Legend”，其中“Le”取自原标识“Legend”，代表着有承继传奇之意，新增加的“novo”取自拉丁词“新意”，代表着联想的核心是创新精神。2004 年，联想公司正式从“Legend”更名为“Lenovo”。

“legend 联想”改名“lenovo”标志着“联想”走向成熟，新品牌标识内涵更具创新性、进取性，推进了联想品牌国际化。被 lenovo 重新包装的“联想”，终于找到一个“有品位、稳重、关爱、具有战略眼光”的中年男人的感觉。

营销启示：品牌不同于人名，品牌名称必须具有区隔性。联想的改名有效解决了其在国际市场品牌区隔性的问题，不仅有利于联想产品在海外市场的正常销售，还有利于联想公司参与国际化的业务，最终实现集团的国际化。

2. 品牌标志设计

为了创作出为心灵而设计的图腾符号，在方寸之间表现出深刻的精神内涵和艺术感染力，给人以静谧、柔和、饱满、和谐的感觉，做到润物无声，在品牌标志设计时，我们需要遵循以下四大设计法则：

(1) 简练明朗，易懂易传。品牌标志是一种视觉语言，要求产生瞬间效应，因此标志设计应简练、明朗、醒目，切忌图案复杂，过分含蓄。这就要求设计者在设计中要体现构思的巧妙和手法的干练，而且要注意清晰、明目，适用于各种场合，做到近看精致巧妙，远看清晰醒目，从各个角度、各个方向看上去都有较好的识别性。同时，品牌标志设计者还必须考虑品牌标志在不同媒体上的传播效果，以达到传播的方便性和一致性。如："Coca Cola"独特的印刷手写体强有力地引人注意，令人过目难忘，生动形象、亲和直观。

（2）新颖独特，富有个性。品牌标志是用来表达品牌的独特性格的，又是以此为独特标记的。要让消费者认清品牌的独特品质、风格和情感，因此，品牌标志在设计上必须与众不同，新颖独特，别出心裁，展示出品牌独特的个性。品牌标志要特别注意避免与其他品牌的品牌标志雷同，更不能模仿他人的设计。要做到这一点，设计人员必须充分理解品牌的相关内涵。创造性是标志设计的根本性原则，要设计出可视性高的视觉形象，要善于使用夸张、重复、节奏、寓意和抽象等手法，使设计出来的品牌标志达到易于识别，便于记忆的功效。

（3）符合美学，传递品牌精神。品牌标志不仅是一种视觉艺术，要符合人们的审美情趣，符合美学原理，还要融汇品牌的精神，传递品牌的价值观。人们观看一个品牌标志的同时，也是一种审美的过程。在审美过程中，人们把视觉所感受的图形，用社会所公认的相对客观的标准进行评价、分析和比较，引起美感冲动。品牌标志给人们带来的这种美感冲动，往往是通过标志的造型表现出来的。造型美是标志的重要艺术特色。品牌标志的造型要素有点、线、面、体四大类。设计者要在理解品牌愿景、使命和核心价值观的基础之上，借助于这四大要素，通过掌握不同造型形式的相关规则，使所构成的图案具有独立于各种具体事物结构的美，表达品牌的内涵，体现品牌的精神。

（4）运用世界通用的形态语言。品牌标志设计还必须运用世界通用的形态语言，要注意汲取民族传统的共同部分，努力创造具有本国和本民族特色的世界通用标志形态语言。既要避免盲目的国际化，也要避免一味地追求本民族的特色，以免造成沟通上的困难。同时，还要注意各国和各民族的文化禁忌等。

二、商标

（一）商标的含义

商标(Trademark)是指按法定程序向商标注册机构提出申请，经审查，予以核准，并授予商标专用权的品牌或品牌中的一部分。商标受法律保护，任何人未经商标注册人许可，皆不可仿效或使用。

（二）商标的基本特征

商标必须具备一定的特征才能够进行注册，这些特征使其注册的商标区别于其他的商标，具有不一样的特性。作为商标应具备的三个基本特征是显著性、商业性和专有性。

（1）显著性。显著性是指商标能够起到区别自然的特性。商标是区别商品来源或服务提供者的标志，所谓标志就是表明一种特征的记号，既为记号就应当是便于识别的。如我们常见的交通标志、安全等，都具有简洁、明了便于识别的特点，这种便于识别的特点就是标志的显著性。商标作为一种标志必须具备显著性。

（2）商业性。商业性是指商标是使用在商业活动中的标志，交通标志，安全标志虽然也是标志，但由于其不是商业活动中使用的标志，所以它不具有商业性。

（3）专有性。专有性是指商标是由专一的企业所使用的。有些标志虽然也是用在商业活动中，但由于不是专一企业所使用，因而不能区别商品的来源，所以不属于商标。如农药商品上的剧毒标志(骷髅图形)，精密仪器的防潮标志等，虽然是属于商业活动中使用的标志，但因这些标志是企业共用，不具备区别商品来源的功能，因此不属于商标。

因此，只有当一个标志同时具备以上三个特征，才能视作是商标。

（三）品牌与商标的区别

商标与品牌是两个不同的概念，或者说是不同领域的概念，但极易混淆。在日常工作中，很多人把这两个术语混用、通用，甚至错误地认为标注了商标的符号就成了一个品牌。

中国是一个商标大国，但又是一个品牌弱国，全球最有价值的100个品牌，中国品牌屈指可数。可见，商标与品牌并不能够画等号，两者是从不同角度指称同一事物，它们既有密切联系又有所区别。

商标和品牌都是商品的标记，商标是一个法律名词，而品牌是一个经济名词。并非所有的品牌都是商标，商标与品牌可以相同也可以不同；商标必须办理注册登记，品牌则无须办理；商标是受法律保护的品牌，具有专门的使用权。品牌只有打动消费者的内心，才能产生市场经济效益，同时品牌只有根据《商标法》登记注册后才能成为注册商标，才能受到法律的保护，避免其他任何个人或企业的侵权模仿使用。

企业在政府有关主管部门注册登记以后，就享有使用某个品牌名称和品牌标志的专有权，这个品牌名称和品牌标志受到法律保护、其他任何企业都不得仿效使用。我国习惯上对一切品牌不论其注册与否，统称商标，而另有注册商标与非注册商标之分。注册商标受法律保护，非注册商标不受法律保护。

第二节　品牌策略

品牌策略是增强企业产品市场竞争力的重要策略之一，选择正确的品牌策略是提高企业经济效益的一项重要决策。品牌作为企业的重要无形资产，如何建立强势品牌、提升品牌内涵，是一个复杂、长期的运营过程。这个过程涉及品牌化决策、品牌归属决策、品牌统分决策和品牌定位策略等内容。

一、品牌有无决策

品牌有无决策主要是指企业在生产经营中设不设立自己的品牌，其策略主要包括无品牌策略和品牌化策略两种。

（一）无品牌策略

无品牌策略，即产品不使用品牌。一般来说，未经加工的原料产品、农产品如煤、木材、大米、玉米等；本身并不具有因制造者不同而形成不同质量特点的商品，如电力、糖等；生产简单、选择性不大、价格低廉、消费者在购买时习惯于不认品牌购买的小商品，如手纸、酱油、针、线、扣子、木梳、小农具等；临时性或一次性生产的商品，都可不使用品牌。企业采用无品牌策略，可以节省包装、广告宣传等费用，降低产品成本和价格，达到扩大销售的目的。

（二）品牌化策略

品牌化策略，即企业为其产品采用品牌，并规定品牌名称、品牌标志，以及向政府部门注册登记的一系列业务活动。随着品牌的商业作用日益为企业所看重，品牌化迅猛发展，已经很少有产品不使用品牌，像水果、蔬菜、大米和肉制品等过去从不使用品牌的商品，现在也被放在有特色的包装袋内，冠以品牌出售。

二、品牌归属决策

品牌归属决策又称为品牌使用者决策，是指企业决定使用本企业(制造商)的品牌，还是使用经销商的品牌，或两种品牌同时兼用。

(一) 制造商品牌

制造商品牌是生产制造企业使用属于自己的品牌。在以往的品牌运营中，由于产品设计、质量和特色取决于生产者，加之市场供应关系对生产企业压力还不太大，品牌几乎都为生产者所有，品牌是制造商的产品标记。制造商品牌数量众多，如“格力”“海尔”“联想”以及“五粮液”等品牌都是制造商品牌。

(二) 经销商品牌

随着市场经济的发展，市场竞争日益激烈。品牌的作用日益为人们所重视，经销商对品牌的拥有欲望也越来越强烈。近年来，经销商的品牌日益增多。西方国家许多享有盛誉的百货公司、超级市场、服装商店等都使用自己的品牌，有些著名商家(如美国的沃尔玛)经销的90%商品都用自己的品牌；同时强有力的批发商中也有许多使用自己的品牌，以增强对价格、供货时间等方面的控制能力。

当前，经销商品牌已经成为品牌竞争的重要因素。使用经销商品牌对于经销商来说会带来一些问题，如需大量订货，占用大量资金，承担较大风险；同时，经销商为扩大自身品牌声誉，需要大力宣传其品牌，经营成本随之提高。但经销商使用自身品牌也会带来诸多利益，比如，因进货数量较大则进货成本较低，因而销售价格较低，竞争力较强，可以得到较高的利润。同时，经销商可以较好地控制价格，可以在某种程度上控制其他中间商。

(三) 混合品牌

混合品牌就是企业产品一部分选择制造商品牌，一部分选择经销商品牌。在现代市场经济条件下，制造商品牌和经销商品牌之间经常展开激烈的竞争，也就是所谓“品牌战”。一般来说，制造商品牌和经销商品牌之间的竞争，本质上是制造商与经销商之间实力的较量。在制造商具有良好的市场声誉，拥有较大市场份额的条件下，应多使用制造商品牌，无力经营自己品牌的经销商只能接受制造商品牌。相反，当经销商品牌在某一市场领域中拥有良好的品牌信誉及庞大的、完善的销售体系时，利用经销商品牌也是有利的。因此进行品牌使用者决策时，要结合具体情况，充分考虑制造商与经销商的实力对比，以求客观地作出决策。

【小案例】

屈臣氏成功秘诀之一：自有品牌战略

屈臣氏目前是全球最大、引领健康、美丽和时尚生活的零售业翘楚，旗下超过12000家零售商店，于全球33个市场经营20个零售品牌，每周为超过2600万名顾客服务。同时也是亚洲最大的保健及美容产品零售商，业务遍布11个亚洲市场。屈臣氏在中国的个人护理品行业中更是具有重要的地位，占据市场1/4的份额。

屈臣氏是自有品牌的领头羊，其自有品牌的创建一直为业界津津乐道。据统计，在屈臣氏总体利润中，光是自有品牌就占据了40%。在销售过程中，其自有品牌的皮肤护理类就占到了40%，卫生护理类更是达到了50%。屈臣氏目前2000多个自有品牌产品货品占整体比例约20%~25%，是屈臣氏店内利润率最高的品牌，也是屈臣氏每家门店花费最多精力去推广销售的品牌。

在零售行业，自有品牌一直被视为企业发展的制高点，美国的沃尔玛和Costco、法国的家乐福、德国的麦德龙、日本的7-11等企业都在大力推进自有品牌，屈臣氏在国内外取得成功的重要的原因之一便是自有品牌战略的推出。

三、品牌统分决策

品牌统分决策是指企业决定所有的产品使用一个或几个品牌，还是不同产品分别使用不同的品牌。在这个问题上，可以大致有以下四种决策模式：

（一）个别品牌策略

个别品牌策略即企业决定每个产品使用不同的品牌。采用个别品牌名称，为每种产品寻求不同的市场定位，有利于增加销售额和对抗竞争对手，还可以分散风险，使企业的整个声誉不致因某种产品表现不佳而受到影响。例如，宝洁公司的洗衣粉品牌使用了“汰渍”“碧浪”；香皂品牌使用了“舒肤佳”；牙膏品牌使用了“佳洁士”；洗发水品牌使用“海飞丝”“潘婷”“飘柔”等。

（二）统一品牌策略

统一品牌策略又称为家族品牌策略，即企业的所有产品都使用同一品牌。对于那些享有高声誉的著名企业，产品全部采用统一品牌名称策略可以充分利用其名牌效应，使企业所有产品畅销。同时，企业宣传介绍新产品的费用开支也相对较低，有利于新产品进入市场。例如，美国通用电气公司的所有产品都统一使用“GB”品牌，佳能公司生产的传真机、复印机等所有产品都统一使用“Canon”品牌等。

（三）分类品牌策略

分类品牌是指企业对所有产品在分类的基础上对各类产品使用不同的品牌。企业使用这种策略，一般是为了区分不同大类的产品，一个产品大类下的产品再使用共同的家族品牌，以便在不同大类产品领域中树立各自的品牌形象。比如，健力宝集团生产的一个产品大类是运动饮料，还有一个大类是运动服装，就分别使用“健力宝”和“李宁”的品牌名称。

（四）个别品牌名称与企业名称并用

个别品牌名称与企业名称并用，是指不同类别的产品分别采用不同的品牌名称，但同时又在品牌名称之前加上企业名称。企业多把此种策略用于新产品的开发。在新产品的品牌名称上加上企业名称，可以使新产品享受企业的声誉，而采用不同的品牌名称，又可使各种新产品显示出不同的特色。例如，联想集团对其各系列IT产品就使用了“联想-昭阳”“联想-启天”“联想-Thinkpad”等形式的品牌。

四、品牌定位策略

品牌定位是指在市场调研和细分的基础上，发现或创造出品牌独特的差异点，然后借助传播手段在消费者心中打上深深的烙印，建立起强有力的联想和独特印象的策略性行为。

品牌定位就是让品牌个性在消费者心中占据一个有利的位置，目的在于塑造良好的品牌形象。它是品牌建设的基础，是品牌经营的前提，关系到品牌在市场竞争中的成败，因而越来越受到企业的高度重视。可以说，品牌经营的首要任务就是品牌定位。

企业实施品牌定位一般有以下几种常见的策略：

（一）产品利益定位策略

消费者购买产品主要是为了获得产品的使用价值，希望产品具有所期望的功能、效果和利益，因而以强调产品功效为诉求是品牌定位中的常见形式。目前，许多产品具有多重功效，品牌定位时向消费者传达单一的功效还是多重功效并没有绝对的定论，但由于消费者能记住的信息是有限的，他们只对某一强烈诉求容易产生较深的印象。因此，向消费者承诺一个功效点的单一诉求更能突出品牌的个性特点，获得成功的定位。例如，洗发水中飘柔的承诺是“柔顺”，海飞丝是“去头屑”，潘婷是“健康亮泽”，舒肤佳强调“有效去除细菌”，沃尔沃汽车定位于“安全”等，都是基于这一定位策略。

（二）情感利益定位策略

情感利益定位策略是将人类情感中的关怀、牵挂、思念、温暖、怀旧、爱等情感内涵融入品牌，使消费者在购买、使用产品的过程中获得这些情感体验，从而唤起消费者内心深处的认同和共鸣，最终获得消费者对品牌的喜爱和忠诚。

（三）比附定位策略

比附定位是指企业通过各种方法和同行中的知名品牌建立一种内在联系，使自己的品牌能迅速进入消费者的心里，占据一个牢固的位置，借名牌之光而使自己的品牌生辉。在竞争品牌领先位置相当稳固，原有位序难以打破重组，或自己品牌缺乏成为领导品牌的实力和可能性的情况下采取的一种紧跟行业领导者的定位策略。

（四）利益定位策略

利益定位策略是指通过表现品牌的某种独特形象和内涵，让品牌成为消费者表达个人价值观、审美情趣、自我个性、生活品位、心里期待的一种载体和媒介，使消费者获得一种自我满足和自我陶醉的快乐感觉。

（五）企业理念定位策略

企业理念定位就是企业用自己的具有鲜明特点的经营理念和企业精神作为品牌的定位诉求，体现企业的内在本质。一个企业如果具有正确的企业宗旨，良好的精神面貌和经营哲学，那么，企业采用理念定位策略就容易树立起令公众产生好感的企业形象，借此提高品牌的价值，光大品牌形象。

（六）首席定位策略

首席定位即强调品牌在同行业或同类中的领导性、专业性地位，如宣称“销量第一”。在现今信息爆炸的社会里，消费者对大多数信息毫无记忆，但对领导性、专业性的品牌印象较为深刻。例如，百威啤酒宣称自己是“全世界最大、最有名的美国啤酒”；双汇强调“开创中国肉类品牌”，这些都是首席定位策略的运用。

（七）文化定位策略

将文化内涵融入品牌，形成文化上的品牌识别，文化定位能大大提高品牌的品位，使品牌形象更加独具特色。中国文化源远流长，国内企业应予以更多的关注和运用。目前已有不少成功的案例，例如，无锡的“红豆”服装品牌和绍兴的“咸亨”酒店，就借助人们早已熟悉和热爱的曹植和鲁迅的名篇挖掘出中华历史文化的沉淀。

(八)品牌再定位策略

品牌再定位策略，又称品牌重新定位策略，是指全部或部分调整或者改良品牌原有市场定位的方法。也许一种品牌在市场上最初的定位是适宜的、成功的，但是随着时间的推移，企业不得不对其品牌重新定位。其原因可能是多方面的，比如竞争者继企业品牌之后推出其他的品牌，削减了企业品牌的市场份额；消费者偏好发生转移，对企业品牌的需求减少；公司决定进入新的细分市场。

企业进行品牌再定位决策时，要考虑两个方面的因素：第一，企业品牌从一个市场定位点转移到另外一个市场定位点所要支付的成本费用，比如产品的包装费、宣传推广费等。一般来说，重新定位的距离越远，费用就越高。第二，企业定位于新位置的品牌获利情况。获利多少取决于此市场的消费者数量、平均购买率、竞争者的实力及数量等。企业应对各种品牌再定位方案进行分析，权衡利弊，择优选择。

【小案例】

农夫山泉的品牌定位

1997年4月，浙江千岛湖养生堂饮用水有限公司第一个工厂开机生产农夫山泉瓶装水。1997年6月，农夫山泉在上海、浙江的重点城市上市，以“有点甜”为销售卖点，实施差异化营销策略。农夫山泉的差异化不仅体现在包装及品牌运作上，还体现在价格上，并以此差异化的营销策略，独特的品牌定位迅速奠定了农夫山泉在瓶装水市场上高档、高质的形象。

1998年4月，养生堂在中央电视台推出了“农夫山泉有点儿甜”的纯净水广告，这句广告语引起了消费者的普遍关注。我们从这个广告词语中就可以感受到农夫山泉清晰的品牌定位：用“有点儿甜”来做品牌的区分，占据消费者心智资源。

1999年，农夫山泉的广告宣传侧重点逐渐从“农夫山泉有点甜”转化为“好水喝出健康来”，更加突出了水源品质，同时也力求证明农夫山泉之所以甘甜的根本原因。作为一个市场上的新品牌，农夫山泉凭借雄厚的资金实力和灵活多变的广告宣传形式，终于坐上全国瓶装水市场占有率第三的位置。

2000年4月22日，公司宣布全部生产天然水，停止生产纯净水。在中央电视台的“水仙花生长对比实验”广告上，养生堂宣布：停止生产纯净水，全部生产天然水，继续在产品差异化、品牌差异化的道路上前行，引领消费者回归自然，回归天然。在这场养生堂主导的天然水与纯净水之争中，以农夫山泉的全面胜出为终结，农夫山泉的天然水这一品牌定位对这一役的胜利来说功不可没。

2008年，农夫山泉的广告语也悄然换成了“我们不生产水，我们只是大自然的搬运工”。这个广告宣传继续着农夫山泉品牌定位的神奇，紧紧扣住健康的理念，告诉消费者：我们的水不是生产加工来的，不是后续添加矿物质生产出来的。“大自然的搬运工”“水源地建厂，水源地罐装”把自然的精华天然水呈现在消费者的面前，将竞争对手越甩越远。2008年，“农夫山泉”被美国《读者文摘》评选为中国瓶装水中唯一的“白金品牌”。

营销启示：独特的品牌形象和定位是农夫山泉品牌成功的关键。

第三节　品牌管理

一、品牌管理的含义

所谓品牌管理，是对品牌的全过程进行有机的管理，以使品牌运营在整个企业运营中起到良好驱动作用，不断提高企业的核心价值和品牌资产，为企业造就百年金字招牌打下基础。

对于一个企业而言，创造出一个品牌并不难，难的是在品牌创立之初就想到要做百年品牌，在品牌已经打造出来后还能设法将其保持巩固下来并继续发展下去。而要突破这个难关，最重要的就是品牌管理。品牌管理虽然只是品牌创造过程中的一部分工作，但应该被视为最为关键的工作。它承担着对品牌创造活动进行计划、组织、协调、控制的职能。其本质是调动企业全部力量，以品牌为聚焦点，实施对顾客购买认知与购买行为的全过程管理。

【小案例】

宝洁品牌的法宝

宝洁公司始创于1837年，是世界上最大的日用消费品公司之一。宝洁每年花费30多亿美元，在全球进行品牌营销，所营销的300多个品牌的产品畅销世界140多个国家和地区，拥有50亿消费者。宝洁成功的原因，除了160多年来一直恪守产品高质量原则之外，独特的品牌管理也是其获得成功的重要因素之一。

关于品牌，宝洁的原则是：如果某一个种类的市场还有空间最好，那些“其他品牌”也是宝洁公司的产品。因此，宝洁的多品牌策略让它在各产业中拥有极高的市场占有率。举例来说，在美国市场上宝洁有8种洗衣粉品牌、6种肥皂品牌、4种洗发水品牌和3种牙膏品牌，每种品牌的诉求都不一样。

广告成功方程式：在广告方面，特别是电视广告，宝洁有一套成功的公式。首先，宝洁会先指出你所面临的一个问题来吸引你的注意；接着，广告会迅速告诉你，有个解决方案，就是宝洁的产品。这个产品通常会在整段广告中重复出现好几次。广告重点是在清楚地强调宝洁产品可以为你带来什么好处。

品牌管理的严格培训：宝洁的品牌管理，主要体现在严谨地人才培训上。品牌经理竞争激烈、工作紧张、升迁很快，但极容易“不成功便成仁”。自1931年以来，公司的最高主管都是品牌管理出身，90%的管理阶层也都来自品牌管理部门，由此可见，品牌管理是宝洁的核心领域。

品牌经理承担一切责任：对于自己所负责的品牌，品牌经理必须比公司里任何人都要了解，而且不断会有人挑战他们这方面的知识。例如，美国一位负责洗发水的经理曾经被最高主管问起究竟中国人的头皮屑成分是什么。

营销启示：宝洁的品牌管理概括起来就是：一品多牌、功能区隔、人力资源开发、品牌经理制。

二、品牌管理的作用

一个好的品牌管理，对于产品参与市场竞争并获胜有着至关重要的意义。

首先，一个好的品牌本身即具有识别商品的功能，为广告宣传等促销活动提供了基础，对消费者购买商品起着导向作用。其次，品牌还有法律保护的商标专用权，有力遏制不法竞争者对本企业产品市场的侵蚀。再者，管理好的品牌会使商标赢得好的声誉，有利于新产品进入市场。最后，名牌商品对顾客具有更强的吸引力，有利于提高市场占有率。

同时，好的品牌管理会有助于提高产品质量和企业形象。品牌是商品质量内涵和市场价值的评估系数和识别标记，是企业参与竞争的无形资本。企业为了在竞争中取胜，必然要精心维护品牌的声誉。对产品质量不敢掉以轻心，害怕砸自己的牌子。创名牌的过程必然是产品质量不断提高和树立良好企业形象的过程。

三、品牌管理的内容

品牌管理是多方面的，具有丰富的内容。具体而言反映在以下几个方面：

（一）不断扩大企业品牌核心价值的包容力

一个成功的品牌有其独特的核心价值，若这些核心价值能包容延伸产品，就可以大胆地进行品牌扩展。品牌核心价值具有包容力而使产品类别差异较大的产品共用一个品牌能获取成功。比如，“万宝路”从香烟延伸到牛仔服、牛仔裤、鸭舌帽、腰带就获得了很大的成功。因为这些服饰与香烟一样都张扬着“勇敢、冒险、进取”的品牌精神，即这些类别的产品与“万宝路”的核心价值是一致的。许多关联度较低，甚至无关联性的产品共用一个品牌也能获得空前成功，这是因为品牌的核心价值能包容表面上看上去相去甚远的系列产品。比如，“华伦天奴”品牌麾下的产品有西装、衬衫、T 恤、皮鞋、皮包、皮带等，有的甚至还有眼镜、手表、打火机、钢笔、香烟等。这些产品虽然物理属性、原始用途相差甚远，但都能提供一种共同的效用，即身份的象征，能让人获得高度的自尊和满足感。

（二）培育旗帜品牌

旗帜品牌是企业的主要品牌，是企业获得持久竞争优势的重要来源，在企业的品牌组合中属于较高层次，一般具有较高的知名度和良好的形象，起到注释和推动产品销售的作用。旗帜品牌可以是企业的名称，如海尔、本田、IBM、可口可乐等，也可以不采用企业名称，如松下公司就采用 Panasonic 作为其旗帜品牌。在数量上，旗帜品牌可以只有一个也可以有多个，但对多元化经营企业而言，若行业与行业间信息交流不畅，一个行业的成功品牌很难顺利延伸到另一个行业品牌。旗帜品牌可以来源于老品牌，也可以来源于明星产品品牌，还可以通过创建新品牌来获得旗帜品牌。

（三）完善品牌管理系统

传统的品牌管理模式，几乎所有部门都围绕不同的产品运转，它的局限性已日趋明显，各品牌之间缺乏必要的合作和协调机制，极易产生短期行为，容易造成管理失控。这种分散的品牌管理方式缺乏必要的合作机制和统一规划，往往导致企业资源浪费，从而使企业失去竞争优势。企业品牌管理层是品牌管理的最高层次。负责品牌建设的总体规划和布局，同时着重负责企业品牌的管理，以树立良好的企业形象。这里要强调的是，各层次之间要相互协调、沟通，使整个品牌管理系统既保持协调统一，各自又具有相对的独立性，以发挥各层次的主观能动作用。

(四) 加强知识产权保护

品牌一经注册即具有排他性，保护产品的知识产权。现在许多经营者没有提早进行品牌商标注册的意识，以至于其他企业提前注册，结果导致假冒产品大量产生，企业的利益受损。为防止假冒产品产生，品牌管理将起到重要的作用。

【课后练习】

一、简答题

1. 简述品牌与商标的区别。
2. 简述品牌的作用。
3. 简述品牌设计过程中应坚持的基本原则。
4. 简述企业加强品牌管理的重要性。

二、案例分析

比亚迪：颠覆性创新的力量

比亚迪股份有限公司创立于1995年，是一家香港上市的高新技术民营企业，目前拥有IT、汽车和新能源三大产业。公司IT及电子零部件产业已覆盖手机所有核心零部件及组装业务，镍电池、手机用锂电池、手机按键在全球的市场份额均已达到第一名。2003年，收购西安秦川汽车有限责任公司进入汽车制造与销售领域。发展至今，比亚迪已建成西安、北京、深圳、上海四大汽车产业基地，在整车制造、模具研发、车型开发等方面都达到了国际领先水平。2008年10月6日，公司收购了半导体制造企业宁波中纬，整合了电动汽车上游产业链，加速了比亚迪电动车商业化步伐。比亚迪利用技术优势不断制造清洁能源汽车产品。2008年12月15日，推出全球第一款不依赖专业充电站的“双模”电动车——比亚迪F3DM双模电动车。2011年10月26日，比亚迪推出第一款纯电动汽车。截至2020年年底，公司全年营收1565.98亿元人民币，净利润达42.34亿元人民币。探究比亚迪如此飞跃式成长的原因，除了其产品战略外，成功的品牌运作功不可没。这种品牌运作不同于传统的品牌传播，而是一种颠覆性创新所带来的品牌溢价的提升。

品牌力的马太效应——汽车业的困局

汽车市场是一个标准的垄断竞争型市场，其竞争的核心在于品牌与产品的组合，而其中最为关键的因素便是品牌：只有品牌力强的车企才能将产品卖到较高的价格，而只有价格高了，企业在研发中的投入才能确保其设计制造出优秀的产品。品牌溢价能力强的企业，其品牌始终处于强势，弱势品牌则一直处于追随者的行列。这就是“强者更强，弱者更弱”的品牌马太效应。

正是由于汽车行业在品牌溢价能力方面始终存在的马太效应，比亚迪若不能有效突破，将难以建立长久发展的赢利模式。因此从战略来说，比亚迪必须在品牌层面获得突破，进而在品牌这个保护伞的掩护下，实现从高投入到高质量再到高价格的良性循环。

颠覆性创新是突破品牌障碍的最佳途径。所谓颠覆性创新，是指依靠一种新的技术模式，彻底取代市场中现有技术模式的创新，例如液晶电视对显像管电视的替代。由于这种新技术具有现有技术不可匹敌的优势，或者对未来市场的适应能力，因而一旦颠覆性创新的趋势确立，市场将不再回头，那些坚持在传统技术领域的企业要么选择跟进，要么退出市场。

如前所述，由于品牌溢价能力的约束，那些落后的车企很难缩小与领先者的差距。几十年来，采取常规手段的日韩车企，似乎只能永远处于劣势地位，除非客观环境给落后品牌提供历史机遇。例如，1974年的石油危机，改变了美国人追求大排量的习惯，最终成就了省油的日本车。但这样的机会是可遇不可求的，作为汽车市场中的后进品牌，比亚迪必须寻找其他突破口。要想突破品牌层面的困局，最好的选择便是颠覆性创新：通过某种可能彻底颠覆现有产业格局的创新，将竞争的焦点转移到全新的市场当中，并在新的市场中建立品牌优势。因为颠覆现有格局后，消费者面临的将是一个全新的市场，传统优势企业固有的品牌优势也将遭遇洗牌，后进企业在这样一个市场中更容易完成对领先品牌的超越。

电池技术与电动汽车——颠覆性创新

比亚迪的颠覆性创新源于这家企业将两个原本毫不相干的东西联系到了一起——电池与汽车。在传统汽油机市场中，电池的应用范围非常有限，而比亚迪以前所生产的也只不过是以手机电池为主的产品。

在传统汽油车市场中，电池的作用不值一提，但到了电动汽车市场，电池便成了汽车行业的核心。2008年12月15日，全球第一款不依赖充电站的双模电动车比亚迪F3DM在深圳上市！2010年1月，e6纯电动车获准公告上市；2010年5月，比亚迪e6纯电动出租车，即全球首批纯电动出租车，批量推出上路运营。2010年1月，比亚迪K9纯电动客车研发成功；同年9月，K9正式下线；2011年1月，K9在深圳、长沙分别载客试运营，比亚迪逐步确立全球新能源汽车领域的领先地位！目前，全球最资深的传统汽车发明者奔驰与全球最年轻的电动汽车技术先锋比亚迪已经展开合作！

比亚迪通过一个与传统汽油汽车看似不沾边的技术研发——电池技术与电动汽车，获得了汽油汽车市场的突破，有效提升了在汽油车市场的品牌力，为其引领全球新能源的发展奠定了坚实的品牌基础。

思考题：

比亚迪的品牌故事带给你哪些启示？

第十一章 定价策略

知识目标

了解影响企业定价的因素；掌握企业定价的方法；掌握企业定价的策略：熟悉影响企业价格调整的因素及价格调整方案；掌握企业面对竞争性调价的应对策略。

能力目标

熟悉掌握确定基本价格的方法；学会用不同的价格方法和不同的价格策略为具体产品制定价格；能够识别现实市场的价格竞争，并运用不同的价格策略应对市场价格的变动。

素养目标

树立诚信经营的营销价值观，提升学生的职业素养。

关键术语

定价目标、定价影响因素、定价方法、定价策略、价格调整策略。

导入案例

格兰仕的价格战

格兰仕创建于1978年，前身是一家乡镇羽绒制品厂。1992年，带着让中国品牌在微波炉行业扬眉吐气、让微波炉进入中国百姓家庭的雄心壮志，格兰仕大胆闯入家电业。1993年，格兰仕试产1万台微波炉。到目前为止，格兰仕已成为全球最大的微波炉生产企业，拥有1500万台微波炉的年生产能力，占据了全球微波炉市场35%的份额。

格兰仕能迅速地由小到大，由弱变强，成功的原因是多方面的，其中独到运用价格策略功不可没。在微波炉市场的发展过程中，格兰仕成功地运用价格因素，经历“三大战役”，在市场中确立起霸主地位。

1996年8月，格兰仕首先在上海，继而在全国范围内强力推进“40%大幅度降价”的策略以抢占市场。当年，格兰仕便以31.5%的市场份额，确立市场领先者地位。

1997年，格兰仕趁国外品牌尚未在中国市场站稳脚跟，发起了微波炉市场的“第二大战役”———阵地巩固战。这次是变相的价格战。格兰仕采用买一送一的促销活动，发动新一轮的让利促销攻势，凡购买格兰仕任何一款微波炉均赠送一个豪华高档电饭煲。同年5月底，格兰仕进一步“火上浇油”，突然宣布在全国许多大中城市实施“买一赠三”，甚至“买一赠四”的促销大行动。品牌消费的高度集中使得格兰仕的产销规模迅速扩大，1997年格兰仕已经成为一个年生产能力达260万台微波炉的企业，市场占有率节节攀升，1998年3月最高时达到58.69%，史无前例地创了行业新纪录。

在取得市场的绝对优势后，格兰仕乘胜追击，发动了微波炉市场的“第三大战役”——品牌歼灭战。

1998年6月13日，格兰仕在国内微波炉市场又一次实施“组合大促销”：购买微波炉除可获得高档豪华电饭煲、电风扇、微波炉饭煲等赠品外，还有1998年世界杯世界顶级球星签名的足球赠品和名牌空调大抽奖。这种以同步组合重拳打向市场，被同行业称之为毁灭性的市场营销策略，再度在全国市场引起巨大震动。格兰仕靠着连续几次大降价，获得了微波炉的霸主地位，同时也加速了微波炉这一产业价格下降的趋势。

营销启示：格兰仕成为微波炉行业的龙头企业，是其成功运用价格战的结果。

价格策略的制定直接影响产品在市场上的接受程度、市场占有率的高低、需求量的变化及利润的多少。价格是营销组合中最关键、最活跃的因素，企业的价格决策部门如能正确把握价格的制定和调整的幅度、时间以及区域，就能在日趋激烈的竞争中掌握先机。

第一节　影响定价的因素分析

定价是企业面临的最复杂的一个决策领域。影响产品价格的因素是多方面的，不同的市场竞争条件下企业定价的出发点会有所差异，企业定价时必须对其产品的市场模式予以准确把握，定价应充分体现产品的市场定位策略，还要综合考虑企业自身的因素(如定价目标、成本、资金周转等)、市场需求、竞争方面的因素(如需求价格弹性、需求交叉弹性、竞争者的价格策略等)。在进行价格决策时，企业绝不能以偏概全或者生搬硬套某些已有理论或经验，而要综合考虑各种影响因素，从而做到既合理又准确地进行价格决策。

一、定价目标

定价目标是指企业通过制定产品价格所实现的预期销售效果。企业的定价目标是以满足市场需要和实现企业盈利为基础的，是实现企业经营总目标的重要保障和手段，同时，企业的定价目标也是企业定价策略与定价方案制定的重要依据。

一般来说，企业定价目标的确定应在企业目标市场确定和市场定位时完成，但也可以根据实际情况，制定和调整定价目标。定价目标主要包括：维持生存、利润最大化、短期利润最大化、市场占有率最大化、维护形象等。

(一)维持生存的定价目标

当企业产能过剩或面临激烈的市场竞争时，往往会将维持企业生存作为主要目标，这通常是企业处于不利之地所实行的一种缓兵之计。一般而言，这种定价目标只能作为特定时期内的过渡性目标，一旦出现转机，将很快被其他定价目标代替。

(二)以利润最大化为定价目标

追求利润最大化是指企业在一定时期内可能获得的最高盈利总额，它是所有企业追求的终极目标，是企业生存和发展的基础。最大化的利润取决于产品的价格水平以及在这一价格水平上所实现的销售规模。

一般来说，当企业或其产品在市场享有较高声誉，甚至在一定时期处于垄断地位，市场需求又缺乏弹性时，高价对企业利润最大化的实现是有利的。然而市场供求和竞争状况处于不断的变化中，新产品层出不穷，任何企业都不可能永远保持其绝对的垄断优势。大多数情况下，利润最大化只是被企业作为长期目标，它并不直接影响企业的定价活动，特定的产品定价常常是围绕着某一特定环境下企业某种特定的短期目标的实现来进行的。

（三）以获取短期利润最大化为定价目标

短期利润最大化是指企业把短期内获得最大量的利润作为定价的目标。当企业向市场推出具有创新性或较高技术含量和垄断地位的新产品时，企业总是希望通过制定一个较高的市场价格，以便在短期内迅速获取最大的利润。

选择这一定价目标要求企业的产品具有其他产品不可替代的显著优点，不存在同类产品的竞争或企业在竞争中处于绝对优势地位，市场上存在着可以以较高价格接受该产品的顾客群，同时由于技术障碍、市场进入障碍等原因在短期内高价格不会吸引更多的竞争对手，因此高价仍能保证企业实现预期的销量，从而实现短期利润最大化。若不具备上述条件，企业要想通过高价来实现最大化的利润，是十分困难的，甚至是不可能的。

（四）以市场占有率最大化为定价目标

市场占有率，又称市场份额，是指企业的销售额占整个行业销售额的百分数。以市场占有率最大化为定价目标的着眼点在于追求企业的长期利润，取得控制市场的地位。作为定价目标，市场占有率与利润的相关性很强，从长期来看，较高的市场占有率必然带来高利润。

在实践中，市场占有率目标被国内外众多企业采用，增强企业竞争力，最终获得最优利润。但顺利实现这一目标必须具备至少以下三个条件：

（1）企业经济实力雄厚，可以承受一定时间内的亏损，或者企业的生产成本本来就低于竞争对手。

（2）企业充分了解竞争对手，有从其手中夺取市场份额的绝对把握。否则，企业不仅不能达到目的，反而很可能会遭受损失。

（3）在企业的宏观营销环境中，政府未对市场占有率做出政策和法律方面的限制。

（五）以维护形象为定价目标

企业形象是企业通过一系列卓有成效的营销活动在消费者心目中树立的一种形象，是企业在经营中创造和积累的无形资产与财富，是企业成功运用营销方法与技巧所取得的消费者的肯定与信赖。一个企业的定价与其向消费者所提供服务的价值比例协调，企业在消费者的心中就较容易树立诚实可信的形象；反之，企业定价以单纯获利甚至以获取暴利为动机，质价不符，企业就很难树立良好的形象。

【小案例】

美国八家著名大公司的定价目标

不同企业或同一企业处于不同时期，其定价目标往往会有所不同，表 11-1 中列出了美国八家著名大公司的定价目标。

表 11-1 美国八家著名大公司的定价目标

公司名称	定价主要目标	定价相关目标
杜邦公司	目标投资报酬率、保证长期交易	根据产品生命周期对新产品定价
阿尔卡公司	20%投资报酬率(税前)	10%新产品投资回报率(税后)
埃克森公司	合理投资报酬率、保持市场占有率	保持价格稳定
通用电气公司	20%投资报酬率、7%销售利润率(税后)	推广新产品、保持价格稳定
通用汽车公司	20%投资报酬率(税后)	保持市场占有率
通用食品公司	33.3%毛利率	保持市场占有率
固特异公司	应付竞争、保持地位	保持价格稳定
国际收割机公司	10%投资报酬率(税后)	保持市场第二的位置

二、产品成本

成本是企业价格构成中最基本最重要的因素，产品的价格必须包含各项成本要素。产品成本主要由生产成本、营销成本以及储运成本三部分构成。这三种成本分别来自生产产品到实现销售的过程中企业所产生的消耗。生产成本是指产品在生产过程中所消耗的原材料、加工费、管理费等；营销成本是指为销售产品而发生的促销费用、人工工资、公共关系支出等；储运成本是指产品经过分销渠道所发生的储运及运输费用。一般来说，产品成本是企业经济核算的盈亏平衡临界点，产品价格必须高于其成本费用，这样才能以销售收入补偿产品生产及营销成本，并补偿产品经营者为其所承担的风险支出。因此，产品成本是定价的基本因素和重要依据。

三、市场需求

一般情况下，市场需求状况是影响企业定价的最重要的外部因素，它决定着产品价格的最高临界点。市场需求对企业制定价格有着重要的影响，而需求又受到价格和收入变动的影响，因价格与收入等因素而引起的需求的相应变动率，就叫作需求弹性。需求弹性分为需求的价格弹性、收入弹性和交叉弹性。

（一）需求的价格弹性

需求的价格弹性简称需求弹性，是指因价格变动而引起的需求相应的变动率，反映需求量对价格的敏感程度，以需求变动的百分比与价格变动的百分比比值表示，即价格变动 1%所引起的需求变动的百分比。需求弹性的大小通常用需求弹性系数(E_p)来表示，用公式表示为：

$$E_p = \left| \frac{\text{需求量变动百分比}}{\text{价格变动百分比}} \right|$$

为比较需求价格弹性的大小，需求价格弹性系数仅考虑其绝对值。但实际上，需求与价格的变动是有方向性问题的，因而 E 有正负之分，并且大多数产品的正常 $E_p<0$。

不同的产品具有不同的需求价格弹性，具体有 3 种情况：

(1) 当需求弹性系数为 1，即 $E_p=1$，称为单一弹性或不变弹性。即某种商品的需求量变化幅度与其价格变化幅度呈等比例变化。

（2）当需求弹性系数>1时，即 $E_p>1$，称为富有弹性。即某种商品的需求量变化幅度大于其价格变化幅度，表明该商品的需求对其价格变化较为敏感，价格的上升(下降)会引起需求量较大幅度的减少(增加)。

（3）当需求弹性系数<1时，即 $E_p<1$，称为缺乏弹性。即某种商品的需求量变化幅度小于其价格变化幅度，表明该商品的需求对其价格变化较为迟钝，价格的上升(下降)仅仅能引起需求量较小幅度的减少(增加)。

定价时考虑需求价格弹性的意义在于，不同产品具有不同的需求价格弹性，而且需求弹性的大小对企业的价格决策有着重要影响作用。一般情况下，需求弹性的大小受以下因素的影响。

1. *产品的需要程度*

需求弹性与产品的需要程度呈反比，需要程度越高，其弹性越小，生活必需品的需求弹性一般较小，而非生活必需品，特别是奢侈品等价值较高的产品，需求弹性较大，其需求量受价格变动的影响较大。

2. *产品的替代性*

需求弹性与产品的替代性呈正比，如果产品的替代性较强，其需求弹性则较大，需求量受价格变动的影响较大，反之，如果产品的替代性较弱或难以被替代，其需求弹性则较小，消费者只能被动接受价格的变动，使需求量对价格变动的敏感程度下降。

（二）需求的收入弹性

需求的收入弹性简称收入弹性，是指因收入变动而引起的需求的相应变动率。反映需求量的变动对收入变动的敏感程度，一般用 E_y 来表示，用公式表示为：

$$E_y=\frac{\text{需求量变动百分比}}{\text{收入变动百分比}}$$

收入弹性亦有强弱之分，主要有三种类型：(1) $E_y>1$；(2) $0<E_y<1$；(3) $E_y<0$。一般情况下需求量与收入呈正比关系。前两种类型分别表示随收入变化，需求量较大幅度变化或较小幅度变化。第三种类型是即将淘汰的商品或低档商品的需求特征，即随收入增加，需求量反而减少，需求与收入呈反向变化。

（三）需求的交叉弹性

需求的交叉弹性简称为交叉弹性，是指因一种产品价格变动引起另外一种相关商品需求量的相应变动率。交叉弹性用 E_BP_A 表示：即A商品价格变动使B商品需求量相应变动的比率，用公式表示为：

$$E_BP_A=\frac{\text{B 产品需求量变动百分比}}{\text{A 产品价格变动百分比}}$$

许多商品彼此使用价值相互关联，表现为两种形式，一种是替代相关，称为替代产品；另一种是互补相关，称为互补产品。替代产品是消费中使用价值可以相互替代的产品。互补产品则是消费中使用价值必须相互补充的产品。不同产品的交叉弹性不一，因此，企业定价时不仅要考虑价格对其自身产品需求量的影响，也要考虑市场上相关产品价格对其需求的影响。

四、市场竞争

市场竞争也是影响价格的重要因素。根据竞争程度的不同，可以分为完全竞争、垄断竞争、寡头垄断和完全垄断四种情况。在不同的市场竞争模式下，企业定价策略也会有所不同。

1. 完全竞争对制定价格的影响

在完全竞争条件下，市场上有无数的买家和卖家，产品的价格是由市场中的供需关系决定的，任何一家企业对定价都没有决定权，他们和消费者都是价格的接受者。

2. 垄断竞争对制定价格的影响

在垄断竞争条件下，每一个生产者都对自己的产品有垄断权。卖主已不是消极的价格接受者，而是强有力的价格决定者，有一定程度的定价自由。

3. 寡头垄断对制定价格的影响

在寡头垄断条件下，少数几家大企业供给该行业的大部分产品，因而他们对市场价格和供给量都起决定性作用。在这种条件下，价格往往不是由供求关系直接决定的，而是由少数几个大企业控制市场价格。这种价格比较稳定，价格竞争趋于缓和，但非价格竞争很激烈。

4. 完全垄断对制定价格的影响

完全垄断与完全竞争相对应是指一种商品的供应完全由卖家独家控制，形成独占市场。在完全垄断条件下，卖主完全控制市场价格，交易的数量与价格由垄断者单方面决定，企业可以在法律允许的范围内随意定价。

五、相关政策法规

市场经济的最基本特征是自由企业制度，企业在对其资产完全负责的前提下，有充分处理与经营有关事务的自由，这其中也包括自由定价权。但是现代市场经济，是受到政府调节和干预的经济。政府可以通过行政的、法律的、经济的手段对企业定价及社会整体物价水平进行调节和控制。因此，企业定价时必须充分考虑相关政策法规的干预因素。

六、心理因素

消费者的消费活动和购买行为是在一定的消费心理的指导下进行的，而消费者的心理行为因其随机性较大，而成为企业制定价格决策时最不易把握的一个影响因素，但又是企业不可忽视的一个重要因素。因此，企业应充分把握消费者的消费心理，做出恰当的定价决策。

1. 预期心理

消费者预期是消费者对未来一定时期市场供求状况和价格变动趋势的估计。不同的消费预期会对消费者的购买行为产生不同的影响。如果预计未来产品价格将下跌，消费者就会采取静观其变的态度，持币待购；反之，消费者就会争相抢购。消费者的预期心理及由此产生的消费行为，势必对企业定价产生影响。充分研究消费者的预期心理，并据此确定有针对性的价格策略对企业进行科学的定价决策具有重要意义。

2. 认知价值及其他消费心理

认知价值是消费者心理上对产品价值的一种估计和认同，它与消费者的产品知识、购物经验、对市场行情了解的程度有关，同时受到消费者的兴趣爱好的影响。消费者一般根据某种产品能为自己提供的效用大小来判断其价格高低，当确认价格合理、物有所值时，才会做出购买决策，产生购买行为。

此外，消费者还存在求实、求新、求质、求美、求廉、求名等多种心理，这些心理都会对消费者的认知价值产生影响，进而影响消费者的购买行为。企业在定价时，应充分考虑以上各种心理因素，才能制定出既能适应消费者的需要，又有利于扩大商品销售和提高企业经济效益的价格策略。

第二节　定价方法

定价方法，是企业在特定的定价目标指导下，综合考虑影响定价的各种因素，运用价格决策理论，对商品价格水平进行计算或确定的具体方法，是将企业定价策略和具体价格水平联系起来的重要环节。产品成本、市场需求和市场竞争是影响定价的三个最基本因素，产品成本决定了价格的下限；市场需求或顾客对企业产品独特性的评估，决定了价格的上限；竞争者产品的价格和替代品的价格，决定了企业产品价格在最高价格和最低价格之间的标价点。因此，从这三个方面不同的侧重点出发，企业的定价方法就可以分为三种类型：成本导向定价法、需求导向定价法和竞争导向定价法。

一、成本导向定价法

成本导向定价法是以产品成本作为企业制定价格决策的依据，分别从不同角度制定对企业最有利的价格的一种定价方法。这种定价方法强调对企业产品成本的充分补偿和营利的可能，企业的定价必须以产品成本为最低界限，在保本的基础上考虑不同的情况，制定对企业最为有利的价格。由于成本导向定价法在方法上更简单，技术上更易实现，也更易获利，因此是企业最基本、最普遍和最常见的定价方法。但它仅考虑成本对价格的影响，而现实中的成本往往受市场需求和企业竞争地位的限制，因而，在买方市场形成的条件下有其局限性。总的来说，成本导向定价法是以成本为中心确定企业的产品价格，但由于对企业产品成本的理解不同，形成了多种不同的成本定价法。

（一）成本加成定价法

成本加成定价法是一种最基本的定价方法，即以单位产品成本为基础，再加上一定百分比的加成率，从而定出产品销售价格。这个加成率就是预期利润占产品成本的百分比。成本加成定价法的计算公式为：

$$P=C(1+R)$$

式中　P——单位产品售价；

C——单位产品成本；

R——成本加成率。

例如，某企业生产拖鞋，每双拖鞋的主要成本是变动成本，即每双拖鞋消耗 3.5 元塑料以及 2 元人工的费用，还有少量分担的固定成本 0.5 元；考虑各种因素后，该企业将成本加成率定为 20%，则每双拖鞋的价格为：

$$(3.5+2+0.5)\times(1+20\%)=7.2(\text{元})$$

1. 成本加成定价法的优点

（1）计算方法简便易行。尤其在企业生产多种产品时，成本加成法可以迅速地解决价格计算和确定的问题。

（2）可避免或减少同行业之间的价格竞争。如果同行业也都采用成本加成法，在成本与加成比例接近的情况下，价格也趋同，这样可以避免或减少同行业之间的价格竞争。

(3) 成本加成定价法对买卖双方都比较公平。买方不至于因需求强烈而支付较高的价格，而卖方也可获得一定加成的利润。

2. 成本加成定价法的缺点

(1) 缺乏灵活性，难以适应动态变化的市场竞争环境。如忽视了市场需求、价格缺乏竞争力、不利于根据市场的变化来及时调整价格。

(2) 加成率的确定只从企业角度考虑，而不顾价格水平对市场销售量的影响。

(3) 按产量分摊固定成本缺乏科学依据。产量大，分摊额小，造成价格偏低，损失利润；反之，则形成不切实际的价格虚高，加剧了销售难度。成本加成定价法一般适用于卖方市场。

(二) 目标利润定价法

目标利润定价法，又称投资收益率定价法，是成本导向定价法的另外一种实现方式，即根据企业的投资总额、预期销量和投资回收期等因素来确定价格。其具体计算公式如下：

$$单位产品价格=\frac{总固定成本+总目标收益}{预期销售量}+单位产品变动成本$$

例如，某企业的总投资额为 1200 万元，单位变动成本为 200 元，投资回收期为 5 年，预期销量为 6000 件，则采用目标利润定价法确定价格的基本步骤为：

(1) 确定目标利润率：

$$目标利润率=1/投资回收期\times100\%=1/5\times100\%=20\%$$

(2) 确定单位产品目标利润率：

$$单位产品目标利润率=总投资额\times目标利润率预期销量$$

$$12000000\times20\%/6000=400(元)$$

(3) 计算单位产品价格：

$$单位产品价格=总固定成本/预期销量+单位变动成本+单位产品目标利润额$$

$$12000000/6000+200+400=2600(元)$$

与成本加成定价法相类似，目标利润定价法也是一种生产者导向的产物，很少考虑市场竞争和需求的实际情况，只是从保证生产者的利益出发制定价格。另外，先确定产品销量，再计算产品价格的做法完全颠倒了价格与销量的因果关系，把销量看成是价格的决定因素，在实际上很难行得通。尤其是对于那些需求价格弹性较大的产品，用这种方法制定出来的价格，无法保证销量的必然实现，那么，预期的投资回收期、目标利润等也就只能成为一纸空谈。不过，对于需求比较稳定的大型制造企业、价格弹性小且供不应求的小商品、具有垄断地位且市场占有率高的产品，以及大型的公用事业、劳务工程和服务项目来说，在科学预测价格、销售量、成本和利润等的基础上，目标利润定价法仍不失为一种有效的定价方法。

(三) 盈亏平衡定价法

在销量既定的条件下，企业产品的价格必须达到一定的水平才能做到盈亏平衡、收支相抵。这个既定销量就称为盈亏平衡点或保本点，这种制定价格的方法就称为盈亏平衡定价法。如图 11-1 所示，E 为盈亏平衡点，Q 为盈

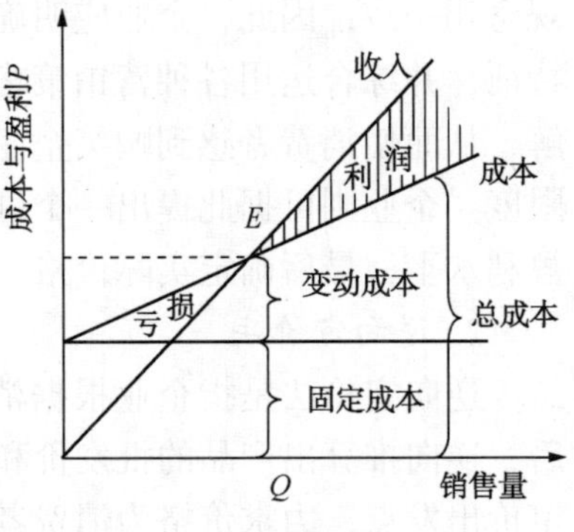

图 11-1 盈亏平衡点

亏平衡销量(保本点销量)，P 为盈亏平衡价格。

固定成本、变动成本和科学地预测销量是盈亏平衡定价法的前提。盈亏平衡点价格的计算公式为：

$$\text{盈亏平衡点价格}=\frac{\text{固定总成本}}{\text{销量}}+\text{单位变动成本}$$

例如，某企业的固定成本为200000元，单位产品变动成本为每件20元，年产量为5000件，则该企业盈亏平衡点价格=200000/5000+20=60(元)。

以盈亏平衡点确定价格只能使企业的生产耗费得以补偿，而不能得到收益。因此，在实际中均将盈亏平衡点价格作为价格的最低限度，通常再加上单位产品目标利润后才作为最终市场价格。有时，为了开展价格竞争或应付供过于求的市场格局，企业采用这种定价方式以取得市场竞争的主动权。

从本质上说，成本导向定价法是一种卖方定价导向。它忽视了市场需求、竞争和价格水平的变化，在有些时候与定价目标脱节，不能与之很好地配合。此外，运用这一方法制定的价格均是建立在对销量主观预测的基础上，从而降低了价格制定的科学性。因此，在采用成本导向定价法时，还需要充分考虑需求和竞争状况，来确定最终的市场价格水平。

二、需求导向定价法

需求导向定价法是一种以市场需求强度以及消费者感受为主要依据的定价方法，是指企业在制定商品价格时，主要根据市场需求的大小和消费者反应的不同，分别确定产品价格。其特点是灵活有效地运用价格差异，对平均成本相同的统一产品，价格随市场需求的变化而变化。需求导向定价法一般包括理解价值定价法、逆向定价法和需求差异定价法。

1. 理解价值定价法

理解价值定价法就是指企业以消费者对产品价值的理解为定价依据，运用各种营销策略和手段，影响消费者对产品价值的认知，形成对企业有利的价值观念，再根据产品在消费者心目中的价值来制定价格。例如，消费者在超市购买一袋速溶咖啡冲泡一杯咖啡需要2元，而咖啡厅，同样的一杯咖啡至少需要20元，如果在五星级酒店的房间里享受咖啡，则需50元，一级比一级高的价格并不是由成本的增加而导致的，而是由于附加的服务和环境气氛为产品增加了价值，消费者对产品的感受、理解不同所致。

理解价值定价法的关键，在于准确地估计顾客的认知价值。理解价值定价法与市场定位观念相一致，因此，企业应明确产品的市场定位，拉开与市场上同类产品的差异，突出产品特征，并综合运用各种营销策略和手段，影响消费者对产品的印象，加深其对产品价值的理解，从而使消费者感到购买企业的产品能获得更多的相对利益，从而提高其愿意支付的价格限度。企业则可据此提出一个可销售的价格，进而估算在此价格水平下产品的销量、成本及盈利水平，最后确定实际价格。

2. 逆向定价法

逆向定价法是指企业根据消费者能接受的最终销售价格，计算企业经营的成本和利润后，逆向推算出产品的批发价和出厂价。这种定价不以实际成本为主要依据，以市场需求为定价出发点，力求价格为消费者所接受。市场营销渠道中的批发商和零售商多采用此种定价方法。例如，假定市场可以接受的价格是200元，去除40%的零售商毛利(200×40%=80)，零售商的成本就是120元。减去经销商15%的毛利（120×15%=18），经销商的进货成本就是102元。减去10%的税收（102×10%=10.2）后的价位是91.8元，减去运费保险费5元，则得到出厂价格为86.8元。

3. 需求差异定价法

需求差异定价法是指企业根据市场需求的时间差、产品差、地区差、消费水平及心理差异等来确定产品价格的方法。它是对同种产品在面对不同细分市场时采取不同价格的灵活定价方法，其实质是差异化营销策略在定价中的具体应用和体现。由于需求差异定价法针对不同需求而采用不同的价格，实现顾客的不同满足感，能够为企业谋取更多的利润，因此，在实践中得到广泛的运用。

需求差别定价法的形式主要有以下几种：

（1）顾客差异定价。同一产品对不同的顾客制定不同的价格。例如，门票分成人票和儿童票及免票；又如，国家电网对电价实施差异性定价，一般来说，居民用电价格较低，而工业用电和商业用电价格较高。

（2）时间差异定价。当商品的需求随着时间的变化而有所变化时，对同一种产品的价格在不同的时间制定不同的价格。在一般情况下，需求随时间的变化往往是季节性的。有的以天（如节假日）甚至以一天中某个时间的不同而变化需求强度。例如，季节性产品（空调、电暖气、羽绒服、凉席等），对于某些时令商品，在旺季人们愿意以稍高的价格购买；而一到淡季，则需求明显减弱，所以这类商品在定价时就应考虑到淡、旺季的价格差别；旅游景点门票实行淡季与旺季的差别定价，在旅游旺季定高一些，在旅游淡季可适当定低一些；电费、手机话费等也因高峰期和低谷期而形成不同时段的收费标准差异。

（3）产品差异定价。不同外观、花色、型号、规格、用途的产品，也许成本有所不同，但它们在价格上的差异并不完全反映出成本之间的差异，而主要区别在于需求的不同。有某种标记的产品，往往会产生比其他同样使用价值的产品具有更为强烈的需求，可制定较高的价格，如奥运会期间，标有会徽或吉祥物的产品的价格，比其他同类产品价格要高出许多；书籍有平装版和精装版，其价格差异很大，但内容则完全一样；对于同一型号的产品还可能因颜色的不同而制定不同的价格。

（4）地区差异定价。如果同一种商品在不同地理位置的市场上存在不同的需求强度，那么就应该制定出不同的价格。这样做的目的是调节客户对不同地点的需求和偏好，平衡市场供求。例如，旅游点和名胜古迹地区的旅馆、餐饮的定价通常要高于一般地区；演唱会门票价格也会因座位位置的不同而有较大的差异。

【小案例】

蒙玛公司的时间差别定价

蒙玛公司在意大利以无积压商品而闻名，其秘诀之一就是对时装分多段定价。它规定新时装上市，以3天为一轮，当一套时装未以定价卖出时，每隔一轮按原价削减10%，以此类推，那么到10轮（一个月）之后，蒙玛公司的时装价就削减到了只剩35%左右的成本价。这时的时装，蒙玛公司就以成本价售出。因为时装上市还仅一个月，价格已跌到1/3，谁还不来买？所以一卖即空。蒙玛公司最后结算，赚的钱比其他时装公司多，又没有积货的损失。

营销启示：采用时间差别定价可以实现消费的不同满足感。

三、竞争导向定价法

竞争导向定价法是以市场上竞争对手的价格作为制定企业同类产品价格主要依据的方法，并随竞争对手价格的变化而调整自己的价格水平。这种方法适合于市场竞争激烈、供求变化不大的产品。其具有在价格上排斥对手，扩大市场占有率，迫使企业在竞争中努力推广新技术的优点。一般包括以下几种具体方法。

1. 随行就市定价法

随行就市定价法是与本行业同类产品价格水平保持一致的定价方法，既充分利用行业的集体智慧和充分反映市场供求情况，又能保证适当的收益，还有利于协调同行业的关系。这种"随大流"的定价方法，主要适用于需求弹性较小或供求基本平衡的产品。在这种情况下，单个企业提升价格就会失去顾客；而降低价格，需求和利润也不会增加。随行就市是一种较稳妥的定价方法，尤其为中小企业普遍采用，它既可避免挑起价格竞争，有利于与同行业和平共处，减少市场风险，又可补偿平均成本，从而获得适度利润，而且易被消费者接受。

2. 投标定价法

投标定价法又称密封投标定价法，是指由招标者（买方）公开招标，投标者（卖方）竞争投标，密封递价，买方择优选取，到期公布中标者名单，中标企业与买方签约成交的一种定价方法。投标递价主要以竞争者可能的递价为依据，递价低于竞争者，可增加中标机会；但不能低于边际成本，否则难以保证合理的收益。一般用于建筑工程、大型设备、政府的大宗采购等。

3. 拍卖定价法

拍卖定价法是指卖方预先展示所售产品，在一定的时间和地点，按照一定的规则，由买主公开叫价竞购定价的方法。一般卖方规定一个较低的起价，买主不断抬高价格竞买产品，直到没有竞争对手回应最后一个叫价，即最高价格时，卖主把产品销售给最高出价的买主。一般用于古董、艺术品、土地或大宗商品。

第三节　定价策略

在根据适当的定价方法确定了基本价格后，针对不同的消费心理、销售条件、销售数量及销售方式，运用灵活的定价及对基本价格进行调整，是保证企业价格策略取得成功的重要手段。灵活的定价技巧是在具体场合将定价的科学性与艺术性相结合的体现。

一、新产品定价策略

新产品定价是企业定价的一个重要环节，新产品定价合理与否，关系到其能否及时打开销路、占领市场并获得预期利润，对于新产品上市后的发展具有十分重要的意义。新产品定价策略有以下三种。

（一）撇脂定价策略

撇脂定价策略是指企业在产品生命周期的投入期或成长期，利用消费者的求新、求奇心理，抓住激烈竞争尚未出现的有利时机，有目的地将价格定得很高，以便在短期内获取尽可能多的利润，尽快地收回投资的一种定价策略。这种策略适合于需求弹性小、产品生命周期短、款式色彩翻新较快的时尚产品。撇脂定价策略运用得当，能为企业带来丰厚利润，但前提是必须能吸引足够的消费者，要求产品必须有创新性，最好受专利保护。如手机、相机、电脑等电子产品和数码产品，多采用这种定价策略。其缺点是由于利润较大，会吸引较多的竞争者，而且高价还可能影响销路和市场的开拓。

【小案例】

柯达如何走进日本

柯达公司生产的彩色胶片在20世纪70年代初突然宣布降价，立刻吸引了众多的消费者，挤垮了其他国家的同行企业，柯达公司甚至垄断了彩色胶片市场的90%。到了20世纪80年代中期，日本胶片市场被富士所垄断，富士胶片压倒了柯达胶片。对此，柯达公司进行了细心的研究，发现日本人对商品普遍存在重质而不重价的倾向，于是制定高价政策打响牌子，保护名誉，进而实施与富士竞争的策略。他们在日本发展了贸易合资企业，专门以高出富士1/2的价格推销柯达胶片。经过5年的努力和竞争，柯达终于被日本人接受，走进了日本市场，并成为与富士平起平坐的企业，销售额也直线上升。

营销启示：溢价销售是优秀企业的一种特殊能力，它源于对顾客需求的深入理解，定价既是一门科学，更是一门艺术。

（二）渗透定价策略

渗透定价策略又称薄利多销策略，是指企业在产品上市初期，利用消费者求廉的消费心理，有意将价格定得很低，使新产品以物美价廉的形象，吸引顾客，占领市场．以谋取远期的稳定利润。对需求弹性较大的非生活必需品，尤其是技术密集型生产资料和工业消费品，试销成本一般较高，为了尽快进入市场，宜采用渗透定价策略。其缺点是投资回收期长、见效慢、风险大，一旦渗透未果，企业就会一败涂地。

（三）满意定价策略

满意定价策略又称温和定价策略或平价销售策略，是介于撇脂定价和渗透定价之间的一种定价策略。由于撇脂定价法定价过高，对消费者不利，既容易引起竞争，又可能遇到消费者拒绝，具有一定风险；渗透定价法定价过低，对消费者有利，对企业最初收入不利，资金的回收期也较长，若企业实力不强，将很难承受。而满意定价策略采取适中价格，基本上能够做到供求双方都比较满意。满意定价策略在正常情况下能实现企业盈利目标，赢得中间商和消费者的广泛合作。但这种定价策略应变能力差，不适合复杂多变和竞争激烈的市场环境。

二、产品组合定价策略

（一）产品线定价策略

企业产品线中一般不止一种产品，企业定价时，应该适当地确定产品线中相关产品的价格差异，以显示产品线中各系列产品的需求和功能的差异性，让消费者明确该系列产品的高、中、低档的差距。在定价时，首先，确定某种产品的最低价格，它在产品线中充当领袖价格，吸引消费者购买产品线中的其他产品；其次，确定产品线中某种商品的最高价格，它在产品线中充当品牌质量和回收投资的角色；最后，产品线中的其他产品也分别依据其在产品线中的角色不同而制定不同的价格。

（二）任选品定价策略

许多企业在提供主要产品的同时，还提供任选品与之配套，如饭店不仅提供饭菜，还提供烟酒；电脑制造不仅提供整机还提供配件。一般来说，任选品定价方法有两种：一是低价策略，即主要产品定价较高，任选品定价较低或带有促销和服务性质，以此招徕顾客；二是高价策略，即主要产品定价较低，但任选品定价较高，以此赚取较高利润。

（三）互补产品定价策略

互补产品是指和主产品关系密切，必须配套使用的产品。例如，刀片是剃须刀的互补产品，打印纸和墨粉等耗材是打印机的互补产品，胶卷是照相机的互补产品。对于互补产品，企业可以采取主产品定价较低，而互补产品定价较高的方法，获取较高的利润。如 Canon 打印机的价格一般较低，而墨粉等相关耗材的价格却较高，以较高的耗材价格弥补损失，获得市场的成功；吉列公司采用剃须刀架低价，刀片价格却较高的策略获得市场成功。

（四）分部定价策略

分部定价是指先向顾客收取固定费用，再根据使用情况收取使用费用，这种定价方法多为服务性企业采用。一般而言，固定费用应该较低，以吸引顾客，企业通过可变费用来获利。例如，出租车一般都有起步价，如果行驶路程超过起步价规定路程，则再加上超过里程的计价；电话收费也是每个月支付固定的月租费，然后再按使用情况增收话费。这种策略当顾客使用量太少时企业不至于亏本，而使用量大时企业盈利较多。分部定价面临着和互补产品定价同样的问题，即应收多少固定费用和变动用费。固定费用应较低，以推动人们购买，且利润可以从变动费用中获取。

（五）副产品定价策略

某些产品在加工过程中，会产生副产品。如果副产品没有价值且处理有费用，主产品的定价必须能够弥补这些费用。如果副产品有价值，可根据其价值定价。副产品带来的收入有助于企业面临竞争时，降低主产品的价格。如头发处理得当也会成为理发店的另一个利润来源，这种情况在诸如工业加工、石油化工、矿产资源、肉类加工、皮革产品中十分普遍。这就要求企业科学地制定自己的主产品副产品价格组合。

（六）组合产品定价策略

为了促进销售，有时企业不是销售单一的产品，而是将有连带关系的产品组成一个组合一起销售。产品组合的价格低于单独购买每件产品的价格总和，通过节约一定费用，来吸引顾客购买其中某些无意购买的产品，增加产品销量，如化妆品组合、文具组合、旅游产品组合。使用组合产品定价策略通过以畅带滞，提高了每次交易的交易量，减少了库存积压。但在具体使用过程中，应该注意：一是成套产品的价格必须具有吸引力；二是成套产品的销售一定要有单件产品的配合销售，以便让消费者进行比较。

三、折扣定价策略

企业在制定价格之后，为了鼓励顾客及早付款、大量购买或淡季购买等，企业在原价格基础上酌情按照一定比例折扣或降价，使顾客获得实惠，从而调动顾客购买积极性的一种定价策略。折扣定价策略实质上是一种优惠策略，直接或间接地降低价格，以争取顾客，扩大销量。灵活运用折扣定价策略，是提高企业销售量的重要途径。

（一）现金折扣策略

现金折扣也称付款期折扣，是指企业对那些用现金或提前付款方式购买商品的顾客，在原价的基础上给予一定比例的价格优惠。考虑的交易条件应包括折扣期限、折扣率、付清全部贷款的比例及时间等规定。折扣的大小一般根据付款期间的利息和风险成本等因素确定。现金折扣有利于鼓励顾客按期或提前付款，加快资金周转，减少利率风险，从而增加效益。但由于现金折扣对不同顾客给予不同的折扣，形成一定程度的价格歧视，会影响部分消费者的心理，也有违公平竞争的原则。

（二）数量折扣策略

数量折扣是指根据购买数量或金额大小的差异而给予不同的价格折扣。购买越多，给予的折扣就越大。它又分为非累计数量折扣和累计数量折扣。非累计数量折扣适用于短期交易商品、季节性商品以及易腐、易过时的商品。累计数量折扣则适用于长期交易的商品、大批量销售的商品及需求相对稳定的商品。

（三）功能折扣策略

功能折扣又称交易折扣、业务折扣、职能折扣、进销差价，也叫贸易折扣，是指生产企业给批发商、零售商等中间商为经营其产品所付努力(如执行记账、推销、储存、运输、服务等营销功能)的一种额外折扣。中间商在产品分销中承担的功能、责任、风险和重要性越大，其获得的折扣就越多。

（四）季节性折扣策略

季节性折扣又称季节差价，是指生产季节性产品或经营季节性业务的企业为鼓励中间商或顾客早进货、早购买或淡季消费、过时消费而给予的价格折扣。如羽绒服企业在春夏两季给零售商季节折扣，以鼓励提前订货。季节折扣有利于刺激消费，调节供需，扩大经营和流通，避免巨幅波动，做到淡季不淡，生产和经营平稳，加速资金周转，从而降低经营成本，减少企业和社会的损失，促进发展。

（五）复合折扣策略

复合折扣是指企业在市场销售过程中，由于竞争加剧而采取将多种折扣同时给予某种商品或某一时期销售商品的折扣。如在淡季可以同时使用季节性折扣、现金折扣和数量折扣的组合，以较低的实际价格鼓励客户购买。当遇到市场不景气时，企业可采用复合折扣的方式渡过危机。

（六）价格折让策略

价格折让是价格折扣的另一种形式，是另一种类型的价目表价格的减价。它有利于顾客和中间商积极消费和购买企业的产品，包括以旧换新折让和促销折让两种形式。

【小案例】

沃尔玛的折价销售

沃尔玛能够迅速发展，除了正确的战略定位以外，也得益于其首创的“折价销售”策略。每家沃尔玛商店都贴有“天天廉价”的大标语。同一种商品在沃尔玛定价比其他商店要便宜。沃尔玛提倡低成本、低费用结构、低价格的经营思想，主张把更多的利益让给消费者，“为顾客节省每一美元”是他们的目标。沃尔玛的利润通常在30%左右，而其他零售商如凯马特利润率都在45%左右。公司每星期六早上举行经理人员会议，如果有分店报告某商品在其他商店比沃尔玛低，可立即决定降价。低廉的价格、可靠的质量是沃尔玛的一大竞争优势，吸引了一批又一批顾客。

营销启示：质量和价格是最能触动消费者的两个重要因素。

四、心理定价策略

心理定价策略是一种针对消费者心理活动和变化所使用的定价策略，运用心理学原理，依据不同类型的消费者在购买商品时的不同心理要求来制定价格，以诱导消费者增加购买量，扩大企业销售量。这种定价策略一般在零售企业中对最终消费者应用得比较多，具体策略包括以下几种。

（一）声望定价策略

声望定价是迎合消费者“价高质必优”的心理，对在消费者心目中享有声望、具有信誉的产品制定高价格。声望定价策略可以满足某些顾客的特殊欲望，如地位、身份、财富、名望和自我形象等，还可以通过高价格显示商品名贵优质。

【小案例】

低价不好销，高价反抢手

美国亚利桑那州的一家珠宝店，采购到一批漂亮的绿宝石。由于数量较大，店主担心短时间内销售不出去，影响资金周转，便决心只求微利，以低价销售。本以为会一抢而光，结果却事与愿违。几天过去，仅销售出很少一部分。后来店老板急着去外地谈生意，便在临走前匆匆留下一纸手令：我走后若仍销售不出去，可按1/2的价格卖掉。几天后老板返回，见绿宝石销售一空，一问价格，却喜出望外。原来店员把店老板的指令误读成“按1~2倍的价格出售”，她们开始还犹豫不决，就又提价一倍，这才使绿宝石一售而空。

营销启示：商品价低未必好销，有时高价反而更有利于销售。绿宝石是一种贵重商品，高价才能提高或符合绿宝石的身价，才能迎合顾客心理需要。

（二）尾数定价策略

尾数定价是指依据消费者有零头价格比整数价格便宜的消费心理而采取的一种定价策略。尾数定价一方面给人以心理上优惠的感觉，另一方面标价精确可以增强消费者心理上的信任感，满足消费者求实、求廉的消费心理，对于需求弹性较高的产品，尾数定价策略往往会带来需求量的大幅提升。

（三）招徕定价策略

招徕定价是零售商利用部分顾客求廉的心理，特意将几种商品的价格定得较低，以吸引顾客购买其他商品的定价策略。如某些超市随机推出特价商品，每天、每时都有一种或数种商品特价销售，以吸引顾客经常来采购廉价商品，同时也选购了其他正常价格的商品。

（四）习惯定价策略

习惯定价是指对于消费者熟悉的产品，企业把价格定为消费者已经习惯的价格，便于消费者购买的一种定价策略。这种策略一般用在产品的成本波动较小，消费者对价格非常敏感的产品。

五、地区定价策略

一般来说，企业的顾客不仅有当地的顾客，同时也包括外地的顾客。而卖给外地顾客，把产品从产地运到顾客所在地，需要装运费用。所谓地区定价策略，就是企业要决定，对于交给不同地区(包括当地和外地不同地区)顾客的某种产品，是分别制定不同的价格，还是制定相同的价格。也就是说，企业要决定是否制定地区差价。

(一) 原产地定价策略

所谓原产地定价，也就是FOB(Free on Board)，就是顾客按照厂价购买某种产品，企业只负责将这种产品运到产地某种指定运输工具(如卡车、火车、船舶、飞机等)上交货，交货后，从产地到目的地的一切风险和费用一概由顾客承担。如果按产地某种运输工具上交货定价，那么每个顾客都各自负担从产地到目的地的运费和风险。这样定价对企业也有不利之处，即距离较远的客户可能不愿购买，转而购买企业竞争对手的产品。

(二) 统一交货定价策略

这种形式和前者正好相反。所谓统一交货定价，就是企业对于不同地区的顾客，都按照相同的厂价加相同的运费(按平均运费计算)定价。也就是说，对不同地区的顾客，不论远近，都实行统一的价格。因此，这种定价又叫邮资定价。

(三) 分区定价策略

这种形式介于前两者之间。所谓分区定价，就是企业把全国(或某些地区)划分为若干价格区，对于不同地区的顾客，分别制定不同的价格，同一区域内实行同一价格。一般较远的区域，价格较高，而较近的区域，价格较低。

(四) 基点定价策略

所谓基点定价，是指企业选定某些城市作为基点，然后按一定的厂价加上从基点城市到顾客所在地的运费来定价，而不管货物实际上是从哪个城市起运的。有些公司为了提高灵活性，选定许多个基点城市，按照距离顾客最近的基点计算运费。

(五) 运费免收定价策略

有些企业因为急于开发某些地区的市场，负担全部或部分实际运费。这些卖主认为，如果生意扩大，其平均成本就会降低，因此足以抵偿这些费用开支。采取运费免收定价，可以加快市场渗透，并且能在竞争日益激烈的市场上占据有利地位。

第四节 价格调整策略

由于各种营销环境因素不断变化，企业需要对已有的产品价格进行必要的调整和改变。调整价格的主要原因有两种：一是市场供求环境发生了变化，企业认为有必要对自己产品的价格进行调整；二是竞争者的价格发生了变动，企业不得不作出相应的反应，以适应市场竞争的需要。前一种调整称为主动调整，后一种调整称为被动调整。在营销管理中，需要对价格调整的时机、条件、竞争者可能对价格变动作出的反应等进行分析，才能保证价格变动达到预定的营销目标。

一、降价策略

（一）降价的原因

降低价格是企业在经营过程中经常采用的营销手段。导致企业降价的原因可能来自宏观环境的变化，也可能来自行业及企业内部条件的变化，主要有以下几个方面。

（1）企业的生产能力过剩。当企业的产品库存过多，或者目前开工不足时，需要通过降价来扩大销售量；或者为使存货尽快地脱手，需要采取降价措施。

（2）在强大的竞争压力下，企业的市场占有率下降，迫使企业降低价格来维持和扩大市场份额。

（3）企业的成本费用比竞争者低，企图通过降价来控制市场，或者希望通过降价来提高市场占有率，从而扩大生产和销售量。

（4）考虑竞争对手的价格策略。如果竞争对手降低价格，特别是与竞争对手的产品区别不大时，企业毫无选择地也要相应降低价格。

（5）需求弹性。由于需求富有弹性，产品价格下降可以带来需求量的大幅上升，这时企业可以考虑通过降价来增加销售量，扩大销售收入。

（6）经济形势。在紧缩通货的经济形势下，由于货币值上升，价格总体水平下降，企业的产品价格也会降低。

（二）降价的方式

即使企业产品具备了降价的条件，但因不同企业产品所处的地位、环境以及导致降价的原因不同，企业选择降价的方式也不尽相同，具体包括以下几种方式。

（1）增加额外费用支出。在价格不变的情况下，企业增加运费支出，实行送货上门，或免费安装、调试、维修以及免费提供技术培训等。

（2）改进产品的性能，提高产品的质量。价格不变的情况下，这实际上等于降低了产品的价格。

（3）实行价格折扣，如数量折扣、现金折扣、津贴等。

（4）营业推广。在其他条件不变的情况下，给购买商品的顾客馈赠礼品，如玩具、工艺品等。赠送礼品的费用未从商品价格中得到补偿，实际上也等于降低了商品的价格。

降价一般会受到消费者的欢迎，但也可能会引起一些消费者的疑惑。他们可能会认为产品降价是因为质量、性能方面出了问题，所以企业在采取降价措施时，应当提供一个令人信服的理由，尽量消除消费者的疑惑。

【小案例】

自动降价，顾客盈门

在美国波士顿城市中心区，有一法林自动降价商店，它以独特的定价方法与经营方式而闻名遐迩。

这个自动降价商店里的商品摆设与其他商店并无区别。架子上挂着一排排各种花色、式样的时装，货柜上分门别类地摆放着各类商品，五花八门、应有尽有。商店的商品并非低劣货、处理品，但也没有什么非常高档的商品。

这家商店的商品不仅全都标有价格，而且标着首次陈列的日期，价格随着陈列日期的延续而自动降价。在商品开始陈列的头12天，按标价出售，若这种商品未能卖出，则从第13天起自动降价25%。再过6天仍未卖出，即从第19天开始自动降价50%。若又过6天还未卖出，即从第25天开始自动降价75%，价格100元的商品，只花25元就可以买走。再经过6天，如果仍无人问津，这种商品就送到慈善机构处理。

该店利用这种方法取得了极大成功，受到美国人以及外国旅游者的欢迎。从各地到波士顿的人，都慕名而来，演员、运动员，特别是女性，格外喜欢这家商店，波士顿的市民更是这家商店的常客。商店每天接待的顾客比波士顿其他任何商店都多，熙熙攘攘，门庭若市。现在，自动降价商店在美国已有20多家分店。

营销启示：降价具有艺术性，只有把握住消费者的购买心理才能让降价更具吸引力。

二、提价策略

（一）提价的原因

虽然价格上涨会引起消费者、中间商和企业推销人员的不满，但是一次成功的提价活动却会导致企业利润大大增加，所以企业只要有机会，就可以适当采用提价策略。企业提价的原因主要有以下几个方面。

（1）成本上涨。成本上涨的原因可能来自企业内部，如企业自身生产及管理水平出现问题导致总成本增加。如果企业在这种情况下增加产品价格可能不是明智之举，因为一旦竞争者不上调价格，企业的销售量就会受到严重影响。成本增加还可能发生在整个行业中，如行业的原材料价格、工资上涨。企业成本提高，产品继续保持原价，会妨碍企业获得合理利润，甚至会影响企业正常运营。这时，企业只能通过涨价来转移成本上涨的压力，维持正常的盈利水平。

（2）通货膨胀。由于通货膨胀，货币贬值，产品的市场价格低于其价值，迫使企业不得不通过涨价形式来减少因货币贬值造成的损失。

（3）产品供不应求。当出现产品供不应求的情况时，提价不仅能平衡供需，而且能使企业获得高额利润，为企业扩大生产或研发新产品提供保障。

（4）改进产品。企业通过技术革新，提高产品质量，改进产品性能、增加产品特色，由此增加的成本需要通过提价来获得弥补。

（5）竞争策略的需要。有的企业涨价，并非出于以上原因，而是由于竞争策略的需要。以产品的高价格，来显示产品的高品位，即将自己产品的价格提高到同类产品价格之上，使消费者感到其产品的品位要比同类产品高。

（二）提价的方式

（1）公开真实成本。这是指企业通过公共关系、广告宣传等方式，在消费者认知的范围内，把产品的各项成本上涨情况真实地告诉消费者，以获得消费者的理解，降低消费者的抵触情绪。

（2）增加产品数量或提高产品质量。企业在涨价的同时，增加产品的数量或提升产品质量，以此来增加消费者的理解，减少消费者的不满。

（3）附送赠品或优惠。在涨价的同时，随产品附送小赠品、小礼物或提供某些特殊优惠，这种方式在零售业最常见。

（4）价格不变，但减少产品数量或服务。

三、消费者对价格变动的反应

企业的价格变动会直接影响购买者的利益以及购买决策，因此，分析他们对价格变动的反应，是企业在制定价格调整策略时应当特别注意的问题。消费者对价格变动的反应可以归纳为以下几方面。

（一）消费者对价格变动的接受程度

（1）在一定范围内的价格变动是可以被消费者接受的；提价幅度超过可接受价格的上限，会引起消费者的不满，使他们产量抵触情绪而不愿购买企业产品；降价幅度低于下限，则会引起消费者的种种疑惑，也会对实际购买行为产生抑制作用。

（2）在产品知名度提高、收入增加、通货膨胀等情况下，消费者可接受价格的上限会提高。在收入减少、价格连续下跌、通货紧缩等情况下，消费者可接受价格的下限会降低。

（二）消费者对价格变动的理解

（1）消费者对降价的理解是：①产品可能有质量问题或是因为过时、过期而将被淘汰；②企业遇到财务困难，很可能会停产，产品的售后服务可能会受到影响；③产品价格可能会持续下跌；④产品成本降低。

（2）消费者对提价的理解是：①产品供不应求，价格可能会继续上涨；②产品质量得到提升；③企业过于贪婪，想获得更高利润；④物价持续上涨，产品提价也可理解。

四、竞争者对价格变动的反应

当企业准备进行价格变动时，还需认真考虑竞争者可能产生的反应。因为，竞争者通过改变自己产品的价格和其他营销方法，不仅会对企业价格的变动效果产生影响，甚至对整个竞争局势也会造成重要影响。

一般来说，竞争者对于企业价格变动的反应可以归结为以下三类。

（一）跟进

跟进是指竞争者也采取同样的价格变动措施。当企业发动降价可能会威胁到竞争者的市场份额，或者企业提价，竞争者能看到有明显的市场反应或好处时，都可能采取跟进措施。

（二）不变

竞争者在下列情况下，可能在企业变动价格时，会保持现有价格：

（1）降价企业所占市场份额很小，声誉较低，降价对自己不会产生威胁。

（2）竞争者拥有比较稳定的忠诚顾客群。

（3）竞争者有意避免价格战。

（4）竞争者认为整个市场增长潜力太小，变动价格没有什么意义。

（三）战斗

战斗是指竞争者采取针锋相对的价格调整策略，不惜与发动价格变动的企业打价格战。往往在下列情况下，竞争者可能作出这样的反应。

（1）竞争者认为企业价格变动是针对其本身来的，因为变动价格的企业对自己的市场地位会产生威胁。

(2) 竞争者是市场中的领导者，不愿意放弃自己的领导地位。

(3) 竞争者相当看好当前的市场，将通过包括价格竞争在内的方法排挤掉对手以谋求长远利益。

战斗的具体形式很多，可以直接降价，可以增加廉价的产品项目，可以采取更大的折扣优惠，可以采用战斗品牌等。无论竞争者将做出什么反应，企业都应该事先掌握竞争对手可能的反应，并且能够估计竞争者的这种反应对于营销活动有哪些不利的影响，同时考虑制定相应的应对措施。

五、企业应对竞争者价格变动的策略

竞争者发动的价格竞争通常是经过周密策划的。留给企业做出反应的时间很短。因此，企业应该建立有效的营销信息系统，加强对竞争者有关信息的收集，以便对竞争者可能的调价行动做出正确的预测，同时还应建立应付价格竞争的反应决策模式，以便缩短反应决策时间。

(一) 了解竞争者调价的相关信息

面对竞争者的调价，企业在采取应对措施前，应仔细对下列问题进行调查和分析研究。

(1) 竞争者调价的目的是什么？竞争者的调价是暂时的，还是长期的？调价能持续多长时间？

(2) 产品的需求价格弹性是多少？产品成本和销售量之间的关系如何？

(3) 如果企业对此不做出反应，会对企业的市场占有率和利润产生什么影响？

(4) 其他企业对竞争者的调价是否会做出反应？这又会对企业产生什么影响？

(5) 对企业可能做出的每一种反应，竞争者和其他企业又会有什么反应？

(二) 企业的应对策略

企业经常受到其他企业以争夺市场占有率为目的而发动的挑衅性降价攻击。当竞争者的产品在质量、性能等方面与企业的产品没有差异时，竞争者产品的降价有利于扩大市场份额。这时候，企业可以选择以下策略应对：

(1) 维持原来的价格。如果企业认为降价会导致企业利润大幅减少，或认为企业顾客的忠诚度会使竞争者市场份额的增加极为有限时，可采取这一策略。但如果由于竞争者市场份额增加而出现其竞争信心增强、企业顾客忠诚度减弱、企业员工士气动摇等情况，那么这一策略可能会使企业陷入困境。

(2) 维持原价并采用非价格手段(如改进产品、增加服务)进行反攻。

(3) 追随降价，并维护产品所提供的价值，如果企业不降价将会导致市场份额大幅度下降而要恢复原有的市场份额将付出更大代价，则企业应该采取这一策略。

(4) 提价并上市新品牌，围攻竞争对手的降价品牌。这将贬低竞争对手降价品牌的市场定位，提升企业原有的品牌定位，也是一种有效的价格竞争手段。

(5) 推出更廉价的产品进行竞争。企业可以在市场占有率逐步下降时，在对价格很敏感的细分市场上采取这种策略。

【课后练习】

一、简答题

1. 影响产品价格的因素有哪些？
2. 企业的定价方法的类型有哪些？
3. 竞争导向定价法包括哪几种具体方法？
4. 新产品定价策略有哪些？
5. 心理定价包括哪几种具体策略？

二、案例分析

奥克斯空调的平价革命

奥克斯空调的生产厂家是宁波奥克斯空调公司，它是宁波三星集团的下属子公司。1993年，三星集团与美国奥克斯集团合资，进入空调市场，最初生产国内很少见的高档机。由于这一定位没有得到响应，奥克斯空调没有获得大的发展。从1996年起，奥克斯坚定自己的发展方向：采取低成本战略，为消费者提供优质平价的空调。2000年开始，奥克斯逐步在市场发力，大力宣传自己的“优质平价”战略。

伴随奥克斯发动的一系列市场活动，奥克斯的业绩几乎一年上一个台阶。据奥克斯提供的数据，2000年奥克斯空调总销售量为58万台；2001年为90.23万台，位居业内第六；2002年为157万台，位居行业第四；2003年空调总出货量突破250万台，进入中国空调业的前三甲。

奥克斯作为中国空调市场传统强势品牌的挑战者，成为推动空调市场重新洗牌的主要力量，通过差异化的定位，进攻性的价格策略，再配以一系列的事件营销保证了自己市场占有率的持续增长。

差异化的市场定位

奥克斯从1996年开始改变原定路线走了一条差异化道路。它始终明确将其空调定位于“优质平价”的“民牌”空调。相比于市场传统强势品牌的“高价优质”定位，更容易为大众喜欢，也用得起，并且有物有所值，甚至物超所值的感觉。

进攻性的价格策略

从2000年起，奥克斯拉起空调降价的大旗，此时奥克斯还是一个默默无名的区域品牌，但正是奥克斯的“价格杀手”称号，让奥克斯名声鹊起，震动江湖。奥克斯从自2000年以来的主要降价活动主要包括：

2000年3月在成都打出“1.5匹空调跌破2500元生死价”的条幅，最大降幅达到25%，第一次喊出“要做优质平价的‘民牌’空调”。

2001年4月，40余款主流机型空调全面降价，最大降幅达到30%以上。

2002年4月，16款主流机型空调全面降价，包括1匹和1.5匹变频空调，最大降幅达到26%。

2003年4月，所有机型一律降价。据称平均降幅达30%，单款机型最大降幅达2000元。

奥克斯空调的价格战，每次基本选择在4月份，早了消费者没反应，竞争者容易跟进，晚了也起不到作用。奥克斯的降价，每次都是大规模、高幅度的降价，出其不意地袭击竞争对手，坚定消费者购买的决心。另外，奥克斯为配合价格战，广告攻势强，采取"大中央小地方"的模式，例如2002年4~6月在央视投入了3000多万元广告费，进行大规模集中轰炸，有力地配合了降价促销活动。

系列化的事件营销活动

奥克斯成功的另一个关键策略是巧用事件营销的影响，不断吸引消费者的眼球。通过事件营销活动，奥克斯不断向空调业原有规则发起冲击，在消费者面前出尽风头，也让全国的消费者获得了新的体验。

1. 狂打"足球牌"

2001年年底，奥克斯聘请米卢为品牌代言人，随后开展了米卢"巡回路演"和售空调赠签名足球活动。五六月份奥克斯投入6000万元在央视高频率播出"米卢篇"广告，并在后来推出"200万巨奖任你赢"世界杯欢乐竞猜活动。

2003年2月12日，奥克斯投资2000万元赞助令中国球迷关注的"中巴之战"。同一天，世界顶级球星罗纳尔多的亚洲经纪人与奥克斯空调全国市场总监李晓龙达成一致意向，罗纳尔多将以150万美元的身价担任奥克斯空调新一任品牌形象代言人。

2.《空调成本白皮书》

2002年4月20日，奥克斯空调向外界披露《空调成本白皮书》，以首家行业背叛者的身份揭示了"一台空调究竟该卖什么价"的行业秘密，显然，矛头指向消费者关注的空调业实际利润的问题。在《空调成本白皮书》上，奥克斯一一列举了1.5匹冷暖型空调1880元零售价格的几大组成部分：生产成本1378元，销售费用370元，商家利润80元，厂家利润52元，奥克斯还具体剖析了成本的组成部分。

3."一分钱空调"

2002年，奥克斯空调从11月22日至12月1日10天的时间内，在广东省内的700多家电器店同时推出"一分钱空调"的促销活动。顾客只要花4338元购买奥克斯60型小3匹柜机，再加一分钱，即可以获得另外一台价值1600元的1匹壁挂式分体空调，同时承诺一分钱空调同样享受厂家提供的优质售后服务。在广东市场，类似60型小3匹品牌机的价格为4800~6500元，25型1匹空调的价格为1668~2700元，奥克斯公布的空调套餐价格比市场均价低3500元。

4."冷静"大行动

"关注美伊战争，呼吁世界冷静"，是奥克斯推出的"冷静"大行动，目的是提升企业关心公益事业的形象。此次活动从2003年3月27日起至4月21日止，武汉地区奥克斯空调再掀降价风暴，降幅都在17%以上。本次活动奥克斯推出了代号为"冷静1号""冷静2号""冷静3号"的多款机型。奥克斯表示在此次活动中，消费者每购买一款奥克斯空调，奥克斯公司将以消费者的名义捐献一定数额的现金给红十字会，用于伊拉克战后重建工作，以此表达奥克斯对世界和平的支持。

5.《空调技术白皮书》

2003年4月23日，奥克斯再次扮演了反叛者的角色，公布了《空调技术白皮书》，宣称“空调技术炒作‘高科技’概念只是‘皇帝的新装’，是空调行业的最后一块‘神秘面纱’，奥克斯要将其一揭到底，让空调行业早日正本清源，回归到空调‘冷、静、强、省’的核心价值上来”。奥克斯空调的总经理吴方亮宣称奥克斯想宣传的核心内容是，空调不是高科技产品。吴还断言至少在5年内，空调行业不会出现革命性的技术突破。奥克斯最后总结称，目前空调市场上包括“富氧技术”“红外线传感技术”“温度传感技术”等在内的几大所谓“高科技”实质“只是一种牟取暴利的幌子，都是将附加功能进行包装放大，从而达到误导消费者让自己获取暴利的目的”。

思考题：

1. 奥克斯空调采用的是什么定价策略？这种定价在什么条件下才能取胜？
2. 面对奥克斯空调的价格策略，格力、美的、科龙等主要品牌该如何应对？

第十二章 分销渠道策略

知识目标

了解分销渠道的含义、类型；准确理解与掌握分销渠道设计应考虑的因素；理解批发商的含义、功能、类型；理解零售商的含义、功能。

能力目标

理解分销渠道的基本理论与策略；学会运用分销渠道策略开拓市场；能够对分销渠道进行设计，学会对渠道成员进行管理以帮助企业实现营销目标。

素养目标

具备创新思维和创新能力，树立以全社会利益为中心的社会责任意识。

关键术语

分销渠道、分销渠道策略、批发商、零售商。

导入案例

中国石化的销售渠道重组

中国石化是中国最大的一体化能源化工公司，主要从事石油与天然气勘探开发、开采、销售；石油炼制、石油化工、化纤、化肥及其他化工的生产与产品销售、储运；石油、天然气管道运输；石油、天然气、石油产品、石油化工及其他化工产品和其他商品、技术的进出口、代理进出口业务；技术、信息的研究、开发、应用。它是中国最大的石油产品和主要石化产品生产商和供应商，也是第二大原油生产商。

1999年以来，中国石化为增强市场调控能力，在新建、改建、收购加油站方面累计投入资金400多亿元，其销售网点增加到28000余座，初步建成了覆盖长城以南各省的加油站零售网络，为提高市场调控能力、改善销售结构夯实了基础。如中国石化销售广东石油分公司，2000年以前只有加油站651座，网点占有率仅为13.6%；自2000年以来，该公司累计投入资金59.6亿元，新增加油站1430座，网点占有率提升到42.1%。

销售网点大幅度增加使中国石化的企业利润上升，更能为中国石化旗下的油田企业、炼油厂、化工厂的发展创造有利的市场条件。然而，仅仅依靠增加销售网点数量来实现销量增长的外延型发展战略，并没有从根本上提高企业的竞争力。只有从增加销售网点数量的粗放型增长方式转变为提高单位网点销售业绩的集约型增长方式，提高运营效率、如何降低运营成本，才能使企业从容应对日益加剧的市场竞争。

中国石化销售渠道重组的总体思路就是按照“区域化、专业化、扁平化”的原则，以优化物流配送和强化成品油市场营销为重点，充分利用现代高科技技术，对物流、零售、直销施行专业化管理，建成“管理层次扁平、业务专业垂直、岗位权责明确、市场反应灵活”的新型经营管理体制。

在管理层次上，由原来的多级管理逐步减少为总部对区域资源配送和市场营销的两级管理；在运行模式上，实行资源配送和市场营销两条线运行。在资源配送这条线中，按照区域经济流向，建立区域配送中心，实行资源统一运作、设施统一管理、物流统一优化、配送统一组织，进一步降低成本，提高盈利空间，增强市场竞争力。在市场营销这条线中，按照专业化分工，零售实行零售管理中心-片区经理-ME-加油站的专业垂直管理，直销实行商业客户中心—客户经理-客户的专业垂直管理，加强市场营销，适应外部市场变化需要。

在实施步骤上，中国石化销售云南石油分公司和广东石油分公司作为先期试点单位的样板，首先进行管理体制改革，即在这两个公司内部建立省级物流中心，由它对全省范围的物流实行统一管理和运作，实现物流与商流的分离；同时选择部分地市级公司进行跨区域重组，并在区域公司内按照零售中心、商业客户中心、结算中心三条线向下垂直管理到经营网点，撤销县级经营部。通过此次改革，省级销售公司的管理职能得到空前强化，与之相对应的是地市级公司则更多地被赋予冲锋陷阵、开拓市场、提高销量的重任。

营销启示：中国石化的销售渠道重组，实现了企业贴近市场、满足顾客需求，提升市场竞争力的目的。

在营销组合“4P”中涉及企业外部资源的关键性因素——渠道，是企业市场营销活动中最复杂、最富有挑战性的决策之一。由于渠道中的中间商最接近消费者，在竞争激烈且产品和服务日趋同质化的今天，中间商对市场的主导作用越发明显，不能很好的研究和利用中间商的企业，其市场生存能力也将越来越差；正所谓“得渠道者得天下”。这也迫使企业必须不断创新分销渠道系统的设计和管理，并将渠道策略提升到战略层面。

第一节　分销渠道概述

研究销售渠道策略的目的在于，研究企业如何通过销售网络建设与管理，采取有效的渠道竞争策略，把商品适时、适地、方便、经济地提供给消费者，解决生产与消费在时间、地点、数量、品种、信息、产品和所有权等方面的差异和矛盾，进而实现企业营销目标。分销渠道，通常也被简称为渠道，是市场营销价值链中的一个重要环节。

一、分销渠道的概念

分销渠道是指促使某种产品和服务顺利地经由市场交换过程，转移给消费者或用户的一整套相互依存的组织。企业的分销渠道成员包括从生产者向消费者转移过程中，取得这种产品和服务的所有权或帮助所有权转移的所有企业和个人。其中既有取得物品所有权的中间商，也有帮助物品所有权转移的代理中间商，还有处于渠道起点和终点的生产者和最终消费者。

在市场营销理论中，分销渠道和营销渠道经常被混淆使用。从严格意义上来说，分销渠道和营销渠道是两个不同的概念。营销渠道是指配合在一起生产、分销和消费某一个生产者的商品和劳务的所有企业和个人，包括某种产品供、产、销过程中的所有企业和个人，比如供应商、生产者、商人中间商、代理中间商、辅助商(辅助分销活动的仓储、运输、金融、广告代理等机构)以及最终消费者或用户等。由此不难看出，营销渠道和分销渠道的区别在于，营销渠道包括了供应商及辅助商，而分销渠道则不包含。

二、分销渠道的流程及功能

分销渠道组成可以有多种不同形式，其中，生产者和顾客是每种渠道形式必需的组成部分，而中间机构的数量和组织方式，决定了渠道的长度和宽度的变化。

(一) 分销渠道的流程

从企业到消费者转移的过程中，渠道成员之间会发生各种各样的业务联系，这些业务联系构成了“渠道流程”。这些流程将产品在适当的时间、以适当的方式、运至适当的地点、交至所需要的人手中，使渠道成员有机地联系在一起。产品由生产领域向消费领域转移的一系列分销活动大体上可分为五大类，菲利普·科特勒曾将其归纳为五种流程，即所有权流、实体流、货币流、信息流和促销流，如图 12-1 所示。

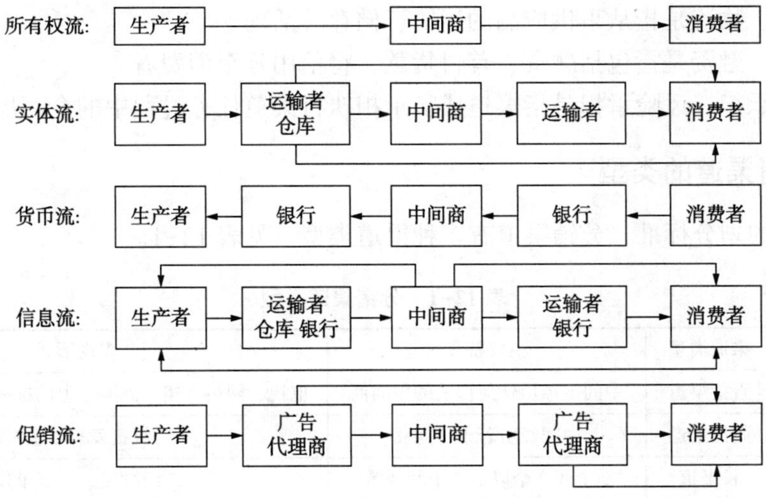

图 12-1 分销渠道的五种流程

(1) 所有权流又称商流。所有权流是指产品从生产领域向消费领域转移过程中的一系列买卖交易活动。其运动方向是：生产者→消费者。

(2) 实体流也称物流。实体流是指产品在从生产领域向消费领域转移过程中的一系列产品实体运动。它从实质上保证了产品从生产领域向消费领域的安全转移。其运动方向是：生产者→消费者。

(3) 货币流。货币流是指产品在从生产领域向消费领域转移的交易活动中所发生的货币运动。它一般同所有权流的方向相反，而且在运动中需要银行或其他金融机构作为中介参与。其运动方向是：生产者←金融中介←消费者。

(4) 信息流。信息流是指产品在从生产领域向消费领域转移的过程中所发生的一切信息收集、传递和处理活动。其运转方向是双向的，即生产者↔消费者。

（5）促销流。促销流是指产品在从生产领域向消费领域转移的过程中，生产者通过广告公司或其他宣传媒体向中间商及其顾客所进行的一切促销努力。其运动方向是：生产者→宣传媒介→中间商→宣传媒介→消费者。

在以上五种流程中，所有权流和实体流是最主要的，是整个产品分销活动得以实现的关键，对分销渠道的研究也主要集中于这两个流程。

（二）分销渠道的功能

分销渠道把产品从生产商转移到消费者，它克服了产品和服务的生产与消费在时间、地点和所有权方面的不一致。为完成这一使命，渠道不仅承担着交易职能，还承担着许多其他重要功能。

（1）研究。研究是指收集和传递有关顾客、竞争者及其他影响环境的信息。

（2）促销。促销是指传播和发展与供应品有关的信息，与顾客充分沟通并吸引顾客。

（3）接洽。接洽是指寻求潜在顾客，适应不同的细分市场的特点开展营销业务。

（4）配合。配合是指按买方要求分类整理供应品，包括分类、分等、包装、装配等活动。

（5）谈判。谈判是指为了转移供应品的所有权，而就其价格和其他条件达成最后协议。

（6）物流。物流是指从事供应品的运输、储存等活动。

（7）融资。融资是指包括融资、首付货款，将信用延至消费者。

（8）风险承担。风险承担是指渠道成员承担执行渠道任务过程中的全部风险。

三、分销渠道的类型

按照不同的划分标准，分销渠道有多种渠道类型，见表 12-1。

表 12-1　分销渠道类型

分类标准	渠道类型	主要特征	表现形式
有无中间环节	直接渠道	中间不经历任何形式的中间商	电视、网络直销、邮购、上门推销、电子商务订购
	间接渠道	中间经历若干中间商	一级批发、二级批发
不同中间环节层次的多少	长渠道	2 个或 2 个以上的中间环节	二级批发、三级批发等
	短渠道	只经历 1 个中间环节	一级批发、邮购
同一层次中间环节的多少	宽渠道	多个中间商	百货商店
	窄渠道	仅有少数中间商	专卖店

（一）直接渠道和间接渠道

1. 直接渠道

直接渠道又称为零级渠道，是生产企业不通过中间商环节，将产品直接销售给最终用户或消费者的渠道模式，是最短的分销渠道。在直接渠道中，没有任何中间商的介入，节省了分销所产生的一切费用，从而降低了产品的成本与价格。直接渠道包括电视购物、网络直销、电子商务订购、上门销售和开设自销商店等几种形式，也包括博览会、展销会、交易会、订货会等。由于工业品技术性较强，甚至有的产品是按照用户的特殊要求定制生产的，加之批量较大，购买频率较低等特点，直接渠道成为工业品的主要渠道模式。

2. 间接渠道

间接渠道是企业通过中间商把产品销售给最终用户或消费者的一种渠道模式。依据渠道中间商的层级数量，间接渠道分为一级渠道、二级渠道和多级渠道。间接渠道是消费品的主要分销模式。

通常来说，渠道层级越多，渠道越长，企业对渠道的控制力越弱。同时，由于成熟的市场是微利市场，过多的销售环节会摊薄利润，造成企业利润下降，因此，很多企业通过精简渠道层次，加强渠道控制，削弱渠道成本，降低产品价格，来保持企业利润。

【小案例】

淘宝与京东线下店齐开业

2014年，国内最大自营B2C电商京东在河北赵县正式“落地”，开出全国首家大家电“京东帮服务店”。该服务店类似于京东面向县城消费者的综合服务点，为消费者提供配送、安装、维修、保养、置换等家电服务，目的在于让更多农村消费者认识电商渠道和京东。此外，店内还会进行部分商品展示，并提供代客下单服务。

同年(2014年)，橙色系“淘宝会员贵宾体验厅”现身广州南火车站内，吸引了诸多目光。体验厅免费向淘宝会员开放，提供免费Wifi、体验游戏、沙发躺椅，还可以方便地下单购物、手机支付，体验厅会第一时间展示创新的购物体验和支付方式。广州南火车站则是淘宝“会员体验厅”计划的第一个试点区域。280m^2的体验厅分为品牌交互区、互动体验区、餐食体验区、时空穿梭区及会员休闲区。

尽管同为线下店，但无论是定位、作用还是未来的发展路径，“京东帮服务店”与“淘宝会员体验厅”完全不同。

“京东帮服务店”是其渠道下沉的重要手段之一。借助实体店的力量，京东大家电可在四、五、六线城市进行物流提速。

阿里巴巴方面则表示，体验厅将承载集团旗下很多创新业务和产品，淘宝、天猫的新业务体验以及天猫魔盒、移动支付等内容。作为首个O2O项目，淘宝会员体验厅将逐步拓展至全国各大高铁站点和国内重点地区。

“京东帮服务店”面对的是仍不了解京东的潜在新客群，旨在扩大覆盖面，完善供应链；“淘宝会员体验厅”面对的则是已有用户中的核心人群，目的在于深化最活跃用户的体验。这也就给了两个企业实体店不同的市场定位、京东实体店为零售供应链服务，淘宝实体店则为品牌建设服务。

京东的新业务多从供应链角度出发，侧重物流、售后服务；阿里巴巴则是从品牌建设及生活方式角度驱动，重在营造“未来感”。

事实上，除京东和淘宝之外，其他电商企业也早已开始尝试线下体验店，定位和功能也是各取所需。1号店“社区服务中心”登录上海，主要针对社区人群的3小时送达服务，与之类似的还有顺丰的网购社区服务店——“嘿客店”。

营销启示：全新的体验流程开发及店面体验，将有效解决电商物流最后1公里的各种难题，同时起到推广和成交的作用。

(二) 长渠道和短渠道

产品从生产企业流转到最终用户或消费者的过程中，每经历一个中间商就会形成一个层次，层次越多，渠道越长，层次越少，则渠道越短。在国际市场营销中，渠道层次长的可达十多个，最短的可为零级渠道，即直接渠道。

1. 长渠道

所谓长渠道，是指企业采用两个或更多中间环节把产品销售给最终用户或消费者的一种渠道模式。长渠道的优点在于企业可把全部销售工作交给中间商，自己集中力量用于生产和开发新产品。而中间商则利用自己的资金、经验等优势，集中力量搞好产品销售工作，并为生产企业收集有关信息。缺点是环节或层次越多，渠道越长，产品在渠道中停留的时间就越长、损耗就越大。另外产品每经过一个层次，就要增加一次流通费用，最后到达最终消费者手中时，必须价格较高，必然会影响该产品的销售量和市场占有率。

2. 短渠道

所谓短渠道，是指企业用较少的中间环节，甚至一个也不用，完全由企业自己将产品销售给最终用户或消费者的一种渠道模式。短渠道的优点是减少了渠道层次，缩短了流通时间，减少了流通费用，提高了渠道的效率，有利于将企业的产品又快又省地送到消费者手中，还有利于企业为用户开展销售服务工作，并提高企业的信誉。缺点是企业承担的商业职能较多，牵扯了企业一部分力量，不利于企业集中力量搞好生产和新产品开发。

（三）宽渠道和窄渠道

按照分销渠道各个层次中所包含不同类型的中间商的数量，可分为宽渠道和窄渠道。所谓宽渠道是指在同一层次中企业选择多种不同类型的中间商，同时为本企业的同一种产品进行销售工作。反之，则称为窄渠道。由于企业对中间商多少的选择有多种类型，因而企业可选择的渠道宽度策略也分为多种。

1. 密集性分销

密集性分销又称广泛性分销，是指在同一渠道层次中使用尽可能多的中间商分销其产品。这种策略的出发点是扩大市场覆盖面或快速进入一个新市场。一般来说，消费品中的便利品(如肥皂、饼干、香烟、纸巾等)和工业品中的辅助品(如办公用品等)等，顾客较为重视其购买的便利性，宜采用密集性分销。其优点是市场覆盖面广，潜在的买主有较多的机会接触产品。缺点是中间商积极性不高，责任心差。

2. 选择性分销

选择性分销是在一定时期、特定的市场区域内，选择少数中间商来经营自己的产品。选择性分销更适用于消费品中的选购品、特殊品和生产资料中的标准产品。企业之所以选择有限数量的中间商，是因为有些商品，消费者不是经常购买的，使用频率较低，或者价格较高，购买时需精心挑选，如时装、家具、家用电器等。这类商品如果采用密集性分销，成本过高，使用选择性分销则比较适宜。适用这一策略的产品还有一些工业消费品，如机械零部件、设备等。其客户主要是工业用户，相对来讲，用户数量少，购买频率也较低，而且他们在购买时还考虑专业技术标准和售后服务等因素，所以对这类商品采用选择性分销策略比较合适。

3. 专营性分销

专营性分销策略又称独家分销，是指企业在特定的市场区域内，只选择一家中间商来分销其产品。通常双方会签订独家经营合同，规定这家中间商不能经营其他竞争性产品，而制造商也不能在该地区直销或使用其他中间商分销其产品。专营性分销策略是最窄的一种渠道，通常适用于重要工业品或高档名牌消费品，或者某经销商或代理商具有独特优势的产品。这些产品，通常需要做很多促销和服务工作，并建立自己的品牌和声誉，如汽车、高级手表、电子计算机、摄像机、复印机、电梯等。对于生产企业直接出售给最终用户的产品，也可以采用独家分销策略，通常是由用户向生产企业预订某产品时约定不得再售予他人。此策略的特点是企业一旦选定了某家中间商为其独家销售，企业就不能把同一产品交给同一市场的第二家中间商去销售，另外，专营性分销中间商也不能销售与该企业产品相竞争的其他企业的同类产品。

【小案例】

苏宁易购

苏宁易购，是苏宁云商集团股份有限公司旗下新一代B2C网上购物平台，现已覆盖传统家电、3C电器、日用百货等品类。2011年，苏宁易购强化虚拟网络与实体店面的同步发展，不断提升网络市场份额。2015年8月17日苏宁易购正式入驻天猫。苏宁易购将依托强大的物流、售后服务及信息化支持，继续保持快速的发展步伐；2020年，苏宁易购实现4163.15亿元的销售规模，成为中国领先的B2C平台之一。

营销启示：电子商务是适应时代发展需求的产物，B2C网购模式超越C2C是大势所趋。

第二节　分销渠道设计及管理

一、影响分销渠道选择的因素

影响分销渠道选择的因素很多，制造商在决定选择分销渠道时，要综合考虑企业所要达到的市场目标和各种影响因素。

（一）市场因素

企业的分销渠道设计与其所面临的市场因素有关。

(1) 潜在市场的规模。如果潜在市场的规模较小，企业可以考虑使用推销员或邮寄方式直接向消费者或顾客推销；反之，如果潜在市场规模较大，则应采取间接分销。

(2) 潜在市场的地理分布情况。如果某产品的潜在顾客分散较广，宜采用较长的分销渠道；反之，宜用较短的分销渠道。

(3) 目标消费者的状况。如果目标消费者购买数量大、购买频率高，就要利用长渠道和宽渠道，广为推销，提高市场覆盖率。反之，则采用短渠道和窄渠道。

(4) 市场上竞争者情况。除非竞争异常激烈，同类商品一般采取同样的分销模式，容易被市场所接受。

（二）产品因素

不同的产品适用于不同的分销渠道，产品特性会对分销渠道产生影响。具体而言，可分为以下几个方面。

(1) 产品价值。如果产品单价较高，则宜采用短渠道或直接渠道，反之则应采用间接分销渠道。

(2) 产品的易毁性或易腐性。如果产品易毁或易腐，则宜采用直接或较短的分销渠道。

(3) 产品的体积与重量。体积大而重的产品应选择直接渠道；体积小而轻的产品可采用间接分销渠道。

(4) 产品的技术性。技术复杂，需要安装及维修的产品，宜采用直接渠道销售；反之则宜选择间接渠道销售。

(5) 产品的生命周期。产品在生命周期的不同阶段，对分销渠道的选择是不同的，比如在衰退期的产品，利润下降快，渠道成本在上升，因此，需要压缩分销渠道的长度和宽度。

(6) 新产品。为了把新产品快速投向市场并得到消费者的反馈，生产企业应直接向消费者推销或利用原有分销渠道进行销售。

(三) 企业因素

企业自身的能力和特点也会对分销渠道的选择产生影响，具体可分为以下几个方面。

(1) 企业实力。如果生产企业本身规模大、财务雄厚、声誉较好，则可以建立自己的销售网点，或选择短渠道策略。

(2) 管理水平。企业渠道管理水平也会影响企业渠道的长度与宽度。一般来说，如果制造商在销售管理、储存安排、零售运作等方面缺乏经验，人员素质不适合自己从事广告、推销、运输和储存等方面的工作，最好选择较长渠道与窄渠道。如果制造商熟悉分销运作方式，具有一定的产品分销经验，并具有较强销售力量、储存能力，则不必依赖中间商，可以选择短渠道与宽渠道。

(3) 控制渠道的愿望。如果生产者想有效控制分销渠道，则可以花较高的费用自设分销机构或选择少数分销商作为自己的合作伙伴。

(4) 服务能力。如果生产企业有能力为最终消费者提供很多服务项目，如维修、安装调试、广告宣传等，则可以取消一些中间环节。

(四) 中间商因素

中间商因素对分销渠道的影响主要体现在以下几个方面。

(1) 合作的可能性。中间商普遍愿意合作，企业可利用中间商较多，渠道可长可短、可宽可窄，否则利用较短、较窄的渠道。

(2) 费用。利用中间商分销，要支付一定的费用。若费用较高，企业只能够选择较短、较窄的渠道。

(3) 服务。如果中间商可以提供较多的高质量服务，企业就可选择较长、较宽的渠道。倘若中间商无法提供所需要的服务，企业则只能够使用较短、较窄的渠道。

(五) 环境因素

环境因素是指影响选择分销渠道的外部因素。宏观经济形势对渠道选择有较大的制约作用。如在经济不景气的情况下，生产者要求以最快、最经济的方法把产品推向市场，这就意味着要利用较短的渠道，减少流通环节，以降低商品价格，提高竞争力。另外，政府有关商品流通的政策和法规也会影响分销渠道的选择。如国家或主管部门实行严格控制产品、专实性产品，其分销渠道的选择必然受到制约。

二、分销渠道的设计

分销渠道的设计是指建立以前从未存在过的分销渠道或对已经存在的渠道进行变更的策略活动。分销渠道设计是建立企业分销渠道体系的首要阶段，其要解决的主要问题是渠道目标和渠道方案的确定，一个完整的渠道设计一般包括以下步骤。

（一）分析消费者需求

企业营销目标的实现必须以满足消费者的需求为前提。在营销组合中，如果说产品满足的是消费者的效用需求，价格满足的是消费者的价值需求，促销满足的是消费者的信息需求，那么渠道则是满足消费者购买时的便利需求即服务需求。所以，了解目标顾客群需要的购买内容、购买地点、购买方式，以及他们以及希望经销商提供的时间、空间上的便利条件等，是渠道决策最基础的环节。分析消费者需求的主要内容包括：

（1）购买批量。它是指顾客在一次购买行为中购买产品的数量。

（2）等待时间。它是指顾客通过某个渠道收到货物的平均时间。

（3）便利程度。它是指分销渠道对顾客购买商品的方便程度。

（4）商品组合多样化。它是指渠道提供的商品花色、品种以及数量。

（5）服务支持。它是指分销渠道提供的附加服务，包括信贷、送货、安装、维修等。

（二）确定渠道目标

渠道目标是指企业预期达到的顾客服务水平及中间商应执行的职能等，即要确定产品和服务以何种最佳渠道模式到达目标市场。在目标顾客期望的服务水平下，为企业的产品送达目标市场建立起一个快速、高效和有效的系统，使产品和服务在适当的时间和地点，以合适的价格满足消费需求。

渠道目标的设计是从确定目标市场开始的。企业在认真分析影响销售渠道选择决策的主客观因素基础上，划分出若干分市场，然后决定服务于哪些分市场，并为之选择和使用最佳渠道。最佳渠道是一个相对的概念，是指目标市场的覆盖能力最强，顾客满意程度最高，并能为生产者提供较多利润的渠道，它往往受到市场、产品、企业、中间商、环境等因素的影响。

（三）明确各种渠道方案

在研究了渠道的目标与限制之后，渠道设计的下一步工作就是明确不同的渠道方案。渠道方案主要涉及以下四个基本因素：

（1）中间商的基本类型。企业首先必须明确可以完成其渠道工作的各种中间商的类型。

（2）每一层次所使用的中间商数量。在每一渠道类型的不同层次中，所使用的中间商的数量受企业追求的市场战略影响。市场战略有密集性分销、选择性分销和独家分销三种表现形式。

（3）渠道成员的特定营销任务。每一个生产者都必须解决如何将产品转移到目标市场这一问题，因此，需要明确渠道成员在一定时间和区域内的各种营销任务。

（4）生产者与中间商的交易条件以及相互责任等。

（四）评估各种渠道方案

每一渠道方案都是企业产品送达最后顾客的可能路线。生产者所要解决的问题，就是从那些看起来似乎很合理但又相互排斥的方案中选择最能满足企业长期目标的一种。因此，企业必须对各种可能的渠道方案进行评估。评估标准有三个，即经济性、控制性和适应性。

（1）经济性标准。经济性标准是最基本的评价标准，每一渠道方案都有其特定的成本和销售额，企业必须决定分销成本和销售额的最佳组合，即最大利润的方案。

（2）控制性标准。分销渠道的选择必须考虑可控性。企业使用中间商必然会导致更多的控制问题。因为中间商都是一个个独立的企业或个体，他们的利益和生产商的利益是不完全一致的，他们更关心自己的利益最大化。

(3) 适应性标准。选择的渠道与产品对分销的要求是否吻合，是否能满足顾客的服务需求，也是一个重要的评估标准。因此企业选择分销渠道要以适应性为根本，不能片面追求低成本或者高控制。

(五) 确定分销渠道方案

经过对所选渠道备选方案的经济性、控制性和适应性进行科学评估后，企业通常能够筛选并确定符合自身需要的最佳分销渠道模式。

【小案例】

海尔的分销渠道

海尔创立于1984年，经过几十年的拓展，到目前为止，海尔集团已建立国内营销网点近万个，海外营销网点近万个。海尔与经销商、代理商合作的方式主要有店中店和专卖店，这是海尔营销渠道中颇具特色的两种形式。海尔将国内市场按城市规模分为五个等级：一级：省会城市；二级：一般城市；三级：县级市、地区；四、五级：乡镇、农村地区。

其中在一、二级市场上以店中店、海尔产品专柜为主，原则上不建立专卖店；在三级市场和部分二级市场建专卖店。四、五级网络主要面对农村，是二、三级销售渠道的延伸。同时，海尔鼓励各种零售商主动开拓网点。

营销启示：海尔的市场实践表明，专卖店、店中店的形式为海尔产品的成功销售及品牌创立提供了极有利的支持。

三、分销渠道的管理

渠道管理的任务主要有三个方面：一是对中间商进行选择、培训、激励和评价；二是要解决渠道中存在的冲突，提高渠道成员的满意度和营销积极性，促进渠道的协调性，提高效率；三是随着时间和环境的变化，要对渠道进行必要的调整。

(一) 渠道成员的选择、培训、激励和评价

1. 渠道成员的选择

当分销渠道设计完成后，就应该根据营销的需要，选择理想的中间商作为渠道成员，并说服中间商经销自己的产品。中间商的选择关系到能否实现渠道目标和效率，因此，应综合考虑各种影响因素，慎重选择，从市场覆盖范围、声誉、中间商的历史经验、合作意愿、产品组合情况、财务状况、区位优势、促销能力等方面进行比较。

一般来说，理想的中间商应具备以下条件：

(1) 与制造商的目标顾客有较密切的关系。

(2) 经营场所的地理位置较优越。

(3) 市场渗透能力较强。

(4) 有较强的经营实力。

(5) 有较好的声誉。

2. 渠道成员的培训与激励

企业应该有计划、定期地对中间商进行系统的培训，以使其掌握并精通企业产品的特殊知识、技术知识、目标顾客知识、服务及维修知识、市场调研知识、推销知识等。还应对培训的师资、方法、器材和地点进行精心安排。培训可以提高中间商的工作业绩。

企业在选择渠道成员之后，必须不断地加以激励，以促使其尽职尽责，出色地完成任务。

激励中间商应立足于了解中间商的需要与愿望，并据此采取有效的激励措施。

(1) 目标激励。这是一种最基本的激励形式。厂家每年都会给渠道成员制定(或协商制定)一个年度目标，包括销量目标、费用目标、市场占有率目标等，完成目标的分销商将会获得相应的利益、地位以及渠道权力。所以，目标对于分销商来说，既是一种巨大的挑战，也是一种内在动力。因此，要制定科学合理的渠道目标，必须考虑目标的明确性、可衡量性、挑战性、激励性以及可实现性特征。

(2) 渠道奖励。这是制造商对分销商最为直接的激励方式。渠道奖励包括物质奖励和精神奖励两方面。其中物质奖励主要体现为价格优惠、渠道费用支持、年终返利、渠道促销等，这是渠道激励的基础手段和根本内容。而精神激励的作用也不可低估，精神激励包括评优评奖、培训、旅游、“助销”、决策参与等，重在满足分销商成长的需要和精神的需求。

(3) 工作设计。这是比较高级的激励模式。工作设计的原义是指把合适的人放到合适的位置，使他们能够发挥自己的才能。将这一思想用于渠道领域，则是指厂家合理划分渠道成员的经营区域(或渠道领域)，授予独家(或特约)经营权，合理分配经营产品的品类，恰当树立和定位各渠道成员的角色和地位，互相尊重，平等互利，建立合作伙伴关系，实现共进双赢。

3. 渠道成员的评价

企业除了对渠道成员进行选择和激励外，还必须定期对其绩效进行检查和评估。对渠道成员的评估有两类方法：一是以产出为基础的定量测算方法，如销售额、利润、利润率和存货周转率等；二是以行为为基础的定性评估方法，如服务质量、顾客满意度、中间商竞争能力、顾客投诉处理能力、中间商忠诚度等。如果发现某些中间商的绩效欠佳，就应采取一定的措施加以激励或要求整改。

(二) 渠道冲突管理

1. 渠道冲突的形成原因

渠道冲突是指某渠道成员从事的活动阻碍或者不利于本组织实现自身的目标，进而引发的种种矛盾和纠纷。分销渠道是一系列独立的经济组织的结合体，是一个高度复杂的社会有机系统。在这个系统中，既有制造商，又有中间商，构成了一个复杂的行动整体。这些经济组织由于所有权的差别，在社会再生产过程中所处的地位不同。因此，他们的目标、任务往往存在矛盾。当成员对计划、任务、目标、交易条件等出现分歧时，就必然出现冲突。因此，冲突产生是不可避免的。综合来说，渠道冲突的原因主要有三个方面：

(1) 交易中本来就存在矛盾。

(2) 渠道成员的任务和权利不明确。

(3) 中间商对生产企业的依赖过高。

2. 渠道冲突的类型

渠道冲突主要有三种类型，即垂直渠道冲突、水平渠道冲突和不同渠道间的冲突。

(1) 垂直渠道冲突。垂直渠道冲突也称渠道上下游冲突。一方面，越来越多的分销商从自身利益出发，采取直销与分销相结合的方式销售商品，这就不可避免要同下游经销商争夺客户，大大挫伤了下游渠道的积极性；另一方面，当下游经销商的实力增强以后，不甘心目前所处的地位，希望在渠道系统中有更大的权利，向上游渠道发起了挑战。在某些情况下，生产企业为了推广自己的产品，越过一级经销商直接向二级经销商供货，使上下游渠道间产生矛盾。因此，生产企业必须从全局着手，妥善解决垂直渠道冲突，促进渠道成员间更好地合作。

(2) 水平渠道冲突。水平渠道冲突指的是同一渠道模式中，同一层次中间商之间的冲突。产生水平冲突的原因大多是生产企业没有对目标市场的中间商数量、分管区域作出合理的规划，使中间商为各自的利益互相倾轧。这是因为在生产企业开拓了一定的目标市场后，中间商为了获取更多的利益必然要争取更多的市场份额，在目标市场上展开"圈地运动"。

(3) 不同渠道间的冲突。随着顾客细分市场和可利用的渠道不断增加，越来越多的企业采用多渠道营销系统即运用渠道组合、整合。不同渠道间的冲突指的是生产企业建立多渠道营销系统后，不同渠道服务于同一目标市场时所产生的冲突。

3. 渠道冲突的解决办法

要解决好渠道冲突，首先从一开始的渠道选择和设计上就要根据市场环境和自身资源情况，确立适合自己的分销体系和管理原则；其次，要根据标准严格挑选供应商，减少不必要的冲突；再次，应该加强渠道成员之间的沟通，对相关人员进行定期的培训，增强渠道对公司产品和文化的认同；最后，如果渠道冲突不能通过上述方式预防和调和，就只好退出该渠道，对整个的分销体系进行反思并重新设计。

【小案例】

格力空调：离开国美，走自己的路

格力，一个连续九年产销量、市场占有率均居行业第一，2003 年营业收入高达 198.42 亿元的空调龙头企业；国美，一个拥有 150 多家门店的家电连锁零售业老大。2004 年 2 月，成都国美为启动淡季空调市场，在相关媒体上刊发广告，把格力两款畅销空调的价格大幅度下降，零售价原为 1680 元的 1P 挂机被降为 1000 元，零售价原为 3650 元的 2P 柜机被降为 2650 元。对此，格力表示国美的降价行为破坏了格力空调在市场中长期稳定、统一的价格体系，引起其他众多经销商的强烈不满，并有损于其一线品牌的良好形象，因此要求国美立即终止低价销售行为。

国美不甘现状，要求绕过格力"各省一级销售子公司"，直接由格力公司供货。格力不让步，认为格力只是把国美卖场当作自己的普通经销网点，与其他众多经销商一视同仁，因此在对国美的供货价格上也与其他经销商一样，这是格力电器在全国的推广模式，也是保障各级经销商利益的方式。由此，国美北京总部向全国分公司下达通知，要求各门店清理格力空调库存。通知称，格力代理商模式、价格等已经不能满足国美的市场经营需求，要求国美各地分公司做好将格力空调撤场的准备。

营销启示：格力与国美的冲突是渠道理念不同所导致的。

(三) 渠道的调整

虽然渠道的决策和建立是长期的和困难的，但是渠道成员一经确定就永远不需改变和调整的情况是不存在的，这是因为企业所处的环境无时无刻不在发生着变化，为了动态适应环境变化，企业需要对渠道适时加以调整，使渠道更为理想。因此，对渠道成员进行评估和调整是企业面临的一项经常性的工作。对渠道的调整有三种不同的层次：增减渠道成员、增减渠道类型和调整整个渠道。

1. 增减渠道成员

当渠道成员不能完成企业交给它的销售任务时，或不能很好贯彻企业的有关营销策略意图时，就有必要调整个别中间商。但是更换中间商并非易事，必须慎重行事，这是因为剔除某一中间商时，很可能引起其他中间商的恐慌；另外，被剔除的中间商也可能被竞争对手拉去，增加对方的市场占有率；当增加某一中间商时，很可能引起其他中间商的抵触情绪，进而影响其合作态度。因此，增减个别中间商要反复考虑后才能进行。

2. 增减渠道类型

企业有时会发现随着市场的变化，某一类型渠道本身出现了较严重问题，或客观市场出现了某种重大变化时，就要调整某一类型的渠道。这当然要比增减渠道中的个别成员更为慎重，因为这将会给企业带来较大的风险。当渠道过多导致整体运行不畅，从提高营销效率和几种有限力量等方面考虑，可以适当缩减某些渠道。相反，当发现渠道过少，不能使产品有效覆盖目标市场，影响了产品销售，则可以考虑增加新的渠道。

3. 调整整个渠道

这意味着原有渠道的解体，是对渠道进行的大调整，也是企业做出的重大决策，这样的决策一般由企业最高决策层做出。其原因可能是客观市场情况发生了重大变化，或原有渠道冲突无法解决，造成了极大混乱，或企业战略目标和营销组合发生重大调整。但不论哪种变化，企业在做出决策前要进行大量的调查研究分析和对比，只有在此基础上的决策才可能是正确的决策。对整个渠道的调整是一项十分复杂的工作，有时需要花费很长的时间和付出很高的代价，无论是出于何种原因的调整，均有较大的风险，企业应慎重行事。因此，为了避免日后调整渠道成员的麻烦，企业在选择渠道成员时，就应慎重决策。

第三节 中 间 商

中间商是指产品从生产领域向消费领域转移过程中直接或间接转移商品所有权的营销机构，它在生产和消费之间起着桥梁和中介作用。中间商是分销渠道的主体，生产企业的绝大部分产品是通过中间商转卖给消费者或最终用户的，因此，中间商对于生产企业的分销活动发挥着十分重要的作用。根据中间商在流通领域或分销渠道中的作用和功能的不同，一般可分为批发商和零售商、经销商和代理商。

一、批发商

批发包括将商品或服务销售给次级批发商或其他企业时所发生的一切活动。批发商是指那些主要从事批发经营的组织或个人。批发商处于商品流通的起点或中间环节，其销售对象不是最终消费者，当商业交易结束时，商品仍处于流通领域。

（一）批发商的功能

1. 商品集散

批发商的首要职能是解决供需在商品集散上的矛盾，满足供求双方在品种、数量上的各自要求，完成商品的集散，疏通流通渠道，促进商品流通。

2. 供求调节

供求调节功能是商品流通的重要功能。批发商自身的储存与运输活动很好地解决了供求之间在时间上的矛盾，促使两者相互协调，保障了商品流通的顺利进行。

3. 信息沟通

批发商在商品流通过程中的地位决定了其还担负信息传递的功能。批发商在集散商品过程中，既可以获得来自生产者的信息，也可以获得来自零售商的信息，成为信息沟通的中枢。

4. 商品整理

批发商在进行批发业务时，往往要对其采购的商品进行分类、分级、分割、整理、包装和初加工，只有这样，才能增加商品的可流通性，适应零售商或其他产业用户的需要。

5. 资金融通

零售商向批发商实行信用进货时，能减少经营资金需要。资金实力雄厚的批发商，也可以采用预付款的方式，以资助生产商。

6. 承担风险

生产商将产品出售给批发商后，产品因损耗、失去时尚性及其他原因而引起消费者对产品的不满意时，要求包退包换；在产品降价时，承担削价损失等。这一切经营风险也都转让给了批发商。

（二）批发商的类型

批发商的类型主要有以下几种：

(1) 根据服务范围或经营的产品线宽窄不同，可分为综合批发商、专业批发商和专用品批发商。综合批发商经营不同行业相关的产品，范围很广，并为零售商提供综合服务；专业批发商经销的产品是行业专业化完全属于某一行业大类，如五金批发商、糖烟酒批发商；专用品批发商则专门经营某条产品线的部分产品，如杂货业中的冷冻食品批发商，服装行业中的布匹批发商。

(2) 根据市场覆盖面的大小不同，可分为全国性批发商、区域性批发商和地方性批发商。

(3) 根据承担职能和服务范围不同，可分为完全服务批发商和有限服务批发商。完全服务批发商指承担批发商业的全部职能和提供全方位服务的批发商，如保持存货、雇用固定的销售人员、提供信贷、送货和协助管理等。根据面对的顾客性质不同，又可进一步分为批发中间商和工业分销商两种。有限服务批发商指承担部分批发商业职能和提供部分商业服务的批发商，如现款自运批发商、承销批发商、卡车批发商、邮购批发商等。

【小案例】

义乌小商品市场的成功

2006 年 12 月 28 日，全球竞争力组织公布了“2006 年中国上市公司竞争力 100 强”的名单，浙江中国小商品城集团股份有限公司继 2005 年后再次成为中国专业市场界的骄子，排名仅次于中国石油化工股份有限公司，名列竞争力排行榜第二名。义乌的成功，吸引了大多数地产投资商的眼球，大量超大型体量的专业市场扛着“物流港”“物流中心”“交易中心”

“国际城”“品牌展示中心”“时尚中心”等旗号，拔地而起，名曰为专业市场的升级、顺应国际化潮流。

营销启示：义乌小商品市场的成功是其市场不断升级顺应需求变化的结果。

二、零售商

零售是指针对最终消费者的销售活动。菲利普·利特勒认为零售是将商品或服务直接销售给最终消费者供其个人非商业性使用的过程中所涉及的一切活动。零售商是指向最终为消费者提供产品或服务的所有组织和个人。零售商处于商品从生产者到消费者流通过程的最后一个商业环节，连接生产企业（或批发企业）与广大的消费者，同时又是数量最多的组织，在整个分销渠道中具有举足轻重的作用。

（一）零售商的功能

1. 分类、组合、备货

零售商可以代替消费者从生产企业或批发商处采购商品，并将这些商品根据消费者特点进行分类、组合、包装，使消费者不仅易于购买，而且还可以获得其他服务。

2. 物流

零售商必须储存和保管一定数量、种类繁多的商品，这样才能较好解决供需双方在商品集散上的矛盾，从而最大限度地满足消费需求。

3. 服务

零售商的服务功能不仅是指与商品交易直接相关的订货、送货、包装、安装、退货、换货、修理等方面，还表现在提供购物咨询、商品展示、消费信用、展览、餐饮、游乐场等方面的服务。

4. 信息传递

零售商处于分销渠道的最终环节，直接连接消费市场，便于获取各种市场信息，并将这些信息反馈给批发商或生产企业，使其能够及时购进或组织生产满足消费需求的商品。同时，零售商还可以将批发商或生产企业以及自身的商品供给信息通过各种渠道传递给消费者，激发其购买欲望，指导消费。

5. 融资

零售商的融资功能主要是通过向消费者提供赊销、分期付款等消费信用得以实现，不仅方便消费、刺激消费，而且还能加速商品流通，有利于商品流通规模的扩大。

6. 承担风险

商品从生产领域到消费领域，客观上存在着诸多风险，如物流、价格波动、财务、信用等风险。虽然流通风险大部分由批发商承担，但零售商作为消费者的采购代理人，也必须承担一定的风险。

7. 娱乐休闲

零售店铺的商品陈列、店内装饰及文化设施会使消费者在购买商品的同时得到休闲娱乐。随着零售商业竞争的加剧，很多零售商为了吸引消费者，越来越重视娱乐休闲功能的开发。

（二）零售商的类型

零售商是直接向消费者出售商品的商业部门，处于商品流通过程中的中间环节，使商品从流通领域进入消费领域，完成了商品流通的整个过程。我国国内贸易局在 1998 年 7 月，按照零售店铺的结构特点，根据其经营方式，商品结构，服务功能，以及选址，商圈，规模，店堂设施，目标顾客和有无固定营业场所等因素，将零售业商店分为 8 类：百货店、超级市场、大型综合超市、便利店、仓储式商场、专业店、专卖店、购物中心。从发达国家的情况来看，最主要的零售商店类型有以下几种：

1. 专用品商店

专用品商店是以专门经营某一大类商品为主的零售业态。例如，办公用品专业店、玩具专业店、家电专业店、药品专业店、服饰店等。多在市、区级商业中心以及百货店、购物中心内，目标顾客以有目的选购某商品的流动顾客为主；根据商品特点而定，以销售某类商品为主，品种丰富，选择余地大；具有专业性、深度性的特点；采取柜台销售或开架出售方式，从业人员具有丰富的专业知识。

2. 百货商店

百货商店是在一个建筑物内，经营若干大类商品，实行统一管理，分区销售，满足顾客对时尚商品多样化选择需求的零售业态。一般在市、区级商业中心、历史形成的商业聚集地，目标顾客以追求时尚和品位的流动顾客为主；具有综合性、门类齐全的特点，以服饰、鞋类、箱包、化妆品、家庭用品、家用电器为主；采取柜台销售和开架销售相结合的方式，注重服务，设餐饮、娱乐等服务项目和设施。

3. 超级市场

超级市场是以满足顾客一次性购齐商品的零售业态。该零售机构的特点是营业面积大、经营品种多、产品价格低、营业时间长、配套设施齐全、消费者自己挑选满意的商品。超级市场通常位于市、区级商业中心、城郊接合部、交通要道及大型居住区，辐射半径 2 公里以上，目标顾客以居民、流动顾客为主。

4. 专卖商店

专卖商店以专门经营或被授权经营某一主要品牌商品为主的零售业态。多在市、区级商业中心、专业街以及百货店、购物中心内，目标顾客以中高档消费者和追求时尚的年轻人为主；以销售某一品牌系列商品为主，销售量少、质优、毛利高；采取柜台销售或开架销售方式，商店陈列、照明、包装、广告讲究，注重品牌声誉。

5. 便利商店

便利店是以满足顾客便利性需求为主要目的的零售业态。一般位于商业中心区、交通要道，以及车站、医院、学校、娱乐场所、办公楼、加油站等公共活动区；商圈范围小，目标顾客主要为单身者、年轻人；顾客多为有目的购买；以即时食品、日用小百货为主；结算在收银处统一进行。

6. 折扣商店

折扣店是店铺装修简单，提供有限服务，商品价格低廉的一种小型超市业态。通常位于居民区、交通要道等租金相对便宜的地区，辐射半径 2 公里左右，目标顾客主要为商圈内的居民。商品价格低于市场平均水平，自有品牌占有较大的比例。开架自选，统一结算，用工精简，为顾客提供有限服务。

7. 仓储会员店

仓储会员店以会员制为基础，实行储销一体、批零兼营，以提供有限服务和低价格商品为主要特征的零售业态。一般在城乡接合部的交通要道，辐射半径5公里以上，目标顾客以中小零售店、餐饮店、集团购买和流动顾客为主；商品以大众化衣、食、用品为主，自有品牌占相当部分；实行低价、批量销售、自选销售。

8. 购物中心

购物中心是多种零售店铺、服务设施集中在由企业有计划地开发、管理、运营的一个建筑物内或区域内，向消费者提供综合性服务的商业集合体。主要有社区购物中心、市区购物中心和城郊购物中心三种形式。

三、代理商和经纪人

代理商和经纪人是专门从事代理购买、销售或两者兼备，但不拥有产品所有权的企业或个人。与商人批发商不同，他们对其经营的产品没有所有权，所提供的服务比有限服务批发商还少，其主要职能在于促成产品的交易，赚取佣金作为报酬。与商人批发商相似的是，他们通常专注于某些产品种类或某些顾客群。

（一）制造代理商

制造代理商受制造商委托，在一定区域内出售制造商的产品。代理商分别和每个制造商签订有关定价政策、销售区域、订单处理程序、送货服务和各种保证以及佣金比例等方面的正式书面合同。制造代理商常被用在服饰、家具和电气产品等产品线上。

（二）销售代理商

销售代理商是在签订合同的基础上，为委托人销售某些特定产品或全部产品的代理商，对价格、条款及其他交易条件可全权处理。销售代理商通常与两个以上委托人签订合同，但一个制造商只能对全部产品或一个产品类别使用一个代理商。这种代理商在纺织、木材、某些金属产品、某些食品、服装等行业中较为常见。

（三）采购代理商

采购代理商一般与顾客有长期联系，代顾客进行采购，并负责为其收货、验货、储运，并将物品运交买主。他们消息灵通，可向客户提供有用的市场信息，而且还能以最低价格买到好的物品。

（四）经纪人

经纪人是指既不拥有产品所有权，又不控制产品实物、价格以及销售条件，只是在买卖双方交易洽谈中起媒介作用的中间商。经纪人的作用是买卖双方牵线搭桥，协助他们进行谈判，促成交易。交易完成后，从交易额中提取佣金，他们与买卖双方没有固定关系。

【课后练习】

一、简答题

1. 简述中间商的概念类型和作用。
2. 影响分销渠道选择的因素有哪些？
3. 简述完整的渠道设计的步骤有哪些？
4. 渠道成员的选择应综合考虑哪些影响因素？

5. 如何整治窜货现象？

二、案例分析

好孩子集团进军美国市场

“好孩子 GOOD BABY”，是中国最大的专业从事儿童用品设计、制造和销售的企业集团。在国内市场产品热销的同时，该企业把目光盯准了美国这个世界上最大的童车市场，“好孩子”集团在美国找到了一家理想的合作伙伴——卡斯科公司。

卡斯科公司位于美国中南部城市达拉斯市，是一家有上百年历史的老牌儿童用品企业。“好孩子”登陆美国时，正值卡斯科公司刚刚在激烈的市场竞争中丢失了童车市场之际。当一家大公司傲慢地一口气回绝了“好孩子”的合作意向后，卡斯科公司却表示它很愿意与来自中国的童车新秀结盟，希冀收复失地，重铸辉煌；而“好孩子”集团则看中了卡斯科公司悠久的历史、良好的商誉和庞大的营销网络。双方几经磋商，结成了战略联盟关系，共同开拓美国市场。根据协议，好孩子集团把自己设计生产的童车运往美国，由卡斯科公司总代理，并以双方联名的“Cosco-Geoby”品牌在美国市场销售。“好孩子”新颖的款式、优异的质量与卡斯科公司的良好商誉实现了“天作地合”式的“联姻”，使“Cosco-Geoby”童车迅速打开了美国市场。

值得说明的是：“好孩子”集团初进美国市场时，为了占据市场份额，对美国中间商的报价几乎就是成本价，但是，美国的中间商更看重质量和新颖性并重的产品。对此，“好孩子”集团潜心研发新产品，一个来自摇篮的创意，使他们另辟蹊径地开发出了在美国市场红极一时的“爸爸摇妈妈摇”童车。开发的新产品功能完善，外观采用了弧形的新造型以满足美国人对造型的需求，并在美国申报了外观设计专利和发明专利。正是由于这款童车极具创意，卡斯科公司决定与“好孩子”集团展开全面合作。

思考题：

1. 解释“好孩子”集团采取同国外企业合作方式而不自己设国外销售机构的原因。
2. 根据所学原理说明“好孩子”集团选择卡斯科公司作为代理商的理由。

第十三章 促销策略

知识目标

掌握促销的概念和作用；掌握促销组合及影响促销组合的相关因素；掌握人员推销的含义、形式、对象与策略；掌握广告的含义、分类与策略；掌握销售促进和公共关系的主要内容。

能力目标

掌握促销的基本理论和技巧；掌握促销策略的实践运用；掌握人员推销、广告、销售促进和公共关系的整合应用。

素养目标

理解和领会社会主义核心价值观、建立良好的职业道德。

关键术语

促销、促销组合、人员推销、广告、销售促进、公共关系。

导入案例

雅客糖果的成功

福建雅客食品有限公司创办于1993年8月，旗下有好合、伯尔巧克力、滋宝维生素糖果等众多品种，但自始没有一个核心品种来带动整个品牌的销售及传播推广，长期以来在品牌传播上一直处于低调的状态。2003年，雅客集团结合市场状况及自身资源优势，经过大量调研后将目标锁定在维生素糖果市场，推出维生素糖果——雅客V9。

雅客为了达到最大化广告效果和营销业绩，并为品牌积累强势品牌资源，在充分分析了消费者特征后，制定了“空中影视轰炸+平面及网络软文的灌输+地铁灯箱+车体、写字楼及高尚社区电梯间广告+pop及终端陈列+锁定终端拦截+事件活动+网络游戏”的传播组合策略。

（1）电视广告

2003年8月26日，具有极强冲击力和感染力的雅客V9《跑步篇》广告开始在中央电视台黄金时段播出，广告一开始告诉观众“本年度最具创意的糖果雅客V9诞生”，中间周迅巧妙回答了雅客V9的功能“每天两粒补充每日所需9种维生素”。同时，利用跑步将运动感和体育精神融入其中。在之后的投放策略中雅客始终贯穿“选择央视，集中投放”的原则，并在央视创下了连续三个脉冲式的高峰。雅客的这种央视广告大投放，在消费者心目中形成了维生素糖果第一品牌形象，甚至是糖果第一品牌的暗示，同时也建立了高度的声音门槛，阻止了竞争对手的跟进，为此雅客付出了三亿的代价。

(2) 平面及网络软文

在电视广告正式投放前，雅客 V9 利用大量软文对消费者进行维生素糖果概念的培养。同时，利用报纸媒体的大众性对雅客 V9 的代言人及费用做了大量的热度宣传，让人们对雅客的广告抱有极强的渴望度。这在一定程度上刺激了购买的完成。随着央视广告的大幅度投放，雅客 V9 的知名度大大提升，雅客则在终端利用软文进行功能的介绍及核心品牌价值的宣传。

(3) 提醒式广告

在央视高空广告的轰炸式灌输后，为了迅速提升认知度和影响力，雅客的各种提醒式广告纷纷登场，让消费者无处可逃！车体、灯箱、写字楼、社区等能利用的媒介几乎都被用来宣传，可以说雅客投放的覆盖率几乎超出了同类广告的总和。

(4) 锁定终端拦截

在终端拦截上，雅客为拦截对象设计了很多有趣的游戏而且还可以积分，这种方式在吸引注意的同时也提供了与消费者互动的机会。设计的各种游戏在网络中同样可以玩，利用网络媒体的互动带动整体的传播及销售。

(5) 事件+活动

当雅客的宣传热度达到高峰后，超大规模的新品派发品尝会更将宣传推向了全新的记录，在零售终端上利用精美的 pop 及终端的各种活动来吸引注意。

总之，雅客 V9 无疑是 2003 年糖果行业里的一匹黑马。首先，发现维生素糖果作为独立的品类市场来开发的机会，第一个抢占了这个市场空白；其次，将品牌、品类、媒介三集中的原则真正执行到位，以惊人的速度创下销售奇迹。

营销启示：雅客糖果的成功，是整合营销的典范，充分运用好各种营销手段，针对目标加广告词的准确选择，让它顺理成章走向成功。

第一节　促销与促销组合

一、促销的概念

促销是促进产品销售的简称。从市场营销的角度看，促销是企业通过人员和非人员的方式，沟通企业与消费者之间的信息，引发、刺激消费者的购买欲望和兴趣使其产生购买行为的活动。从这个概念不难看出，促销具有以下几层含义：

(1) 促销工作的实质和核心是信息沟通。企业与消费者之间达成交易的基本条件是信息沟通。若企业未将自己生产或经营的产品和劳务等有关信息传递给消费者，那么，消费者对此则一无所知，自然谈不上认购。只有将企业提供的产品或劳务等信息传递给消费者，才能引起消费者注意，并有可能产生购买欲望。

(2) 促销的目的是引发、刺激消费者产生购买欲望。在消费者可支配收入既定的条件下，消费者是否产生购买行为主要取决于消费者的购买欲望，而消费者购买欲望又与外界的刺激、诱导密不可分。促销正是针对这一特点，通过各种传播方式把产品或劳务等有关信息传递给消费者，以激发其购买欲望，使其产生购买行为。

（3）促销的方式有人员促销和非人员促销两类。人员促销，亦称直接促销或人员推销，是企业运用推销人员向消费者推销商品或劳务的一种促销活动，它主要适合于消费者数量少、比较集中的情况。非人员促销，又称间接促销或非人员推销，是企业通过一定的媒体传递产品或劳务等有关信息，以促使消费者产生购买欲望、发生购买行为的一系列促销活动，包括广告、公关和销售促进等。它适合于消费者数量多、比较分散的情况。通常，企业在促销活动中将人员促销和非人员销结合运用。

二、促销的作用

促销在企业营销活动中是不可缺少的重要组成部分。促销具有以下功能：

1. 传递信息，强化认知

销售产品是市场营销活动的中心任务，信息传递是产品顺利销售的保证。信息传递有单向和双向之分。单向信息传递是指卖方发出信息，买方接收，它是间接促销的主要功能。双向信息传递是买卖双方互通信息，双方都是信息的发出者和接受者，直接促销就有此功效。

2. 突出特点，诱导需求

在市场竞争激烈的情况下，同类商品很多，并且有些商品差别微小，消费者往往不易分辨。企业通过促销活动，宣传、说明本企业产品的特点，便于使消费者了解本企业产品在哪些方面优于同类产品，使消费者认识到购买、消费本企业产品所带来的利益较大，从而愿意购买本企业产品。

3. 指导消费，扩大销售

在促销活动中，营销者循循善诱地介绍产品知识，在一定程度上对消费者起到了教育指导作用，从而有利于激发消费者的购买欲望，变潜在需求为现实需求，实现扩大销售之功效。

4. 形成偏爱，稳定销售

在激烈的市场竞争中，企业产品的市场地位通常不稳定，致使有些企业的产品销售、波动较大。企业运用适当的促销方式，开展促销活动，可使较多的消费者对本企业的产品滋生偏爱情感，进而稳住已占领的市场，达到稳定销售的目的。对于消费者偏爱的品牌，即使该类商品需求下降，也可以通过一定形式的促销活动，促使市场对该品牌的需求得到一定程度的恢复和提高。

三、促销组合及促销策略

（一）促销组合及特点

促销组合是指企业在市场营销过程中有目的、有计划地把人员推销、广告、销售促进和公关关系等促销形式结合起来，综合运用，形成一个完整的优化促销策略，最大限度地发挥整体优势，从而顺利实现促销目标。

要正确地进行促销组合，首先必须了解各种促销方式的优缺点，只有这样，才能扬长避短，见表 13-1。企业应根据产品的特点和营销目标，结合各种促销方式的特点，进行选择、编配和运用。

表 13-1 各种促销方式的优缺点

促销方式	优　点	缺　点
人员推销	信息沟通直接、反馈及时、可当面促成交易	占用人员多，费用高
广告	传播面广、声情并茂、形象生动、节省人力	支付费用高，难以立即成交
销售促进	可信度高，社会效应好	有时必须以降低商品本身价格为代价
公共关系	容易刺激购买欲望，激发购买行动	见效慢

（二）促销的基本策略

1. 推式策略

推式策略是指企业运用人员推销的方式，把产品推向市场，即从生产企业推向中间商，再由中间商推向消费者，故也称人员推销策略（见图 13-1）。推式策略一般适用于单位价值较高的产品，性能复杂、需要做示范的产品，根据用户需求特点设计的产品，流通环节较少、流通渠道较短的产品，市场比较集中的产品等。

2. 拉式策略

拉式策略也称非人员推销策略，是指企业运用非人员推销方式把顾客拉过来，使其对本企业的产品产生需求，以扩大销售。对单位价值较低的日常用品，流通环节较多、流通渠道较长的产品，市场范围较广、市场需求较大的产品，常采用拉式策略（见图 13-2）。

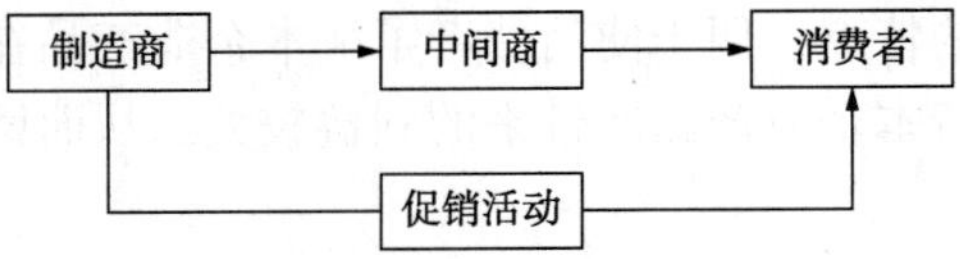

图 13-1 推式策略

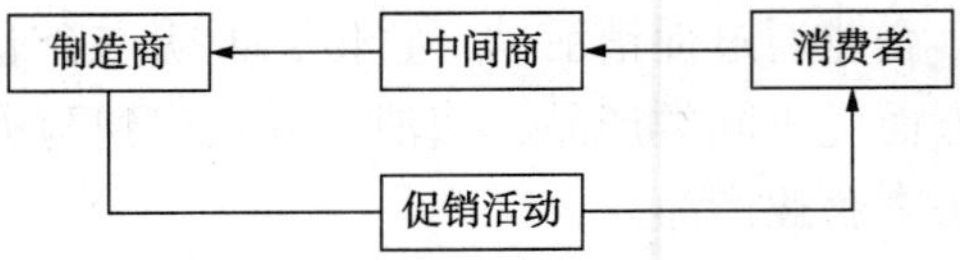

图 13-2 拉式策略

【小案例】

奇正公司的拉式促销

奇正炎痛贴上市时，由于知名度低无人问津，生产厂家奇正公司在董事长雷菊芳的带领下，运用免费送药的方式来打开市场。从兰州、西安到北京，从女排、男排、乒乓球队、体操队到普通百姓，三个月内送出几万贴，价值几十万元，时间不长，全国数十家媒体蜂拥而至，几乎每天都有奇正炎痛贴的报道，来自雪域高原的藏药，有非常神奇的疗效，口口相传引来媒体聚焦，奇正藏药的知名度以出人意料的速度传遍全国。求购者很快从四面八方涌来，三个月断药四次，很快打开了市场。

营销启示：奇正集团通过拉式促销提升了品牌知名度，吸引了消费者主动购买，为其市场经营的成功奠定了基础。

（三）影响促销组合的因素

1. 促销目标

促销目标是企业从事促销活动所要达到的目的。企业在不同时期或不同地区的经营目标不同，因而促销目标也不尽相同。无目标的促销活动收不到理想的效果。因此，促销组合和促销策略的制定要符合企业的促销目标，并根据不同的促销目标，采用不同的促销组合与促销策略。

2. 产品因素

由于销售的产品类型、性质不同，消费者往往会产生不同的购买行为和购买习惯，因此，企业所采取的促销组合也会有所差异。一般来说，消费品更多地使用广告宣传作为主要促销手段；而生产资料则更多地采用人员推销。公共关系和销售促进，无论对消费品还是生产资料都处于次要一些的地位。

3. 产品的市场生命周期

促销目标在产品市场生命周期的不同阶段是不同的，这决定了在市场生命周期各阶段要相应选配不同的促销组合，采用不同的促销策略。

（1）在投入期，促销目标主要是宣传介绍商品，以使顾客了解、认识商品，产生购买欲望。广告起到了向消费者、中间商宣传介绍商品的功效，因此，这一阶段以广告为主要促销形式，以公共关系、人员推销和销售促进为辅助形式。

（2）在成长期，由于产品打开销路，销量上升，同时也出现了竞争者，这时仍需广告宣传，以增进顾客对本企业产品的购买兴趣，同时还应以人员推销形式辅助，以扩大销售渠道。

（3）在成熟期，竞争者增多，促销活动以增进购买者兴趣为主，各种促销手段的重要程度依次是销售促进、广告、人员推销。成熟期的广告作用在于强调本产品与同类产品的席位差别。

（4）在衰落期，由于更新换代产品和新开发产品的出现，使原有产品的销售大幅度下降。销售促进应继续成为主要的促销手段，并辅以广告和公关手段。同时，为减少损失，促销费用不宜过大。

4. 市场特点

由于目标市场的性质、规模和类型不同，应采取不同的促销手段。对于规模小而相对集中的市场，应以人员推销为主；范围广而分散的市场，则应以广告为主。消费品市场主要采用广告宣传，而工业品市场主要采用人员推销。此外，在有竞争者的市场条件下，制定促销组合和促销策略还应考虑竞争者的促销形式和策略，要有针对性地不断调整自己的促销组合及促销策略。

5. 促销预算

企业在选择促销组合时，要考虑两个问题：一是促销预算费用的多少；二是预算费用在众多的促销手段中如何分配。也就是说，综合分析比较各种促销手段的费用与效益，以尽可能低的促销费用取得尽可能高的促销效益。

第二节 人员推销策略

一、人员推销的概念及特点

（一）人员推销的概念

人员推销是企业运用推销人员直接向顾客推销商品和劳务的一种促销活动。根据美国市场营销协会定义委员会的解释“人员推销是指企业通过派出销售人员与一个或一个以上可能成为购买者的人交谈，作口头陈述，以推销商品，促进和扩大销售。”在产业市场中，人员推销是最重要的促销工具。

(二) 人员推销的特点

与其他促销形式相比，人员推销的特点体现在：

(1) 信息传递的双向性。人员推销作为一种信息传递形式，具有双向性。在人员推销过程中，一方面，推销人员通过向顾客宣传介绍推销品的有关信息，如产品的质量、功能、使用、安装、维修、技术服务、价格以及同类产品竞争者的有关情况等，以此来达到招揽顾客、促进产品销售的目的。另一方面，推销人员通过与销售对象(顾客)接触，能及时了解顾客对本企业产品或推销品的评价；通过观察和有意识地调查研究，能掌握推销品的市场生命周期及市场占有率等情况。

(2) 推销目的的双重性。人员推销的首要目的是通过提供信息、技术、服务，激发销售对象的购买欲望；另一个目的是市场调研。就前者而言，满足顾客的需求是人员推销的出发点，推销人员向推销对象(顾客)提供各种服务，帮助顾客解决问题、满足顾客的需求，进而实现推销产品的目的。事实上，推销人员只有做好顾客的参谋，更好地实现满足顾客需求这一目的，才有利于促成购买。就后者而言，推销人员与推销对象(顾客)直接接触，可以了解顾客对本企业产品或推销品的评价等相关信息。因此，企业有理由要求推销人员定期不定期地提交市场分析报告。

(3) 推销过程的灵活性。由于推销人员与顾客直接联系，当面洽谈，可以通过交谈与观察了解顾客，进而根据不同顾客的特点和反应，有针对性地调整自己的工作方法，以适应顾客，诱导顾客购买。另外，人员推销还可以及时发现、答复和解决顾客提出的问题，消除顾客的疑虑和不满意感。

(4) 友谊协作的长期性。推销人员与顾客直接见面，长期接触，可以促使买卖双方建立友谊，密切企业与顾客之间的关系，易于使顾客对企业产品产生偏爱。如此一来，在长期保持友谊的基础上开展推销活动，有助于建立长期的买卖协作关系，从而稳定地销售产品。

人员推销的缺点则主要表现在两个方面：一是支出较大，成本较高。由于每个推销人员直接接触的顾客有限，销售面窄，特别是在市场范围较大的情况下，人员推销的开支较多，增大了产品销售成本，并在一定程度上减弱产品的竞争力。二是对推销人员的要求较高。人员推销的效果直接取决于推销人员素质的高低，并且随着科学技术的发展，新产品层出不穷，对推销人员的素质要求越来越高。推销人员除了应具备销售的才能外，还必须熟悉新产品的特点、功能、使用、保养和维修等知识与技术。因此，对于很多企业来说，要甄选和培养出理想的胜任其职的推销人员比较困难，而且耗费也大。

【小案例】

出奇制胜的推销

美国雷顿公司总裁金姆曾当过推销员。在一次订货会上，规定每人有 10 分钟登台推销的时间。金姆先将一只小猴装在用布蒙住的笼子里带进会场，轮到他上台时，他将小猴带上讲台，让它坐在自己肩膀上，任其跳蹿，一时间场内轰乱。不一会，他收起小猴，场内恢复平静，金姆只说了一句话："我是来推销'白索登'牙膏的，谢谢。"说完便飘然离去，结果他的产品风靡全美。

营销启示：金姆采用的陪衬推销法，独出心裁，别具一格，短短一句话给人留下极深刻的印象，达到了最佳的广告宣传效果。

二、人员推销的过程及技巧

(一) 人员推销的过程

人员推销是传递商品信息，说服用户购买的过程。这一过程包括七个阶段，推销人员应根据具体情况运用不同的推销程序推销产品。

(1) 开发客户。开发客户就是寻找可能购买的潜在顾客。开发客户的方法很多，大体可分为两类：一是，推销人员通过个人观察、访问、查阅资料等方法直接寻找；二是，通过广告开拓，或利用朋友的介绍，或通过社会团体与推销员间的协作等间接寻找。因推销环境与商品不同，推销人员寻找顾客的方式不尽一致。

(2) 接近准备。接近准备即推销人员在接近某一潜在顾客之前进一步了解该顾客情况的过程。它有助于制订推销面谈计划并开展积极主动的推销活动，保证较高的推销效率。接近准备的方法很多，有观察、查阅资料、朋友或推销伙伴介绍等。

(3) 接近顾客。接近顾客指推销人员直接与顾客发生接触，以便成功地转入推销面谈。推销人员在接近顾客时既要自信，注重礼仪，又要不卑不亢，及时消除顾客的疑虑，还要善于控制接近时间，不失时机地转入正式面谈。

(4) 推销面谈。推销面谈指推销人员运用各种方法说服顾客购买的过程。推销过程中，面谈是关键环节，而面谈的关键又是说服。

(5) 处理异议。顾客异议指顾客针对销售人员提示或演示的商品或劳务提出的反面意见和看法。处理顾客异议是推销面谈的重要组成部分。推销人员必须首先认真分析顾客异议的类型及其主要的根源，然后有针对性地施用处理策略。

(6) 达成交易。达成交易是顾客购买的行动过程。推销人员应把握时机，促成顾客的购买行为。

(7) 跟踪服务。跟踪服务是指推销人员为已购商品的顾客提供各种售后服务。跟踪服务是人员推销的最后环节，也是新推销工作的始点。跟踪服务能加深顾客对企业商品的依赖，促使重复购买。同时，通过跟踪服务可获得各种反馈信息，为企业决策提供依据，也为推销员积累经验，从而为开展新的推销提供广泛有效的途径。

(二) 人员推销的技巧

人员推销是一种环境多变、对象各异的促销形式，随机性较强，因此推销人员的推销技巧对推销活动的成败有很大的影响。这里简单介绍一下作为合格的推销人员所应掌握的基本技巧。

(1) 把握时机。推销人员应能准确把握推销的时机，因人、因时、因地制宜地开展推销活动。一般而言推销的最佳时机应选择在顾客比较空暇，乐意同人交谈或正好有所需要的时候，比如茶余饭后、旅行途中或参观游览的时候，都是进行推销的较好时机。有时候，市场环境的变化往往能给某些企业和产品带来有利的推销时机，推销人员应及时把握，不能使其失之交臂。

(2) 善于言辞。语言是推销人员最基本的推销工具，推销人员必须熟练掌握各种语言技巧，充分发挥语言对顾客的影响力。具体表现为：一是要在各种场合下能寻找到便于接近顾客的话题；二是在谈话过程中能把握交谈的方向并将话题逐步转入到推销活动的正题；三是善于运用适当的语句和语调使推销对象感到亲切自然；四是对顾客的不同意见不轻易反驳，而是在鼓励顾客发表意见的同时进行诱导说服。

(3) 注意形象。推销人员在推销过程中同时扮演企业代表和顾客朋友两种角色，因此，推销人员在推销过程中必须十分注重自身的形象。在同顾客的接触中，应做到信守承诺，以维护自身和企业的声誉，努力营造信任的推销环境。

(4) 培养感情。推销人员应注重与顾客的情感沟通，设法同主要顾客群体建立起超越买卖关系的个人友情，形成一批稳定的顾客群。要做到这一点，推销人员不能仅局限于站在企业的立场上同顾客发生联系，而应学会站在顾客的角度帮其出主意、当参谋，指导其消费。

三、人员推销的形式、对象与策略

(一) 人员推销的基本形式

一般说来，人员推销有以下三种基本形式：

(1) 上门推销。上门推销是最常见的人员推销形式。它是由推销人员携带产品的样品、说明书和订单等走访顾客，是推销产品的一种形式。这种推销形式可以针对顾客的需要提供有效的服务，并方便顾客，故为顾客广泛认可和接受。此种形式是一种积极主动的名副其实的“正宗”推销形式。

(2) 柜台推销。柜台推销又称门市推销，是指企业在适当地点设置固定的门市，由营业员接待进入门市的顾客并向其推销产品。门市的营业员是广义的推销人员。柜台推销与上门推销正好相反，它是等客上门式的推销方式。由于门市里的产品种类齐全，能满足顾客多方面的购买要求，为顾客购买提供较多的方便，并且可以保证商品安全无损，因而顾客比较乐于接受这种方式。柜台推销适合于零星小商品、贵重商品和容易损坏的商品推销。

(3) 会议推销。会议推销是指利用各种会议向与会人员宣传和介绍产品，开展推销活动。例如，在订货会、交易会、展览会、物资交流会等会议上推销产品均属会议推销。这种推销形式接触面广，推销集中，可以同时向多个推销对象推销产品，成交额较大，推销效果较好。

(二) 人员推销的推销对象

推销对象是人员推销活动中接受推销的主体，是推销人员说服的对象。推销对象有消费者、生产用户和中间商三类。

(1) 向消费者推销。推销人员向消费者推销产品，必须对消费者有所了解。为此，要掌握消费者的年龄、性别、民族、职业、宗教信仰等基本情况，进而了解消费者的购买欲望、购买能力、购买特点和习惯等，并且要注意消费者的心理反应。对不同的消费者，施以不同的推销技巧。

(2) 向生产用户推销。将产品推向生产用户的必备条件是熟悉生产用户的有关情况，包括生产用户的生产规模、人员构成、经营管理水平、产品设计与制作过程以及资金情况等。在此前提下，推销人员还要善于准确而恰当地说明自己产品的优点；能对生产用户使用该产品后得到的效益做简要分析，以满足其需要；同时，推销人员还应帮助生产用户解决疑难问题，以取得用户信任。

(3) 向中间商推销。与生产用户一样，中间商也对所购买商品具有丰富的专业知识，其购买行为也属于理智型。这就需要推销人员具备相当专业的业务知识和较高的推销技能。在向中间商推销产品时，首先要了解中间商的类型，业务特点、经营规模、经济实力以及他们在整个分销渠道中的地位；其次，应向中间商提供有效信息，给中间商提供帮助，建立友谊，扩大销售。

（三）人员推销的基本策略

人员推销具有很强的灵活性。在面对面的交谈中，有经验的推销人员善于审时度势，即根据当时的推销环境、交谈气氛，针对推销对象的特点和推销品的性质灵活而巧妙地运用推销策略，促成推销的成功。在人员推销工作中，常用的推销策略主要有以下几种：

（1）试探性策略。试探性策略也称为“刺激-反应”策略。这种策略是在不了解顾客的情况下，推销人员运用刺激性手段引发顾客产生购买行为的策略。推销人员事先设计好能引起顾客兴趣、能刺激顾客购买欲望的推销语言，通过渗透性交谈进行刺激，在交谈中观察顾客的反应，然后根据其反应采取相应的对策，并选用得体的语言再对顾客进行刺激，进一步观察顾客的反应，以了解顾客的真实需要，诱发购买动机，引导产生购买行为。

（2）针对性策略。针对性策略是指推销人员在基本了解顾客某些情况的前提下，有针对性地对顾客进行宣传、介绍，以引起顾客的兴趣和好感，从而达到成交的目的。因推销人员常常在事前已根据顾客的有关情况设计好推销语言，这与医生对患者诊断后开处方类似，故针对性策略又称为“配方-成交”策略。

（3）诱导性策略。诱导性策略是指推销人员运用能激起顾客某种需求的说服方法，诱导顾客产生购买行为。这种策略是一种创造性推销策略，它对推销人员要求较高，要求推销人员能因势利导，诱发、唤起顾客的需求；并能不失时机地宣传介绍和推荐所推销的产品，以满足顾客对产品的需求。因此，从这个意义上说，诱导性策略也可称“诱发-满足”策略。

四、推销人员的管理

（一）优秀推销人员必备的素质

人员推销是一个综合的复杂过程。它既是信息传递过程，也是商品交换过程，又是技术服务过程。推销人员的素质决定了人员推销活动的成败。优秀推销人员一般应具备以下素质：

1. 态度热忱，勇于进取

推销人员是企业的代表，有为企业推销产品的职责；同时他又是顾客的顾问，有为顾客的购买活动当好参谋的义务。企业促销和顾客购买都离不开推销人员。因此，推销人员要具有高度的责任心和使命感，热爱本职工作，不辞辛苦，任劳任怨，敢于探索，积极进取，耐心服务，努力同顾客建立友谊，这样才能使推销工作获得成功。

2. 求知欲强，知识广博

广博的知识是推销人员做好推销工作的前提条件。推销人员必须有较强的上进心和求知欲，乐于学习各种必备的知识。一般来说，推销人员应具备企业知识、产品知识、市场知识、心理知识、财务知识等各个方面的知识。此外，推销人员还应了解政策法规的最新变化及其影响等相关知识。

3. 文明礼貌，善于表达

推销人员推销产品的同时也是在推销自己。推销人员要注意推销礼仪，讲究文明礼貌，仪表端庄，热情待人，举止适度，谦恭有礼、谈吐文雅，口齿伶俐；在说明主题的前提下，语言要诙谐、幽默，给顾客留下良好的印象，为推销成功创造条件。

4. 富于应变，技巧娴熟

市场环境复杂多变，市场状况很不平稳。为实现促销目标，推销人员必须有娴熟的推销技巧、反应灵敏，能针对不同的市场环境采用恰当的推销方式。推销人员要能恰当地选定推销对象并能准确地了解顾客的有关情况，能为顾客着想，尽可能解答顾客的疑难问题，要善于说服顾客(对不同的顾客采取不同的技巧)；要善于选择适当的洽谈时机，掌握良好的成交机会，并善于把握易被他人忽视或不易发现的推销机会。

【小案例】

乔·吉拉德的成功秘诀

乔·吉拉德，因售出13001辆汽车创造了商品推销最高纪录而被载入吉尼斯大全。他曾连续15年成为世界上售出新汽车最多的人，被誉为“最伟大的推销员”。乔·吉拉德的推销业绩如此辉煌，其秘诀主要有以下几点。

(1) 250定律：不得罪一个客户。在每位客户的背后，都站着大约250个人，这是与他关系比较亲近的人——同事、邻居、亲戚、朋友。乔·吉拉德说得好：“你只要赶走一个客户，就等于赶走了潜在的250个客户。”

(2) 名片满天飞：向每一个人推销。每一个人都使用名片，乔·吉拉德的做法与众不同：到处递送名片。乔·吉拉德认为，每一位推销员都应设法让更多的人知道他是干什么的，销售的是什么商品。

(3) 建立客户档案：更多地了解客户。乔·吉拉德说：“不论你推销的是什么东西，最有效的办法就是让客户相信——真心相信——你喜欢他、关心他。”要使客户相信你喜欢他、关心他，那你就必须了解客户，搜集客户的各种有关资料。

(4) 猎犬计划：让客户帮助你寻找客户。乔·吉拉德认为，干推销这一行，需要别人的帮助。乔·吉拉德的很多生意都是由“猎犬”(那些会让别人到他那里买东西的客户)帮助的结果。乔·吉拉德的一句名言就是“买过我汽车的客户都会帮我推销”。

(5) 推销产品的味道：让产品吸引客户。每一种产品都有自己的味道，乔·吉拉德特别善于推销产品的味道。与“请勿触摸”的做法不同，乔·吉拉德在和客户接触时总是想方设法让客户先“闻一闻”新车的味道。他让客户坐进驾驶室，握住方向盘，自己触摸操作一番。根据乔·吉拉德本人的经验，凡是坐进驾驶室把车开上一段距离的客户，没有不买他的车的。

(6) 诚实：推销的最佳策略。诚实，是推销的最佳策略，而且是唯一的策略，但绝对的诚实却是愚蠢的。推销容许谎言，这就是推销中的“善意谎言”原则，乔·吉拉德对此认识深刻。推销过程中有时需要说实话，一是一、二是二。说实话往往对推销员有好处，尤其是推销员所说的，客户事后可以查证的事。乔·吉拉德善于把握诚实与奉承的关系。少许几句赞美，可以使气氛变得更愉快，没有敌意，推销也就更容易成交。

(7) 每月一卡：真正的销售始于售后。乔·吉拉德有一句名言：“我相信推销活动真正的开始在成交之后，而不是之前。”推销是一个连续的过程，成交既是本次推销活动的结束，又是下次推销活动的开始。推销员在成交之后继续关心客户，既能赢得老客户，又能吸引新客户，使生意越做越大，客户越来越多。

营销启示：销售是需要智慧和策略的事业，每位推销员的背后，都有自己独特的成功诀窍。

（二）推销人员的甄选与培训

由于推销人员素质高低直接关系到企业促销活动的成功与失败，所以推销人员的甄选与培训十分重要。

1. 推销人员的甄选

甄选推销人员，不仅要对未从事过推销工作的人员进行甄选，使其中品德端正、作风正派、工作责任心强的胜任推销工作的人员走入推销人员的行列，还要对在岗的推销人员进行甄选，淘汰那些不适合推销工作的推销人员。

推销人员的来源有二：一是来自企业内部，就是把本企业内德才兼备、热爱并适合推销工作的人选拔到推销部门工作；二是从企业外部招聘，即企业从院校的应届毕业生、其他企业或单位等群体中物色合格人选。无论哪种来源，都应经过严格的考核，择优录用。

甄选推销人员有多种方法，为准确地选出优秀的推销人才，应根据推销人员素质的要求，采用报名、笔试和面试相结合的方法。由报名者自己填写申请表，借此掌握报名的性别、年龄、受教育程度及工作经历等基本情况；通过笔试和面试可了解报名者的仪表风度、工作态度、知识广度和深度、语言表达能力、理解能力、分析能力、应变能力等。

2. 推销人员的培训

对甄选合格的推销人员，还需经过培训才能上岗，使他们学习和掌握有关知识与技能。同时，还要每隔一段时间对在岗推销人员进行培训，使其了解企业的新产品、新的经营计划和新的市场营销策略，进一步提高素质。培训内容通常包括企业知识、产品知识、市场知识、心理学知识和政策法规知识等内容。

培训推销人员的方法很多，常被采用的方法有三种：一是讲授培训。这是一种课堂教学培训方法。一般是通过举办短期培训班或进修等形式，由专家、教授和有丰富推销经验的优秀推销员来讲授基础理论和专业知识，介绍推销方法和技巧；二是模拟培训。它是受训人员亲自参与的有一定实战感的培训方法，具体做法有实例研究法、角色扮演法和业务模拟法等。比如，由受训人员扮演推销人员向由专家教授或有经验的优秀推销员扮演的顾客进行推销，或由受训人员分析推销实例等；三是实践培训。实际上，这是一种岗位练兵。让甄选的推销人员直接上岗，与有经验的推销人员建立师徒关系，通过传、帮、带，使受训者较快地熟悉业务，成为合格的推销人员。

（三）推销人员的激励

激励推销人员的方式主要有单纯薪金制、单纯佣金制和混合奖励制三种。

1. 纯薪金制

纯薪金制，亦称固定薪金制，是指在一定时间内，无论销售人员的销售业绩是多少，推销人员获得固定数额报酬的形式。具体来说，包括职务工资、岗位工资、工龄工资、津贴等。纯薪金制的优点是易于操作、计算简单、易于管理，其缺点是难以调动销售人员的工作积极性。

2. 纯佣金制

纯佣金制是指与一定期间的销售业绩直接相关的报酬形式，即按销售基金的一定比率获得佣金。纯佣金制的具体形式又有单一佣金和多重佣金(累退制和累进制)、直接佣金和预提佣金之分。佣金制能鼓励销售人员尽最大努力工作，并使销售费用与现期收益紧密结合起来。但是佣金制也存在着管理费用较高、容易导致销售人员短期行为等不足。

3. 混合奖励制

混合奖励，也就是薪金制加提成制，其克服了薪金制和佣金制的缺点，又体现了薪金制和佣金制的优点。一般来说，混合奖励中的薪金部分应大到足以吸引有潜力的推销人员；同时，佣金和分红部分足以大到刺激他们努力工作。

除了上述三种奖励形式以外，还有特别奖励，就是在正常奖励之外所给予的额外奖励，包括经济奖励和非经济奖励。经济奖励包括给予荣誉、表扬记功、颁发奖章等。特别奖励的具体形式有业绩特别奖、销售竞赛奖等。

(四) 推销人员的考核与评价

为了加强对推销人员的管理，企业必须对推销人员的工作业绩进行科学而合理的考核与评价。推销人员业绩考评结果既可以作为分配报酬的依据，又可以作为企业人事决策的重要参考指标。

1. 考评资料的收集

收集推销人员的资料是考评推销人员的基础性工作。全面、准确地收集考评所需资料是做好考评工作的客观要求。考评资料的主要来源是销售工作报告，包括销售活动计划和销售绩效报告两部分。销售活动计划作为指导推销人员合理安排推销活动日程的指导，可展示推销人员的地区年度推销计划和日常工作计划的科学性、合理性。销售绩效报告反映了推销人员的工作实绩，从中可以了解销售情况、费用开支情况、业务流失情况、新业务拓展情况等许多推销绩效。

2. 考评标准的建立

制定公平而富有激励作用的考核标准，需要企业管理人员客观根据过去的经验，结合推销人员的个人行为来综合制定，并需在实践中不断加以修整与完善。常用的推销人员绩效考核指标主要有：

(1) 销售增长率、定额百分比、毛利。

(2) 媒体平均访问次数、每次访问的平均时间、每次访问的平均费用、每次访问收到订单的百分比、销售费用及其占总销售额的百分比。

(3) 平均客户数、新增顾客数、流失顾客数等。为了使评估工作具有科学性，在评估时还应注意一些影响销售效果的客观条件，如销售区域的潜力、地理状况、交通条件等。

3. 实施评价

(1) 整体销售人员的绩效比较。进行销售绩效比较时，应建立在各区域市场销售潜力、工作量、竞争环境、企业促销组合等大致相同的基础上，比较的内容也应该是多方面的，除销售额外，销售人员的销售组合、销售费用、对净利润所做的贡献也要纳入比较的范围。

(2) 销售人员个人绩效同过去的绩效相比较。这种比较方式可以完整了解销售人员的长期销售业绩，既有利于全面客观地评价过去，也有助于更好的规划未来。

第三节 广告策略

广告是一种重要的促销工具，它能够有效地扩大品牌知名度和增加市场份额。

一、广告的概念及分类

(一) 广告的概念

根据美国市场营销协会委员会的定义，广告是由明确的发起者(广告主)在付费的基础上，采用非人际传播方式对商品、服务、观念的介绍、宣传活动。广告具有以下特征：

(1) 广告的发起者不仅包括营利组织，还包括各类非营利组织。

(2) 广告是一种付费的信息传播活动，有别于无偿的宣传报道。

(3) 广告是一种非人际传播方式，有别于面对面进行游说活动的人员推销。

(4) 广告所介绍和宣传的内容不仅包括商品和服务信息，还包括思想观念信息。

(二) 广告的分类

1. 根据广告的内容和目的，可将广告分为商品广告和企业广告

(1) 商品广告。它是针对商品销售开展的大众传播活动。商品广告目标取决于企业的整体营销目标，具体说来取决于促销目标。在实现促销目标的过程中有不同的阶段，广告在各阶段所起的作用不同，即不同阶段有不同的广告目标。

(2) 企业广告，又称商誉广告。这类广告着重宣传、介绍企业品牌、商标、厂(场)址、厂史、生产能力、服务项目等情况，其目的是提高企业的声望、名誉和形象，以利于销售其产品。

2. 根据广告传播的区域，可将广告分为全国性广告和地区性广告

(1) 全国性广告。全国性广告是指采用信息传播能覆盖全国的媒体所做的广告，以此激发分散于全国的消费者对该广告的产品产生需求。在全国发行和发放的报纸、杂志、广播、电视等媒体上所做的广告，均属全国性广告。这种广告要求广告产品是适合全国通用的产品，并且因其费用较高，也只适合生产规模较大、服务范围较广的大企业。

(2) 地区性广告。地区性广告是指采用信息传播只能覆盖一定区域的媒体所做的广告，借以刺激某些特定地区消费者对产品的需求。在省(县)报纸、杂志、广播、电视上所做的广告均属此类，路牌、霓虹灯上的广告也属地区性广告。此类广告传播范围小，多适合于生产规模小、产品通用性差的企业和产品。

此外，还有一些分类。例如，按广告的形式划分，可分为文字广告和图画广告；按广告的媒体不同，可分为报纸广告、杂志广告、广播广告、电视广告、互联网广告等。

二、广告媒体

广告媒体也称广告媒介，是广告主与广告接受者之间的连接物质。它是广告宣传必不可少的物质条件。广告媒体并非一成不变，而是随着科学技术的发展而发展。科技的进步，必然使得广告媒体的种类越来越多。

1. 广告媒体的种类及其特性

广告媒体的种类很多，不同类型的媒体有不同的特性。目前比较常用的广告媒体有以下几种：

（1）报纸广告。报纸广告媒体的优越性表现在：①影响广泛。这是因为报纸是传播新闻的重要工具之一，与人民群众有着密切联系，而且发行量大。②传播迅速，可及时地传递有关经济信息。③简便灵活，制作方便，费用较低。④便于剪贴存查。⑤可信度高。借助报纸的威信，能提高广告的可信度。报纸媒体的不足是：①因报纸登载内容庞杂，易分散消费者对广告的注意力。②印刷不精美，吸引力低。③广告时效性短，重复性差，只能维持当期的效果。

（2）杂志广告。杂志以登载各种专门知识为主，是各类专门产品的良好的广告媒体。它作为广告媒体优点有；①广告宣传对象明确，针对性强，有的放矢；②广告因附于杂志而有较长的保存期，读者可以反复查看；③因杂志发行面广，可以扩大广告的宣传区域；④由于杂志读者一般有较高的文化水平和生活水平，比较容易接受新事物，故利于刊登开拓性广告；⑤印刷精美，能较好地反映产品的外观形象，易引起读者注意。缺点表现在：①发行周期长，灵活性较差，传播不及时；②读者较少，传播不广泛。

（3）广播广告。广播媒体的优越性有：①传播迅速、及时；②制作简单，费用较低；③具有较高的灵活性；④听众广泛，不论男女老幼、是否识字，均能受其影响。使用广播做广告的局限性在于：①时间短促，转瞬即逝，不便记忆；②有声无形，印象不深；③不便存查。

（4）电视广告。电视作为广告媒体虽然在20世纪40年代才出现，但因其有图文并茂之优势，发展很快，并力胜群芳，成为最重要的广告媒体。具体说来，电视广告媒体的优点有：①因电视有形、有色，听视结合，使广告形象、生动、逼真、感染力强；②由于电视已成为人们文化生活的重要组成部分，收视率较高，使电视广告的宣传范围广，影响面大；③宣传手法灵活多样，艺术性强。电视做广告媒体的缺点是：①时间性强，不易存查；②制作复杂，费用较高；③因播放节目和广告多，易分散受众的注意力。

（5）网络广告。“将一种传播媒体推广到5000万人，收音机用了38年，电视用了15年，而因特网仅用了5年。”网络以其高速度、大容量、互动式等特点迅速成为新的广告传播媒体，并对传统旧媒体广告形成了强大的冲击。网络广告主要包括网幅广告、文本链接广告、电子邮件广告、赞助式广告、插播式广告、富媒体广告和其他新型广告（如视频广告、翻页广告、游戏广告等）。网络广告的优势主要体现在：①互联网传播范围广，网络广告可跨越时空，有广泛的传播力；②内容详尽，交互查询，互动性和针对性强，无时间约束；③广告效果易统计；④广告费用较低。网络广告不足之处表现在：①有的网络广告缺乏诱惑力；②互联网的虚拟性致使网上浏览者对广告心存抵触。

（6）户外广告。户外广告主要包括路牌广告（广告牌）、霓虹灯广告、灯箱广告，交通车厢广告、海报、旗帜广告、气球广告等。户外广告的优点是醒目、易引人注意、复现率高、能够对目标顾客反复宣传；而宣传范围小、广告形式相对比较简单则是户外广告不可忽视的缺点。

（7）邮寄广告。邮寄广告包括商品目录、商品说明书、宣传小册子、明信片、挂历广告、样本、通知函、征订单、订货单等。它的优点是：①对象明确，有较强的选择性和针对性；②提供信息全面，有较强的说服力；③具有私人通信性质，容易联络感情。其缺点表现在：①消费者反馈比较低；②印刷费用比较高。

（8）POP广告（Point of Purchase Advertising），又称为销售点广告。世界各国广告业都把

POP 视为一切购物场所(商城、百货公司、超级市场、零售店、专卖店等)场内、场外所做广告的总和。POP 广告的优点表现在：①营造气氛，吸引消费者，促成购买行动；②时效性强，提高品牌认知度。其不足之处：①POP 广告设计要求比较高；②广告位和维护费用很高。

2. 广告媒体的选择

不同的广告媒体有不同的特性，这决定了企业从事广告活动必须对广告媒体进行正确的选择，否则将影响广告效果。正确地选择广告媒体，一般要考虑以下影响因素。

(1) 产品因素。不同性质的产品有不同的使用价值、使用范围和宣传要求。生产资料和生活资料、高技术产品和一般生活用品、价值较低的产品和高档产品、一次性使用的产品和耐用品等，在产品展示、对消费者的可信度、注意力与吸引力等方面具有不同特点，都应采用不同的广告媒体进行广告宣传。通常，对高技术产品进行广告宣传，应面向专业人员，多选用专业性杂志；而对一般生活用品进行广告宣传，则适合选用能直接传播到大众的广告媒体，如广播、电视、网络等。

(2) 消费者接触媒体的习惯。选择广告媒体，还要考虑目标市场上消费者接触广告媒体的习惯，有针对性地为广告对象选择易于接受的媒体，是增强广告促销的有效方法。例如，对儿童用品的广告宣传，宜选电视作为媒体；对女性用品进行广告宣传，选用妇女喜欢阅读的杂志或电视，也可以在女性商店布置橱窗或展销；对年轻消费者，随着智能手机的普及以及 5G 时代的到来，则以网络和手机为主要传播媒体。

(3) 媒体的传播范围。媒体传播范围的大小直接影响广告信息传播区域的宽窄。适合全国各地使用的产品，应以全国性的报纸、杂志、广播、电视、网络等作为广告媒体；属地方性销售的产品，可通过地方性报刊、电台、电视台、霓虹灯等传播信息。

(4) 媒体的影响力。广告媒体的影响力是以报刊的发行量、网络覆盖面和电视、广播的视听率高低为标志的。选择广告媒体应把目标市场与媒体影响程度结合起来，能影响目标市场每一个角落的媒体是最佳选择。这样一来，既能使广告信息传递效果最佳，又不会造成不必要的浪费。

(5) 媒体的费用。各广告媒体的收费标准不同，即使同一种媒体，也因传播范围和影响力的大小而有价格差别。考虑媒体费用时，应该注意其相对费用，即考虑广告促销效果。如果使用电视做广告需支付 2 万元，预计目标市场收视者 2000 万人，则每千人支付广告费是 1 元；若选用报纸做媒体，费用 1 万元，预计目标市场收阅者 500 万人，则每千人广告费为 2 元。相比之下，应选用电视作为广告媒体。

总之，要根据广告目标的要求，结合各广告媒体的优缺点，综合考虑上述各种影响因素，尽可能选择使用效果好、费用低的广告媒体。

【小案例】

精准广告——不让广告费浪费一半

在移动互联网领域，精准广告也叫精准推送，是指广告主按照广告接受对象的需求，精准、及时、有效地将广告呈现在广告对象面前，以获得预期转化效果的一种广告推广形式。

精准广告三部曲：

(1) 精准锁定目标人群：搜索引擎通过对网民的搜索行为分析监控形成数据庞大的网民

意识数据库，在这种源自搜索平台的海量用户覆盖和网民数据库的基础上，搜索引擎可以利用尖端分析技术，从搜索、浏览、发言等网上行为来分析判断网民的信息需求点，进而实现对网民的精准细分。

(2) 个性化广告推送：当目标人群筛选工作完成后，搜索引擎会对锁定的这部分人群进行单独的广告跟踪投放，也就是说，被锁定的网民与没有被锁定的网民在搜索同一个内容页面时看到的广告不一样——被锁定的目标受众看到的是广告主的广告，没有被锁定的网民看到的则是其他广告内容。在广告的投放上，广告主可以采用通栏、按钮、文字链接等丰富多样的广告形式，实现精准基础上的广泛覆盖。

(3) 深度影响消费者：由于精准广告已经对受众进行了精准的筛选和细分，即广告只给最需要的人观看，因此所投放的广告很容易吸引目标受众的关注，在受众逐渐细分和媒体传播碎片化的背景下，广告主借助精准广告这类新传播技术与目标消费者之间一对一的沟通就显得越来越重要。

营销启示：精准广告依托于现代信息技术手段，超越传统广告"一对多"的传播模式，实现个性化、"一对一"的传播体系，不仅使广告信息传播更加精准，受众也更容易获得必要的信息，有利于商家开展经济有效的广告传播。

三、广告的设计原则

广告效果不仅取决于广告媒体的选择，还取决于广告设计的质量。高质量的广告必须遵循下列原则来设计：

(1) 真实性。广告的生命在于真实，虚伪、欺骗性的广告，必然会使企业的信誉丧失。企业必须依据真实性原则设计广告，这是一种商业道德，也是一种社会责任。

(2) 社会性。广告是一种信息传递，在传播经济信息的同时，也传播了一定的思想意识，必然会潜移默化地影响社会文化、社会风气。从一定意义上说，广告不仅是一种促销形式，而且是一种具有鲜明思想性的社会意识形态。广告的社会性体现在：广告必须符合社会文化、思想道德的客观要求。

(3) 针对性。广告的内容和形式要富有针对性，即对不同的商品、不同的目标市场要有不同的内容，采取不同的表现手法。由于各个消费者群体都有自己的喜好、厌恶和风俗习惯，为适应不同消费者群的不同特点和要求，广告要根据不同的广告对象来决定广告的内容，采用与之相适应的形式。

(4) 感召性。广告是否具有感召性，最关键的因素是诉求主题。广告的重要原则之一，即广告的诉求点必须与产品的优势点、与目标顾客购买产品的关注点保持一致。

(5) 简明性。广告的受众对象是广大消费者及社会公众，因为广告量增多，而消费者接受和处理信息量的能力有限，所以广告不应给受众带来太大的视觉与听觉上的辨识压力。简短、清晰明了地点明品牌个性是品牌广告设计的客观要求。

(6) 艺术性。广告是一门科学，也是一门艺术。广告把其实性、思想性、针对性寓于艺术性之中。这就要求广告设计要构思新颖，语言生动、有趣、诙谐，图案美观大方，色彩鲜艳和谐，广告形式要不断创新。

【小案例】

想想小的好处

德国大众汽车公司的金龟车，进入美国市场10年仍然很难打开销路。因为其马力小、结构简单、低档、造型古老(像只硬壳虫)，在追求豪华气派、庞大、美观时髦的美国人眼里，金龟车简直就是丑小鸭，加上其他种种原因，金龟车迟迟无法打开美国市场。20世纪60年代初，伯恩巴克接下大众公司的这项广告业务。在金龟车的种种不足中，细心的伯恩巴克找到了金龟车独特的优点：价格便宜、马力小但耗油低，结构简单实用，性能可靠。于是，推出一系列具有非凡创意的广告，广告推出后很快扭转了局面，使得金龟车在美国销路打开，而且长盛不衰。其中最著名的是《想想小的好处》，广告如下：

画面：简单醒目，大片空白，仅左上角一辆小小金龟车图，最底下是几行广告文案。

广告标题：《想想小的好处》

文案："我们的小车并不标新立异。许多从学院出来的家伙不屑屈身于它，加油站的小伙也不会问它的油箱在哪里；没有人注意它，甚至没有人看它一眼。

其实，驾驶过它的人并不这样认为。因为它耗油低，不需防冻剂，能够用一套轮胎跑完40000英里的路。

这就是为什么你一旦用上我们的产品就对它爱不释手的原因。

当你挤进一个狭小的停车场时、当你更换你的那笔少量的保险金时、当你支付那一笔修理账单时，或者当你用你的旧大众换得一辆新大众时，请想想小的好处。

营销启示：高明的广告巧妙地将金龟车的定位传递给顾客，成功地激发了顾客对这种车的需求。

四、广告效果的测定

广告效果是指广告接受者的反应情况。由于广告接受者的反应是多方面的，于是就形成了不同类别的广告效果。广告效果有经济效果和社会效果，也有即效性效果与迟效性效果之分，还有促销效果和广告诉求认知效果之分。在此，我们按最后一种分类测定其效果。

(一) 广告促销效果的测定

广告促销效果也称广告的直接经济效果，它反映广告费用与商品销售量(额)之间的比例关系。广告促销效果的测定是以商品销售量(额)增减幅度作为衡量标准的。其测定方法很多，主要有以下几种：

(1) 广告费用占销率法。通过这种方法可以测定出计划期内广告费用对产品销售量(额)的影响。广告费用占销率越小，表明广告促销效果越好；反之则越差。其公式为：

广告费用占销率=[广告费/销售量(额)]×100%

(2) 广告费用增销率法。此法可以测定计划期内广告费用增减对广告商品销售量(额)的影响。广告费用增销率越大，表明广告促销效果越好；反之则越差。其公式为：

广告费用增销率=[销售量(额)增长率/广告费用增长率]×100%

(3) 单位费用促销法。这种方法可以测定单位广告费用对促销商品的增益程度。单位广告费用增销量(额)越大，表明广告效果越好，反之则越差。其公式为：

单位广告费用促销量(额)=销售量(额)/广告费用

(4) 单位费用增销法。此法可以测定单位广告费用对商品销售的增益程度。单位广告费用增销量(额)越大，表明广告效果越好；反之则越差。其计算公式为：单位广告费用增销量(额)=[报告期销售量(额)—基期销售量(额)]/广告费用

(5) 弹性系数测定法。即通过销售量(额)变动率与广告费用投入量变动率之比值来测定广告促销效果。其公式为：

$$E=(\Delta S/S)/(\Delta A/A)$$

式中 S——销售量(额)；

ΔS——增加广告费用后的销售增加量(额)；

A——广告费用原有支出；

ΔA——增加的广告费支出额；

E——弹性系数，即广告效果。E 值越大，表明广告的促销效果越好。

影响产品销售的因素很多，广告只是其中之一，因此单纯以销售量(额)的增减来衡量广告效果是不全面的。也就是说，上述测定方法只能作为衡量广告效果的参考。当促销效果不理想时，也不应轻易否定广告，而应从其他方面来综合考虑分析。

(二) 广告诉求认知效果的测定

广告诉求认知效果也称广告的间接经济效果。它不是以销售数量的大小为衡量标准，而主要是以广告对目标市场消费者引起心理效应的大小为标准，包括对商品信息的注意、兴趣、情绪、记忆、理解、动机等。因此，对广告诉求认知效果的测定，应主要测定知名度、注意度、理解度、记忆度、视听率、购买动机等项目。广告诉求认知效果常用的测定方法有以下几种。

(1) 价值序列法。它是一种事前测定法，具体做法是，邀请若干专家、消费者对事先拟定的几则同一商品的多则广告进行评价，然后排序，依次排出第一位、第二位、第三位……排在首位的，表明其效果最佳，选其作为可传播的广告。

(2) 配对法。这也是一种事前测定法。其做法是，将针对同一商品设计的不同的两则广告配对，请专家、消费者进行评定，选出其中一例。评定内容包括广告作品的标题、正文、插图、标语、布局等全部内容。

(3) 评分法。此法既适合于事前测定，又适合事后测定。其做法是，将广告各要素列成表，请专家、消费者适项评分。得分越高，表明广告自身效果越好。

第四节 销售促进策略

一、销售促进的概念和特点

(一) 销售促进的概念

销售促进，又称之为营业推广，是指企业运用各种短期诱因鼓励消费者或中间商购买、经销(或代理)企业产品或服务的促销活动。

近年来，由于品牌数目增多，产品日趋类似，竞争对手经常使用销售促进。销售促进具有产品与市场针对性强、短期沟通效果明显、可供选择的沟通手段灵活多样等优点。销售促进是与人员推销、广告、公共关系相并列的四种促销方式之一，是构成促销组合的一个重要方面。

（二）销售促进的特点

销售促进是除人员推销、广告和公共关系以外的能刺激需求、扩大销售的各种促销活动。销售促进具有以下特点。

（1）销售促进的即时效果显著。在开展销售促进活动中，可选用的方式多种多样。一般来说，只要能选择合理的销售促进方式，就会很快地收到明显的增销效果，而不像广告和公共关系那样需要一个较长的时期才能见效。因此，销售促进适合于在一定时期、一定任务的短期性的促销活动中使用。

（2）销售促进是一种辅助性的促销方式。人员推销、广告和公共关系都是常规性的促销方式，而多数销售促进方式则是非正规性和非经常性的，只能是它们的补充方式。也就是说，使用销售促进方式开展促销活动，虽能在短期内取得明显的效果，但它一般不能单独使用，常常配合其他促销方式使用，能使与其配合的促销方式更好地发挥作用。

（3）销售促进有贬低产品或品牌之意。采用销售促进方式促销，似乎迫使顾客产生“机会难得、时不再来”之感，进而能打破消费者需求动机的衰变和购买行为的惰性。不过，销售促进的一些做法也常使顾客认为卖者有急于抛售的意图。若频繁使用或使用不当，往往会引起顾客对产品质量、价格产生怀疑。因此，企业在开展销售促进活动时，要注意选择恰当的方式和时机。

【小案例】

承德商厦新春购物促销活动

2007年春节前后，为迎接人们传统节日的购物高潮，促进商品销售，承德商厦开展了新春购物节活动。他们通过电视、发放宣传单等方式发布购物节广告，宣称在整个购物节期间实行“买1000送500”的优惠大酬宾活动，同时他们还在购物中心的门前挂起了“买1000送500”的大字宣传横幅，在店堂内部也摆上了“买1000送500”的POP广告(Point of Purchase advertising)。结果吸引了大量消费者前往，特别是在春节假日和休息日，每天到商厦的购物者如云。当然，商厦的销售额也节节攀升。

营销启示：销售促进作为一种辅助性的促销方式，能帮助其他促销方式更好地发挥作用。

二、销售促进的方式

销售促进的方式多种多样，每一个企业不可能全部使用。这就需要企业根据各种方式的特点、促销目标、目标市场的类型及市场环境等因素选择适合本企业的销售促进方式。

1. 向消费者推广的方式

向消费者推广是为了鼓励老顾客继续购买、新顾客试用本企业产品，其方法主要有以下几种。

（1）赠送样品。向消费者免费赠送样品，可以鼓励消费者认购，也可以获取消费者对产品的反应。样品赠送可以有选择地赠送，也可在商店、闹市区或附在其他商品和广告中无选择地赠送。这是介绍、推销新产品的一种促销方式，但费用较高，对高值商品不宜采用。

（2）赠送代金券。代金券作为对某种商品免付一部分价款的证明，持有者在购买本企业产品时免付一部分金额。代金券可以邮寄，也可附在商品或广告之中赠送。代金券还可以赠送给购买商品达到一定的数量或价额的顾客。这种形式，有利于刺激消费者使用老产品，也可以鼓励消费者认购新产品。

(3) 包装兑现。包装兑现即采用商品包装来兑换现金。如收集到若干个某种饮料瓶盖，可兑换一定数量的现金或实物，借以鼓励消费者购买该种饮料。这种方式的有效运用，也体现了企业的绿色营销观念，有利于树立良好的企业形象。

(4) 廉价包装。廉价包装又叫折价包装，即在商品包装上注明折价数额或比例。廉价包装可以是一件商品单装，也可以是若干件商品或几种用途相关的商品批量包装。这种形式能诱发经济型消费者的需求，对刺激短期销售比较有效。

(5) 赠品印花。赠品印花亦称交易印花。消费者购买商品时，赠送消费者印花。当购买者的印花积累到一定数量时，可以兑换现金或商品。

此外，还有众所周知的有奖销售、现金折扣、免费试用、连带促销、POP 等方式。

2. 向中间商推广的方式

向中间商推广是为了促使中间商积极经销本企业产品；同时，有效地协助中间商，加强与中间商的关系，达到共存共营的目的。其推广方式主要有。

(1) 购买折扣。为刺激、鼓励中间商购买本企业产品，对第一次购买和购买数量较多的中间商给予一定的折扣优待，购买数量越多，折扣越多。折扣可以直接支付，也可以从付款金额中扣除，还可以赠送商品作为折扣。

(2) 资助。资助是指生产者为中间商提供陈列商品、支付部分广告费用和部分运费等补贴或津贴。在这种方式下，中间商陈列本企业产品，企业可免费或低价提供陈列商品；中间商为本企业产品作广告，生产者可资助一定比例的广告费用；为刺激距离较远的中间商经销本企业产品，可给予一定比例的运费补贴。

(3) 经销奖励。经销奖励就是对经销本企业产品有突出成绩的中间商给予奖励。这种方式能刺激经销业绩突出者加倍努力，更加积极主动地经销本企业产品；同时，也有利于诱使其他中间商为多经销本企业产品而努力，从而促进产品销售。

此外，还有经销商销售竞赛、免费咨询服务、为经销商培训销售人员、展览会、联合促销等。

【小案例】

"要爽由自己"—可口可乐与 Levi's 联合促销活动

众所周知，全球著名的可口可乐品牌一贯以青少年为核心，引领都市时尚潮流；而倡导表现自我风格和充满活力的品牌 Levi's，作为一个世界著名牛仔品牌，也始终以突破传统、独树一帜而深受新一代年轻人的推崇。

2004 年 6 月 5 日可口可乐和 Levi's 两大世界著名品牌强强联手在中国上海推出针对青少年的促销活动，为幸运获奖者提供限量珍藏版 Levi's 精品服装。此次促销活动中，消费者只要购买可口可乐 600 毫升塑料瓶或 355 毫升拉罐促销装，打开瓶盖或拉环就有机会赢取限量版 Coca-Cola x Levi's 牛仔裤或 T 恤。同时，消费者只要收集 5 个促销版包装拉环或塑料瓶标签，如 Coke x Levi's 牛仔手链、就可加钱换购其他时尚的 Coke x Levi's 精品，棒球帽、手表及可口可乐精美手机链。

营销启示：销售促进能引起目标顾客对产品的注意，有效刺激和诱导消费者产生购买欲望，从而达到提升产品销量的目的。

三、销售促进的控制

销售促进是一种效果比较显著的销售方式，但使用不当，不仅达不到促销的目的，反而会影响产品销售，甚至损害企业的形象。因此，在运用销售促进方式时，必须予以控制。

(1) 选择适当的方式。选择好的销售促进方式是促销获得成功的关键。一般来说，一个特定的销售目标可以采取多种促销工具来实现，所以应对多种销售促进工具进行比较选择和优化组合，以实现最优的促销效益。

(2) 确定合理的期限。控制好销售促进的时间长短也是取得预期促销效果的重要一环。推广的期限既不能过长，也不宜过短。这是因为，时间过长会使消费者感到习以为常，失去刺激需求的作用，甚至会产生疑问或不信任感；时间过短会使部分顾客来不及接受销售促进的好处，收不到最佳的促销效果，一般应与消费者的平均购买周期一致。

(3) 禁忌弄虚作假。销售促进的主要对象是企业的潜在顾客，因此企业在销售促进全过程中，一定要坚决杜绝徇私舞弊的短视行为发生。在市场竞争日益激烈的条件下，企业商业信誉是十分重要的竞争优势，企业没有理由自毁商誉。本来销售促进这种促销方式就有贬低商品之意，如果再不严格约束企业行为，那将会产生失去企业长期利益的巨大风险。因此，弄虚作假是销售促进中最大的禁忌。

(4) 注重推广中后期宣传。开展销售促进活动的企业比较注重推广前期的宣传，这非常必要。在此还需提及的是，不应忽视中后期宣传。在销售促进活动的中后期，企业所面临的十分重要的宣传内容是销售促进中的企业兑现行为。这是消费者验证企业推广行为是否具有可信性的重要信息源。所以，令消费者感到可信的企业兑现行为，一方面有利于唤起消费者的购买欲望，另一个更重要的方面是可以树立社会公众对企业良好的口碑，增强企业良好形象。

此外，还应注意确定合理的推广预算，科学测算销售促进活动的投入产出比。

第五节　公共关系策略

一、公共关系的概念及特征

公共关系又称公众关系，是指为了更好地为公众利益服务，实现营销目标，经常与社会公众保持信息联系，注意公众的态度，并采取一系列措施去争取公众的理解和舆论的支持，建立良好的企业信誉的各项活动的总称。公共关系具有以下基本特征。

1. 公共关系是一定社会组织与其相关的社会公众之间的相互关系

这里包括三层含义：①公关活动的主体是一定的组织，如企业、机关、团体等。②公关活动的对象既包括企业外部的顾客、竞争者、新闻界、金融界、政府各有关部门及其他社会公众，又包括企业内部职工、股东。因此，公关有内部公关与外部公关之分。企业与公关对象关系的好坏直接或间接地影响企业的发展。③公关活动的媒介是各种信息沟通工具和大众传播渠道。作为公关主体的企业，借此与客体进行联系、沟通、交往。

2. 公共关系的目标是塑造良好的企业形象和声誉

一个企业的形象和声誉是其无形的财富，良好的形象和声誉是企业富有生命力的表现，也是公关的真正目的所在。企业以公共关系为促销手段，利用一切可能利用的方式和途径，让社会公众熟悉企业的经营宗旨，了解企业的产品种类、规格以及服务方式和内容等有关情况，使企业在社会上享有较高的声誉和较好的形象，促进产品销售的顺利进行。

3. 公共关系的活动以真诚合作、平等互利、共同发展为基本原则

公共关系以一定的利益关系为基础，这就决定了主客双方必须均有诚意、平等互利，并且要协调、兼顾企业利益和公众利益。这样，才能满足双方需求，维护和发展良好的关系。否则，只顾企业利益而忽视公众利益，或只顾公众利益而忽略企业利益，在交往中损人利己，不考虑企业信誉和形象，就不能构成良好的关系，也毫无公共关系可言。

4. 公共关系是一种信息沟通，是创造“人和”的艺术

公共关系是企业与其相关的社会公众之间的一种信息交流活动。企业从事公关活动，能沟通企业上下、内外信息，建立相互的理解、信任与支持，协调和改善企业的社会关系环境。公共关系追求的是企业内部和企业外部人际关系的和谐统一。

5. 公共关系是一种长期活动

公共关系着手于平时努力，着眼于长远打算。公共关系的效果不是急功近利的短期行为所能达到的，需要连续的、有计划的努力。企业要树立良好的社会形象和信誉，不能拘泥于一时一地的得失，而要追求长期稳定的战略性关系。

【小案例】

鲜为人知的胶水店

香港一家经营强力胶水的商店，坐落在一条鲜为人知的街道上，生意很不景气。一天，这家商店的店主在门口贴了一张布告：“明天上午九点，将在此用本店出售的强力胶水把一枚价值4500美元的金币贴在墙上，若有哪位先生、小姐用手把它揭下来，这枚金币就奉送给他(她)，本店绝不食言!”这个消息不胫而走。第二天，人们将这家店铺围得水泄不通，电视台的录像车也开来了。店主拿出一瓶强力胶水，高声重复广告中的承诺，接着便在那块从金饰店定做的金币背面薄薄涂上一层胶水，将它贴到墙上。人们一个接着一个地上来试运气，结果金币纹丝不动。这一切都被录像机摄入镜头。这家商店的强力胶水从此销量大增。

营销启示：店家的高明之处在于制造了一个具有营销价值的新闻热点，通过新奇、生动的轰动事件，吸引公众注意力，达到提升企业知名度和美誉度的目的。

二、公共关系的作用

公共关系是一门“内求团结，外谋发展”的经营管理艺术，是一项与企业生存发展休戚相关的事业。其作用主要表现在搜集信息、监测环境；咨询建议、决策参谋；舆论宣传、创造气氛；交往沟通、协调关系；教育引导、社会服务五个基本方面。

1. 搜集信息，监测环境

信息是企业生存与发展必不可少的资源。运用各种公关手段可以采集各种有关信息，监测企业所处的环境。企业公关需要采集的信息包括以下几方面：

(1) 产品形象信息。产品形象信息是指消费者对本企业产品的各种反应与评价，如对产

品质量、性能、用途、价格、包装、售后服务等的反应评价。

(2) 企业形象信息。企业要了解自己的形象，除产品形象的信息外，还必须采集公众对企业组织机构、企业经营管理水平、人员素质、服务质量等方面的评价。

(3) 企业内部公众的信息。企业的职工作为社会公众的一部分，必然对企业产生不同的反应与评价。通过对企业内部职工意见的了解，能掌握职工对企业的期望，希望企业应树立什么样的形象，才能对职工产生向心力和凝聚力。

(4) 其他信息。企业不可能脱离外界而存在，投资者的投资意向、竞争者的动态、顾客的需求变化以及国内外政治、经济、文化、科技等方面的重大变化，都直接或间接地影响到企业的经营决策。公共关系作为社会经济趋势的监测者，应广泛地收集这些有关社会经济的信息。

2. 咨询建议，决策参考

公共关系的这一职能是利用所搜集到的各种信息进行综合分析，考查企业的决策和行为在公众中产生的效应及影响程度，预测企业决策和行为与公众可能意向之间的吻合程度，并及时、准确地向企业的决策者进行咨询，提出合理而可行的建议。

3. 舆论宣传，创造气氛

公共关系作为企业的“喉舌”，将企业的有关信息及时、准确、有效地传送给特定的公众对象，为企业树立良好形象、创造良好的舆论氛围。例如，公关活动能提高企业的知名度、美誉度，给公众留下良好形象；能潜移默化地完善舆论气氛，因势利导，引导公众舆论朝着有利于企业的方向发展；还能适当地控制和纠正对企业不利的公众舆论及时将改进措施公之于众，避免扩大不良影响，从而收到化消极为积极、尽快恢复声誉的效果。

4. 交往沟通，协调关系

企业是一个开放系统，不仅内部各要素需要相互联系、相互作用，而且需要与系统外部环境进行各种交往、沟通。交往沟通是公关的基础，任何公共关系的建立、维护与发展都依赖于主客体的交往沟通。只有交往，才能实现信息沟通使企业的内部信息有效地输向外部，使外部有关信息及时地输入企业内部，从而使企业与外部各界达到相互协调。公共关系不仅要协调企业与外界的关系，还要协调企业内部关系，包括企业与其成员之间的关系、企业内部不同部门成员之间的关系等，要使全体成员与企业之间互相理解和共鸣，增强凝聚力。

5. 教育引导，服务社会

公共关系具有教育和服务的职能，是指通过广泛、细致、耐心的劝服性教育和优惠性、赞助性服务来诱导公众对企业产生好感。对企业内部，公关部门向企业内部成员输入公共意识，诱发企业内部各部门及全体成员都重视企业整体形象和声誉。对社会公众，公关部门代表企业，通过劝说性教育和实惠性社会服务，使企业的行为、产品等为社会公众所认同和接受。

三、公共关系的活动方式和工作程序

公共关系在企业营销管理中占有重要地位。在企业内部，公关部门介于决策者与各职能部门之间或介于职能部门与基层人员之间，负责沟通和协调决策者与职能部门之间、各职能部门之间以及职能部门与成员之间的相互关系；在企业外部，公关部门介于企业与公众之间，对内代表公众，对外代表企业，沟通、协调企业与公众之间的相互关系。公共关系部门无论是独立的职能部门，还是隶属于某一职能部门，它都具有相同的活动方式和工作程序。

1. 公共关系的活动方式

公共关系的活动方式是指以一定的公关目标和任务为核心，将若干种公关媒介与方法有机地结合起来，形成一套具有特定公关职能的工作方法系统。按照公共关系的功能不同，公共关系的活动方式可分为五种：

（1）宣传性公关。宣传性公关是运用报纸、杂志、广播、电视等各种传播媒介，采用撰写新闻稿、演讲稿、报告等形式，向社会各界传播企业有关信息，以形成有利的社会舆论导向。这种方式传播面广，推广企业形象效果较好。

（2）征询性公关。这种公关方式主要是通过开办各种咨询业务、制订调查问卷、进行民意测验、设立热线电话、聘请兼职信息人员、举办信息交流会等各种形式，逐步形成效果良好的信息网络，再将获取的信息进行分析研究，为经营管理决策提供依据，为社会公众服务。

（3）交际性公关。这种方式是通过语言、文字的沟通，为企业广结良缘，巩固传播效果，可采用宴会、座谈会、招待会、谈判、专访、慰问、电话、信函等形式。交际性公关具有直接、灵活、亲密、富有人情味等特点，能深化交往层次。

（4）服务性公关。这种方式就是通过各种实惠性服务，以行动去获取公众的了解、信任和好评，以实现既有利于促销又有利于树立和维护企业形象与声誉的活动。企业可以通过各种方式为公众提供服务，如消费指导、消费培训、免费修理等。事实上，只有把服务提到公关这一层面上来，才能真正做好服务工作，也才能真正把公关转化为企业全员行为。

（5）赞助性公关。赞助性公关是通过赞助文化、教育、体育、卫生等事业，支持社区福利事业，参与国家、社区重大社会活动等形式来塑造企业的社会形象，提高企业的社会知名度和美誉度的活动。这种公关方式的公益性强，影响力大，但成本较高。企业的赞助活动可以是独家赞助，也可以是联合赞助。

【小案例】

加多宝赞助《中国好声音》

2012年，热爱音乐的观众们迎来了一档令他们疯狂和念念不忘的节目，那就是《中国好声音》。作为国内首档大型音乐真人秀节目，《中国好声音》拥有国外人气音乐节目《The Voice》的正版版权，不仅收获了极高的知名度，更是后劲十足，在后来层出不穷的同类节目中长期保持着高收视。而与之一起为人所熟知的，还有节目间隔广告时间中华少的“快嘴”。“正宗好凉茶正宗好声音，欢迎收看由凉茶领导品牌加多宝为您冠名的加多宝中国好声音……”这一句开场也在很多观众脑海里留下了深刻的印象，随着网络走红以及网友对华少的调侃和模仿，开场白中的赞助品牌加多宝也吸引了很多人的注意。所以可以说，借助《中国好声音》这一节目的曝光，加多宝也水涨船高顺势拥有了较高的知名度和影响力。

营销启示：加多宝凭借《中国好声音》这档音乐节目，搭上了年轻、时尚、潮流的快车，有了更丰富、年轻化的品牌符号和亮点。借助品牌赞助公关，加多宝成功地重塑并展示了自身的特色，实现了差异化，使得在不再使用与王老吉一样的红罐包装后，依然能够不受影响，获得消费者的认可。

2. 公共关系的工作程序

开展公共关系活动，其基本程序包括调查、计划、实施、检测四个步骤。

(1) 公共关系调查。公共关系调查是公共关系工作的一项重要内容，是开展公共关系工作的基础和起点。通过调查，能了解和掌握社会公众对企业决策与行为的意见。据此，可以基本确定企业的形象和地位，可以为企业监测环境提供判断条件，为企业制定合理决策提供科学依据等。公关调查内容广泛，主要包括企业基本状况、公众意见及社会环境三方面内容。

(2) 公共关系计划。公共关系是一项长期性工作，合理的计划是公关工作持续高效的重要保证。在制定公关计划时，要以公关调查为前提，依据一定的原则，来确定公关工作的目标，并制定科学、合理、可行的工作方案，如具体的公关项目、公关策略等。

(3) 公共关系的实施。公关计划的实施是整个公关活动的"高潮"。为确保公共关系实施的效果最佳，正确地选择公共关系媒介和确定公共关系的活动方式是十分必要的。公关媒介应依据公共关系工作的目标、要求、对象和传播内容以及经济条件来选择；确定公关的活动方式，宜根据企业的自身特点、不同发展阶段、不同的公众对象和不同的公关任务来选择最适合、最有效的活动方式。

(4) 公共关系的检测。公关计划实施效果的检测主要是依据社会公众的评价来进行的。通过检测，能衡量和评估公关活动的效果，在肯定成绩的同时，发现新问题，为制定和不断调整企业的公关目标、公关策略提供重要依据，也为确保企业的公共关系成为有计划的持续性工作提供必要的保证。

【课后练习】

一、简答题

1. 什么是促销，它包含什么含义？
2. 试述人员推销的优缺点。
3. 企业应怎样选择广告媒体？
4. 试述营业推广的优缺点。
5. 论述常见的公共关系模式。

二、案例分析

法国白兰地攻入美国市场

20 世纪 50 年代，法国企业界人士，为白兰地酒打入美国市场，成功地进行了一次创意性营销策划活动。

白兰地酒，当时在法国已经享誉盛名，一直畅销不衰。但是，一个国家的产品进入到另一国家，首先要考虑普通民众情绪上的抵触。那么怎样才能让白兰地酒打入竞争激烈的美国市场呢？

生产厂商聘请了由各界专家组成的创意营销策划小组，经过认真调查和分析论证，决定采用新颖的方式、热烈的场面，从感情方面大造舆论，为白兰地进入美国市场铺平道路。

创意小组决定，在美国总统艾森豪威尔67岁寿辰的那一天，用专机将两桶窖藏长达67年的白兰地，空运到美国，作为献给美国总统的寿礼，同时进行一场声势浩大的宣传活动。

在总统寿辰前的一个月，美国公众就从各地传媒上获得了这个消息。一时间，法国白兰地被新闻界炒得沸沸扬扬，成了人们街谈巷议的热门话题，大家都翘首以待那两桶珍贵名酒的到来。

当运酒的专机抵达华盛顿的时候，整个城市到处呈现节日的气氛，街道两旁竖立起各种彩色牌子，上书“欢迎法国客人！”“美法友谊令人心醉！”连广告牌上也画着美国鹰和法国鸡干杯的宣传画，沿街挂满了美法两国的旗帜。排成长龙的汽车、摩托车和自行车，一齐涌向白宫。白宫的周围更是人山人海，人们笑容满面，挥动着法国国旗，等待着“贵宾”的到来。

白兰地酒的赠送仪式在白宫的花园里隆重举行。四名英俊的法国青年，身穿传统的宫廷侍卫服装，抬着两桶白兰地正步前行，步入白宫。

艾森豪威尔亲自驾到，带领一班政府官员，满面春风地接受了这份厚礼。周围的人群沸腾起来，歌声、笑声和欢呼声响彻云霄。之后美国总统又多次在国宴上用法国白兰地酒招待各国客人，义务充当了这种酒的“推销员”。

这样，法国白兰地成为美法友谊的象征，许多美国人以能够品尝到正宗的法国白兰地作为一种自豪。很快白兰地酒出现在各种宴会上、宾馆和商场里，甚至在家庭的餐桌上也频现身姿，在美国的酒类市场上占据了一席之地。

思考题：

法国白兰地为什么能成功地打入美国市场？

第五篇

市场营销创新发展

第十四章 营销计划、组织、控制与诊断

知识目标

了解营销计划、营销组织、营销控制的基本概念及内容；掌握营销诊断的基本思想及要求。

能力目标

学会制定市场营销计划书；掌握营销组织、营销控制及营销诊断之间的内在联系。

素养目标

树立学生中国特色社会主义核心价值观，建立全面营销观。

关键术语

营销计划、营销组织、营销控制、营销诊断。

导入案例

是“史努比”的责任吗？

2001年5月，广州的麦当劳餐厅推出了一个促销活动，凡是购买麦当劳套餐者，即可获得一个“史努比”玩具。在促销期间连续6天购买套餐者可以获得全套6个“史努比”玩具。这种“史努比”玩具是麦当劳特别定做的，在市场上买不到。一些父母为了给孩子买到“史努比”玩具，一大早就在麦当劳店外守候，并且许多人是请假来排队的。但是，到了第四天，场面变得非常混乱。麦当劳各个分店开门仅一个多小时，就告诉消费者当天的促销赠品已经送完了。排在后面的消费者非常气愤，认为麦当劳应该多做一些促销赠品，还有的消费者连跑了4家店都没有买到赠品，而排在前面的人，有的人一下买了几十份套餐，得到几十只“史努比”，其中有的人以10元的促销价买到“史努比”后，当场以50元的高价出售。

营销启示：麦当劳的赠品促销因为准备和计划欠周到，导致现场混乱和部分顾客不满，使促销效果大打折扣。

第一节 市场营销计划

一、市场营销计划概念

营销计划是企业战略工作中的重要职能之一，也是企业战略的最终体现，是企业为实现

营销战略目标，适应环境变化，优化营销活动，自觉和超前地规定企业未来营销目标、阶段、指标及手段的一套科学、现代的管理方法，它强烈地反映出现代化、系统化和信息化的特征。

所谓市场营销计划就是企业在将来一定时期内所要达到的营销目标和实现这些营销目标所要采用的方法。现代企业，特别是大型企业要想正常而高效率地运转离不开营销计划，也就是说，市场营销计划是保证企业的市场营销活动正常而高效的必备条件。

营销计划是营销活动方案的具体描述，它规定了企业各种营销活动的任务、目标、具体指标、策略和措施，这样就可使企业的营销工作按既定计划有条不紊、循序渐进地进行，从而避免营销活动的混乱性或盲目性。

总之，营销计划对任何企业来说，都是至关重要的基本计划。只有根据这种详细阐明企业营销活动方案的计划进行工作，企业营销规划的目标才能实现。

【小案例】

美国“野马”汽车计划

1964 年，福特汽车公司生产了一种名为“野马”的轿车。产品一经推出，购买人数就创出美国记录。各地纷纷成立“野马”车协会，甚至很多商店出售的墨镜、帽子、玩具等都贴上了“野马”的商标。是谁成功地驾驭了这匹“野马”是谁成功塑造了野马轿车的营销?

1962 年，雅科卡出任美国福特汽车公司分部总经理之后，就打算策划生产一种受顾客欢迎的新型汽车。经过大量的调查，雅科卡认识到，未来的十年是年轻人的世界，整个汽车业的销售量将会大幅度增长，而主要购买者就是年轻人。

于是，雅科卡把未来的新型车定位为：款式新，性能好，能载 4 人，车子不能太重(最多 2500 磅)，价钱便宜(实价不能超过 2500 美元)。

后来，雅科卡又将这一定位交给策划小组讨论。经过集思广益，大家不仅同意雅科卡的产品定位，而且补充了一些重要的新内容：车型要独树一帜，车身要容易辨认，要容易操纵(便于女性和新学驾驶的人购买)，要有行李箱(便于家庭外出旅游)。经过策划人员的反复审查和论证，最后，雅科卡才拍板决定将“野马”作为新车的名字。

定价是一门学问。雅科卡摸透了消费者的心理，最后把“野马”车的售价定为 2368 美元。

雅科卡是一个非常重视广告策划的企业家。为了成功地推出新产品，他委托汤姆森广告公司的策划人员为“野马”车的广告做了一系列的策划工作。根据广告定位的要求，广告的画面是：

一部野马车在奔驰……

大标题：真想不到!

副标题：只售 2368 美元。

接着选择最显眼的停车场，竖起巨型广告牌，上面写着：“野马栏”，以引起消费者的注意。并在在全国各地最繁忙的 15 个飞机场和 200 家度假酒店展览“野马”车，以实物广告形式，激发人们的购买欲望。向全国各地几百万名小汽车车主寄送广告宣传品等。

营销启示：“野马”的成功得益于它上市前周密的营销计划。

二、市场营销计划的内容

（一）计划概要

营销计划要形成正式的文字。在计划书的开头便要对本计划的主要营销目标和措施做简要的概括。计划概要的目的是使高层很快掌握计划的核心内容。

（二）目前营销状况

目前营销状况提供与市场、产品、竞争、分销以及现实环境有关的背景资料。例如，市场情况，应说明市场的规模、过去几年的增长或缩减情况、顾客需求和购买行为方面的趋势；产品情况，应说明近年来各主要产品品种的销量、价格和获利水平等；竞争形势，应说明谁是主要竞争对手，各竞争对手在产品品质、特色、定价、促销和分销方面采取的主要策略，他们各自的市场份额及变化趋势。

（三）机会和威胁分析

要阐明来自企业外部的能够左右企业未来发展的主要因素，以便考虑采取相应行动。因此，需要对所有机会和威胁有时间顺序上的考量，以分出轻重缓急，使更重要、更紧迫的因素能受到企业更多的关注。与环境机会和威胁相反，优势和劣势是企业内在因素，反映企业在竞争中与对手相比的长处和短处，通过优势与劣势分析，能够说明企业资源能力方面的基本特征。

（四）营销战略及目标

营销目标反映企业采取行动所要达到的最终状况或境界，如增加利润、增加市场占有率或增加顾客满意度。其意义在于对整个企业的行动提供指导和控制，目的和目标绝不能只是概念化，必须转化为便于衡量的指标。

目标可通过多种途径实现。企业必须选择有利于实现目标的战略，以文字或列表详细说明。市场营销战略必须考虑和说明以下问题：

（1）目标市场。不同细分市场在顾客偏好、对市场营销行为的反应、盈利潜力以及企业能够或者愿意满足其需求的程度等方面各有特点。企业营销者要在精心选择的目标市场上慎重分配资源和能力。

（2）核心定位。企业需要通过市场定位说明它所提供的利益和价值与竞争者有什么区别和不同，借以向目标市场显示自己的品牌、产品更值得信任、购买。

（3）市场营销组合。企业对选定的细分市场，根据定位的要求，分别制定包括产品、价格、分销和促销等市场营销手段的基本构想并加以整合。通常在针对目标市场发展市场营销组合时，会有多种方案可供选择，因此要辨明主次，从中选优。

（五）战术或活动方案

战略必须具体化，以形成整套的战术或活动方案，并成为日程表上的内容。也就是说，从做什么、何时做、花费多少成本以及达到什么要求等方面，全盘考虑市场营销战略实施过程中涉及的各个因素、每个环节以及所有内容。企业必须把具体的战术或活动用图表等形式展示出来，标明日期、费用和责任人，使整个战术行动方案一目了然，便于执行和控制。

（六）预算

说明执行有关市场营销战略所需的适量费用、用途和理由。在决定目标、战略和战术以后，企业可以编制一份类似损益报告的辅助预算书。在预算书的收入栏列出预计的单位销售数量、平均价格，在支出栏列出分出细目的生产成本、储运成本以及各种市场营销费用。收入与支出的差额，就是预计的盈利。

（七）控制

市场营销规划必须包括检查行为是否符合目标要求的机制，主要说明如何对规划的执行过程、进度进行管理。常用的做法是把目标、预算按月或季度分开，便于上级主管及时了解各个阶段的销售实绩，掌握未能完成任务的部门、环节，分析原因，并要求限期做出解释和提出改进措施。

市场营销规划的控制部分还包括制定针对意外事件的应急规划。应急规划扼要地列举可能发生的各种不利情况，这些情况发生的概率和危害程度，应当采取的预防措施和必须准备的善后措施。目的在于事先考虑可能出现的危机和可能产生的困难。

市场营销计划重要的不是篇幅，而是说明目标、战略和执行规划及其必需的成本。无论何种类型的市场营销计划，都要简明扼要，言简意赅。

三、市场营销计划的实施和问题

（一）市场营销计划实施的内容

市场营销计划实施涉及的相互联系的四项内容包括：

（1）制定行动方案。为了有效实施市场营销计划，市场营销部门以及有关人员需要制定详细的行动方案。方案必须明确市场营销计划中的关键性环境、措施和任务，并将任务和责任分配到个人或小组。方案还应包含具体的时间表，即每一项行动的确切时间。

（2）调整组织结构。在计划实施过程中，组织结构起着决定性的作用，它把任务分配给具体的部门和人员，规定明确的职权界限和信息沟通路线，协调企业内部的各项决策和行动。组织结构应当与规划的任务一致，同企业自身的特点、环境相适应。也就是说，必须根据企业战略、市场营销计划的需要，适时改变、完善组织结构。

（3）形成规章制度。为了保证计划能够落在实处，必须设计相应的规章制度。在这些规章制度当中，必须明确与计划有关的各个环节、岗位，人员的责、权、利，各种要求以及奖惩措施。

（4）协调各种关系。为了有效实施市场营销战略和计划，行动方案、组织结构、规章制度等因素必须协调一致，相互配合。

（二）计划实施中的问题与原因

在市场营销计划的实施过程中，会出现一些这样或那样的问题，以至于好的市场营销战略、战术并不能带来同样好的结果，其主要原因在于：

1. 规划脱离实际

市场营销计划通常由上层的专业规划人员制定，实施则主要靠基层的操作人员——管理人员和销售人员。专业规划人员更多考虑的是总体方案和原则性要求，容易忽视过程和实施中的细节，使计划过于笼统和流于形式。因此，制定计划不能仅依靠专业规划人员，还应将基层市场营销人员纳入计划管理过程，这样才更有利于市场营销计划的实施。

2. 长期目标和短期目标相矛盾

计划常常涉及企业的长期目标。企业对于具体实施计划的市场营销人员，通常是根据他们短期的工作绩效，如销售量、市场占有率或利润率等指标，进行评估和奖励。因此，市场营销人员常常不得不选择短期行为。企业应克服这种长期目标和短期目标之间的矛盾，设法求得两者之间的协调。

3. 因循守旧的惰性

一般来说，企业当前的经营活动往往是为了实现既定的目标，新的战略、新的规划如果不符合传统和习惯，就容易遭受抵制。新旧战略、规划之间的差异越大，实施中可能遇到的阻力也就越大。要想实施与旧战略截然不同的新规划，常常带要打破传统的组织结构和运行流程。

4. 缺乏具体、明确的行动方案

有些计划之所以失败，是因为没有制定明确、具体的行动方案，缺乏一个能使企业内部各有关部门、环节协调一致、共同努力的依据。

第二节 市场营销组织与创新

一、有效市场营销组织的特征

所谓市场营销组织，是指企业内部涉及市场营销活动的各个职位及其结构。企业营销组织是保证市场营销计划执行的一种手段，同时也是企业实现其经营目标的核心职能部分。

有效的营销组织应具有系统性和适应性的特征。

（一）系统性

系统性是指从整体的角度来看待企业的全部组织和活动。具体到企业内部，就是从企业的每一组成部分和各个活动之间的相互关系，以及这些关系对企业整体目标的影响来看待企业，设计企业的营销行为。现代企业的系统性要求企业营销各部门必须密切配合，协调一致；要用系统理论来管理营销组织，要求各部门一致行动，不得各自为政；要求每一部门的职能活动必须从全局出发，以保障企业总体利益的取得；要求企业每一行为必须是符合企业总目标要求的行为，每一职能部门的活动必须是企业总行为的有机组成部分。

（二）适应性

适应性是指企业的营销组织机构必须适应外界环境的变化，对瞬息万变的市场环境能做出迅速的反应和决策。如果企业的营销组织不能根据外部环境的变化作出决策，就可能错失良机。

二、市场营销组织的演进

现代企业的市场营销部门，是随着市场营销观念的发展和企业管理市场营销工作的需要，经长期演变而成的产物。纵观西方市场营销组织的发展，大致可以将其分为五个阶段：

（一）简单销售部门

20 世纪 30 年代以前，西方国家企业市场营销思想基本上是生产观念，市场营销组织大都属于简单销售部门形式。因为当时生产力水平较低，市场总体环境供不应求，企业比较忽视产品的销售，销售只是作为生产的附属功能而存在，销售部门比较简单。销售部门的任务仅仅是销售，产品生产、库存管理等由生产部门决定。销售部门对产品种类、规格、数量等问题几乎没有话语权。

（二）兼有辅助职能的销售部门

20世纪30年代以后，市场竞争日趋激烈，大多数企业开始以推销观念为指导思想，需要一些经常性的市场营销调研、广告和其他促销活动。这些工作逐渐演变成为销售部门的专门职能。当这些工作在量上达到一定程度时，许多企业开始设立市场营销主管的职位，全盘负责这些工作。

（三）独立的市场营销部门

随着企业规模和业务范围进一步扩大，原来作为辅助性职能的市场营销工作，诸如市场营销调研、新产品开发、促销和顾客服务等工作的重要性日益增强。市场营销成为一个相对独立的职能。作为市场营销主管的市场营销副总经理，同负责推销工作的副总经理一样，直接由总经理领导。在这一时期，市场营销的主要职能推销独立于市场营销的其他职能之外，推销和市场营销成为平行的职能。在具体的工作上，两个职能及其部门之间需要密切的配合。

（四）现代市场营销部门

推销和市场营销两个机构需要互相协调和配合。但在现实中，它们却容易形成一种敌对和互不信任的关系。推销副总经理看重眼前销售量的大小，难免趋向于短期行为；市场营销副总经理着眼于长期效果，自然侧重于制定适当的规划和市场营销战略，满足市场的长期需要。为解决推销部门和市场营销部门之间矛盾和冲突，市场营销组织逐渐转向统一由市场营销副总经理全面负责，管辖所有市场营销职能机构和推销部门。

（五）现代市场营销企业

建立了现代市场营销部门，并不等同于现代市场营销企业。市场营销部门不是一个公司的全部，但整个公司最好都是市场营销部门。所以，现代市场营销企业要成为市场主导型组织，企业所有的管理人员，乃至每位员工在这一组织框架内都要做到“市场导向”。通过信息共享，企业一切部门和每个人的工作都围绕“为顾客服务”展开，“市场营销”不仅是一个部门的职能，而且是一个企业的经营哲学。

三、市场营销部门的组织形式

随着市场的不断发展变化，市场营销部门本身的组织方式也在发展。现代西方企业的营销组织结构日益复杂化。企业不论采用何种形式，从根本上说必须体现“以顾客为中心”的指导思想。

（一）职能型组织

职能型组织是最常见的市场营销组织形式，如图14-1所示，它在市场营销副总经理的领导下，集合各种市场营销专业人员，如广告和促销人员、推销人员、市场营销调研人员、新产品开发人员以及顾客服务人员、市场营销策划人员、储运管理人员。市场营销副总经理负责协调各个市场营销职能科室、人员之间的关系。

职能型组织的主要优点是行政管理简单、方便，有利于使政策、程序和职责更加明确，有利于实现较好的工作控制。

随着产品的增多和市场的扩大，这种组织形式逐渐暴露其缺点：第一，在这种组织形式中，没有一个人对一种产品或者一个市场全盘负责，因而可能缺少按产品或市场制定的完整规划，从而使得有些产品或市场被忽略；第二，各个职能科室之间为了争取更多的预算，得到比其他部门更高的地位，相互之间进行竞争，市场营销副总经理可能经常处于调解纠纷的“旋涡”之中。

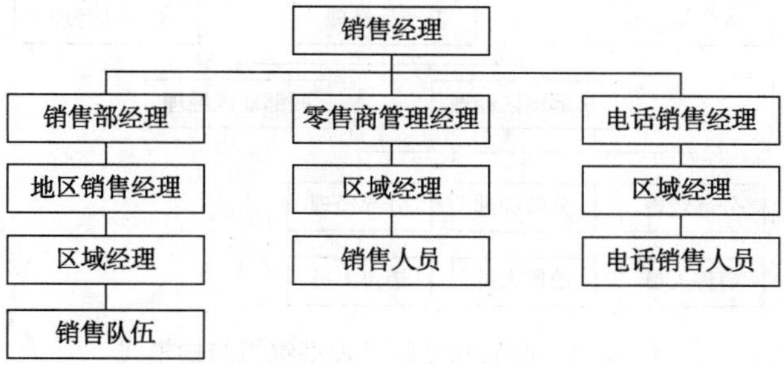

图 14-1 职能型组织结构模式

（二）地区型组织

业务涉及全国甚至更大范围的企业，可以按照地理区域组织管理销售人员。比如，在销售部门设有全国市场经理，另有华东、华南、华北、西北、西南、东北等大区市场经理。每个大区市场经理的下面按省、市、自治区设置区域市场经理，再往下还可以设置若干地区市场经理和销售代表。从全国市场经理依次到地区市场经理，所管辖下属人员的数目即“管理幅度”逐级增加，如图 14-2 所示。当然，如果销售任务艰巨、复杂，销售人员的工资成本太高，他们的工作成效又对利润影响重大，管理幅度就可以适当缩小。例如，地区型组织的创始者金宝汤料公司为不同地区推出不同配方的汤料，将美国划分为 22 个地区。各地区建立当地营销方案，并且有自己的广告和促销预算。

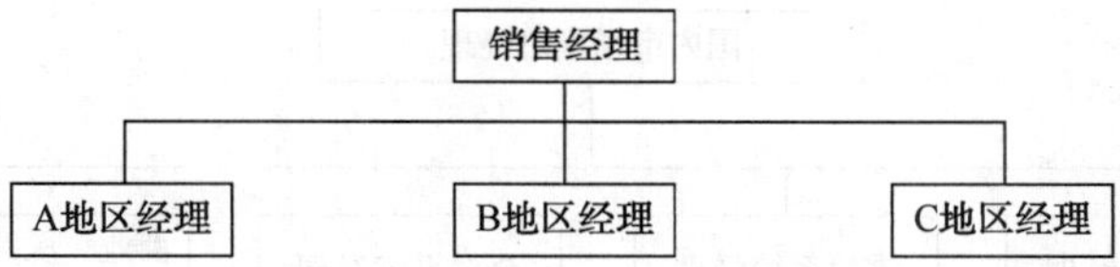

图 14-2 地区型组织结构模式

地区型组织的优点在于：责任清晰明确，便于考察工作人员的工作绩效，激励销售人员的工作积极性；与客户关系密切，有利于销售人员与客户之间建立良好的人际关系；销售费用较低，主要是有利于节省交通费用。它的缺点是：适用于差异化较小的产品和相对单一的客户；由于利益不同使区域之间的协调与统一相对较难。

（三）产品和品牌管理型组织

生产多种产品或拥有多个品牌的企业，往往按产品或品牌建立市场营销组织。通常是在一名总产品（品牌）经理的领导下，按每类产品（品牌）分设一名经理，再按每种具体品种设一名经理，分层管理。在一个企业，如果经营的各种产品差别很大，产品的数量又很多，超过了职能型组织所能控制的范围，就适合于建立产品（品牌）管理型组织，如图 14-3 所示。

产品（品牌）经理的作用，是制定产品（品牌）规划，监督规划实施，检查执行结果并采取必要的调整措施，以及为自己负责的产品（品牌）制定长期的竞争战略和政策。

产品和品牌管理型组织的优点：第一，具有较大灵活性，当企业涉足新的产品领域时，只需在组织结构上增加一个新的产品系列部分；第二，有助于企业对各个产品系列给予足够

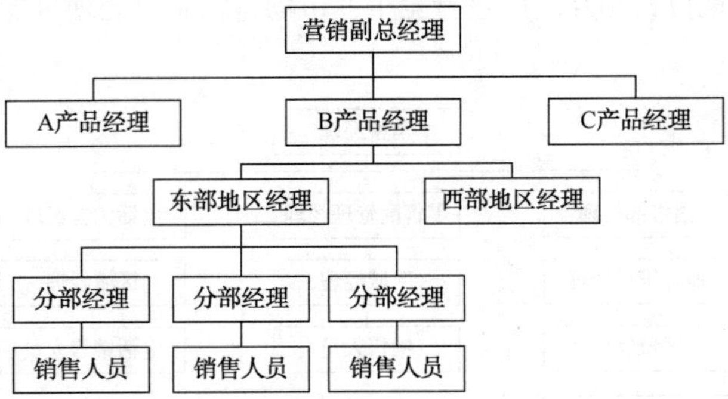

图 14-3　产品和品牌管理型组织结构模式

的重视，由于每种产品都有相对应的产品经理负责，所以即使是名气再小的品牌也不会被忽略；第三，有利于调动产品部经理的积极性，产品经理更加贴近市场，可以更快地为某一产品设计有利的营销组合。

产品和品牌管理型组织的缺点：第一，成本支出费用较高；第二，产品经理对其他营销部门的依赖性较强；第三，许多销售人员应付同一位顾客，浪费人力且使顾客感到麻烦；第四，销售人员视野逐渐变窄，在销售活动中会缺乏灵活应用的能力；第五，由于产品经理频繁更换，造成营销活动缺乏连续性。

（四）市场管理型组织

当市场范围不断扩大，市场细分日益繁杂时，产品经理的机构设置就很不适应了。一种新的机构形式——市场管理型组织应运而生，如图 14-4 所示。

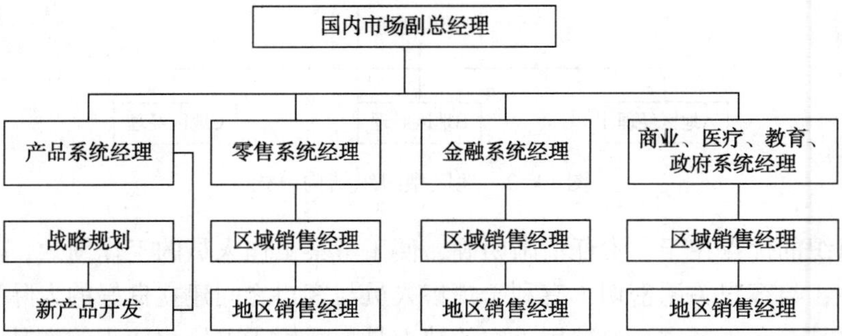

图 14-4　市场管理型组织结构模式

如果市场能够按照顾客特有的购买习惯和偏好细分，也可以建立市场管理型组织。市场管理型组织同产品(品牌)管理型组织相似，由一个总市场经理管辖若干细分市场经理。各个市场经理负责自己所辖市场的年度销售利润规划和长期销售利润规划。这种组织形式的主要优点是，企业可以围绕特定消费者或用户开展一体化的市场营销活动，而不是把重点放在彼此隔离的产品或地区上面。

在市场经济发达国家，许多企业都是按照市场型结构建立市场营销组织。有些学者甚至认为，以企业各个主要的目标市场为中心，建立相应的市场营销部门和分支机构，是确保实现“以顾客为中心”的现代市场营销观念的唯一办法。

(五) 产品-市场管理型组织

这是一种兼顾产品与市场两者利益的营销组织形式，因为无论是产品管理组织还是市场管理组织，都存在只抓分内工作，无法照顾到其他的组织弊端，而产品与市场的联系却是密不可分的，如图 14-5 所示。

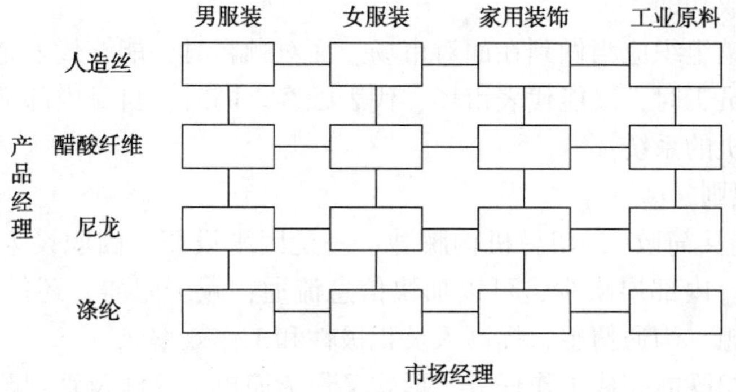

图 14-5 产品-市场管理型组织结构模式

面向不同市场、生产多种产品的企业，在确定市场营销组织结构时经常面临的两难抉择是：采用产品管理型，还是市场管理型。能否吸收两种组织形式的优点，摒弃它们的不足之处。所以，有的企业建立一种既有产品(品牌)经理、又有市场经理的矩阵组织，以求解决这个难题。但是，矩阵组织的管理费用高，容易产生内部冲突，因此又产生了新的两难抉择：一是如何组织销售力量，究竟是按每种产品组织销售队伍，还是按各个市场组织推销队伍，或者销售力量不实行专业化；二是由谁负责定价，产品(品牌)经理还是市场经理。

绝大多数大企业认为，只有相当重要的产品和市场才需要同时设产品经理和市场经理。也有的企业认为，管理费用高和潜在矛盾并不可怕，只要这种组织形式能够带来效益，并远远超过需要为它付出的代价。

四、市场营销组织的设置原则

企业种类很多，不可能也不应该按一种模式设置市场营销组织。但是，企业建立市场营销组织有一些相同的要求，可以归纳出一般性原则加以设置。

(一) 市场导向原则

营销组织结构设置只有密切接触市场，真正以市场为导向，才能产生对市场极为敏锐的反应，捕捉稍纵即逝的机会。现在不少企业的组织结构是以研究产品开发为起点，以产品销售为终点，缺少对市场的关注，缺少对市场变化的敏锐性，制约、束缚了企业的发展。

(二) 整体协调和主导性原则

协调是管理的主要职能之一。设置市场营销组织需要遵循整体协调和主导性原则，可从以下方面加以认识。

(1) 设置的市场营销组织，能够对企业与外部环境，尤其是与市场、顾客之间关系的协调发挥积极作用。企业的目的是创造市场、创造顾客。失去了市场、顾客，企业也就失去了存在的资格和生存的条件。满足市场的需要，创造满意的顾客，是企业最为基本的宗旨和责任。比竞争者更好地完成这一任务，是组建市场营销组织的基本目的。

(2) 设置的市场营销组织能够与企业内部的其他机构相互协调，并能协调各个部门之间的关系。

(3) 市场营销组织内部的人员机构以及层次设置，也要相互协调，以达到市场营销机构自身的整体优化。只有做到从自身内部到企业内部，再到企业外部的协调一致，市场营销机构的设置才能说是成功的。

总之，市场营销组织应当做到在面对市场、面对顾客时，能够代表企业；在面对企业内部各个部门、全体员工时，又能代表市场、代表顾客。同时，自身内部又具有相互适应的弹性结构，是一个有机的系统。

(三) 精简性原则

组织建设要“精兵简政”，切忌机构臃肿：一是因事设职、因职设人，人员精干；二是内部层次不宜太多。内部层次少，可以加快信息流通，减少阻碍。还能密切员工之间的关系，有利于交流思想、沟通情感，提高人员积极性和工作效率。

最佳的营销组织既能完成工作任务，形式又最为简单。这涉及管理跨度与层次问题。通常情况下，管理层次过多容易造成信息失真与传递速度过慢，可能影响决策的及时性和正确性；管理跨度过大，超出领导者能够管辖的限度，又会造成整个机构内部的不协调、不平衡。因此，营销组织必须选择合适的管理跨度和管理层次。

(四) 有效性原则

效率是衡量组织水平的重要标准。营销组织的效率表现在：能否在必要的时间内完成规定的任务；能否以最少的工作量换取最大的成果；能否很好吸取过去的经验、教训，在业务上不断突破；能否维持机构内部的协调，及时适应外部环境、条件的变化。为实现组织的高效率，必须具备一些基本条件：

(1) 市场营销组织要有与完成自身任务相一致的权力，包括人权、物权、购权、发言权和处理事务权。

(2) 市场营销组织要有畅通的内部沟通和外部信息渠道。没有信息的通畅，市场营销管理也就难以有任何真正的效率。

(3) 善于用人，各司其职。各级市场营销管理人员应当善于发现下属优点，发挥每一个人的专长。同时，领导者还有善于发挥自己的作用，也就是能够牢记职责，不把精力消耗在不应干预的领域。

为了保证效率，要制定规章制度，包括奖惩条例。通过建章立制，确立每个员工的职责，各司其职，奖勤罚懒，充分调动积极性。

第三节　营销控制

一、市场营销控制的定义

企业面临着复杂多变的市场环境，选取组织结构的不同必然引起管理形式和管理层次的区别，因此，为了保证战略计划的贯彻和实施，管理者必须重视市场营销控制工作。

所谓营销控制，就是市场营销管理者用来跟踪企业营销活动各环节的一整套工作程序，其目的是确保营销活动按期望目标运行。市场营销控制是企业管理的一个重要职能，也是企业战略计划的一项必要措施。控制是一个管理过程，是确保企业按照管理者意图或预期目标运作的过程。一般来说，营销控制过程能够被规律性地分解为若干步骤，不同的战略需要会决定不同的控制目标以及营销控制的具体类型。

【小案例】

科诺公司的营销管理

武汉科诺公司是由武汉东湖高新集团、武汉东湖高新农业生物工程有限公司和湖北省植保总站于1999年5月共同组建的一家高科技企业，注册资本8000万元人民币，主要从事生物农药及其他高效、低毒、无公害农药的研发、生产、销售和推广。

截至2000年5月，科诺公司共有员工1033名，其中有601名销售人员。这些销售人员直接分布在全国各市场片区，充分体现出营销工作在科诺公司的重要地位，同时也反映出营销工作的成败直接影响了科诺公司的生存和发展。科诺公司的营销管理工作主要有以下几个特点：

(1) 公司正处于生命周期的引入期，开拓市场、销售额最大化是公司的首要目标；

(2) 公司的主要产品是生物农药，属于有形产品，销售业绩目标的可量化程度较高；

(3) 销售区域分布广，销售过程透明度不高，公司总部对各片区销售人员行为的可控性较低，因此销售人员有可能“粉饰”销售业绩，并为获取个人短期利益而牺牲公司长期发展；

(4) 生物农药产品直接面对的是农村市场，销售人员主要是与农民消费者打交道，大多数销售人员是在当地市场直接招聘的，因此综合素质不高。

因此，公司在市场部设置了督办部，设计了一种“双回路”的营销控制模式，并且这种营销控制模式对公司早期的快速成长以及规范销售人员的行为发挥了重要的作用。“双回路”营销控制模式主要是强工作计划与督办落实两条腿走路，一方面要求销售人员做出详细的工作计划，包括具体的销售业绩目标；另一方面派出督办人员不定期地到市场一线去检查工作计划的完成情况，并及时反馈检查的结果。督办人员的工作目的不是为了“挑刺”，找出销售人员工作中的不规范行为，而是帮助销售人员解决工作中的困难，及时“纠偏”，从而顺利完成销售目标。

营销启示：科诺公司的营销控制模式是将结果控制、过程控制以及他人控制等几种类型的营销控制有机地结合起来，而且在每种类型的营销控制中设计和运用的具体方法和流程之间也是相互联系，相互支撑的。因此该种整合的营销控制模式较好地弥补了单个控制模式的不足，并使其发挥了“1+1>2”的效果。

二、营销控制的类型

市场营销控制包括年度规划控制、盈利控制、效率控制和战略控制。年度规划控制主要检查市场营销活动的结果是否达到了年度规划的要求，并在必要时采取调整和纠正措施；盈利控制是为了确认在各产品、地区、顾客群和分销渠道等方面的实际获利能力；效率控制的任务是提高诸如人员推销、广告、促销、分销等工作的效率；战略控制的任务是审计企业的战略、规划是否有效地抓住了市场机会，是否同市场营销环境相适应，见表14-1。

表 14-1 营销控制类型表

控制类型	负责人	控制目的	控制方法
年度计划控制	最高主管、中级管理人员	检查计划目标是否完成	销售情况分析 市场占有率分析 财务分析 用户反应跟踪
盈利能力控制	营销主管人员	审查企业盈亏原因	各产品、地区、细分市场、分销渠道等盈利能力分析
效率控制	管理人员、营销控制人员	评估与提高经费开支的效率及效果	销售人员效率 广告效率 促销效率 分销效率
战略控制	最高主管、市场营销审计人员	检查企业是否最大限度地利用了市场营销机会	市场营销审计

（一）年度计划控制

年度计划控制的内容是对销售额、市场占有率、费用率等进行控制。年度计划控制的目的是确保年度计划所规定的销售、利润和其他目标的实现。控制过程分为四个步骤：确定年度计划中的月份目标或季度目标；监督市场营销计划的实施情况；如果市场营销计划在执行过程中有较大的偏差，要找出其中的原因，采取必要的补救或调整措施，缩小计划与实际之间的差距。

1. 销售情况分析

销售情况分析衡量并评估实际销售额与计划销售额的差距，具体有两种方法：

(1) 销售差距分析，主要用来衡量造成销售差距的不同因素的影响程度。

例如，假设一家企业在年度计划中规定，某种产品第一季度出售 8000 件，单价 10 元，总销售额 80000 元。季末实际售出 6000 件，售价降为 8 元，总销售额为 48000 元，比计划销售额少 40%，差距为 32000 元。显然，既有售价下降方面的原因，也有销量减少的原因。但是，两者各自对总销售额的影响程度又是多少呢？

计算如下：

售价下降的差距 = (10-8)×6000 = 12000

售价下降的影响 = 12000/32000 = 37.5%

销量减少的差距 = (8000-6000)×10 = 20000

销量减少的影响 = 20000/32000 = 62.5%

由此可见，没有完成计划销售量是造成总销售额差距的主要原因，因此需要进一步深入分析销售量减少的原因。

(2) 地区销售量分析，用来衡量导致销售差距的具体产品和地区。

例如，某企业在 A、B、C、D 四个地区的计划销售量，分别为 4000 件、2500 件、2300 件和 1500 件。但实际完成的销售量分别为 3600 件、2150 件、1050 件和 1400 件。就预期销售额而言，A 区有 10%的未完成额；B 区有 14%的未完成额；C 区有 54.35%的未完成额；D 区有 6.67%的未完成额。显然，引起差距的主要原因在于 C 区销售量大幅度减少。因此，有必要进一步查明原因，加强该地区的市场营销管理。

2. 市场占有率分析

销售分析一般不反映企业在市场竞争中的地位。因此，企业还要分析市场占有率，揭示企业同竞争者之间的相对关系。比如，一家企业销售额的增长可能是它的市场营销绩效较竞争者有所提高，也可能是因为整个宏观经济环境改善，使得市场上所有企业都从中受益，而这家企业和对手之间的相对关系并无变化。企业需要密切注意市场占有率的变化情况。

在正常情况下，市场占有率上升表示市场营销绩效提高，在竞争中处于优势；反之，说明在竞争中处于劣势。

造成市场占有率被动的原因很多，需要具体分析。

（1）市场占有率的下降，可能出于企业在战略上的考虑。有时候，企业调整经营战略、市场营销战略，主动减少一些不能盈利的产品，进而导致总销售额下降，影响市场占有率。如果企业的利润反而有所增加，那么这种市场占有率的下降就是可以接受的。

（2）市场占有率的下降，也可能是新竞争者进入所致。通常新的竞争者加入本行业，竞争会引起其他企业的市场占有率在一定程度上有所下降。

（3）外界环境因素对参与竞争的各个企业的影响方式和程度往往不同，产生不一样的影响力。例如，原材料价格的上涨会对同一行业的各个企业都产生影响，但不一定所有企业及同类产品都受到同样的影响。有些企业推出创新的产品设计，在市场上争取到较多的客户，市场占有率反而可能上升。

（4）分析市场占有率，要结合市场机会同时考虑。机会程度高的企业，其市场占有率一般应高于市场机会程度低的竞争者，否则其效率就有问题。

3. 营销费用率分析

年度计划控制要确保企业在达到销售计划指标时，市场营销费用没有超支。因此，企业需要分析各项费用率，并控制在一定限度。如果费用率的变化不大，在安全范围内可不采取任何措施；如果变化幅度过大，上升速度过快，接近或超出上限，就必须采取措施。

4. 财务分析

财务分析就是对影响企业净值收益率的各项主要因素的分析，以便决定公司如何行动以及在什么地方行动，从而获得盈利。现在，企业营销者越来越倾向于利用财务分析来寻求提高利润的途径。

5. 用户反应跟踪

用户反应跟踪就是企业建立专门机构，用以追踪顾客、经销商以及营销系统中其他参与者的态度，在顾客偏好和顾客态度产生之前就对其变化进行监控，使管理者能及早采取行动影响顾客的态度，从而有利于顾客满意度的提高。

通过上述分析，若企业发现市场营销实绩与年度计划指标差距太大，就要采取相应措施：或是调整市场营销计划指标，使之更切合实际；或是调整市场营销战略和战术，以便于计划指标的实现。如果指标和战略、战术都没有问题，就要在计划的实施过程中查找原因。

【小案例】

玉兰油(OLAY)促销

2001年9月21日~2002年1月27日的各个周末，宝洁公司在没有玉兰油专柜的商场内进行店内促销，目的是向消费者传递玉兰油换新包装的信息，让玉兰油时尚、专业、高档的形象深入人心，并通过促销中的买赠活动吸引更多的消费者购买。

为了最大限度地利用资源并达到最好的推广效果，公司选择了商场内人流量最大的时间段——周五(18：00~20：00)、周六(11：30~20：30)和周日(11：30~20：30)。

玉兰油属于中高档化妆品，消费对象为18~50岁的职业女性，销售区域主要是城市，本次活动选择在华东、华南、西南地区一些经济较发达的城市进行。

明确的组织及职责分工，是促销活动稳定有序进行的前提。“惊喜你自己”玉兰油非专柜促销活动有着精简的组织构架与明确的职责分工。在活动开始之前，确定人员的构架及职责的分工是搞好活动的必要程序。

另外完善的活动方式和严格的项目监控也是成功的关键。本次活动选取滋养霜、营养霜、洁面乳等六种产品做促销推介，买足98元玉兰油产品的顾客，凭小票可获赠价值68元的伊泰连娜项链。活动以POP广告、形象促销专用台、宣传手册和促销小姐统一黑色的OLAY服装为形式，以玉兰油高档、时尚的形象为表现主题，有效的项目监控体系有利于保证促销的质量。本次促销活动配备了严格完善的监控体系，主要有区管及督导的日常巡店，报表体系，奖励计划。

通过缜密的策划准备与有力的贯彻执行，“惊喜你自己”玉兰油非专柜促销活动最终取得了满意的效果，玉兰油的全新形象也深植于消费者心中。

营销启示：玉兰油促销活动的成功与其缜密的营销计划和有效的项目监控密不可分。

（二）盈利能力控制

盈利能力控制是对企业营销组合中各类因素的获利能力进行分析，其结果可帮助营销管理者决策需要发展、缩减或淘汰的产品及市场。市场营销盈利能力分析显示了不同渠道、产品、地区或其他市场营销实体的相对盈利能力。盈利能力分析的目的在于找出妨碍获利的因素，以便采取相应措施减少甚至排除这些不利因素的影响。公司可采用的调整措施有很多，企业必须在全面考虑之后做出最佳选择。

1. 盈利能力分析

通过对财务报表和数据的处理，把所获利润分报到诸如产品、地区、渠道、顾客等上面，衡量每个因素对企业最终盈利的贡献大小，获利水平如何。例如，某公司一年的渠道损益情况见表14-2。

表14-2　某公司的渠道损益情况表　　单位：元

项目＼渠道	百货商店	杂货商店	专业商店	总额
销售收入	30000	1000	20000	60000
销售成本	19500	6500	13000	39000
毛利	10500	3500	7000	21000
费用总额	10050	3810	1940	15800
推销	4000	1300	200	5500
广告	1550	620	930	3100
包装运输	3000	1260	540	4800
处理票据	1500	630	270	2400
净利(损)	450	-310	5060	5200

从表 14-2 可以看出，专业商店虽然销售额不及百货商店大，但获利能力却是最大的，百货商店所占销售额虽近一半，但所获利润不大，杂货商店所占销售额约为 1/6，但从盈利角度却是亏损。当然还要对费用支出情况以及不同地区损益情况做出分析。

营销盈利能力分析的主要步骤如下。

(1) 测定每一项活动需要的费用，确定功能性费用。

(2) 测定通过每种渠道销售产品各自所需要的功能性费用，将功能性费用指定给各市场营销实体。

(3) 为每个市场营销实体编制一份损益表。

评价盈利能力的主要指标有：销售利润率、资产收益率、净资产收益率、资产管理收益率等。

2. 最佳调整措施的选择

盈利能力分析的目的在于找出妨碍获利的因素，排除或者削弱这些不利因素的影响。由于可供选择的调整措施很多，企业必须在全面考虑之后，做出选择。

为了评估和控制市场营销活动，国外有的企业专门设置了“市场营销控制员”的岗位。他们一般都在财务管理和市场营销方面受过良好的专业训练，能够承担复杂的财务分析以及制定市场营销预算的工作。

(三) 效率控制

效率控制是对企业在销售人员、广告、促销和分销等方面的工作绩效进行评估并找出提高其管理工作绩效的途径的活动过程。主要有销售人员绩效、广告绩效、营业推广绩效和分销绩效等方面的控制。

1. 销售人员效率

各级销售经理都应该掌握评估自己地区销售人员效率的几个关键性指标，它们是：

(1) 每个推销员平均每天的推销访问次数。

(2) 平均每次推销访问所需要的时间。

(3) 平均每次推销访问的收入。

(4) 平均每次推销访问的成本。

(5) 平均每次推销访问的交易费用。

(6) 订货单数与推销访问次数之比。

(7) 每一时期新增加的顾客数。

(8) 每一时期失去的老顾客数。

(9) 推销队伍成本占总销售额的比率。

2. 广告效率

广告效率是难以具体衡量的，但是可以通过下面几个指标来判断。

(1) 每一媒体的千人广告成本、广告注意率、阅读率等。

(2) 消费者对广告有效性和广告内容的意见。

(3) 比较广告前后消费者对产品的态度。

(4) 由广告引发的消费者咨询次数以及每次咨询成本。

管理者可以通过一系列的步骤来提高广告效率，如对产品做更好的定位、明确广告目标、预试广告信息、利用计算机技术来选择广告媒体、寻找较好的媒体和做广告反馈调查。

3. 营业推广效率

营业推广包括许多刺激顾客兴趣、促使顾客购买的方法。为了提高效率，管理部门应记录每种方法的费用与促销效果，同时还要注意下列资料的收集与分析。

(1) 优惠引起的顾客购买比率。

(2) 每百元销售额的营业推广费用。

(3) 赠卷回收比例。

(4) 现场推销表演引起的顾客询问次数。

通过分析可以发现各种营业推广活动的效果，从中找出节省成本增加效益的最佳方法。

4. 分销效率

提高分销的效率是为了解决探索节约流通时间、降低流通费用、更好地满足用户和消费基金需要的问题。企业可以在对现有分销渠道的效率进行分析、评价的基础上，利用科学管理手段改进工作，包括调整分销渠道、淘汰那些推销效率不高的渠道和选择信誉好、效率高的中间商，同时加强物流管理。例如，测算库存经济批量，提高存货控制；调整运输路线和运输方式，节约运输费用；合理选择仓库，实行科学堆码，减少库存占用量等。

(四) 战略控制

1. 战略控制的含义

在复杂多变的市场环境中，企业制定的各种目标、政策、战略和计划往往会很快过时。因此，每一个企业都应定期对其进入市场的总体方式进行重新评价也就是战略控制。所谓战略控制，是指市场营销管理者采取一系列活动，使实际市场营销工作与已定的计划尽可能一致。在控制中通过不断评估和信息反馈，对战略不断进行修正。

2. 战略控制的工具

在企业战略控制过程中，主要采用市场营销审计这一重要工具。市场营销审计是对一个企业或一个业务单位的营销环境、目标、战略和活动所做的全面的、系统的、独立的、定期的检查。其目的在于确定问题所在，发现机会并提出行动计划、以提高公司的市场营销效率。

3. 营销审计

营销审计是对企业或战略业务单位的营销环境、目标、战略和营销活动等方面进行独立的、系统的、综合性的定位审查，以发现营销机会、找出问题、提出改善营销工作的计划和建议。市场营销审计的基本内容包括营销环境审计、市场营销战略审计、市场营销组织审计、市场营销系统审计、市场营销盈利能力审计和市场营销职能审计。

第四节 营销诊断

一、营销诊断的概念

营销诊断，是指在企业目前的条件以及竞争环境下，通过全面的营销检查，发现目前所存在的营销问题，并找到解决方案的过程。通常营销诊断需要借助外界的专业力量，以求诊断过程更加客观和彻底。

营销诊断的模型有很多种，不同的行业和企业所需要的具体诊断模型不一样，但框架相似，这就是我们常说的“营销要素”，如目标市场、市场容量、市场份额、竞争优势，如产品、品牌、价格、渠道、服务、促销、宣传、成本、团队管理、市场调研等环节。

在企业的不同发展阶段，营销诊断的特点也不太一样。在项目上市之前，营销诊断通常称为项目评估。项目评估很重要，它既可以避免因盲目启动项目而造成的巨大损失，又可以完善和优化整个营销体系，确保项目启动之后能顺利获得市场的认可和竞争优势。在项目成长期，无论企业的内部还是外部，都存在大量变数，这时候需要经常性地进行营销诊断，促使营销体系能充分适应发展的目标和市场竞争，最终形成相对稳定的最佳营销体系。项目成熟期，尽管品牌认知、产品销售、顾客口碑都处于相对稳定的阶段，但必须居安思危。

二、营销诊断的步骤

营销诊断是一项综合性工程，它涉及企业营销的各个方面。诊断小组在进行营销诊断的时候，应力争在最短的时间里使自己对所诊断企业的行业有比较深的了解。同时，努力保留着重要的第一印象，以使自己不至于陷得太深而失去旁观者的客观与冷静。

(一) 预备诊断阶段：查找问题

这个阶段，需要合理安排2~3天时间的工作程序和内容来了解企业各种情况。应跳出企业操作的圈子，站到一个更高的层次来迅速了解企业的战略环境和相关组合等方面的问题。通常在预备诊断阶段与各级员工访谈时，借用SWOT分析法来进行诊断的开启，看清企业进行营销的大小环境，理清自己的营销思路。

(二) 正式诊断阶段：深度访谈

探查问题根源通过预备阶段的工作和企业SWOT分析，客户企业的大致情况或者说一些表面的问题，基本上都比较清晰。但是，这些问题是如何造成的？它的根源又在哪里呢？正式诊断阶段是整个营销诊断中最为重要的环节，不仅仅因为它工作面宽、工作量大，更主要的是这个过程实际上是在努力地寻找和挖掘最根源的东西，诊断者必须具有敏锐的思维和善于发现问题的眼光，随时发现和抓住一些关键问题，进行深度访谈。

(三) 发布结论阶段：撰写诊断报告及报告

阐述综合分析是整个营销诊断过程中的核心部分，其质量好坏直接决定了营销诊断的水平高低。营销诊断报告以书面的形式，以别人能接受的方式进行叙述，在通常情况下，仅限于企业小范围阅读，一般是企业的决策层，对本行业有一定的理解与觉悟，需要营销诊断报告能给企业带来切中要害的批判和警醒，并设立课题以使企业明白自己如何去发展和变革。营销诊断报告定稿后，即与客户沟通，尽早安排时间进行阐述。千万不要把报告会开成演讲会或其他类型会议，最好不要安排与诊断内容无关的发言。报告会后，一定要召开一系列的座谈会，广泛听取意见，以利于后续工作的进一步展开。

三、营销诊断的内容

(一) 营销战略诊断

营销战略诊断主要包括营销目标、市场机会、市场竞争、企业内部条件和资源等方面的分析和研究，侧重于外部机会的把握和威胁识别、竞争战略的选择等方面内容。

(二) 营销环境诊断

营销环境诊断主要侧重对企业营销具有直接或者间接关系和影响的宏观营销环境及微观

营销环境因素进行诊断。

（三）营销管理诊断

营销管理诊断主要包括营销组织架构、效果评估系统、流程管控系统、销售队伍和系统人员培训、市场信息系统等方面，以及针对产品策略、价格策略、渠道策略、广告策略等市场营销组合的审计和诊断。

【课后练习】

一、简答题

1. 简述市场营销计划的内容。
2. 简述市场营销组织结构的类型。
3. 阐述市场营销控制的类型。
4. 概括市场营销诊断的步骤。

二、案例分析

TCL的营销管理哲学

1998年，TCL集团以总资产58亿元，销售额108亿元，实现利润8.2亿元的业绩，在全国电子行业排行表上跃居前五名。回顾由5000元财政贷款起家的成长历程，这个地方国有企业集团的高层决策者体会到建立并贯彻一套适应市场经济要求的经营理念是公司生存和发展的关键。

TCL的经营理念包括两个核心观念和四个支持性观念。两个核心观念是：

(1) 为顾客创造价值的观念。他们认为，顾客(消费者)就是市场，只有为顾客创造价值，赢得顾客的信赖和拥戴，企业才有生存和发展的空间。为此，公司明确提出“为顾客创造价值，为员工创造机会，为社会创造效益”的宗旨，将顾客利益摆在首位。每一个项目，都要求准确把握消费者需求特征及其变化趋势，紧紧抓住四个环节：不断推出适合顾客需要的新款式产品；严格为顾客把好每个部件、每种产品的质量关；建立覆盖全国市场的销售服务网络，为顾客提供产品终身保修；坚持薄利多销，让利于消费者。

(2) 不断变革、创新的观念。他们认为，市场永远在变化，市场面前人人平等，唯有不断变革经营、创新管理、革新技术的企业，才能在竞争中发展壮大。为此，他们根据市场发展变化不断调整企业的发展战略和产品质量与服务标准，改革经营体制，提高管理水平。近几年来，集团除推出TCL致福电脑、手提电话机、锂系列电池、健康型洗衣机和环保型电冰箱等新产品外，对电视机、电话机等老产品每年也有各近20种不同型号新产品投放市场，并几乎都受到消费者青睐。

在具体的营销管理工作中，集团重点培育和贯彻了四项支持性观念：

(1) 品牌形象观念。将品牌视为企业的形象和旗帜，对消费者服务和质量的象征，花大力气创品牌、保品牌，不断使品牌资产增值。

(2) 先进质量观念。以追求世界先进水平为目标，实施产品、工艺、技术和管理高水平综合的全面质量管理，保证消费者利益。

(3) 捕捉商机贵在神速的观念。他们认为，挑战在市场，商机也在市场，谁及时发现并迅速捕捉了它，谁比竞争对手更好地满足消费者需要，谁就抢占发展的先机。

(4) 低成本扩张观念。现阶段我国家电领域生产能力严重过剩，在有条件实行兼并的情况下，企业应以低成本兼并扩大规模，为薄利多销奠定坚实基础。1996 年，TCL 以 1.5 亿港元兼并香港陆氏集团彩电项目；以 6000 万元人民币与美乐电子公司实现强强联合。仅此两项，就获得需投资 6 亿元才能实现的 200 万台彩电生产能力，年新增利润近 2 亿元。

TCL 集团在上述观念指导下，建立了统一协调、集中高效的领导体制，自主经营、权责一致的产权机制，灵活机动、以一当十的资本营运机制，举贤任能、用人所长的用人机制，统筹运作、快速周转的资金调度机制。依据目标市场的要求，TCL 投入上亿元资金，由近千名科技人员建立了三个层次(TCL 中央研究院、数字技术研究开发中心、基层企业生产技术部)的战略与技术创新体系，增强自有核心技术研究开发能力，以此抢占制高点，拓展新产品领域。20 世纪 90 年代初，TCL 集团在以通讯终端产品为主拓展到以家电为主导产品的同时，强化了以“主动认识市场、培育市场和占有市场”为基本任务的营销网络建设。集团在国内建立了七个大区销售中心、31 家营销分公司、121 家经营部和 1000 多家特约销售商，覆盖了除西藏、台湾之外的所有省份；在俄罗斯、新加坡、越南等国家建立了销售网络。

TCL 集团快速成长。全集团销售额、实现利税年均增长速度分别为 50%和 45%。

思考题：

TCL 的经营理念是否适应我国当代市场环境的要求？

第十五章　市场营销的新发展

知识目标

了解网络营销、绿色营销、体验营销、口碑营销、文化营销和大数据营销等新型营销发展趋势的含义，产生背景及相关策略。

能力目标

掌握各种最新营销方式的企业实施条件、运作方法及技巧等。

素养目标

具备营销创新思维和树立体现中国当代本质特征的市场营销观念。

关键术语

网络营销、绿色营销、体验营销、口碑营销、文化营销、大数据营销。

导入案例

途观之旅，跨越人生路

“2012 途观之旅，跨越人生路”的线上互动活动与街旁开放平台合作，消费者使用街旁账号即可登录“2012 途观之旅——跨越人生路”活动网站，认领自己心仪的途观小车，导入签到资料，开始途观之旅。通过在现实中使用街旁签到，消费者可将日常生活中的“两点一线”移动转化为虚拟旅程中的公里数，推动途观前进。这种植入式的探索体验，借由街旁精准、灵活的地理位置服务优势，很好地传达了品牌信息，充分调动了消费者的参与积极性，打造了充满互动性的在线虚拟旅程。

营销启示：途观利用新颖的营销内容来吸引消费者，和当下火热的 App 程序合作，充分调动消费者的参与积极性和互动性，并且将消费者的日常生活和产品联系在一起，将品牌要传达的“汽车”“生活距离”“地点转化”等关键信息准确地传达给消费者，使品牌、产品在 App 使用中逐渐深入人心。

第一节　网络营销

近年来，信息技术尤其是互联网飞速发展，对各行各业都产生了重大影响，因此产生了许多新生事物，网络营销就是互联网给企业发展带来发展机遇和挑战的一种新事物。

一、网络营销的概念及优势

（一）网络营销的概念

网络营销(On-line Marketing 或 E-Marketing)是以国际互联网为基础，利用数字化的信息和网络媒体的交互性来辅助营销目标实现的一种新型的市场营销方式。简单地说，网络营销就是以互联网为主要手段进行的，为达到一定营销目的的营销活动。企业在进行营销过程中，为了有效地把握市场以实现其营销目标，需大力规划与执行其创意、产品、服务观念、推广、渠道等过程。从这个角度看，互联网实际上具备许多营销的特质。

（二）网络营销的优势

1. 资源整合优势

互联网超越时空限制的特点与具备传送文字、声音、动画和影像的多媒体能力，较之传统的媒体，在表现的可能性和丰富性上要杰出得多，可以发挥营销人员的创意。还能够将产品说明、促销、顾客意见调查、广告、公共关系、顾客服务等各种营销活动整合在一起，进行一对一的沟通，真正达成营销组合所追求的整合效益。

2. 信息沟通优势

互联网可以结合文字、声音、影像、图片以及视讯，用动态或静态的方式展示商品目录，连接资料库提供有关商品信息的查询，可以和顾客进行双向沟通，收集市场情报，进行产品测试与消费者满意调查等，是产品设计、商品信息提供以及顾客服务的最佳工具。从营销管理过程来看，互联网营销可由商品信息提供至收款、售后服务一气呵成，也是一种全过程的营销渠道。

3. 低成本优势

互联网上的促销是一对一的、理性的、消费者主导的、非强迫的、循序渐进的，并能轻易迅速地更新资料，同时消费者也可重复上线浏览查询，从而使企业具有低成本优势。

4. 时空优势和客户群体优势

互联网上的营销突破了传统商业的时空限制，因而其使用者数量快速成长并遍及全球，使用者多属年轻、中产、高教育水平的阶层，因此，是一个极具开发潜力的营销渠道。

【小案例】

青春小酒——江小白的互联网逆袭之道

江小白是由重庆江小白酒类营销有限公司推出的青春小酒，是定位时尚青春群体，富含时代感和文艺气息，根据80后、90后年轻消费人群的口味需求，具有开创性、颠覆性的酒类产品。

2013年，国内白酒行业进入冬天，让“挣惯懒钱”的白酒企业在冷风中醒过来。就在这一年，成立不到两年的江小白逆势崛起，销售额达到5000万元。从成立公司到在业内打响名声，“我是江小白”这个品牌仅用了一年的时间！

在“高大上”的传统白酒品牌纷纷“冬眠”的时候，江小白为什么能够脱颖而出，实现“逆袭”发展呢？

首先，根据80、90后这群人的思想特征，提出了“我是江小白，生活很简单”的品牌理念。江小白代表着青春而简单的个性，有着强烈个性表达、爱憎分明的文艺青年情结。同时，柔和的口感，较低的醉酒度以及醒酒时间快等特点，都很好地满足了年经一代消费人群的需求。

其次，以O2O营销模式进行产品推广。江小白采取线上线下相结合的方式，通过互联网社区论坛、微博等社会化营销工具传播品牌价值。传统营销模式中，广告费、包装费以及中间流通环节的层层加价，都让酒品终端价格居高不下，而江小白几乎从不在主流媒体做广告，利用得最多的是免费的社交媒体，是一个近乎完全依赖社交媒体造势的品牌。

最后，社会化营销功不可没。江小白长于文案植入，将有意思的话题与江小白的产品联系在一起，发布一些年轻人喜闻乐见的幽默段子或者焦点话题。在线上，诙谐的标语被称为"江小白体"，产生了病毒式的传播效果，网友甚至自发组织参与"江小白体"的创作。江小白还对自己的品牌形象，将微博的运营完全拟人化，在所有的热点事件时发声，表明自己的态度。同时，利用微博互动作为线上工具，组织线下活动，善于制造引发粉丝主动转发的传播点，与线上形成互动，以增强粉丝黏性。

营销启示：江小白的成功是突破传统行业的营销手段，重新审视行业、市场生态，从品牌价值、传播手段、商业模式方面创新，以"互联网思维"来打造品牌的结果。网络营销就是当大部分人还在迷茫的时候，少数人已经赚到了第一桶金。

二、网络营销的竞争战略

(一) 网络营销的特点

1. 虚拟化

受到网络顾客欢迎的不只是虚拟的商品，更重要的是制造虚拟商品和服务的能力。要将原有的商业改造成虚拟网络商业，势必经过一番大的调整。虚拟网络商业还要学会收集和控制资讯，以及在虚拟网络化下提高现代企业的组织技巧和技术。

2. 加值化

目前，技术的发展允许企业去了解顾客使用互动式企业信息的情形，企业借此可及时提供满足消费者喜好的商品，也可减少未来的营销研究，用以调查顾客对商品和信息的反应。

3. 个人化

传统的报业也因网络时代的到来，导致其产品形式的转变。美国几家电子报纸推出个人化报纸，如《华尔街日报》的个人版，每月只需付15美元，即可享受全天24小时的新闻简报。个人化报纸将传统一对多的大众传播方式转变为一对一的个人传播方式。

4. 相关化

网络上会产生新的网络营销与广告机会，从超媒体到新闻讨论群，这些服务将结合用来改善网络企业与消费者的关系。新的消费者与商家的互动关系将会出现，消费者会主动搜寻商家上所提供的有用资讯。

5. 直销化

网上直接销售将成为网络营销的主旋律。

(二) 网络营销的竞争战略

波士顿商学院教授科宁博士提出了关于网络营销的竞争战略：

(1) 确定网上宣传所针对的客户及他们的范围与喜好。企业的信息提供、信息类型都必须针对特定的客户群，给予他们真正想要的信息。

（2）公司的全面总动员。参与公司相关的同行业公会组织，保证企业的节点可以在相关产业的网站上搜寻到。

（3）满足客户的信息需要。企业在国际网络上的节点必须是正确、清楚且易于联想的，企业随时跟踪顾客购物的信息需要。

（4）企业必须立即回应顾客的需求。企业对于顾客提出的问题要用最快的速度回答，利用 E-mail 与既有的消费者做双向沟通。

（5）重视网络营销效果。企业要随时统计进站画面的点击次数与顾客名单，以便企业做出正确的营销策略。

第二节　绿色营销

一、绿色营销的概念及特点

（一）绿色营销的概念

绿色营销是指企业以环境保护为经营指导思想，在生产经营过程中，以绿色文化为价值观念，以消费者的绿色消费为中心和出发点对产品和服务进行构思、设计、销售和制造的一种营销观念、营销方式和营销策略。它要求企业在经营中贯彻自身利益、消费者利益和环境利益相结合的原则。

绿色营销包含两层含义：一是强调企业的环保责任，要求企业从产品研发设计、原料采购、能源消耗、生产到最终消费、废物处理等一系列过程中担负起对社会和环境的责任，确保资源的有效使用，确保环境不受污染和破坏；二是注重健康消费，要求企业在选材、生产、运输、销售、使用等环节都要在满足顾客需求的同时，确保消费者的身心安全。总之，绿色营销就是企业在经营过程中，把企业利益与社会责任高度统一的一种营销手段。

（二）绿色营销的特点

1. 绿色消费是开展绿色营销的前提

消费需求由低层次向高层次发展，是不可逆转的客观规律，绿色消费是较高层次的消费观念。人们的温饱等生理需要基本满足后，便会产生提高生活综合质量的要求，产生对清洁环境与绿色产品的需要。

2. 绿色观念是绿色营销的指导思想

绿色营销以满足需求为中心，为消费者提供有效防止资源浪费、环境污染及损害健康的产品。绿色营销所追求的是人类的长远利益与可持续发展，重视协调企业经营与自然环境的关系，力求实现人类行为与自然环境的融合发展。

3. 绿色体制是绿色营销的法制保障

绿色营销是着眼于社会层面的新观念，所要实现的是人类社会的协调持续发展。在竞争性的市场上，必须有完善的政治与经济管理体制，制定并实施环境保护与绿色营销的方针、政策，制约各方面的短期行为，维护全社会的长远利益。

4. 绿色科技是绿色营销的物质保证

科技是第一生产力，但科技进步如果背离绿色观念，其结果有可能加快环境污染的进程。只有以绿色科技促进绿色产品的发展，促进节约能源、资源可再生、无公害的绿色产品的开发，才是绿色营销的物质保证。

二、我国企业实施绿色营销的策略

（一）树立绿色营销观念

绿色营销观念是在绿色营销环境下企业生产经营的指导思想。传统营销观念认为，企业在市场经济条件下生产经营，应当时刻关注与研究的中心问题是消费者需求、企业自身条件和竞争者状况这三个方面，并且认为满足消费需求、改善企业条件、创造比竞争者更有利的优势，便能取得市场营销的成效。而绿色营销观念却在传统营销观念的基础上增添了新的思想内容。

企业生产经营研究的首要问题不是在传统营销因素条件下，通过协调三方面关系使自身取得利益，而是着眼于绿色营销与环境的关系。企业营销决策的制定必须首先建立在有利于节约能源、资源和保护自然环境的基点上，促使企业市场营销的立足点发生新的转移。

与传统的社会营销观念相比，绿色营销观念注重的社会利益更明确定位于节能与环保，立足于可持续发展，放眼于社会经济的长远利益与全球利益。

（二）设计绿色产品

产品策略是市场营销的首要策略，企业实施绿色营销必须以绿色产品为载体，为社会和消费者提供满足绿色需求的产品。所谓绿色产品是指对社会、对环境改善有利的产品，或称无公害产品。这种绿色产品与传统同类产品相比，至少具有以下特征：

（1）产品的核心功能既要能满足消费者的传统需要，符合相应的技术和质量标准，更要满足对社会、自然环境和人类身心健康有利的绿色需求，符合有关环保和安全卫生的标准。

（2）产品的实体部分应减少资源的消耗，尽可能利用再生资源。产品实体中不应添加有害环境和人体健康的原料、辅料。在产品制造过程中应消除或减少“三废”对环境的污染。

（3）产品的包装应减少对资源的消耗，包装的废弃物和产品报废后的残物应尽可能成为新的资源。

（4）产品生产和销售的着眼点，不在于引导消费者大量消费进而大量生产，而是指导消费者适量消费而适量生产，建立全新的生产美学观念。

（三）制定绿色产品的价格

价格是市场的敏感因素，定价是市场营销的重要策略，实施绿色营销不能不研究绿色产品价格的制定。一般来说，绿色产品在市场的投入期，生产成本会高于同类传统产品，因为绿色产品成本中应计入产品环保的成本，主要包括以下几方面：

（1）在产品开发中，因增加或改善环保功能而支付的研制经费。

（2）在产品制造中，因研制对环境和人体无污染、无伤害而增加的工艺成本。

（3）使用新的绿色原料、辅料而可能增加的资源成本。

（4）由于实施绿色营销而可能增加的管理成本、销售费用。

随着科学技术的发展和各种环保措施的完善，绿色产品的制造成本会逐步下降，趋向稳定。企业制定绿色产品价格，一方面应考虑上述因素，另一方面应注意，随着人们环保意识的增强，消费者经济收入的增加，消费者对商品可接受的价格观念会逐步与消费观念相协调。所以，企业营销绿色产品不仅能使企业盈利，更能在同行竞争中取得优势。

（四）实施绿色营销的渠道策略

绿色营销渠道是绿色产品从生产者转移到消费者所经过的通道。企业实施绿色营销必须建立稳定的绿色营销渠道，策略上可从以下几方面努力：

（1）启发和引导中间商的绿色意识，建立与中间商恰当的利益关系，不断发现和选择热心的营销伙伴，逐步建立稳定的营销网络。

（2）注重营销渠道有关环节的工作。为了真正实施绿色营销，从绿色交通工具的选择，绿色仓库的建立，到绿色装卸、运输、储存、管理办法的制定与实施，认真做好绿色营销渠道的一系列基础工作。

（3）尽可能建立短渠道、宽渠道，减少渠道资源消耗，降低渠道费用。

（五）搞好绿色营销的促销活动

绿色促销是通过绿色促销媒体，传递绿色信息，指导绿色消费，引导消费者的绿色需求，最终促成购买行为。绿色促销的主要手段有以下几个方面：

1. 绿色广告

通过广告对产品的绿色功能定位，引导消费者理解并接受广告诉求。在绿色产品的市场投入期和成长期，通过量大、面广的绿色广告，营造市场营销的绿色氛围，激发消费者的购买欲望。

2. 绿色推广

通过绿色营销人员的绿色推销和营业推广，从销售现场到推销实地，直接向消费者宣传、推广产品绿色信息，并且讲解、示范产品的绿色功能，回答消费者绿色咨询，宣讲绿色营销的各种环境现状和发展趋势，激励消费者的消费欲望。同时，还可以通过试用、馈赠、竞赛、优惠等策略，引导消费兴趣，促成购买行为。

3. 绿色公关

通过企业的公关人员参与一系列公关活动，诸如发表文章、演讲、影视资料的播放，社交联谊、环保公益活动的参与、赞助等，广泛与社会公众进行接触，增强公众的绿色意识，树立企业的绿色形象，为绿色营销建立广泛的社会基础，促进绿色营销业的发展。

绿色营销是在消费者绿色需求的条件下产生的，所以，绿色需求是绿色营销的动力。因此，企业应当注重培养绿色文化意识，从而形成绿色营销的文化环境。在产品设计、制造和服务过程中，不断研究和创造有利于保护生态环境、消费者身心健康的科学技术成果，形成绿色营销的科技环境；以能最好地满足消费者绿色需求作为企业间竞争的焦点，形成市场营销新的竞争环境。

【小案例】

有机食品的尴尬

一个月前，杭州一家有机食品公司在城西一个小区，用4800个鸡蛋换了250个会员。一个月经营下来，有意购买有机食品的会员只剩下20多个。

发展会员并送货上门，这种销售模式曾经出现在净菜配送上，现在又有人用来销售价高质优的有机食品，但似乎赚钱也有难度。

250个会员仅20多人频繁购物。

为在城西世纪新城小区发展会员，这家运作半年多的公司想出了一个办法：用一盒有机鸡蛋(6个装)换会员资料，他们让物业公司帮忙给小区住户发宣传单，凭单免费领一盒鸡蛋。结果已经入住的1700户住户中有800户领走了鸡蛋，但只有250户愿意再次尝试有机食品并成为会员。

会员不多，能经常消费有机食品的更少。250名会员中，仅有20多位是真正的铁杆有机食品消费者，这20多人差不多每星期都要采购一次，每次采购金额超过300元。加上其余销售，一个月下来，这家公司的销售额仅在4万元左右。会员集中购买的有机食品有大米、禽蛋、肉类和蜂蜜，其余上百个品种的售出率都不高。

这家公司的总经理郑新立说，有机食品虽然单价高，但是利润率与普通食品差不多，约20%~30%。按现有会员对有机食品的消费能力和频率计算，郑新立认为，会员数量至少再多一倍，公司才能保本。

高价限制有机食品销售。

湖州绿叶生态农业发展公司是世纪联华有机蔬菜的供应商。公司负责营销业务的刘经理认为，价格高是影响有机食品销售的主要原因。与施用化肥的蔬菜地相比，有机蔬菜的收成都不高。但有机蔬菜的价格普遍比普通同种类蔬菜贵5倍以上。

浙江大学经济学教授叶航认为，有机食品进行会员配送销售还有另外一个难题，就是消费者对有机食品的信任度不高。要做好有机食品的销售，需要一个有强大信誉的企业来推广。

营销启示：有机食品遭遇“劣币驱逐良币”困境有一定的社会根源，也和相关企业的实力存在一定关系。

第三节　体验营销

一、体验营销的含义

体验营销(Experiential Marketing)是指企业通过采用让目标顾客观摩、聆听、尝试、试用等方式，使其亲身体验企业提供的产品或服务，让顾客实际感知产品或服务的品质或性能，从而促使顾客认知、喜好并购买产品的一种营销方式。这种方式以满足消费者的体验需求为目标，以服务产品为平台，以有形产品为载体，生产、经营高质量产品，拉近企业和消费者之间的距离。美国未来学家阿尔文·托夫勒预言：服务经济的下一步是走向体验经济，人们会创造越来越多地跟体验有关的经济活动，商家将依靠提供体验服务取胜。

体验营销活动具有如下一般特征：①顾客参与；②体验需求；③个性特征；④体验营销中体验活动都有一个体验“主题”；⑤体验营销更注重顾客在消费过程中的体验。

二、体验营销的形式

由于体验的复杂化和多样化，所以《体验式营销》一书的作者伯恩德·H·施密特将不同的体验形式称为战略体验模块，并将其分为五种类型。

1. 知觉体验

知觉体验即感官体验，将视觉、听觉、触觉、味觉与嗅觉等知觉器官应用在体验营销上。感官体验可区分为公司与产品、引发消费者购买动机和增加产品的附加价值等。

2. 思维体验

思维体验即以创意的方式引起消费者的惊奇、兴趣、对问题进行集中或分散的思考，为消费者创造认知和解决问题的体验。

3. 行为体验

行为体验即通过增加消费者的身体体验，指出他们做事的替代方法、替代的生活形态与互动，丰富消费者的生活，从而使消费者被激发或自发地改变生活形态。

4. 情感体验

情感体验即体现消费者内在的感情与情绪，使消费者在消费中感受到各种情感，如亲情、友情和爱情等。

5. 相关体验

相关体验即以通过实践自我改进的个人渴望，使别人对自己产生好感。它使消费者和一个较广泛的社会系统产生关联，从而建立对某种品牌的偏好。

三、体验营销的新发展

体验营销是指企业营造一种氛围，设计一系列事件，以促使顾客变成其中的一个角色尽情“表演”，顾客在“表演”过程中将会因为主动参与而产生深刻难忘的体验，从而为获得的体验向企业让渡价值。体验营销以向顾客提供有价值的体验为主旨，力图通过满足消费者的体验需要而达到吸引和保留顾客、获取利润的目的。

在体验营销模式中，企业的角色就是搭建舞台、编写剧本，顾客的角色是演员，而联系企业和顾客的利益纽带则为体验。开展体验营销，要求企业深入考察顾客的心理，准确掌握顾客需要何种类型的体验。迅驰品牌传播根据国内的研究成果，并结合多年在从事时尚快消品中的经验，把新的竞争环境下的体验营销分为以下几大类型：

1. 美学体验营销

美学体验营销是指以人们的审美情趣为诉求，经由感知刺激，提供给顾客美的愉悦、兴奋、享受与满足的感受。这种营销模式要求企业对色彩、音乐、形状、图案、风格等美的元素加以良好地运用，这种方式在奢侈品尤其盛行。

爱马仕日本建筑师 Shigeru Ban 跟法国著名奢侈品牌爱马仕联合创造出“Module H”，这是一个在 2012 米兰设计周上亮相的模块化的屏风和区域分割系统。标志性和专利的“H”在金属板上镂空，营造出松散堆叠的时尚风格，同时故意在编排上略有位移，创建一个不对称和网格状模式。镂空的设计使得用户可以自由地在其之上添加各种装饰品。从某种程度上即是美学体验营销的典型代表。

2. 娱乐体验营销

娱乐体验营销是指以顾客的娱乐体验为诉求，通过愉悦顾客来达到企业的营销目标。这种营销方式的出发点和归宿点就是为顾客制造快乐。它相对传统的营销方式来说显得更加亲切、轻松、生动，并富有人情味。

蒙牛与《超级女声》的合作可以说是娱乐体验营销的点睛之笔。在利用超女赛事宣传的同时，设置“超级女声”夏令营，专门的投票网址，相关的路演活动，终端买六赠一的促销活动，“蒙牛酸酸乳”在这次活动中，把销售系统和媒介系统进行了一次整合。从产品的包装、售点的宣传单页、终端的路演推广均和媒介宣传步调一致，把消费者的关注度集中到一点，消费者去超市购买“蒙牛酸酸乳”产品一定会想到湖南卫视“蒙牛酸酸乳超级女声”这一活动，让超级女声的活动和蒙牛的市场促销活动达到了相得益彰，相互推动的成效，蒙牛酸酸乳的销量从几千万暴增至20亿，蒙牛可以说是真正做到了不遗“娱”力。

3. 生活方式体验营销

生活方式体验营销是以消费者所追求的生活方式为诉求点，通过将公司的产品或品牌演化成某一种生活方式的象征甚至是身份、地位的识别标志，从而达到吸引消费者、建立起稳定的消费群体的目的。体验营销中的“体验”是要消费者经过自我思考与尝试去获得的解决方案。这种方案是独特的，是一种生活方式与消费者个人喜好的结合。商家要做的就是对产品的文化、功能、搭配方案的介绍及制作展示等，帮助他们找到最适合自己的方案。

比如，宜家把家具卖场打造成消费者寻找灵感和设计思路的地方，消费者可以根据每种产品价格、材料大小、颜色、产地等，思考出搭配方式。宜家的出现，为喜欢变革的中产阶级们提供了一个温暖的支撑。经过几年的运作，宜家成了一个文化符号，让长久以来渴望自由消费主义的中国新兴中产阶级趋之若鹜。

4. 氛围体验营销

氛围指的是围绕某一群体、场所或环境产生的效果或感觉。氛围体验营销就是要有意营造这种使人流连忘返的氛围体验。因为好的氛围会像磁石一样牢牢吸引着顾客，使顾客频频光顾。例如对于服装行业，通过布置和细节，营造出该季产品的特点，让消费者能够一目了然。

体验营销以拉近企业和消费者之间的距离为重要经营手段，成为企业获得竞争优势的新武器。但体验式营销并不是适合于所有行业和所有产品，产品只有具有不可察知性，其品质必须通过使用才能断定的特性，才可以运用这种方式。

第四节　口碑营销

一、口碑营销的概念与特点

（一）口碑营销的概念

口碑一词是用来形容公众对人、事、物的评价。所谓口碑营销就是把口碑的概念应用于营销领域的过程，即吸引消费者、媒体以及大众的注意，使之主动地谈论你的品牌或你的公司以及产品，并且能够在此基础上起到引人入胜的良好效果，得到消费者的认可，并以此形成良好口碑效果的过程。

（二）口碑营销的特点

1. 可信度高

口碑传播一般都发生在朋友、亲友、同事、同学等关系较为亲近或密切的群体之间。在口碑传播过程之前，他们之间已经建立了一种特殊的关系和友谊，相对于纯粹的广告、促销、公关、商家的推荐等而言，可信度要高。另外，一个产品或者服务只有形成较高的满意度，才会被广为传诵，形成一个良好的口碑。因此，口碑传播的信息对于受众来说，具有可信度非常高的特点。

这个特点是口碑传播的核心，也是企业开展口碑宣传活动的一个最佳理由。同样的质量，同样的价格，人们往往都是选择一个具有良好口碑的产品或服务。况且，因为口碑传播的主体是中立的，几乎不存在利益关系，所以也就更增加了可信度。

2. 针对性强

当一个产品或者一项服务形成了良好的口碑，就会被广为传播。口碑营销具有很强的针对性。它不像大多数公司的广告那样，千篇一律，无视接受者个体差异。口碑传播形式往往借助于社会公众之间一对一的传播方式，信息的传播者和被传播者之间一般有着某种联系。消费者都有自己的交际圈、生活圈，而且彼此之间有一定的了解。人们日常生活中的交流往往围绕彼此喜欢的话题进行，这种状态下信息的传播者就可以针对被传播者的具体情况，选择适当的传播内容和形式，形成良好的沟通效果。

3. 宣传费用低

口碑是人们对于企业的看法，一个企业的产品或服务一旦有了良好的口碑，人们就会不经意的对其进行主动传播。口碑营销的成本由于主要集中于教育和刺激小部分传播样本人群上，即教育、开发口碑意见领袖，因此成本比面对大众人群的其他广告形式要低得多，且结果也往往能事半功倍。一般而言，在今天信息更充分的互联网时代，靠强制宣讲灌输的品牌推广难度已变得越来越大且成本更高，性价比远不如口碑传播来得好。

4. 具有团体性

口碑传播不仅仅是一种营销层面的行为，更反映了小团体内在的社交需要。不同的消费群体之间有着不同的话题与关注焦点，因此各个消费群体构成了一个个攻之不破的小阵营，甚至是某类目标市场。他们有相近的消费趋向，相似的品牌偏好，只要影响了其中的一个人或者几个人，信息便会以几何级数的增长速度传播开来。

二、口碑营销的形式

（一）经验性口碑

经验性口碑是最常见、最有力的口碑传播形式，通常在任何给定的产品类别中都占到口碑活动的50%~80%。它来源于消费者对某种产品或服务的直接经验，在很大程度上是在经验偏离消费者的预期时所产生的。经验性口碑分正面和反面两种，反面口碑会对品牌感受产生不利影响，并最终影响品牌价值，从而降低受众对传统营销活动的接受程度，并有损出自其他来源的正面口碑的效果。反过来，正面口碑则会让产品或服务顺风满帆。

（二）继发性口碑

继发性口碑是指当消费者直接感受传统的营销活动传递的信息或所宣传的品牌时形成的口碑。这些消息对消费者的影响通常比广告的直接影响更强，因为引发正面口碑传播的营销活动的覆盖范围以及影响力相对来说都会更大。营销者在决定何种信息及媒体组合能够产生最大的投资回报时，需要考虑口碑的直接效应以及传递效应。

（三）有意识口碑

有意识口碑是指企业利用名人代言来为产品发布上市营造正面的气氛所形成的口碑。对制造有意识口碑进行投资的企业并不多，原因在于这种口碑宣传的效果难以衡量。很多企业不能确定，他们能否成功地开展有意识口碑的推广活动。

【小案例】

加多宝"红动伦敦畅饮加多宝"

2012 年 4 月，加多宝"红动伦敦精彩之吉"活动在广州拉开序幕，加多宝"红动伦敦之星"评选同期启动。之后，"红动伦敦畅饮加多宝"系列活动随即以"城市接力"的形式，在全国十大城市依次展开主题活动。无论是社会名流、奥运冠军还是普通百姓，都可以将自己对于奥运的祝福写在上面，并将寄语带到伦敦。在伦敦奥运会即将开幕之前的 7 月 8 日，当一面庄严壮丽的红动大旗在两个巨型加多宝红罐造型的热气球牵动下，于鸟巢上空冉冉升起的时候，全场人群欢呼雀跃。在红旗的辉映下，现场的每一位国人都突然感觉到自己和伦敦奥运会的距离其实是如此之近。伦敦时间 7 月 22 日上午，由国家体育总局体育文化发展中心和加多宝集团联合发起的"红动伦敦 畅饮加多宝"在伦敦新地标——伦敦眼举行了一次别开生面的为伦敦奥运会祝福的活动。本次活动是加多宝品牌更名后首次在海外惊艳亮相，这无疑展现了加多宝集团的雄厚实力和在全球范围内推广凉茶文化的坚定信心。

营销启示：口碑营销的特点就是以小搏大，在操作时要善于利用各种强大的势能来为己所用。加多宝的此次体育营销正是借势伦敦奥运会，不断激发中国国民的爱国热情，也拉进了普通民众和伦敦奥运会的距离，让群众获得参与感，使国民的爱国感情得到抒发，从而树立加多宝的正面红色形象，也符合产品定位。使消费者将加多宝和正能量联系起来，不断扩大口碑宣传。

三、口碑营销的传播途径

口碑营销绝非花言巧语的取巧行为，而是扎扎实实的营销努力。口碑作为一种最持久、最可靠、最深远、最有效的"广告"，其传播途径主要有以下几种：

（一）通过顾客传播口碑

在没有任何媒介物的情况下，要想让顾客自发地为企业作口头宣传，是相当困难的。因此，企业应采取多种媒介性手段，让老顾客可以借助这些媒介性手段向他人做口头宣传。例如，印制代表某种小额的优惠金额或折扣的优惠券，让老顾客将他寄送给自己的熟人；挑选一些独特且散发标志性的优惠礼品，免费送给老顾客使用等。

（二）利用广告传播口碑

人与人之间的口碑传播，与大众传播比起来，其影响范围与传播速度有相当大的局限性。利用大众传媒广泛宣传，就能在更大范围内以更快的速度，进行更富成效的宣传。近些年来，就有不少企业通过广告宣传，达到了很好的口碑宣传效果。例如，大宝集团的广告，采用了人际交流的方式对产品品质做了直接的保证，这种方式正好符合中低消费阶层不太强调个性，重视人际经验和口碑的特点，因而获得了很好的效果。

（三）利用新闻效应传播口碑

口碑传播的内容往往具有一定的趣味性和新闻性，因此，企业可以通过媒体制造新闻事件或者借助大型公众活动来吸引媒体注意，从而达到利用新闻效应传播企业口碑的目的。

（四）通过俱乐部形式传播口碑

组建顾客俱乐部，让会员有面对面沟通和交流的机会，是制造口碑的有效形式。首先，俱乐部具有良好的社交功能，他们在各种社交场合的活动，都会起到很好的口碑宣传作用；

其次，俱乐部会员对企业比较忠诚，他们对企业和产品的了解比较充分，因而他们的口碑宣传也就会令人信服。

（五）通过渠道成员和意见领袖传播口碑

销售企业产品和服务的中间商、维修公司、团购组织以及消费者意见领袖等，他们对产品的评价与推荐将会在相当大程度上影响企业产品或服务的口碑传播。企业应当进行思想疏导，提供良好服务，使他们对企业及其产品产生信心和信赖，从而为企业进行宣传，影响更多的人。

第五节 文化营销

一、文化营销的含义

文化营销是指把商品作为文化的载体，通过市场交换进入消费者的意识，它在一定程度上反映了消费者对物质和精神追求的各种文化要素。文化营销既包括浅层次的构思、设计、造型、装潢、包装、商标、广告、款式，又包含对营销活动的价值评判、审美评价和道德评价。它包括两层含义：①企业需借助于或适应于不同特色的环境文化开展营销活动；②文化因素需渗透到市场营销组合中，综合运用文化因素，制定出有文化特色的市场营销组合。

文化营销的关键是核心价值观念的构建，强调通过顺应和创造某种价值观念的集合来达到某种满意的程度，只有通过发现顾客的价值观念，并加以甄别和培养，或企业顺应需求努力创造核心价值观念才会使文化营销得以成功。松下电器的“让所有的产品都像自来水那样取之不竭，那样便宜”顺应经济潮流，为广大消费者所接受，使公司获得巨大的成功。

二、文化营销的层次

从文化营销的角度来看，现代市场营销应是物化营销和文化营销的结合。不同的营销形态，两者比例不同。企业在实施文化营销的过程中表现为三个层次：产品文化营销、品牌文化营销和企业文化营销。

（一）产品文化营销

从文化营销的角度来看，产品仅是价值观的实体化。产品文化营销包括产品的设计、生产和使用等各个方面。比如，哈尔滨三九龙滨酒厂厂长庄玉坤认为，白酒是中国传统的文明象征。喝酒喝的是文明和风格。喝酒讲酒德，敬酒不劝酒，劝酒不逼酒。他在电台主持了一个很受欢迎的直播节目——《老庄话酒》，在东北酒坛刮起了一股文明酒风。这一做法，发扬了中国酒文化，也取得了产品文化营销的成功。

（二）品牌文化营销

品牌文化营销是产品文化营销的进一步发展。品牌文化包括了整个社会对品牌的信任和保护，包括消费者用名牌的行为，反映了消费者的价值选择，也包括厂商创造名牌的过程，这是不断积累品牌文化个性的过程。当品牌竞争在质量、价格、售后服务等物质要素上难以突破时，给品牌注入文化的内涵，其身价不仅仅是物质因素的总和，也不是原来意义上的竞争，而是更高境界上的较量。劳斯莱斯的“好车子无论多少年都会保持下去”的价值观正表现了该品牌的文化底蕴，迎合了消费者的价值观念。

（三）企业文化营销

企业文化营销的核心就在于寻求为顾客所接受的价值信条作为企业立业之本，从而促进顾客对整个企业包括其产品的认同。IBM公司的经营宗旨是：尊重人，信任人，为用户提供最优服务及追求卓越的工作业绩。IBM的价值观曾经具体化为IBM的三原则，即职工利益，顾客利益，股东利益。后来，“三原则”又发展为以“尊重个人”“竭诚服务”“一流注意”为内容的“三信条”，并且成为IBM的核心和灵魂，为企业树立了良好的企业形象。

三、文化营销的功能

（一）标新立异

企业在价值创造与实现过程中导入文化因素，有助于构筑差别优势，起到标新立异的效果，这就是文化营销标新立异的功能。在标新立异的战略指导下，企业力求针对客户广泛重视的某些方面在产业内独树一帜，选择被产业内许多客户视为重要的一种或多种特质，并为其选择一种特定的定位以满足客户的要求。

（二）建立共同愿景

文化营销是利用文化的亲和力在企业与消费者之间建立共同愿景，从而提高企业的经营业绩和竞争优势。文化营销的共同愿景功能不仅是指企业内部成员可以共同分享企业的共同愿景，还指可通过共同愿景的四大功能，即导向功能、沟通功能、凝聚功能、反馈功能，将企业整合成一个运转良好、力量充盈、积极进取的组织。并且企业可以将其内部文化向外围扩散，融合到外部大环境中去。

（三）构筑核心能力

寻找、创造和积累企业的核心专长，是营销决策者必须坚持的课题。因为一家企业竞争力的强弱，主要取决于企业有无能力建立其核心专长。文化营销的兴起为企业构筑自身的核心能力提供了新途径。

企业的价值观念体系作为其真正的核心专长具有专属性、群体性、模糊性的特点。

（四）持续发展

企业的发展在于实现竞争优势的持续发展，这是一家企业不断提升自己的核心专长，直至发生质的飞跃的过程。文化营销的思路为企业的持续飞跃提供了有利的支撑。文化营销一方面注重内部的认同，从而营造出和谐的软环境；另一方面倡导企业文化对外展示，向外辐射从而树立企业良好的社会环境。

【小案例】

东阿阿胶营销中药文化

顺着文化的脉络，盘点东阿阿胶近年来的发展之路可以发现，东阿阿胶早已开始了从文化营销向营销文化的转变。在引领阿胶行业创新的同时，东阿阿胶也在推进自身从单纯的工业企业向具有更深厚、更丰富内涵的文化企业转变。

作为流传了3000多年的滋补上品，阿胶丰厚的文化曾掩埋于历史的尘埃中。2006年，秦玉峰带领东阿阿胶开始全面实施“文化营销”。企业成立了专门研究机构，对历代本草学著作、中医名家论述进行研究，从服用阿胶的演变史、疗效演变史、阿胶垄断史、阿胶滋补养生史四条主线入手，挖掘整理阿胶三大文化体系，即：学术文化、滋补文化、美容文化。

根据古代医案编写《阿胶拍案惊奇》，让公众了解阿胶是什么、为什么叫阿胶、阿胶有何用处、阿胶做成过什么。从唐太宗“官封其井”、杨贵妃“暗服阿胶”、朱熹“阿胶孝母”等故事的挖掘，到对阿胶“滋补上品”“补血圣药”地位的明证，春风化雨，润物无声，这些努力逐渐唤醒了整个社会对阿胶的历史记忆，阿胶养生渐成潮流。价值挖掘没有止境，东阿阿胶邀请学界、医界、药界和政界的专家、领导，共同探讨膏方的发展。秦玉峰说，膏方是中医文化的精髓，作为企业，有责任将之推广开来，造福于民。

在坚守“正宗”、追求“道地”的同时，东阿阿胶也宣扬着其“厚道”文化。2013 年重阳节，“熬阿胶·写家书·尽孝心”中华儿女孝心行动启动仪式在东阿县举行，东阿阿胶倡导全社会亲笔家书表孝心，促进中华孝敬之道的进一步回归，成为当代孝心正能量的最佳示范。

目前，东阿阿胶已建设了百余家健康管理连锁店。健康管理连锁店不仅向消费者提供补血、滋补、保健三大系列近 50 余种阿胶产品，还增设了阿胶养生产品制作演示区、免费体验区、品质优劣鉴别区、文化产品展示区等区域，以 3200 个阿胶经典验方以及中医专家资源为依托，为消费者提供养生、保健、美容等个性化的健康解决方案。在这里，消费者可以了解阿胶的文化、价值、功效和使用方法，将产品与心养、性养、动养、功养、食养、药养等传统养生方式结合到一起，得到的不再只是产品本身的价值，还有更多的附着于产品之上的文化价值。将中医药文化传播到世界，让世界感受到东方的价值，是东阿阿胶“文化式成长”的新目标。目前，东阿阿胶已在日本、韩国以及东南亚地区开拓市场。通过继承、创新引领阿胶行业鼓帆前航，东阿阿胶的发展之路会越走越远，实现全球中医药生态系统的“阿胶梦”也会越来越近。

营销启示：东阿阿胶努力营销中药文化，开创了企业走上健康发展轨道的未来。

四、文化营销的发展趋势

（一）传统复兴

未来市场将不仅仅是商品策略和价格策略的竞争，还是企业营销活动融入的文化竞争。以文化吸引顾客，以文化稳定顾客，将成为企业重要的竞争手段。在企业的文化活动中，将传统的文化进行吸收和利用，突出文化的民族特点和历史内涵，将在 21 世纪给企业带来新的竞争优势。“红豆”服饰的成功在于它利用王维千古绝句的广泛知名度和传统文化的内涵，并将其移植于企业的产品品牌，使品牌有了同样的文化意义。

（二）概念创新

创新不仅仅意味着与生产技术和管理方法相联系，还意味着创造产品新的文化内涵、选择新的顾客和采用新的营销手段。21 世纪的文化营销趋势之一即概念创新。如索尼公司过去创造“Walkman”一样，人们对音乐的时刻需要产生了一种特殊产品，而当产品行销全球之时，它也就成为“将音乐带在身边”这一文化概念的象征。

（三）伦理制胜

伦理制胜是企业 21 世纪文化营销的一个制高点。企业伦理随着不同时代人们的观念和社会理想的进步而不同，即应该是符合社会、企业和个人三者共同利益的经营思想的体现。松下幸之助非常注重在经营中树立企业伦理的思想。他认为“和谐协调、共存共荣”是人与人、企业与企业、企业与社会相处的基石。而 21 世纪对社会问题的关注使得伦理成为新世纪文化营销的重要内容。

(四)全球经营

经济全球化已经使全球经营成为企业经营发展的必然趋势。在全球经营中，全球任何一个国家和地区，都可能成为企业总部的所在地，企业员工不因局限于某一个国家和地域。而能融合不同文化价值观差异，形成一体化组织文化的企业，将在竞争中处于领先地位。全球经营的文化整合是21世纪文化营销的又一趋势。

第六节　大数据营销

一、大数据营销的概念及特点

(一)大数据营销的概念

大数据营销是指基于多平台的大量数据，依托大数据技术的基础上，应用于互联网广告行业的营销方式。大数据营销的核心在于让网络广告在合适的时间，通过合适的载体，以合适的方式，投给合适的人。大数据营销衍生于互联网行业，又作用于互联网行业。依托多平台的大数据采集，以及大数据技术的分析与预测能力，能够使广告更加精准有效，给企业带来更高的投资回报率。

(二)大数据营销的特点

1. 多平台化数据采集

大数据的数据来源通常是多样化的，多平台化的数据采集能使其对网民行为的刻画更加全面而准确。多平台采集渠道可包含互联网、移动互联网、广电网、智能电视等。

2. 强调时效性

在网络时代，网民的消费行为和购买方式极易在短的时间内发生变化。在网民需求点最高时及时进行营销非常重要。全球领先的大数据营销企业 AdTime 对此提出了时间营销策略，通过技术手段充分了解网民的需求，并及时响应每个网民当前的需求，让其在决定购买的“黄金时间”内及时接收到商品广告。

3. 个性化营销

在网络时代，广告主的营销理念已从“媒体导向”向“受众导向”转变。以往的营销活动须以媒体为导向，选择知名度高、浏览量大的媒体进行投放。如今，广告主完全以受众为导向进行广告营销，因为大数据技术可让他们知晓目标受众身处何方，关注着什么。大数据技术可以做到当不同用户关注同一媒体的相同界面时，广告内容有所不同，实现了对网民的个性化营销。

4. 性价比高

和传统广告“一半的广告费被浪费掉”相比，大数据营销在最大程度上，让广告主的投放做到有的放矢，并可根据实时性的效果反馈，及时对投放策略进行调整。

5. 关联性强

大数据营销的一个重要特点在于网民关注的广告与广告之间的关联性，由于在采集过程中可快速得知目标受众关注的内容，以及网民身在何处，这些有价信息可让广告的投放过程产生前所未有的关联性，即网民所看到的上一条广告可与下一条广告进行深度互动。

二、大数据来源的分类

（一）自有类数据

自有类数据，即企业基于自身网络平台开发和挖掘的一类数据。在中国，自有类数据的开发进程尚不完善，目前运营较好的自有类数据平台主要始创于欧美国家。美国流媒体巨头Netflix通过对其3000万个订阅用户的网上行为进行大数据分析，造就并预判出了《纸牌屋》的卖座。运动品牌Nike凭借其网上运动社区收集到了用户的各项跑步信息并因此掌握了主要城市里最佳跑步路线的数据库。这些基于不同存在形式的企业自有类数据平台在数据收集领域上扮演着信息提供者的角色，但在数据的用途上他们却在不同层面为企业的大数据营销作出各自应有的贡献。

（二）第三方平台类

第三方平台类数据，是指企业通过与门户网站、电商网站、搜索引擎、社交网站、移动支付等第三方平台合作来取得的数据。在这个移动互联的社交网络时代，海量的用户资源中蕴含的大数据为大数据精准营销提供了可能。美宜佳作为一家正在探索从线下逆向发展到线上的中小企业，其与支付宝的合作不仅是打开线上市场的制胜法宝，从中收获的消费者购买记录也是它开启数据精准营销的关键一步

三、大数据营销的应用

（一）基于用户需求定制改善产品

企业可以根据消费者在有意或无意中留下的信息数据作为其潜在需求的体现，定制改善产品。例如，快时尚品牌ZARA，就是利用公司内部的全球资讯网络，定期把从各分店收集到的顾客意见和建议汇总并传递给总部的设计人员，然后由总部作出决策后再立刻将新的设计传送到生产线，最终实现“数据造衣”满足了顾客需求。

（二）开展精准推广活动

基于数据的精准推广活动可大致分为三类。

1. 定向推广

企业作为产品的经营者，可以通过大数据的分析定位有特定潜在需求的受众人群，并针对这一群体进行有效地定向推广，以达到刺激消费的目的。例如，红米手机在QQ空间上的首发成功，就是小米公司“大数据找人”精准营销的成功典范。公司通过对6亿QQ用户的行为及其身份信息进行筛选，最终选取5000万可能对红米手机感兴趣的用户定向投放广告和推送红米活动，最终取得预售的成功。

2. 一对一定制推送

针对既有的消费者，企业可以通过用户的行为数据，分析他们各自的购物习惯，并按照其特定的购物偏好、独特的购买倾向加以一对一的定制化商品推送。例如，沃尔玛的建议购买清单、亚马逊的产品推荐页，无一不是个性化产品推荐为企业带来可预测销售额的体现。

3. 定向精准营销

企业可以依据既有消费者各自不同的人物特征将受众按照“标签”细分（如“网购达人”），再用不同的侧重方式和定制化的活动向这些群体进行定向的精准营销。对于价格敏感者，企业需要适当地推送性价比相对较高的产品并加送一些电子优惠券予以刺激消费；而

针对喜欢干脆购物的人，商家则要少些干扰并帮助其尽快完成购物。

（三）维系顾客关系

召回购物车放弃者和挽留流失的老客户，也是大数据在商业中的有效应用。例如，中国移动通过客服电话向流失到联通的移动老客户介绍最新的优惠资讯；餐厅通过会员留下的通讯信息，向其推送打折优惠券来提醒久不光顾的老客户消费等。大数据帮助企业识别各类用户，并针对忠诚度各异的消费者实行“差别对待”和“量体裁衣”，这是企业客户管理的一项重要理念基础。

【课后练习】

一、简答题

1. 什么是网络营销？它的优势体现在哪些方面？
2. 什么是绿色营销？为什么企业要开展绿色营销？
3. 什么是体验营销？体验营销适合哪些业务性质的企业？企业是如何结合自身条件开展体验营销的？
4. 什么是口碑营销？企业如何进行口碑营销？
5. 什么是文化营销？文化营销有什么独特价值和魅力？
6. 什么是大数据营销？联系实际谈谈企业如何开展大数据营销？

二、案例分析

后台创新：你看不见的竞争发力点

所谓零售商的“后台创新”，是隐藏在前台背后，起到支持和引导作用的要素创新。这些创新往往是外界观察者很难把握的，却同样对零售商有决定意义。制造商主导的零售业务，往往在“后台”上忽略零售运作的规律，因此很难转变为真正的零售商。

在判识顾客基本需求的转移后，日本的三越伊势丹百货开始导入快时尚的SPA方式(Specialty Retailer of Private Label Apparel)即生产自有品牌服装的专业零售商。这种方式必然会颠覆以往的百货店供应商体系。

SPA是优衣库、ZARA等零售商的典型模式，SPA首先根据顾客的需求和呼声进行商品企划，在自己采购面料的基础上，委托服装制造商生产，最后全部买断包销。那些不愿意成为零售商代工企业的制造商，必须适应另一种变革：去和零售商竞争“谁能与顾客贴得更近”？

其实在实体店零售、网络店零售之外，还有其他种类。这包括无店铺零售和移动店铺零售。其核心是绕过店铺，把供应链直接延伸到顾客身边。包括社区推销、人员直销、电视直销、电话直销、目录直销、自动售货柜(箱)等，都是无店铺零售的模式，也是制造商经常采用的模式。例如今天仍有大量针对老年人的商品，是通过社区推销成功启动的。

沃尔玛有这样一个创新：在店内设置保健诊所，从一线挖掘出一大批管理人才和专业人才。在此之前，由于管理岗位有限，沃尔玛部分人才无法得到应有的提升和能力展现空间。但设置新的尝试性服务或营销项目，可以使他们得到更多的发展机会。顾客对此也特别欢迎，当一位顾客因为咽喉疼痛去店内诊所看了病以后，他还能在商店里买一包橙汁、一条毯子，以及咽喉含片……这一切节省了他的时间并且简化了他的生活。

以往，零售商在较高层级无法开展精细的营销，但现在技术突破了这些限制。例如，特易购(TESCO)一直在和它的客户洞察服务商数据和客户洞察公司(Dunhumby)一起进行客户细分和精准营销的研究，这包括客户分类模型的建立、购物数据分析和精准沟通信息的制作。如果你在TESCO采购了一包婴儿纸尿裤，那么结合你办会员卡的资料分析后，接下来，你收到的优惠券中，就会包含其他有关婴儿商品的信息。

这在某种程度上降低了超市的营销成本，因为它不必进行那种广泛的、漫无目标的促销活动，使得某些泛泛的折扣优惠给予了那些本不该获得特殊照顾的顾客。

沃尔玛还尝试了一种叫作“时机买手”的制度，就是在正常订单和年度合同之外，保留预算、设定程序、委派专人，收购一些有差异性的商品、供应商的尾货，以获得独特的商品优势。

无疑，这给一些特殊品类的供应商带来相应机会：你即使不在沃尔玛原有的采购名单里，但基于沃尔玛对“亮点单品”的追求，你一样有机会成为它的供应商，并一次就实现千万元级的销售。

思考题：

1. 上述案例中哪个实例给你留下了深刻的印象，为什么？

2. 联系企业实际谈谈你关于创新的设想？

参 考 文 献

[1] 吴健安．市场营销学．第4版[M]．北京：高等教育出版社，2011.
[2] 周天平，尹启华．市场营销学[M]．北京：中国矿业大学出版社，2010.
[3] 汤杰，郭秀颖，刘威娜．市场调查与预测．第2版[M]．哈尔滨：哈尔滨工业大学出版社，2012.
[4] 郝元晓．市场营销调研[M]．北京：科学出版社，2010.
[5] 许莹．市场营销学[M]．杭州：浙江大学出版社，2015.
[6] 林光，尹启华．市场营销案例分析[M]．北京：科学出版社，2010.
[7] 张蕾．市场营销：基本理论与案例分析[M]．北京：中国人民大学出版社，2012.
[8] 严宗光．市场营销学：理论、案例与实务[M]．北京：科学出版社，2011.
[9] [美]菲利普·科特勒．营销管理．第13版[M]．王永贵，译．上海：格致出版社、上海人民出版社，2009.
[10] 王天春．市场营销案例评析．第2版[M]．大连：东北财经大学出版社，2013.
[11] 颜军梅．市场营销学[M]．南京：南京大学出版社，2014.
[12] 王学军．市场营销学[M]．北京：经济科学出版社，2012.
[13] 马清梅．市场营销学．第2版[M]．北京：清华大学出版社，2010.
[14] 姜法竹，周静．市场营销学．第2版[M]．北京：中国农业出版社，2011.
[15] 秦燕，庄美男，赵玉欣．市场营销实用教程[M]．大连：大连理工大学出版社，2012.
[16] 李宏．市场营销学[M]．北京：北京理工大学出版社，2012.
[17] 李海延．市场营销学[M]．北京：机械工业出版社，2014.
[18] 王彦长，王亮．市场营销学[M]．安徽：中国科学技术大学出版社，2011.
[19] 魏文静．市场营销学[M]．上海：上海财经大学出版社，2012.
[20] 张黎明．市场营销学[M]．四川：四川大学出版社，2012.
[21] 张理，高学争．市场营销管理学[M]．北京：清华大学出版社，北京交通大学出版社，2012.
[22] 连漪．市场营销学理论与实务[M]．北京：北京理工大学出版社，2012.